应用型本科会计人才培养系列教材
YINGYONGXING BENKE KUAIJI RENCAI PEIYANG XILIE JIAOCAI

高级财务会计

（第二版） GAOJI CAIWU KUAIJI

主　编○巴雅尔　刘胜天

西南财经大学出版社
Southwestern University of Finance & Economics Press
中国·成都

应用型本科会计人才培养系列教材
YINGYONGXING BENKE KUAIJI RENCAI PEIYANG XILIE JIAOCAI

编委会

总 序

会计学院是广州华商学院最早成立的院系之一，现开设会计学、财务管理、审计学和税收学四个专业。其中，会计学专业设会计师、注册会计师、管理会计师、金融会计、会计智能化和国际注册会计师（ACCA）六个专业方向；财务管理专业设公司理财和财务分析师（CFA）两个专业方向；审计学专业设审计师和信息技术（IT）审计两个专业方向；税收学专业设注册税务师专业方向。经过多年的探索，会计学院逐步形成以下办学特色：一是以ACCA和CFA为代表的国际化教学特色，二是以管理会计师（GAMA）卓越班为代表的协同育人特色，三是以线上线下混合教学实验区为代表的建构教学特色，四是将会计与投融资融为一体的多学科融合特色，五是以华商云会计产业学院为代表的产教融合特色。目前，会计学专业为国家一流专业建设点，财务管理专业为省级一流专业建设点，会计学科为广东省会计类特色重点学科。

在长期的教学实践中，广州华商学院一直秉承优质的教学理念，优选国内同类教材中最受欢迎的教材作为各专业课程的指定教材。教材选定的一般原则是：若有多种同类教材，首选教育部规划教材；若有多种教育部规划教材，首选其中的获奖教材；若没有教育部规划教材，优先选择国内知名高校的教材。这种教材筛选方式保证了会计学科各专业教学的高质量，但也不可避免地带来了一些问题。首先，所选教材难以满足应用型高校会计人才培养的需要。财政部出台的《会计行业中长期人才发展规划（2010—2020年）》明确指出，适应经济社会发展对高素质应用型会计人才需求，加大应用型高层次会计人才培养力度。华商学院作为一所民办应用型高校，不论是从办学分工，还是从社会需求角度考虑，都必须以培养应用型人才为主要目标，但现有的教育部规划教材或名校教材大多偏重理论教学，鲜有明确为培养应用型人才而打造的教材。其次，各专业教材之间的衔接度不高。现有教材大多是各专业教师根据各学科教学要求选择的高规格知名高校教材，导致所选各学科教材之间的衔接度不高，有的内容重复讲授，有的内容则被遗漏，教学内容缺乏系统安排。最后，所选教材知识陈旧，跟不上相关会计准则与制度的变化。近年来，我国会计准则及税法、审计等相关法规制度均发生了较大变化，如新的《企业会计准则》的持续发布和重新修订、《管理会计基本指引》和《管理会计应用指引》的发布与实施，以及增值税法规和《中华人民共和国企业所得税法》的相继修订，导致现有教材内容跟不上制度的变化，学生无法系统地学习最新专业知识。在这一背景下，及时编写一套实践性和系统性强、体系完整、内容新颖、适用于应用型高校会计人才培养的会计系列教材就显得极为必要。

本系列教材的特点主要表现在以下几方面：第一，实践性强。本系列教材知识体系的构建、教学内容的选择以应用型人才培养为主要目标。第二，系统性强。各教材之间互有分工、各有重点、密切配合，共同构建了一个结构合理、内容完整的知识体系。第三，通用性强。本系列教材力求同时满足会计学、财务管理、审计学和税收学四个专业，多个专业方向同类课程的教学和学习要求，既方便了教师的教学安排，又增加了学生跨专业选课的便利性。第四，新颖性强。本系列教材根据最新发布的会计准则、税收法规，以及相关规章制度编写，以确保学生所学专业知识的新颖性。第五，可读性强。本系列教材力求做到通俗易懂、便于理解和使用，以方便学生自主学习、自主探索。

本系列教材包括会计学、财务管理、审计学和税收学四个专业的专业基础课、专业必修课和专业选修课教材。首批教材包括《初级财务会计》《中级财务会计》《高级财务会计》《成本会计》《管理会计》《财务管理》《审计学》《会计学》。第二批教材包括《财务共享服务》《会计信息系统》《企业行为模拟》《资本市场运作》《高级财务管理》。第三批教材包括《会计职业道德》《金融会计》《税法》《税收筹划》等。

本系列教材由广州华商学院的教授或教学经验丰富的教师担任主编，并由广州华商学院特聘教授或特聘讲席教授负责审稿，从而为所编教材的质量提供了保证。鉴于本系列教材涉及面较广，相关会计准则、制度处于不断的变动之中，加之编者学识有限，难免存在不当之处，真诚希望各位读者批评指正。

2021 年 6 月

第二版前言

高级财务会计是会计学、财务管理、审计学等专业的一门专业主干课程，其先修课程是初级财务会计（基础会计）和中级财务会计。高级财务会计与初级财务会计、中级财务会计共同构成财务会计学科的完整体系。如何根据会计人才培养方案的需要来确定高级财务会计教材的内容？探究会计领域的前沿问题（如人力资源会计、环境会计、社会责任会计等），解决会计领域的难点问题（如企业合并及合并财务报表、衍生金融工具会计等），回答会计领域的特殊问题（如合伙企业会计、清算会计等），这些是国内高校相关会计教学人员一直在考虑和探讨的问题，但至今尚无定论。从实际情况来看，因为学者对高级财务会计课程的定位不同，有的认为中级财务会计没有涉及的内容都应纳入高级财务会计，有的认为高级财务会计在理论的深度、内容的复杂性方面应体现其特点，导致各种版本的《高级财务会计》教材的内容也不尽相同。本教材在借鉴会计理论界和实务界的研究成果及各版本《高级财务会计》教材的基础上，考虑以下因素进行教材内容的选择：

1.《高级财务会计》和《中级财务会计》教材内容的衔接

中级财务会计解决的是所有企业都会遇到的财务会计问题，即企业一般财务会计问题，其主要内容包括两个方面：第一，会计要素的确认与计量；第二，单个企业财务报表的编制。一般认为，高级财务会计主要反映企业“特殊业务”“特殊行业”“特殊报告”“特殊环境”和“特殊组织”的会计处理问题。在遵循这一原则的前提下，我们对本教材的内容进行了取舍。本教材的编排也考虑了这一因素，其中第二章外币业务会计、第三章股份支付会计、第四章政府补助会计、第五章租赁会计、第六章衍生金融工具会计属于“特殊业务”。第八章合并财务报表、第九章中期财务报告、第十章分部报告属于“特殊报告”。第十一章特殊行业会计属于“特殊行业”。第十二章企业清算会计属于“特殊环境”（“特殊时期”）。

2. 与企业会计准则的协调

本教材在内容的选择上注重与企业会计准则的协调，尽可能以企业会计准则为主要依据。这不仅有利于学生掌握相关的会计理论，而且也满足了学生参加相关会计资格考试的需要。考虑到这一因素，因“特殊组织”情形下的独资企业会计及合伙企业会计尚无统一规范，本教材未列入此内容。

3. 考虑教学安排的需要

一般来说，高级财务会计教学课时安排在32~54学时。考虑到学时的限制及内容的难度，本教材在目录中的一些章节后标上☆号，供授课教师讲授时取舍。

此外，《企业会计准则第30号——财务报表列报》《企业会计准则第33号——合并财务报表》《企业会计准则第16号——政府补助》《企业会计准则第22号——金融工具确认和计量》《企业会计准则第23号——金融资产转移》《企业会计准则第24号——套期会计》《企业会计准则第37号——金融工具列报》和《企业会计准则第21号——租赁》等准则的修订，也在本教材得到及时反映。

本教材由巴雅尔、刘胜天担任主编，写作分工如下：第一、三、六、七、八、十一、十二章由巴雅尔编写，第二、四、五、九、十章由刘胜天编写。巴雅尔撰写了全书大纲，负责对全书初稿进行修改、补充和总纂定稿。

本教材的适用对象为会计学、财务管理、审计学等专业的学生以及致力于财务会计领域的学习、研究与工作的读者。

本教材的编写得益于同类优秀教材的思路启发，得益于西南财经大学出版社的有力支持和相关编辑人员的努力，在此一并表示敬意和深深的谢意。

由于编者水平有限，加之高级财务会计课程本身的不成熟性，书中难免存在错漏和不足之处，恳请读者批评指正，以便进一步修改和完善。

编　者

2022年8月于广州

目 录

第一章
绪 论

【学习目标】

通过本章的学习，学生应了解高级财务会计的产生背景，掌握高级财务会计产生的社会经济环境和发展的历程，掌握高级财务会计形成的理论基础，熟悉高级财务会计学的基本内容。

会计有广义与狭义之分。广义的会计是指对经济主体以货币表现的经济活动进行反映和控制的一种管理活动，具体包括财务、审计以及狭义的会计等。狭义的会计，即一般意义上的会计，是针对特定经济主体而建立的一个以提供财务信息为主的经济信息系统①。狭义的会计按照服务对象的不同又可以分为财务会计和管理会计两个分支。其中，财务会计以经济主体各利害关系人为主要服务对象，因此又被称为外部会计，其加工、处理会计信息的主要依据是能够充分体现经济主体各利害关系人共同需要的会计准则，所提供的会计信息具有完整性、连续性以及系统性的特征。管理会计以经济主体管理当局为主要服务对象，因此又被称为内部会计，其加工会计信息的方法具有针对性和灵活性的特征。

在财务会计体系中，人们通常依据功能、难易程度或业务范围的不同将财务会计学分为初级财务会计、中级财务会计和高级财务会计三个层次。其中，初级财务会计主要介绍财务会计的基本概念、基本方法和基本程序；中级财务会计主要介绍工商服务行业常见经济业务的会计处理与报告问题；高级财务会计主要介绍特殊行业或工商服务行业特殊业务的会计处理和报告问题。因此，初级财务会计又常被称为会计学原理或基础会计学，而中级财务会计与高级财务会计则被并称为会计实务。近年来，尽管国内外有关高级财务会计的著作与日俱增，高级财务会计的研究范围亦渐趋稳定，但对于什么是高级财务会计以及高级财务会计到底包括哪些内容，目前仍无定论。本教材从高级财务会计的产生背景及其与中级财务会计的关系方面对其进行理论总结，以期对高级财务会计研究范围及内容做出恰当的界定。

第一节 高级财务会计的产生与发展②

一、高级财务会计的产生

经济环境的变化导致了新的会计事项的不断出现是高级财务会计产生的根本原

① 葛家澍. 会计学导论［M］. 上海：立信会计出版社，1988.
② 武华清. 高级财务会计的产生与发展的回顾［J］. 南京财经大学学报，1999（5）：68-71.

因。第二次世界大战以后，世界范围内的科技革命推动了西方社会经济的迅猛发展，西方国家的经济环境发生了巨大变化，这些变化导致了以前没有的经济业务与事项的出现，从而促进了高级财务会计的产生与发展。

（一）经济环境的变化

1. 世界各国经济不断发展壮大，市场竞争日趋激烈

企业为了生存，不断扩大公司规模，公司之间的股权投资越来越普遍，公司间股权相互渗透，形成了庞大的企业集团，母子公司成为一种普遍的社会现象，企业间的横向和纵向经济联系更加紧密，依赖性更强，社会对会计信息的要求和依赖性越来越高，会计在企业中的地位越来越高。

2. 经济发展不均衡，通货膨胀严重

西方主要国家在 20 世纪六七十年代通货膨胀普遍加剧。1972—1973 年，西方国家初级产品的价格猛涨，随之工资相应提高，消费品价格也猛涨。1973—1975 年，经济合作与发展组织全体成员方消费价格上涨率平均为 26%。第二次石油危机又对早已恶化的通货膨胀起到推波助澜的作用，而且通货膨胀波及亚洲及拉丁美洲。通货膨胀在 20 世纪 70 年代已成为西方国家共同面临的难题。在会计领域，通货膨胀使货币计量中币值稳定假设受到严重冲击，会计信息的可靠性受到了极大的影响。

3. 贸易投资自由化，跨国经营普遍化

西方发达国家不仅推行产品的国际化，拓展国际市场，而且大规模地推行资本的国际化，推动国际贸易和国际投资范围的扩大，从而导致跨国公司的大量出现。

4. 金融国际化，经济一体化

由于国际金融市场得以完善，各种衍生金融工具应运而生，并得到快速发展，国际资金的流动加强、流量增多，期货交易、租赁等业务蓬勃发展，金融呈现出国际化。同时，产品的国际化和资本的国际化使国际交流不断增加，国际经济趋于一体化。

5. 企业合并、兼并、破产潮席卷全球

各国企业为了增强竞争力，占有更大的市场份额，积极寻求合作伙伴，建立联盟，对资产进行重组、合并。同时，由于市场竞争激烈，大量的企业破产清算。

（二）新的会计业务的出现

由于上述经济环境的变化导致许多新的会计业务的出现，而这些新的会计业务又都突破了现有财务会计的范围，原有程序与方法并不能处理这些新业务。经济环境的变化导致大量新的会计业务的出现，其主要表现在以下五个方面：

（1）企业集团内部存在着母公司与子公司、子公司与子公司之间以内部价格转移财产或劳务的业务往来，为了全面综合集团公司整体财务状况、经营成果和现金流量，会计期末应编制集团公司的合并财务报表。如果是跨国性的集团公司，如果所属国外子公司会计报表中使用的货币种类与母公司不同时，该跨国性的集团公司还应先进行外币报表的折算，之后再编制合并财务报表。

（2）企业在进行国际贸易和国际投资以及劳务输出过程中，必然发生外币兑换、外币交易与折算外币远期合同、套期保值和金融互换等交易或事项。

（3）通货膨胀的存在与发展，必然严重地冲击财务会计的币值稳定假设和历史成本原则，如果不采取一定的措施消除物价变动对会计信息的影响，会计信息将难

以有效地满足企业经营者和外部与企业有经济利害关系各方的需要；同时，企业所耗资产的弥补也会受到影响。通货膨胀直接影响会计信息的质量、会计信息价值的实现和企业的资本保全。

(4) 国际金融市场的形成，各种衍生金融工具的创新，期货市场和融资租赁业务的发展，必然出现风险与逃避风险、远期汇率与即期汇率、租赁契约、残值担保等一系列特殊问题。

(5) 企业的兼并与合并、清算与破产也严重冲击会计主体假设与持续经营假设。企业的兼并与合并不仅需要编制合并财务报表，而且在会计处理过程中涉及若干会计主体，会计人员要扮演多种角色，站在不同的立场上，为不同的主体服务。企业的清算与破产，宣告企业的经济活动的终结，原有的企业不复存在，这必然与企业持续经营假设相矛盾。如何进行清算与破产的会计处理，是会计领域的一个新问题。

此外，独资企业、合伙企业等企业的业务内容与股份公司差异较大，它们的会计处理又有自己独特的方法。面对会计领域诸多的新问题，原有的财务会计的框架难以容纳，而这些又是财务会计必须解决的问题，因此必须在原有的财务会计的基础上，谋求建立一门新的学科来解决这些会计领域的新问题，于是高级财务会计在20世纪60年代就应运而生了。

二、高级财务会计的发展

为反映和处理上述新的经济业务，在原有财务会计学的基础上逐步演变形成了高级财务会计，从高级财务会计涵盖的内容来看，其发展过程大致可划分为三个阶段。

(一) 高级财务会计的萌芽

现代会计从其一产生就孕育了高级财务会计的萌芽。西方国家产业革命的成功，有力地推动了社会生产力的发展，企业由自由竞争逐步走向垄断，市场竞争更加激烈，于是在20世纪初出现了第一次企业兼并与合并的浪潮。企业的兼并与合并必然产生了母子公司，因此在会计上必然要求编制合并财务报表，以完整地反映企业集团的财务状况、经营成果和现金流量。第一次世界大战后，美国的经济得到了快速发展，又产生了第二次企业兼并高潮，此次兼并把一个部门的各个生产环节整合在一个企业，各种工序相互结合，连续作业，形成一个统一运行的联合体。企业兼并的第二次浪潮使股份公司得到进一步的发展与完善，导致了合并财务报表的广泛使用，从而产生了一些重要思想，包括经济实体的概念、合并所产生的商誉问题等。在这一时期，西方主要工业国家出现了轻度、持续通货膨胀的局面。通货膨胀必然影响到财务信息的准确性，这种现象引起了会计学界的高度重视。美国早期会计学家亨利·W. 斯威尼（Henery W Sweeney）在1936年就出版了《稳定币值会计》一书，提出了对通货膨胀进行会计处理的方法，被会计界誉为英文文献中物价变动会计的首创。通货膨胀会计思想的出现，标志着高级财务会计进入了萌芽期。

(二) 高级财务会计的发展期

第二次世界大战后，西方主要工业国家开始由军事工业向民用工业转变，这需要更新设备和扩大投资。而传统的信贷方式已无法满足这种旺盛的资金需求，在银行和企业的共同参与下，在 20 世纪 50 年代产生了以融资租赁为主的现代租赁业务，以解决各国各行业资金不足的问题。融资租赁业务的出现促进了租赁会计的产生。1953 年，美国会计程序委员会（CAP）发表了《第 43 号会计研究公告》，其中对融资租赁会计的处理方法提出若干意见。

20 世纪 60 年代末，世界经济出现了迅猛发展的局面，科学技术的突破，新兴工业部门（如计算机、激光、宇航、核能、海洋开发、合成材料等部门）相继兴起，必然要求形成拥有巨额资金的强大垄断企业，因此出现了第三次企业兼并浪潮。此次企业兼并是以混合兼并占主导地位，把相互之间没有关联的各类企业，通过兼并，整合成一个混合体，这个混合体在一个企业主统一指挥、统一管理、统一经营下进行运转。美国会计程序委员会（CAP）针对企业兼并浪潮，于 1959 年发表了《第 51 号会计研究公告——合并财务报表》，对合并财务报表的编制提出了若干指导意见。

20 世纪 60 年代，西方国家发生了持续的通货膨胀，对会计信息的真实性和有用性产生了较大的冲击。会计理论界和实务界开始对此加以关注，并进行了研究，逐步形成了不同的学术学派，如古典学派、新古典学派和激进学派等，这些不同的学派，构成了物价变动会计的雏形。针对物价变动对财务会计的影响，美国注册会计师协会（AICPA）的会计研究分会（ARD）于 1963 年发表了《第 6 号会计研究公告——呈报物价水准变动的财务影响》。美国注册会计师协会（AICPA）的会计原则委员会（APB）于 1960 年发表了《第 3 号公告——重编一般物价水准变动的财务报表》，以指导会计处理物价变动对财务信息质量的影响。在这一时期，西方国家对企业加强了所得税的征管，允许应税收益与会计收益有一定的区别，如何重新计算应税收益将直接影响到企业缴纳所得税的多少，影响企业的净收益，因此所得税会计也应运而生。

20 世纪五六十年代是高级财务会计的发展时期，其主要内容已基本形成，并已具有一定的会计处理规则，因此在西方国家已出现了高级财务会计课程，并进入了西方国家的大学课堂，但高级财务会计课程的内容尚不完善，有待进一步发展。

（三）高级财务会计的成熟期

进入 20 世纪 70 年代后，在 20 世纪 60 年代企业兼并的基础上形成了庞大的跨国集团公司。跨国集团公司的出现，必然引起会计计量单位的多元化，即外币和本位币的双重计量单位，于是就产生了大量的外币业务和汇兑业务。跨国集团公司编制合并财务报表还涉及外币折算问题等，这些都是财务会计无法解决的问题。为了指导处理这些新的会计事项，美国财务会计准则委员会（FASB）于 1973 年发布了《第 1 号财务会计准则公告——外币业务的揭示》，1975 年发布了《第 8 号财务会计准则公告——外币交易和外币财务报表换算的会计处理》，20 世纪 70 年代以后就形成了较为成熟的外币业务会计。在这一时期，西方国家已健全了期货交易市场，尤其是金融期货交易和期权交易得到了较大的发展，如 1972 年美国芝加哥商业交易所（CME）首先推出英镑、加拿大元、联邦德国马克、法国法郎、日元和瑞士法郎期货合约交易，以规避汇率风险。1975 年，芝加哥期货交易所率先推出第一张抵押证券期货合约（GNNA）以规避利率风险。1982 年，美国堪萨斯城期货交易所推出第一个股价指数期货合约——价值线指数期货，以规避股市风险。1973 年，美国芝加哥成立了期权交易所。1982 年，荷兰的阿姆斯特丹交易所进行了世界上第一笔外汇期权交易，芝加哥期货交易所引进了美国国库券期货期权。大批的期货交易，也就必然引起大量的期货交易的会计事项，为了指导这些期货交易事项的会计处理，美国财务会计准则委员会（FASB）于 1984 年发布了《第 80 号财务会计准则公告——期货合同的会计处理》，建立了较为完善的期货会计处理方法，形成了期货会计。

20 世纪 70 年代以后，西方国家通货膨胀加剧，形成了许多物价变动会计理论与模式。

（1）一般物价水平会计。其奠基人是美国著名会计学家亨利 · W. 斯威尼（Henery W Sweeney）。他在 1936 年出版的《稳定币值会计》一书提出了等值美元会计思想，在 20 世纪 70 年代以后得到了广泛的支持与发展。国际会计准则委员会（IASC）于 1977 年发布了《第 8 号准则公告——会计对物价变动的反映》，1981 年发布了《第 15 号准则公告——反映物价变动影响的资料》，1989 年发布了《第 29 号准则公告——恶性通货膨胀经济中的财务报告》，形成了系统的一般物价水平会计的理论与方法。

（2）现行成本会计。这种模式主张以现行成本来代替历史成本，以消除各个企业所承受的个别物价变动影响。其理论创始人为美国著名会计学家爱德华兹。他于 1961 年出版了《企业收益的理论和计量》一书，指出了采用现行成本计量的理论。该理论在 20 世纪 70 年代以后得到较快的发展，并获得了会计职业团体的支持。例如，美国证券交易委员会（SEC）于 1978 年发布《第 190 号会计文告》，要求大型上市公司必须编报现行重置成本报表，美国财务会计准则委员会（FASB）在上述公告中也予以支持，要求各大公司不仅编报一般物价水平会计补充报表，而且还同时要求编制现行成本会计补充报表。英国、澳大利亚、加拿大和新西兰等国家的会计职业界亦追随美国，陆续发布了现行成本会计征求意见稿，并试行现行成本会计。

（3）变现价值会计。这种模式主张以资产的现时价值或变现价值为计价标准。其代表性人物为美国会计学家麦克尼尔（Kmacneal），他于 1939 年出版了《会计中的真实性》一书，主张按资产的现时价值计价。20 世纪 60 年代，澳大利亚的会计学家钱伯斯（R Chambers）在《算盘》杂志上发表了《通货膨胀会计：方法与问题》一文丰富与发展了麦克尼尔的学说。美国会计学家罗伯特 · 斯特林于 1970 年前后相继发表了他的《企业收益计量理论》（*Theory of the Measurement of Entcrprice Income*）和《计量收益和财富的相关标准的应用》（*Measuring Income and Wealth: an Application of the Rele-vance Criterion*）进一步丰富和发展了变现价值会计理论。

20 世纪 80 年代以来，世界经济进入了一个产业结构大调整时期。在这种形势下，西方发达国家掀起了第四次企业兼并浪潮。在第四次企业兼并浪潮中，企业的经济业务又发生了许多变化，如国际投资、母子公司投资，为了逃避各种税收，利用各国的税法和有关法律进行内部价格转移和财产转移等，对原有的所得税会计处理、外币业务的处理以及合并财务报表的编制形成了较大的冲击。为此会计理论界也积极寻求对策。例如，美国财务会计准则委员会（FASB）于 1987 年发布了《第 96 号财务会计准则公告——所得税会计》，于 1992 年发布了《第 109 号财务会计准则公告——所得税会计》，于 1981 年发布了《第 52 号财务会计准则公告——外币折算》，于 1982 年发布了《第 57 号财务会计准则公告——有关关联者揭示》《第 70 号财务会计准则公告——财务报告与物价变动：外币核算》，以期指导处理第四次兼并浪潮所产生的新的会计业务。

20 世纪 80 年代以来，随着社会经济环境的变化，新的会计业务不断出现，高级财务会计的基本内容、业务处理指导思想和方法都已基本形成，并得到了会计职业界的广泛认可与接受，成为一种会计惯例。这说明高级财务会计已经形成了不同于中级财务会计的理论基础和方法体系，对中级财务会计中难以包括的内容进行了补充，从而使财务会计体系更加完整。这些不同于中级财务会计的理论基础和方法体系标志着高级财务会计的成熟。

我国财政部于 2006 年 2 月 15 日出台了《企业会计准则——基本准则》和 38 项具体准则，于 2014 年出台了《企业会计准则第 39 号——公允价值计量》《企业会计准则第 40 号——合营安排》《企业会计准则第 41 号——在其他主体中权益的披露》，于 2017 年出台了《企业会计准则第 42 号——持有待售的非流动资产、处置组和终止经营》，至此，1 项基本准则和 42 项具体准则，形成了相对完整的准则体系。2014 年，我国财政部对《企业会计准则——基本准则》《企业会计准则第 2 号——长期股权投资》《企业会计准则第 9 号——职工薪酬》《企业会计准则第 30 号——财务报表列报》《企业会计准则第 33 号——合并财务报表》和《企业会计准则第 37 号——金融工具列报》进行了修订。2017 年，我国财政部对《企业会计准则第 14 号——收入》《企业会计准则第 16 号——政府补助》《企业会计准则第 22 号——金融工具确认和计量》《企业会计准则第 23 号——金融资产转移》《企业会计准则第 24 号——套期会计》和《企业会计准则第 37 号——金融工具列报》进行了修订。2018 年，我国财政部对《企业会计准则第 21 号——租赁》进行了修订。此外，2018 年 12 月 26 日，我国财政部就合并及修订《企业会计准则第 25 号——原保险合同》和《企业会计准则第 26 号——再保险合同》下发了征求意见稿，并分别于 2019 年 1 月 14 日和 2019 年 1 月 24 日下发修订《企业会计准则第 12 号——债务重组》和《企业会计准则第 7 号——非货币性资产交换》的征求意见稿。

其中，《企业会计准则第 19 号——外币折算》《企业会计准则第 20 号——企业合并》《企业会计准则第 21 号——租赁》《企业会计准则第 22 号——金融工具的确认与计量》《企业会计准则第 23 号——金融资产转移》《企业会计准则第 24 号——套期保值》《企业会计准则第 33 号——合并财务报表》等准则的制定和出台，说明高级财务会计在我国已初具规模，形成了相应的会计理论和实务处理方法。

第二节　高级财务会计产生的理论基础

一、会计基本假设的突破

会计假设是对系统运行条件和运行环境的一种合理判断或约定。环境是系统的外部制约因素，由于系统的外部制约因素极为复杂且缺乏稳定性，因此必须采取抽象分析的方法，对其进行总结概括，并剔除其不稳定因素，以创立一个能够保证系统正常运行的外部环境。总之，会计假设是一系列会计方法和程序建立的前提。1964年，美国伊利诺伊大学的一个研究小组发表了题为《基本会计假设与原则说明》(*A Statement of Basic Accounting Postulates and Principles*) 的研究报告。该报告认为会计假设具有五个特征：第一，会计假设在本质上是具有普遍性的，而且是指导其他命题的基础；第二，会计假设是不言自明的命题，它们直接与会计职业相关或构成其基石；第三，会计假设虽然是普遍认可有效的，但却是无法证明的；第四，会计假设应具有内在一致性，它们不会互相冲突；第五，每个会计假设都是独立的基本命题，并不会与其他会计假设重复或交叉。也就是说，会计假设代表的前提虽然具有普遍意义，但并不排除意外情况或特殊环境的出现。事实上，只要这些意外情况或特殊环境不是很明显地违背会计系统运行的基本前提，人们可以将其忽略不计，这也正是会计假设提出的原因。然而，当客观经济环境发生剧烈变化，会计基本假设要求的运行环境或运行条件被严重背离时，建立在这些基本假设基础上的会计方法和程序将不再适用。在这种情况下，会计人员必须寻找与特定环境或特定运行条件相适应的会计方法或程序。高级财务会计的许多重要内容实际上就是在这种特殊背景下产生的。

（一）会计主体假设的突破

会计主体是对会计服务对象的范围所做的限定。典型的会计主体是一个具有独立经济活动的经济主体。20世纪初，西方国家逐步由自由竞争走向垄断，市场竞争更加激烈，于是出现了以控股合并为主要形式的第一次企业兼并浪潮。控股合并形成了以控制为联结点的企业集团。为全面了解企业集团财务活动的全貌，便有了编制合并财务报表的需要。第一次世界大战后，在美国经济快速发展的带动下，又产生了第二次企业兼并浪潮，进而导致了合并报表的广泛应用，从而产生了一些重要思想，包括经济实体的概念、合并产生的商誉等①。20世纪60年代末，随着科学技术的突飞猛进，新型工业技术，如计算机、激光、航天、核能、海洋开发、合成材料等新兴技术的不断兴起，要求企业拥有巨额资本，继而出现了第三次企业兼并浪潮。此次企业兼并是以混合兼并占主导地位，包括相关联的各类企业，通过兼并，形成一个混合体，这个混合体在一个企业主统一指挥、统一管理、统一经营下运转②。以控股关系形成的企业集团的出现，使会计服务的对象不再局限于单个企业，会计主体的概念得以扩展。与此相对应，伴随着企业外部对企业经营管理活动关注度的提高，一些原本不属于会计主体的企业内部相对独立的经济单位也成为对外报告的会计主体，并形成了与此相适应的会计组成部分，如总分店会计和分部报告等。

（二）持续经营假设的突破

持续经营是指会计主体将按照既定的经营目标和经营方针持续地经营下去，在可预见的将来不会发生倒闭或清算。一般而言，任何企业都有在未来发生破产清算可能性，也正是由于这一原因，才需要通过“假设”为会计方法的建立铺平道路。因此，持续经营假设是一系列会计方法建立的重要前提，离开这一前提，会计确认、

① 恭维敬. 企业兼并论［M］. 上海：复旦大学出版社，1996.
② 恭维敬. 企业兼并论［M］. 上海：复旦大学出版社，1996.

计量以及报告将失去存在的基础。然而，在激烈的市场竞争中，企业由于经营失败而陷入破产清算，或者由于兼并或重组而被迫终止经营的情况时有发生，在企业持续经营的环境遭到破坏的情况下，原有的建立在持续经营条件下的会计方法或程序将失去存在的基础。为此，我国《企业会计准则第 30 号——财务报表列报》第四条明确规定：企业应当以持续经营为基础，根据实际发生的交易和事项，按照《企业会计准则——基本准则》和其他各项会计准则的规定进行确认和计量，在此基础上编制财务报表。以持续经营为基础编制财务报表不再合理的，企业应当采用其他基础编制财务报表，并在附注中披露这一事实。也就是说，当持续经营假设不再成立时，企业必须放弃以此为前提的会计方法或程序，代之以与特定经营条件相适应的会计方法进行确认、计量和报告，由此产生了一些适用于非持续经营基础上的会计处理方法，如破产清算会计、企业合并会计、企业重组会计以及非持续经营条件下的会计披露事项等。

（三）会计分期假设的突破

会计分期假设，即人为地把持续不断的经营活动分割为首尾相接、间隔相等的期间。之所以要对持续不断的经营活动进行人为分期，是因为企业的经营活动持续不断，此起彼伏，很难按企业经营活动的周期截然分开，只有通过人为分期的方式才能及时或定期反映企业的经营成果和财务状况及现金流量。典型的会计分期包括年度和中期。年度，即以一个完整的会计年度为会计期间；中期，即以一个短于一年的期间为会计期间，具体包括月度、季度或半年度。在会计实践中这种分期方法常常由于特殊情况的出现而被打破，如在企业创建时期，企业的会计年度通常为企业经营活动开始日至当年 12 月 31 日；在企业破产清算期间，企业的年度一般为当年年初至法院裁定的破产清算日。当企业会计政策发生变更时，企业有必要对前期事项按变更后的会计政策进行追溯调整，此时的会计期间实际上已远远超过一个完整的会计年度。工程承包业务或农业企业往往要根据其特定的生产周期选择特定的会计期间，由于此类会计期间的选择有其特殊性，其会计处理方法自然不同于常规会计处理方法。

（四）货币计量假设的突破

货币计量假设是指会计计量应采用且只能采用同质的货币单位作为计量单位。货币计量是会计的最重要的特征。之所以将会计计量称为假设，是因为货币计量至少蕴含着以下三层含义：

（1）在多种计量单位并存的情况下，会计计量只能选择货币作为计量单位。

（2）在多种货币单位并存的情况下，会计计量只能选择一种货币作为记账本位币。

（3）在选定的货币单位很难保证同质，即很难保证单位货币购买力相同的情况下，必须假定币值相对稳定，即所谓币值不变。只有这样才能保证货币单位的综合性和可比性。

就货币计量假设的第一层含义而言，这一假定尽管未受到严重挑战，但会计信息使用者的多元化，要求会计必须提供越来越多的非货币单位信息，或者以会计报表附注的形式提供更多的文字信息。就货币计量假设的第二层含义而言，随着国际贸易的迅速发展，资本市场的日益全球化，产生了大量的非记账本位币业务和汇兑业务。与此同时，跨国经营集团合并报表的编制又引发了外币报表折算问题。就会计计量假设的第三层含义而言，20 世纪初主要西方国家发生的持续 20 多年的通货膨胀以及 20 世纪 60 年代发生的持续性的通货膨胀，对币值不变假设带来巨大冲击，因此会计理论界和实务界不断寻找对策，最终形成了通货膨胀会计，而通货膨胀会计思想的出现则又直接促进了高级财务会计的产生。

二、财务会计目标和会计信息质量要求

一般认为，财务会计的目标包括反映管理层的受托责任和向投资者提供对决策有用的信息。为完成这一目标，会计信息需要满足一定的质量要求，否则财务会计的目标无从实现。因此，根据财务会计的目标和会计信息质量要求，对满足会计确认和计量的所有会计业务需要进行会计处理，由于经济环境变化形成的新的会计业务也不例外。

（一）可靠性要求

企业应当以实际发生的交易或事项为依据进行确认、计量和报告，如实反映符合确认和计量要求的各项会计要素及其他相关信息，保证会计信息真实可靠、内容完整。为了贯彻可靠性要求，企业应当做到：

（1）以实际发生的交易或事项为依据进行确认、计量，将符合会计要素定义及其确认条件的资产、负债、所有者权益、收入、费用和利润等如实反映在财务报表中，不得根据虚构的、没有发生的或尚未发生的交易或事项进行确认、计量和报告。

（2）在符合重要性和成本效益原则的前提下，保证会计信息的完整性，其中包括应当编报的报表及其附注内容等应当保持完整，不能随意遗漏或减少应予披露的信息，与使用者决策相关的有用信息都应当充分披露。

（3）包括在财务报告中的会计信息应当是中立的、无偏的。如果企业在财务报告中为了达到事先设定的结果或效果，通过选择或列示有关会计信息以影响决策和判断的，这样的财务报告信息就不是中立的。

（二）相关性要求

企业提供的会计信息应当与投资者等财务报告使用者的经济决策需要相关，有助于投资者等财务报告使用者对企业过去、现在或未来的情况做出评价或预测。一般认为，一项信息的相关性取决于其预测价值、反馈价值。

（1）预测价值。如果一项信息能帮助决策者对过去、现在和未来事项的可能结果进行预测，则该项信息具有预测价值。决策者可以根据预测的结果，做出其认为的最佳选择。因此，预测价值是构成相关性的重要因素，具有影响决策者决策的作用。

（2）反馈价值。一项信息如果能有助于决策者验证或修正过去的决策和实施方案，即具有反馈价值。把过去决策产生的实际结果反馈给决策者，可以使其与当初的预期结果相比较，验证过去的决策是否正确，总结经验以防止今后再犯同样的错误。反馈价值有助于未来决策。

（三）可理解性要求

企业提供的会计信息应当清晰明了，便于投资者等财务报告使用者理解和使用。

企业编制财务报告、提供会计信息的目的在于使用，而要使使用者有效使用会计信息，应当能让其了解会计信息的内涵，弄懂会计信息的内容，这就要求财务报告提供的会计信息应当清晰明了、易于理解。只有这样，才能提高会计信息的有用性，实现财务报告的目标，满足向投资者等财务报告使用者提供决策有用信息的要求。会计信息毕竟是一种专业性较强的信息产品，在强调会计信息的可理解性要求的同时，还应假定使用者具有一定的有关企业经营活动和会计方面的知识，并且愿意付出努力去研究这些信息。对于某些复杂的信息，如交易本身较为复杂或会计处理较为复杂，但其与使用者的经济决策相关，企业就应当在财务报告中予以充分披露。

（四）可比性要求

企业提供的会计信息应当相互可比。这主要包括以下两层含义：

（1）同一企业不同时期可比。为了便于投资者等财务报告使用者了解企业财务状况、经营成果和现金流量的变化趋势，比较企业在不同时期的财务报告信息，全面、客观地评价过去、预测未来，从而做出决策，会计信息质量的可比性要求同一企业不同时期发生的相同或相似的交易或事项，应当采用一致的会计政策，不得随意变更。但是，满足会计信息可比性要求，并非表明企业不得变更会计政策，如果按照规定或在会计政策变更后可以提供更可靠、更相关的会计信息，企业可以变更会计政策。有关会计政策变更的情况，应当在附注中予以说明。

（2）不同企业相同会计期间可比。为了便于投资者等财务报告使用者评价不同企业的财务状况、经营成果和现金流量及其变动情况，会计信息质量的可比性要求不同企业同一会计期间发生的相同或相似的交易或事项，应当采用规定的会计政策，确保会计信息口径一致、相互可比，以使不同企业按照一致的确认、计量和报告要求提供有关会计信息。

（五）实质重于形式要求

企业应当按照交易或事项的经济实质进行会计确认、计量和报告，不仅仅以交易或事项的法律形式为依据。企业发生的交易或事项在多数情况下，其经济实质和法律形式是一致的。但在有些情况下，会出现不一致。例如，企业以融资租赁方式租入的资产虽然从法律形式上来讲并不拥有其所有权，但是由于租赁合同中规定的租赁期较长，接近于该资产的使用寿命；租赁期结束时承租企业有优先购买该资产的选择权；在租赁期内承租企业有权支配资产并从中受益等，因此从其经济实质来看，企业能够控制融资租入资产所创造的未来经济利益，在会计确认、计量和报告上就应当将以融资租赁方式租入的资产视为企业的资产，列入企业的资产负债表。

（六）重要性要求

企业提供的会计信息应当反映与企业财务状况、经营成果和现金流量有关的所有重要交易或事项。在实务中，如果会计信息的省略或错报会影响投资者等财务报告使用者据此做出决策的，该信息就具有重要性。重要性的应用需要依赖职业判断，企业应当根据其所处环境和实际情况，从项目的性质和金额大小两方面加以判断。例如，我国上市公司要求对外提供季度财务报告，考虑到季度财务报告披露的时间较短，从成本效益的原则考虑，季度财务报告没有必要像年度财务报告那样披露详细的附注信息。因此，《企业会计准则第 32 号——中期财务报告》规定，公司季度财务报告附注应当以年初至本中期期末为基础编制，披露自上年度资产负债表日之后发生的、有助于理解企业财务状况、经营成果和现金流量变化情况的重要交易或事项。这种附注披露，体现了会计信息质量的重要性要求。

（七）谨慎性要求

企业对交易或事项进行会计确认、计量和报告时保持应有的谨慎，不应高估资产或收益、低估负债或费用。在市场经济环境下，企业的生产经营活动面临着许多风险和不确定性，如应收款项的可收回性、固定资产的使用寿命、售出存货可能发生的退货或返修等，此时需要企业在面临不确定性因素的情况下做出职业判断时，应当保持应有的谨慎，充分估计到各种风险和损失，既不高估资产或收益，也不低估负债或费用。例如，企业对可能发生的资产减值损失计提资产减值准备、对售出商品可能发生的保修义务等确认预计负债等，就体现了会计信息质量的谨慎性要求。谨慎性要求的应用也不允许企业设置秘密准备，如果企业故意低估资产或收益、故意高估负债或费用，将不符合会计信息的可靠性和相关性要求，损害会计信息质量，扭曲企业实际的财务状况和经营成果，从而对使用者的决策产生误导，这是企业会计准则所不允许的。

（八）及时性要求

企业对于已经发生的交易或事项应当及时进行确认、计量和报告，不得提前或延后。会计信息的价值在于帮助所有者或其他方面做出经济决策，具有时效性。即使是可靠、相关的会计信息，如果不及时提供，就失去了时效性，对于使用者的效用就大大降低甚至不再具有实际意义。企业在会计确认、计量和报告过程中贯彻及时性要求：一是要求及时收集会计信息，即在经济交易或事项发生后，及时收集整理各种原始单据或凭证；二是要求及时处理会计信息，即按照企业会计准则的规定，及时对经济交易或事项进行确认或计量，并编制出财务报告；三是要求及时传递会计信息，即按照国家规定的有关时限，及时地将编制的财务报告传递给财务报告使用者，便于其及时使用和决策。在实务中，为了及时提供会计信息，企业可能需要在有关交易或事项的信息全部获得之前即进行会计处理，这样就满足了会计信息的及时性要求，但可能会影响会计信息的可靠性；反之，如果企业等到与交易或事项有关的全部信息获得之后再进行会计处理，这样的信息披露可能会由于时效性问题，对于投资者等财务报告使用者决策的有用性将大大降低。这就需要在及时性和可靠性之间做相应权衡，以更好地满足投资者等财务报告使用者的经济决策需要为判断标准。

第三节 高级财务会计的研究内容

高级财务会计虽然从名称上早已为人们所熟知，在内容上也渐趋稳定，并且与中级财务会计的分界亦渐趋明朗，但对其应包含的内容仍存争议。为准确把握高级财务会计的本质特征，我们有必要从以下几个方面进行解析：

一、高级财务会计本质上属财务会计范畴

高级财务会计是从财务会计中分离出来的一个学科，因而其在本质上应具有财

务会计的基本特征。财务会计的基本特征可概括为以下五个方面：

（1）以货币为主要计量单位。

（2）会计目标是向会计信息使用者提供对其决策有用的信息。

（3）以复式记账为方法基础。

（4）以体现企业相关各方共同利益的企业会计准则为会计确认、计量和报告依据。

（5）所提供的信息具有完整性、连续性和系统性的特征。其中，完整性是指财务会计的对象是企业整体的经济活动，而不是局部或部分经济活动；连续性是指会计记录应反映企业发生的每一项经济活动而不能有所遗漏；系统性是指会计确认、计量和报告方法具有层次性、结构性和统一性。

高级财务会计同时具备了以上五个基本特征，因此在本质上，高级财务会计应属于财务会计范畴。

二、高级财务会计的内容具有特殊性

高级财务会计与中级财务会计同属财务会计的基本内容，两者在目标、方法和会计处理依据等方面是完全一致的，但两者在具体内容上却有所不同。中级财务会计的内容主要是一般工商服务类企业持续经营前提下常规会计事项的确认、计量和报告，如工业企业供产销业务的会计处理；企业常见资产、负债、收入、费用的确认与计量；资本投入与利润分配的确认与计量以及以资产负债表、利润表、现金流量表、所有者权益（或股东权益）变动表、会计报表附注等常规会计报告等。高级财务会计的内容则主要包括特殊行业或特殊企业的会计处理，如石油天然气企业、农业企业、金融保险企业等；一般工商服务类企业的特殊业务的会计处理，如租赁业务、外币业务以及衍生金融工具的会计处理业务等；特殊报告事项，如合并财务报表、分部报告、中期财务报告以及关联方披露等报告事项；特殊环境事项，如通货膨胀会计及破产清算会计；特殊组织事项，如独资企业和合伙企业等。

三、高级财务会计应与中级财务会计的恰当配合

高级财务会计与中级财务会计乃至初级财务会计构成了一个完整的财务会计学科体系。其中，初级财务会计主要介绍财务会计学的基本概念、基本方法和基本程序，因此又被称为会计学原理或基础会计学；中级财务会计和高级财务会计则主要围绕企业会计实务，并依据企业会计准则而展开，因此又被合称为会计实务，因此，建立完整的财务会计学科体系最重要的问题是中级财务会计与高级财务会计之间的分工与配合问题。也就是说，高级财务会计的内容不仅决定于自身特性，还要看同一教材体系中中级财务会计包含的内容。两者应该做到各有重点、互不重复、相互配合。高级财务会计与中级财务会计同受企业会计准则的约束，因此企业会计准则规范的内容除在中级财务会计中讲授的外，都应是高级财务会计的内容。当然，两者在内容上有所交叉或重复在所难免，区别只是两者强调的重点或讲述的详细程度不同而已。从目前的情况来看，我国企业会计准则仍在不断的发展和完善之中，许多内容尚未进行具体规范，如非持续经营条件下的会计处理以及通货膨胀条件下的

会计处理等，这些内容虽然暂未受到企业会计准则规范，但从世界范围或从我国企业会计的未来发展来看，由企业会计准则对其进行规范乃大势所趋，因此将其包括于高级财务会计里完全在情理之中。

四、高级财务会计的内容框架

高级财务会计是高等院校会计学专业的主干课程，其内容目前已成为会计师、高级会计师以及注册会计师等高层次会计人员的必备专业知识。但从目前的情况来看，国内外各高校会计专业开设的高级财务会计或高级会计学的内容各不相同。随着我国企业会计准则体系的修订与完善，高级财务会计的内容选择不仅面临着横向比较的问题，还同时面临着内容更新的问题。

（一）国内外同类教材比较

为全面了解国内外同类教材的内容选择情况，我们选取了国内有一定代表性的《高级财务会计》教材，对其内容进行比较（见表1-1）。

表1-1 不同版本《高级财务会计》教材内容比较

《高级财务会计》，东北财经大学出版社，刘永泽、傅荣主编，2018年8月第6版	《高级会计学》，中国人民大学出版社，耿建新、戴德明主编，2019年2月第8版	《高级财务会计》，中国人民大学出版社，傅荣主编，2018年8月第4版	《高级财务会计》，中国人民大学出版社，储一昀主编，2016年9月第1版	《高级财务会计》，中国财政经济出版社，路国平、黄中生主编，2018年8月第4版	《高级财务会计》，暨南大学出版社，陈美华主编，2013年第2版	《高级财务会计》，人民邮电出版社，石本仁主编，2019年9月第4版
企业合并会计	非货币性资产交换	非货币性资产交换会计	企业扩张与企业合并	绪论	高级财务会计学概论	市场经济与财务会计
合并财务报表	债务重组	债务重组会计	企业合并的会计方法	所得税会计	外币折算会计	长期股权投资
外币业务会计	股份支付	股份支付会计	合并日的合并财务报表	外币业务会计	租赁	企业合并
租赁会计	政府补助	外币折算会计	购并日后的合并财务报表	企业合并	债务重组	合并财务报表——基本程序与方法
衍生金融工具会计	所得税	租赁会计	集团内部存货交易	合并财务报表	非货币性资产交换会计	合并财务报表——公司间交易的抵销
股份支付会计	外币折算	所得税会计	集团内部固定资产交易	租赁	衍生工具	合并财务报表——综合举例
中期财务报告	企业合并	企业合并会计	集团内部债券交易	非货币性资产交换	企业合并	合并中的其他问题
分部报告	合并财务报表（上）	合并财务报表的编制：基础	股权变动	股份支付	政府补助	分支机构会计
清算会计	合并财务报表（下）	合并财务报表的编制：一般流程	复杂控股关系	衍生金融工具	股份支付	外币交易的会计处理
特殊行业会计	租赁	合并财务报表的编制：特殊交易	合并现金流量表与合并每股收益	债务重组	生物资产	外币报表折算

表1-1（续）

《高级财务会计》，东北财经大学出版社，刘永泽、傅荣主编，2018年8月第6版	《高级会计学》，中国人民大学出版社，耿建新、戴德明主编，2019年2月第8版	《高级财务会计》，中国人民大学出版社，傅荣主编，2018年8月第4版	《高级财务会计》，中国人民大学出版社，储一昀主编，2016年9月第1版	《高级财务会计》，中国财政经济出版社，路国平、黄中生主编，2018年8月第4版	《高级财务会计》，暨南大学出版社，陈美华主编，2013年第2版	《高级财务会计》，人民邮电出版社，石本仁主编，2019年9月第4版
	套期会计	衍生金融工具会计	外币交易会计	企业清算会计概述	建造合同	衍生工具会计和金融资产转移的会计处理
	企业清算、破产与重整	清算会计	外币报表折算	每股收益	保险合同	套期会计
			衍生金融工具会计		石油天然气开采	合伙会计
			分部报告与中期报告		企业年金基金	企业破产清算会计
			租赁会计		合并财务报表	政府与行政事业单位会计
			养老金会计		或有事项列报与披露	
			公司财务困境		关联方披露	
			合伙企业会计		中期财务报告	
					分部报告	
					物价变动会计	
					企业清算会计	

从表1-1可以看出，尽管各版本《高级财务会计》教材涉及的内容互有差别，但共同的内容，如企业合并、合并财务报表、外币业务、租赁、衍生金融工具会计，相对集中，这为高级财务会计的内容选择提供了一定的依据。

（二）高级财务会计的内容选择

根据前述高级财务会计的本质及特殊性，高级财务会计的内容选择应遵循以下原则：

1. 内容选择应限制在财务会计的范围之内

高级财务会计有两个重要的特征，即以服务于外部各界的共同需要为基本目标，以企业会计准则为会计处理的基本依据。凡不符合这两条标准的内容都不应包括在高级财务会计的范围之内，如会计职业道德、人力资源会计、政府及非营利组织会计等。其中，会计职业道德不同于企业会计准则，会计职业道德是从事会计工作的人员应遵循的行为规范，而企业会计准则是会计确认、计量和报告应遵循的业务规范，尽管会计职业道德规范对提高对外报告质量大有益处，但在性质上并不属于财务会计的基本内容。人力资源会计以人力资源带来的收益和费用为主要核算对象，目前主要是为企业内部管理提供服务，尚未受企业会计准则的约束，因此属于管理会计的内容。政府及非营利组织会计尽管在基本概念、基本原则和基本方法上与财务会计无异，如政府及非营利组织会计也使用复式记账法，在会计确认、计量、报告中遵循的基本原则以及财务报告的方式与财务会计基本一致，但由于其不受企业会计准则的约束，因此也不应包括在高级财务会计之中。

2. 内容选择应考虑与中级财务会计的分工和衔接

高级财务会计与中级财务会计共同构成一个完整的财务会计教学体系，对于属于同一教学系列的教材而言，两者应尽量避免重复和交叉，如资产减值、投资性房地产等内容通常属中级财务会计的基本内容，因此不应再出现于高级财务会计之中。

3. 内容选择与排列应具有一定的整体性和结构性

高级财务会计不仅要与财务会计学科体系内的其他学科构成一个完整的体系，其各章节之间也应有恰当的逻辑关系和结构层次。就内容而言，高级财务会计虽然看似散乱庞杂，但有明显的群集性和结构性。例如，对于企业遇到的特殊业务的会计处理问题，高级财务会计可将其归类为特殊业务会计；对于不同行业、不同类型企业遇到的特殊会计处理问题，高级财务会计可将其归类为特殊行业会计；对于企业编制财务报告遇到的特殊问题或应予呈报的特殊事项，高级财务会计可将其归类为特殊报告会计；对于在会计基本假设受到冲击的情况下遇到的会计处理问题，高级财务会计可将其归类为特殊环境会计；等等。

五、高级财务会计的基本框架

根据以上思路，高级财务会计的基本结构及具体内容可安排如下：

（一）特殊业务会计

特殊业务会计具体包括外币业务会计、股份支付会计、政府补助会计、租赁会计、衍生金融工具会计、企业合并会计。

（二）特殊报告会计

特殊报告会计具体包括合并财务报表、中期财务报告、分部报告。

（三）特殊行业会计

特殊行业会计具体包括生物资产、石油天然气开采。

（四）特殊环境会计

特殊环境会计主要包括清算会计。

（五）特殊组织会计

特殊组织会计具体包括独资企业会计、合伙企业会计。这类企业和公司制企业不同，它们承担无限责任，在会计处理上也存在特殊性，应属于高级财务会计的研究范围。但囿于篇幅，加之独资企业会计和合伙企业会计尚无统一规范，故本教材未将其列入。

以上内容既涵盖了现有高级财务会计的主要内容，剔除了一些不符合高级财务会计本质要求的内容，各部分之间具有逻辑一致性，且紧紧围绕我国现行企业会计准则而展开，因而便于学习者学习和应用。

□思考题

1. 简述高级财务会计的发展历程和形成的理论基础。
2. 高级财务会计与中级财务会计有何区别？

第二章
外币业务会计

【学习目标】

通过本章的学习，学生应了解外币业务的基本内容，掌握记账本位币的确定方法；掌握外币统账制和外币分账制会计处理方法；理解外币财务报表折算的基本含义，了解四种基本外币财务报表折算方法；掌握我国外币财务报表的折算方法；能够熟练运用本章所学知识对外币交易业务与外币财务报表折算业务进行正确的会计处理。

第一节　外币业务概述

一、外币与外汇

外币的概念有广义和狭义之分，狭义概念的外币是指除了本国货币以外的其他国家或地区的货币；广义概念的外币是指所有以外币表示的能够用于国际结算的支付手段。外币通常用于企业因贸易、投资等经济活动引起的对外结算业务中。

外汇是外币资金的总称。按照国际货币基金组织的解释，外汇是货币行政管理当局以银行存款、国库券、长短期政府债券等形式保有的在国际收支逆差时可以使用的债权。《中华人民共和国外汇管理条例》第三条规定，外汇是指下列以外币表示的可以用作国际清偿的支付手段和资产：外国现钞，包括纸币、铸币；外币有价证券，包括债券、股票等；外汇支付凭证或者支付工具，包括票据、银行存款凭证、银行卡等；特别提款权；其他外汇资产。

二、外汇汇率

汇率又称汇价，是以一国货币表示另一国货币的价格，即将一国货币换算成另一国货币的比率。

（一）汇率的标价

汇率的标价是以外国货币表示本国货币的价格或以本国货币表示外国货币的价格，可用以下两种方式加以表述：

1. 直接标价法

直接标价法又称应付标价法，是以一定单位的外币为标准折合成一定数额的本国货币。其特点是：外国货币的数额固定不变，本国货币的数额随着汇率的高低变化而变化，本国货币币值的大小与汇率的高低成反比。目前，世界上大多数国家汇率的标价均采用直接标价法，我国也采用这种方法。

2. 间接标价法

间接标价法又称应收标价法，是以一定单位的本国货币为标准折合成一定数额的外国货币。其特点是：本国货币的数额固定不变，外国货币的数额随着汇率的高低变化而变化，本国货币币值的大小与汇率的高低成正比。通常，英国、美国采用这种方法，但美国对英国采用直接标价法。

（二）汇率的种类

外汇根据不同的要求，具有不同的分类，以下介绍几种主要的分类。

1. 固定汇率和浮动汇率

（1）固定汇率。固定汇率是指某一国家的货币与别国货币的兑换比率是基本不变的，或者是指因某种限制而在一定幅度内进行波动的汇率。固定汇率一般是由政府规定的，将汇率变动规定在一定幅度之内，超出幅度，则实行政府干预。

（2）浮动汇率。浮动汇率是指某一国货币与另一国货币的兑换比率是根据外币市场的供求关系决定的，不受限制的汇率。浮动汇率又分为自由汇率制与管理浮动制。自由汇率制完全由市场供求情况决定，国家不进行干预。在管理浮动制下，政府可以根据本国经济发展需求，采取各种方式干预外汇市场，使汇率不致发生剧烈波动。目前，国际市场上现行的汇率制度大多为浮动汇率制度。

2. 现行汇率、历史汇率和平均汇率

（1）现行汇率。现行汇率是指资产负债表日本国货币与外国货币之间的比率。

（2）历史汇率。历史汇率是指当取得外币资产或承担外币债务时的汇率。

现行汇率和历史汇率一般是相对于当取得外币资产或承担外币债务而言的，当取得外币资产或承担外币债务之日就是资产负债表编制之日时，这两种汇率是相同的。在记录外币交易之日，应用的折算汇率是现行汇率，但此日一过，这种汇率就变成历史汇率了。

（3）平均汇率。平均汇率是将现行汇率或历史汇率按简单算术平均或加权平均计算出的汇率。

三、记账本位币

（一）记账本位币与列报货币

记账本位币是指企业经营所处的主要经济环境中的货币。通常，记账本位币是企业主要收支现金的经济环境中的货币。对于发生多种货币计价的企业，其需要选择一种统一的作为会计基本计量尺度的记账货币，并以该种货币计量和处理经济业务，我们将这种作为会计基本计量尺度的货币称为记账本位币。

列报货币是指企业列报财务报表时采用的货币。同一企业的记账本位币与列报货币可能一致，也可能不一致。也就是说，我国企业的正式编表货币只能是人民币，而记账本位币是可以选择的，既可以是人民币，也可以是人民币以外的其他货币。

我国《企业会计准则第 19 号——外币折算》规定，企业通常应选择人民币作为记账本位币，业务收支以人民币以外的货币为主的企业，也可以选定其中一种货币作为记账本位币，但是编报的财务报表应当折算为人民币。

（二）记账本位币的确定

1. 企业选定记账本位币时应考虑的因素

企业应当根据经营所处的主要经济环境选定记账本位币。企业在选定记账本位币时，应当考虑下列因素：

（1）该货币主要影响商品和劳务的销售价格，通常以该种货币进行商品和劳务的计价与结算。

（2）该货币主要影响商品和劳务所需人工、材料及其他费用，通常以该货币进行上述费用的计价与结算。

（3）融资活动获得的货币以及保存从经营活动中收取款项所使用的货币。

应当指出，在确定企业记账本位币时，上述因素的重要程度因企业的具体情况不同而不同，企业管理当局需要根据实际情况进行判断，但这并不是说企业管理当局可以根据需要随意选择记账本位币，而且根据实际情况确定的记账本位币只能是一种货币。

2. 企业境外经营记账本位币的确定

所谓境外经营，是指企业在境外的子公司、合营企业、联营企业、分支机构。在境内的子公司、合营企业、联营企业、分支机构，采用不同于本企业记账本位币的，也视同境外经营。

企业在选定境外经营的记账本位币时，应当考虑下列因素：

（1）境外经营对其从事的活动是否拥有很强的自主性。如果境外经营从事的活动可以视同本企业经营活动的延伸，构成企业经营活动的组成部分，那么该境外经营应当选择与本企业相同的记账本位币；如果境外经营对其从事的活动具有很强的自主性，那么该境外经营不能选择与本企业记账本位币相同的货币作为记账本位币。

（2）境外经营活动中与企业的交易是否占有较大比重。如果境外经营与企业的交易占境外经营活动的比例较高，那么境外经营应当选择与企业记账本位币相同的货币作为记账本位币；反之，应选择其他货币。

（3）境外经营活动产生的现金流量是否直接影响企业的现金流量，是否可以随时汇回。如果境外经营活动产生的现金流量直接影响企业的现金流量，并可以随时汇回，境外经营应当选择与企业记账本位币相同的货币作为记账本位币；反之，应选择其他货币。

（4）境外经营活动产生的现金流量是否足以偿还其现有债务和可预期的债务。在企业不提供资金的情况下，如果境外经营活动产生的现金流量难以偿还其现有债务和正常情况下可预期的债务，境外经营应当选择与企业记账本位币相同的货币作为记账本位币；反之，应选择其他货币。

（三）记账本位币的变更

企业的记账本位币一经确定，不得随意变更，除非企业经营所处的主要经济环境发生重大变化。企业因经营所处的主要经济环境发生重大变化，通常是指企业主要收入和支出现金的环境发生了重大变化，使用该环境中的货币最能反映企业的主要交易业务的经济结果。

企业因经营所处的主要经济环境发生重大变化，确需变更记账本位币的，应当采用变更当日的即期汇率将所有项目折算为变更后的记账本位币，折算后的金额作为以新的记账本位币计量的历史成本。企业采用同一即期汇率进行折算，不会产生汇兑损益。

企业因经营所处的主要经济环境发生重大变化，需要提供确凿的证据，并应在报表附注中披露变更的理由。

企业记账本位币发生变更的，应按照变更当日的即期汇率将所有项目折算为变更后的记账本位币时，其比较财务报表也应当以可比当日的即期汇率折算所有资产负债表和利润表项目。

四、记账汇率

（一）即期汇率和即期汇率的近似汇率

我国企业会计准则规定，企业在处理外币交易和对外报表进行折算时，应当采用交易发生日的即期汇率将外币金额折算为记账本位币金额反映；也可以采用按照系统合理的方法确定的、与交易日即期汇率近似的汇率折算。

即期汇率通常是指中国人民银行公布的当日人民币外汇牌价的中间价。中间价是指银行买入价与卖出价的平均价。企业发生的外币兑换业务或涉及外币兑换的交易事项，应当按照交易实际采用的汇率，即银行买入价或卖出价进行折算。

即期汇率的近似汇率是指按照系统合理的方法确定的、与交易发生日即期汇率近似的汇率，通常采用当期平均汇率或加权平均汇率等。

企业通常应当采用即期汇率进行折算，当汇率变动不大时，为简化核算，企业在外币交易日或对外币报表的某些项目进行折算时也可以选择即期汇率的近似汇率折算。

（二）记账汇率和账面汇率

记账汇率也称现行汇率，是指企业发生外币业务时，企业会计记账采用的汇率。这个汇率可以采用记账当天的汇率，也可以采用当月 1 日的汇率。会计上所用的记账汇率一般采用中间汇率，根据情况也可以采用银行的买入汇率，可以由企业选定，但一经确定后，不能随意改变。

账面汇率也称历史汇率，是指企业以往外币业务发生时采用的已经登记入账的汇率，即过去的记账汇率。会计账面上已经入账的所有外币业务的汇率都是账面汇率。账面汇率的确定有几种方法，如先进先出法、加权平均法或移动加权平均法和个别认定法等。

五、外币业务及其类型

外币业务包括外币交易和外币财务报表折算。外币交易是指企业以外币计价或结算的交易。根据企业会计准则的规定，不论企业以何种货币作为记账本位币，均可能存在外币交易，如果企业以外币作为记账本位币，该企业与其他企业发生的以人民币计价的交易则为外币交易。尽管外币交易本身是以非记账本位币计量的，但会计上计量和记录这些交易时必须将其表述为记账本位币。外币财务报表折算是为满足特定目的，将以某种货币单位表述的财务报表折算成所要求的按另一种货币单位表述的财务报表。外币业务主要有以下几种类型：

（1）买入或卖出以外币计价的商品或劳务。

（2）借入或借出外币资金。

（3）其他以外币计价或结算的交易。

（4）外币折算业务，即将以某种外币表述的财务报表折算为以另一种货币表述的财务报表。

六、汇兑损益

（一）汇兑损益的概念

汇兑损益是指发生的外币业务折算为记账本位币记账时，由于业务发生的时间不同，所采用的汇率不同而产生的记账本位币的差额，或者是不同货币兑换，由于两种货币采用的汇率不同而产生的折算为记账本位币的差额。汇兑损益给企业带来收益或损失，也是衡量企业外汇风险的一个指标。

（二）汇兑损益的种类

1. 按业务归属划分

外币业务汇兑损益按其业务归属划分，一般可分为以下四种经常性汇兑损益：

（1）交易损益。交易损益是指在发生以外币计价或结算的商品交易中，因收回或偿付债权债务而产生的交易汇兑损益。

（2）兑换损益。兑换损益是指在发生外币与记账本位币，或者一种外币与另一种外币进行兑换时产生的兑换汇兑损益。

（3）调整损益。调整损益是指在会计期末将所有外币债权、债务和外币货币资金账户，按规定的汇率进行调整时而产生的汇兑损益。

（4）折算损益。折算损益是指在会计期末，为了编制合并财务报表或为了重新表述会计记录和财务报表金额，而把按外币计量的金额转化为记账本位币计量的金额的过程中产生的折算汇兑损益。

2. 按本期实现与否划分

汇兑损益按其是否已经在本期实现，一般可分为以下两类：

（1）已实现的汇兑损益。已实现的汇兑损益是指产生汇兑损益的外币业务在本期内已经全部完成所产生的汇兑损益。例如，收到的外币存款在实际支付时，应收的外币债权在实际收回时，应付的外币债务在实际偿还时，不同货币在实际兑换时。一般来说，交易损益和兑换损益属于已实现的汇兑损益。

（2）未实现的汇兑损益。未实现的汇兑损益是指产生汇兑损益的外币业务尚未完成。例如，收到的外币存款尚未实际支付，应收的外币债权尚未实际收回，应付的外币债务尚未实际偿还，一种货币尚未兑换为另一种货币。一般来说，调整损益和折算损益属于未实现的汇兑损益。

以上关于汇兑损益的分类关系如图 2-1 所示。

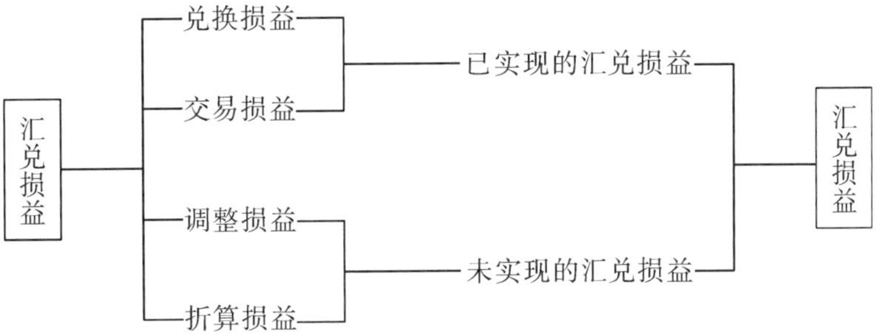

图 2-1　汇兑损益的分类关系

另外，交易损益还可以划分为已结算交易损益和未结算交易损益两种。已结算交易损益是因在记录原始交易日与记录结算日应用的汇率不同而产生的汇兑损益。在原始交易日与结算日跨越了两个会计期间的情况下，为了在会计期末满足编制财务报表的需要，对于尚未结算的债权债务按照编表日的汇率加以表述，我们将这种在交易结算日之前为编制报表所产生的损益称为未结算交易损益。

（三）汇兑损益的确认

由于汇兑损益要作为财务费用计入期间费用，因此汇兑损益的确认问题直接影响到企业损益的计算和企业纳税。汇兑损益的确认存在以下两种不同的观点：

一种观点认为，企业要划分已实现的汇兑损益和未实现的汇兑损益。这种观点认为本期汇兑损益的确认，应以实现为准，即只有已实现的汇兑损益才能作为本期的汇兑损益登记入账。未实现的汇兑损益不能确认入账，待以后实现时才能予以确认。按照这种观点，除已实现的汇兑损益可以入账外，不管外部实际汇率发生多大的变化，对于企业外币性资产和负债项目，一般不能因汇率变动而调整其账面的记账本位币金额。即使调整也应区分已实现的汇兑损益和未实现的汇兑损益，对于未实现汇兑损益要递延到以后会计期间，待实际业务发生或已结算完成后，再计入该期损益。

另一种观点认为，企业不必划分已实现的汇兑损益和未实现的汇兑损益。这种观点主张将本期已实现的汇兑损益和未实现的汇兑损益全部计入当期损益。只要汇率发生变动，企业就应确认其汇兑损益已经实现。因此，企业在期末对各项外币货币性项目均应按照规定的汇率作为折算汇率，重新调整所有外币账户的余额。产生的汇兑损益不论是否在本期内已经实现，全部计入当期损益。这种观点在运用中又可以分为两种做法：一种是每年调整一次，即在年末根据规定的汇率调整外币账户；另一种是每月调整一次，即在月末根据规定的汇率调整外币账户。

目前，在我国会计实务中，对于调整损益，大多数企业采用的是第二种观点，而对于外币报表折算损益则先做递延处理，待处置境外经营时再计入当期损益。

（四）汇兑损益的处理

我国企业会计准则规定，企业对汇兑损益应当按照下列规定进行处理：

（1）外币货币性项目，采用资产负债表日即期汇率折算。因资产负债表日即期汇率与初始确认或前一资产负债表日即期汇率不同而产生的汇兑损益，计入当期损益。

（2）以历史成本计量的外币非货币性项目，仍采用交易发生日的即期汇率折算，不改变其记账本位币金额。由于已在交易发生日按当日即期汇率折算，资产负债表日不应改变其原记账本位币金额，不产生汇兑差额。

（3）以公允价值计量的外币非货币性项目，如交易性金融资产（股票、基金等），采用公允价值确定日的即期汇率折算，折算后的记账本位币金额与原记账本位币金额的差额，作为公允价值变动（含汇率变动）处理，计入当期损益。

（4）企业收到投资者以外币投入的资本，应当采用交易发生日即期汇率折算，不得采用合同约定汇率和即期汇率的近似汇率折算。外币投入资本与相应的货币性项目的记账本位币金额之间不产生外币资本折算差额。

（5）企业编制合并财务报表涉及境外经营的，如有实质上构成对外经营净投资的外币货币性项目，因汇率变动而产生的汇兑差额，应列入所有者权益变动表“外币报表折算差额”项目；处置境外经营时，计入处置当期损益。

第二节　外币交易的会计处理

一、外币业务的记账方法

外币业务的记账方法有外币统账制和外币分账制两种，企业可以根据实际情况加以选择。

（一）外币统账制

外币统账制是指企业发生外币业务时，即折算为记账本位币入账。采用外币统账制进行外币核算，将外币折算为记账本位币时，有当日汇率法和期初汇率法两种方法可供选择。

1. 当日汇率法

这种方法是对每笔外币业务都按业务发生当天的市场汇率折算为记账本位币。除了外币兑换业务外，企业平时不确认汇兑损益，月末再将各外币账户的外币余额按月末汇率折合为记账本位币金额，折算后的记账本位币金额与账面记账本位币金额的差额，确认为汇兑损益。企业采用当日汇率法，需要了解每日的市场汇率信息，增加了会计工作量。这种方法一般适用于外币种类较少、外币业务量较小的企业。

2. 期初汇率法

这种方法是对每笔外币业务都在发生时按当期期初（当月 1 日）的市场汇率折合为记账本位币。除了外币兑换业务外，企业平时不确认汇兑损益，月末再将各外币账户的外币余额按月末汇率折合为记账本位币金额，并将其与账面记账本位币金额的差额确认为汇兑损益。这种方法与前一种方法相比，只需掌握每月 1 日的市场汇率信息，减少了会计工作量，这种方法适用于外币业务较多的企业。

（二）外币分账制

外币分账制是指企业在外币业务发生时，直接按照原币记账，不需要按一定的汇率折算成记账本位币，月末再将所有原币的发生额按一定的市场汇率折算为记账本位币，并确认汇兑损益。采用这种方法，企业需要按币种分设账户，分币种核算损益。这种方法减少了日常会计核算的工作量，又可以及时、准确地反映外币业务情况，一般适用于外币业务繁多的企业。

对于上述两种方法，我国目前绝大多数企业采用外币统账制，而外币交易频繁、外币币种较多的金融企业采用外币分账制。

二、外币交易会计处理的两种观点

在外币商品购销交易中，如果货物的交易和款项的结算没有同时进行，相应的会计处理方法取决于企业在记录外币交易业务时选择的观点，即单一交易观点和两项交易观点。

（一）单一交易观点

单一交易观点又称一笔业务交易观点，是指企业将发生的购货或销货业务以及以后的账款结算视为一项交易的两个阶段。在这种观点下，汇率变动的影响应作为原入账销售收入或购货成本的调整，即按记账本位币计量的销售收入和购货成本，最终取决于结算日的汇率。因此，对以外币标价的销售或购货交易，必须在账款结算后才算完成。

这种方法的要点如下：

（1）在交易发生日，企业应按当日汇率将交易发生的外币金额折算为记账本位币入账。

（2）在资产负债表日，如果交易尚未结算，企业应按资产负债表日规定的汇率将交易发生额折算为记账本位币金额，并对有关外币资产、负债、收入、成本账户进行调整。

（3）在交易结算日，企业应按结算日汇率将交易发生额折算为记账本位币金额，并对有关外币资产、负债、收入、成本账户进行调整。

［**例 2-1**］按照单一交易观点的外币交易会计处理。

中国某公司 2019 年 12 月 15 日以赊销方式向美国某公司出口商品一批，共计 100 000 美元，当天的汇率为￥6.80＝$1.00；12 月 31 日的汇率为￥6.70＝$1.00；结算日为 2020 年 2 月 16 日，当天汇率为￥6.60＝$1.00。买卖双方约定货款以美元结算，该公司选择的记账本位币为人民币，假设不考虑相关税费（下同）。该公司按照单一交易观点进行会计处理如下：

（1）2019 年 12 月 15 日，该公司按交易日汇率反映出口商品销售，会计分录编制如下：

借：应收账款——美元户（$100 000×6.80）　　　680 000

　贷：主营业务收入　　　680 000

（2）2019 年 12 月 31 日，按年末汇率调整原入账的销售收入和应收账款，会计分录编制如下：

借：主营业务收入　　　10 000

　贷：应收账款——美元户［$100 000×（6.80－6.70）］　　　10 000

（3）2020 年 2 月 16 日结算时，该公司先按当日汇率调整销售收入和应收账款账户，并反映将收讫的款项存入银行的情况，会计分录编制如下：

借：主营业务收入　　10 000

　贷：应收账款——美元户［$10 000×（6.70-6.60）］　　10 000

同时：

借：银行存款——美元户（$100 000×6.60）　　660 000

　贷：应收账款——美元户　　660 000

由以上分录可见，在单一交易观点下，外币交易损益作为销售收入调整处理。

若将上例改为进口业务，即上例中的中国某公司从美国某公司进口商品一批，发生的外汇交易损益则作为调整购货成本处理，其会计处理如下：

（1）2019 年 12 月 15 日，该公司购货业务按交易日汇率入账，会计分录编制如下：

借：库存商品　　680 000

　贷：应付账款——美元户（$100 000×6.80）　　680 000

（2）2019 年 12 月 31 日，该公司按年末汇率调整原已入账的存货成本，假定该存货没有出售，会计分录编制如下：

借：应付账款——美元户［$100 000×（6.80-6.70）］　　10 000

　贷：库存商品　　10 000

（3）2020 年 2 月 16 日结算时，该公司在该存货尚未出售的情况下，先按当日汇率调整存货成本和应付账款账户，并反映结算应付账款的情况，会计分录编制如下：

借：应付账款——美元户［$100 000×（6.70-6.60）］　　10 000

　贷：库存商品　　10 000

同时：

借：应付账款——美元户（$100 000×6.60）　　660 000

　贷：银行存款——美元户　　660 000

由以上分录可见，在单一交易观点下，外币交易损益作为存货成本调整处理。

（二）两项交易观点

两项交易观点又称两笔业务交易观点，是指对企业发生的购货或销货业务，将交易的发生和以后的货款结算视为两项交易。在这种观点下，购货成本或销售收入均按照交易日的汇率确定，而与结算日的汇率无关，即确认的购货成本或销售收入取决于交易日的汇率，在交易中形成的外币债权债务将承受汇率变动风险，在资产负债表日和账款结算日由于汇率变动而产生的外币折算差额，作为汇兑损益处理，而不再调整销售收入或购货成本。

在两项交易观点下，企业对结算日前的汇兑损益有两种处理方法：第一种方法是作为已实现的损益，列入当期利润表；第二种方法是作为未实现损益做递延处理，列入资产负债表，待到结算日再作为已实现的汇兑损益入账。

1. 将汇兑损益作为已实现的损益处理

［例 2-2］按照两项交易观点的外币交易会计处理。

仍用［例 2-1］中的出口业务资料。按照两项交易观点，该公司将汇兑损益作为已实现损益进行会计处理如下：

（1）2019 年 12 月 15 日，该公司按交易日汇率反映出口商品销售，会计分录编制如下：

借：应收账款——美元户（$100 000×6.80）　　680 000

　贷：主营业务收入　　680 000

（2）2019 年 12 月 31 日，该公司按年末汇率确认未结算交易损益，会计分录编制如下：

借：财务费用——汇兑损益［$100 000×(6.80−6.70)］　　10 000

　贷：应收账款——美元户　　10 000

（3）2020 年 2 月 16 日结算时，该公司先按当日汇率调整应收美元账款，确认汇兑损益，并反映将收讫的款项存入银行的情况，会计分录编制如下：

借：财务费用——汇兑损益［$100 000×(6.70−6.60)］　　10 000

　贷：应收账款——美元户　　10 000

同时：

借：银行存款——美元户（$100 000×6.60）　　660 000

　贷：应收账款——美元户　　660 000

2. 将汇兑损益做递延处理

［**例 2-3**］按照两项交易观点的外币交易会计处理。

仍用［**例 2-1**］中的出口业务资料。按照两项交易观点，将汇兑损益做递延处理。

（1）2019 年 12 月 15 日，该公司按交易日汇率反映出口商品，会计分录编制如下：

借：应收账款——美元户（$100 000×6.80）　　680 000

　贷：主营业务收入　　680 000

（2）2019 年 12 月 31 日，该公司按年末汇率将未结算交易损益予以递延，会计分录编制如下：

借：递延汇兑损益　　10 000

　贷：应收账款——美元户［$100 000×(6.80−6.70)］　　10 000

（3）2020 年 2 月 16 日结算时，该公司先按当日汇率调整应收美元账款和递延汇兑损益，并反映将收讫的款项存入银行的情况，会计分录编制如下：

借：递延汇兑损益　　10 000

　贷：应收账款——美元户［$100 000×(6.70−6.60)］　　10 000

同时：

借：银行存款——美元户（$100 000×6.60）　　660 000

　贷：应收账款——美元户　　660 000

该公司将递延汇兑损益结转为已实现的汇兑损益，会计分录编制如下：

借：财务费用——汇兑损益　　20 000

　贷：递延汇兑损益　　20 000

（三）两种观点的比较

综合比较两种观点对应的会计处理方法，单一交易观点在理论上虽然符合在取得时确认资产价值，即在购买时确认存货成本的公认会计原则，但从实务上却不可行，如［**例 2-1**］，如果上述所购商品在 2019 年 12 月 31 日还没出售，则会计处理就十分简单；如果上述所购商品在该日之前就已全部售出，那么 2019 年 12 月 31 日的折算差额（￥10 000）尚可调整该年度的销售成本，但资产负债表日到结算日的差异（￥10 000）该调整什么项目呢？在本期并没有销货的情况下，调整销售收入或销售成本显然是不合理的，并且在单一交易观点下，无法反映外币的风险程度，即无法向企业管理当局提供对决策有用的信息。

在两项交易观点中，会计处理方法比单一交易观点的处理方法要复杂一些，但是汇兑损益这个明细科目设置可以单独计量和反映因汇率变动而形成的外币交易折算差额，这可以方便企业管理和控制汇率变动给交易带来的风险。鉴于这些原因，两项交易观点已为大多数国家的会计准则所采用。《国际会计准则第 21 号——汇率变动的影响》规定，原则上采用两项交易观点的第一种方法，但也未完全否定第二种方法。

我国基本上采用两项交易观点的第一种方法，即将结算日前的汇兑损益作为已实现的损益，列入当期利润表。

三、外币交易的会计处理

（一）外币交易核算程序

1. 账户设置

在外币统账制下，企业不需要单独设置一级科目来核算外币交易，只需要在相应的一级科目下设置二级科目，如在“银行存款”“应收账款”等科目下设置二级科目“美元户”来反映这些一级科目中以美元计价的交易金额。外币交易中因汇率变动对损益产生的影响，应在“财务费用”科目下设置二级科目“汇兑损益”予以反映，“汇兑损益”借方表示因汇率变动而产生的汇兑损失，贷方表示因汇率变动而产生的汇兑收益。

2. 会计核算程序

（1）交易发生时，企业按照交易日的即期汇率或按照系统合理的方法确定的、与交易日即期汇率近似的汇率将外币金额折算为记账本位币金额，将折算后的记账本位币金额登记到相关账户中，同时记录未经折算的外币金额。

（2）期末对外币项目的余额进行调整，具体调整方法见本节“（二）常见外币交易的会计处理”中的“5. 会计期末外币项目余额的调整”。

（二）常见外币交易的会计处理

1. 外币兑换业务

外币兑换业务是指企业从银行买入外币或将外币卖给银行以及将一种外币兑换为另种外币的经济业务。

（1）企业将外币卖给银行。企业按规定将持有的外币卖给银行，即结汇业务，银行买进外汇并按其买入价将人民币兑付给企业。企业应按实际收到的人民币金额借记“银行存款——人民币户”账户；按向银行结售的外币与企业选定的汇率折合的人民币金额贷记“银行存款——外币户”账户；将两者之间的差额记入“财务费用——汇兑损益”账户。

[例2-4] 企业将外币卖给银行业务的会计处理。

某公司将其持有的5 000美元卖给银行，当天银行买入价为￥6.80=$1.00，实收入民币34 000元。该公司按当月1日汇率￥6.70=$1.00作为折算汇率。如何根据这笔业务理解企业将外币卖给银行业务的会计处理呢?

该公司按当月1日汇率￥6.70=$1.00作为折算汇率，会计分录编制如下：

借：银行存款——人民币户　　34 000

　贷：银行存款——美元户（$5 000×6.70）　　33 500

　　　财务费用——汇兑损益　　500

对于不允许开立现汇账户的企业，其所取得的外币收入要及时存入银行，其会计处理方法与上例相同。

（2）企业从银行买入外币。企业因业务需要从银行买入外币，银行售汇时按其卖出价向企业计算收取人民币。企业应按交易当天的即期汇率或按系统的、合理的方法确定的即期汇率的近似汇率折合的人民币金额，借记“银行存款——外币户”科目，按实际付出的人民币金额，贷记“银行存款——人民币户”科目；将两者之间的差额记入“财务费用——汇兑损益”科目。

[例2-5] 企业从银行买入外币业务的会计处理。

某公司从银行买入10 000美元，当天银行卖出价为￥6.80=$1：00，实付人民币68 000元。该公司按当月1日汇率作为折算汇率，月初汇率为￥6.70=$1.00。如何根据这笔业务理解企业从银行买入外币业务的会计处理呢?

借：银行存款——美元户（$10 000×6.70）　　67 000

　　财务费用——汇兑损益　　1 000

　贷：银行存款——人民币户（$10 000×6.80）　　68 000

2. 外币结算的购销业务

[例2-6] 外币结算的销售业务的会计处理。

某公司于2019年2月10日出口商品一批，货款计20 000美元，交易当天的即期汇率为￥6.80=$1.00。该公司于2019年2月25日收到外汇并结售给银行，当天市场汇率为￥6.60=$1.00，结汇银行买入价为￥6.70=$1.00，实际收到人民币134 000元。该公司以交易发生日的即期汇率作为折算汇率。如何根据这笔业务理解外币结算的销售业务的会计处理呢?

（1）2019年2月10日，反映出口商品销售并按交易发生日的即期汇率折算为记账本位币，会计分录编制如下：

借：应收账款——美元户（$20 000×6.80）　　136 000

　贷：主营业务收入　　136 000

（2）2019年2月25日，反映收到外汇货款并结售给银行的情况，会计分录编制如下：

借：银行存款——人民币户（$20 000×6.70）　　134 000

　贷：财务费用——汇兑损益　　2 000

　　　应收账款——美元户（$20 000×6.60）　　132 000

（3）以上“应收账款——美元户”账户的借贷方人民币差额需在会计期末予以

调整，会计分录编制如下：

借：财务费用——汇兑损益　　4 000

　贷：应收账款——美元户　　4 000

［例 2-7］外币结算的采购业务的会计处理。

中国某公司 2019 年 8 月 10 日由日本某株式会社进口商品一批，货款计 20 000 美元，尚未支付，交易当天的即期汇率为￥6. 70=$1. 00。8 月 28 日，该公司为偿还货款向银行购入外汇，当天的即期汇率为￥6. 60=$1. 00，银行美元卖出汇率为￥6. 80=$1. 00，实付人民币 136 000 元。该公司以交易发生日的即期汇率作为折算汇率。如何根据这笔业务理解外币结算的购入业务的会计处理呢？

（1）2019 年 8 月 10 日，按交易发生日汇率将进口的商品折合为记账本位币入账，会计分录编制如下：

借：库存商品　　134 000

　贷：应付账款——美元户（$20 000×6. 70）　　134 000

（2）2019 年 8 月 28 日，反映向银行买入外币结算货款情况，会计分录编制如下：

借：应付账款——美元户（￥20 000×6. 60）　　132 000

　　财务费用——汇兑损益　　4 000

　贷：银行存款——人民币户（$20 000×6. 80）　　136 000

（3）以上“应付账款——美元户”账户的借贷方人民币差额需在会计期末予以调整，会计分录编制如下：

借：应付账款——美元户　　2 000

　贷：财务费用——汇兑损益　　2 000

3. 外币计价的借款业务

企业外币借款是企业外币筹资的重要方式。企业应将借入的外币按当日即期汇率折算为记账本位币入账。

［例 2-8］外币计价的借款业务的会计处理。

某公司 2019 年 7 月 1 日从银行借入一年期贷款 20 000 美元，年利率为 5%，借款当天的即期汇率为￥6. 70=$1. 00。2019 年 12 月 31 日的即期汇率为￥6. 60=$1. 00。2020 年 7 月 1 日，该公司偿还贷款本金及利息，还款当天的即期汇率为￥6. 80=$1. 00。如何根据这笔业务理解外币计价的借款业务的会计处理呢？

（1）2019 年 7 月 1 日，该公司将借入的外币按当天的即期汇率折算为人民币入账，会计分录编制如下：

借：银行存款——美元户（$20 000×6. 70）　　134 000

　贷：短期借款——美元户（$20 000×6. 70）　　134 000

（2）2019 年 12 月 31 日，该公司计提 2019 年下半年应付利息。

应付利息=$20 000×5%×6÷12×6. 60=￥3 300。

根据以上计算结果，会计分录编制如下：

借：财务费用——利息支出　　3 300

　贷：应付利息——美元户　　3 300

（3）2019 年 12 月 31 日，该公司计算由于汇率变化所形成的汇兑损益，会计分录编制如下：

借：短期借款——美元户［$20 000×(6. 70−6. 60)］　　2 000

　贷：财务费用——汇兑损益　　2 000

（4）2020 年 7 月 1 日，该公司计算利息。

借款利息总额 = $20 000×5%×6. 80 = ¥6 800

其中：2020 年上半年的应付利息 = $20 000×5%×6÷12×6. 80 = ¥3 400。

2019 年下半年应付利息中由于汇率变化形成的汇兑损益 = $20 000×5%×6÷12×(6. 8−6. 6) = ¥100。

根据以上计算结果，会计分录编制如下：

借：应付利息——美元户　　3 300

　　财务费用——利息支出　　3 400

　　财务费用——汇兑损益　　100

　贷：银行存款——美元户（$20 000×5%×6. 80）　　6 800

（5）2020 年 7 月 1 日，该公司归还外币贷款本金，会计分录编制如下：

借：短期借款——美元户（$20 000×¥6. 80）　　136 000

　贷：银行存款——美元户（$20 000×¥6. 80）　　136 000

（6）以上“短期借款——美元户”账户的借贷方人民币差额需在期末予以调整，会计分录编制如下：

借：财务费用——汇兑损益　　4 000

　贷：短期借款——美元户　　4 000

4. 投入外币资本业务

根据我国企业会计准则的规定，企业收到投资者以外币投入的资本，应当采用交易发生日即期汇率折算，不得采用合同约定汇率和即期汇率的近似汇率折算，外币投入资本与相应的货币性项目的记账本位币金额之间不产生外币资本折算差额。

［**例 2−9**］投入外币资本业务的会计处理。

某公司收到某外商的外币投入资本 100 000 美元，收到出资当天的即期汇率为 ¥6. 80 = $1. 00。如何根据这笔业务理解投入外币资本业务的会计处理呢？

借：银行存款——美元户（$100 000×6. 80）　　680 000

　贷：实收资本（$100 000×6. 80）　　680 000

5. 会计期末外币项目余额的调整

（1）外币货币性项目的调整。外币货币性项目是指企业持有的货币资金和将以固定金额或可确定的金额收取的资产或者偿付的负债。货币性项目分为货币性资产和货币性负债。货币性资产包括库存现金、银行存款、应收账款、其他应收款和长期应收款等；货币性负债包括短期借款、应付账款、其他应付款、长期借款、应付债券和长期应付款等。对于外币货币性项目，因采用资产负债表日的即期汇率折算而产生的汇兑差额，计入当期损益，同时调增或调减外币货币性项目的记账本位币金额。

在资产负债表日，企业应对各种外币货币性账户的期末余额，按照期末即期汇率折算为记账本位币金额。企业应将按期末即期汇率折合的记账本位币金额与原账面记账本位币金额之间的差额，作为汇兑损益，记入“财务费用”账户或其他有关账户。在资产负债表日，外币货币性账户余额的调整程序如下：

①根据各外币货币性账户的期末外币余额，按照期末即期汇率计算出人民币余额。

②将期末折算的人民币余额与调整前原账面人民币余额进行比较，计算出人民币余额的差额。

③根据应调整的人民币差额，确定产生的汇兑损益的数额。

④进行调整各外币货币性账户账面余额的账务处理，并将汇兑损益记入“财务费用”账户。

［**例 2-10**］会计期末外币货币性项目余额的调整。

某公司根据有关外币货币性账户的余额和资产负债表日的即期汇率等数据资料，编制的期末外币货币性账户余额调整计算表如表 2-1 所示。

表 2-1　期末外币货币性账户余额调整计算表

外币账户名称	美元余额/美元	期末即期汇率	调整后人民币余额/元	调整前人民币余额/元	差额/元
银行存款	1 000	6. 80	6 800	7 800	1 000
应收账款	0	6. 80	0	300	300
应付账款	300	6. 80	2 040	1 840	200
短期借款	2 000	6. 80	13 600	15 600	2 000
合计					500

如何根据这笔业务理解会计期末外币货币性项目余额的调整呢？

根据上述计算结果，调整外币货币性账户余额的会计分录编制如下：

借：短期借款——美元户　　2 000

　贷：银行存款——美元户　　1 000

　　　应收账款——美元户　　300

　　　应付账款——美元户　　200

　　　财务费用——汇兑损益　　500

（2）外币非货币性项目的调整。外币非货币性项目是指货币性项目以外的项目，如存货、长期股权投资、交易性金融资产、固定资产、无形资产等。

①以历史成本计量的外币非货币性项目。以历史成本计量的外币非货币性项目已在交易发生日按当日即期汇率折算，资产负债表日不应改变其原记账本位币金额，不产生汇兑损益。因为这些项目在取得时已按即期汇率折算，从而构成这些项目的历史成本。如果再按资产负债表日的即期汇率折算，就会导致这些项目的价值不断变动，从而使这些项目的折旧、摊销和减值不断地随之变动，导致与这些项目的实际情况不符。

［**例 2-11**］会计期末以历史成本计量的外币非货币性项目的调整。

某公司的记账本位币是人民币，2019 年 12 月 10 日进口设备一台，该设备价款为 400 万美元，设备价款尚未支付，当天的即期汇率为￥6.70=$1.00。2019 年 12 月 31 日的即期汇率为￥6.80=$1.00。该台设备属于企业的固定资产，在购入时已按交易发生日的即期汇率折算为人民币 2 680 万元。如何根据这笔业务理解以历史成本计量的外币非货币性项目的调整呢？

由于固定资产属于非货币性项目，因此在 2019 年年末无需对其进行调整。

在外币非货币性项目中的存货项目具有一定的特殊性，由于该项目在资产负债表日是按成本与可变现净值孰低原则计量，因此在以外币购入存货并且在资产负债表日该存货的可变现净值也以外币反映的情况下，在计提存货跌价准备时应考虑汇率变动因素的影响。

［**例 2-12**］会计期末外币非货币性项目中的存货项目的调整。

某公司以人民币为记账本位币，2019 年 12 月 10 日进口 A 商品 100 件，每件 1 000 美元，货款以美元支付，当日即期汇率为￥6.70=$1.00。2019 年 12 月 31 日该公司尚有 A 商品存货 50 件，当日即期汇率为￥6.80=$1.00，国内市场仍无 A 商品供货，但在国际市场上 A 商品价格已降至每件 900 美元。如何根据这笔业务理解会计期末外币非货币性项目中的存货项目的调整呢？

①2019 年 12 月 10 日，该公司进口 A 商品时，会计分录编制如下：

借：库存商品——A（$100 000×6.70）　　670 000

　贷：银行存款——美元户（$100 000×6.70）　　670 000

②2019 年 12 月 31 日，该公司计提存货跌价准备时，会计分录编制如下：

借：资产减值损失（$1 000×50×6.70- $900×50×6.80）　　29 000

　贷：存货跌价准备　　29 000

由以上会计分录可见，该公司在期末计算 A 商品的可变现净值时，在国内无法取得该商品的价格信息，而只能依据国际市场价格来确定其可变现净值，但需要考虑汇率变动的影响。该公司以国际市场价格为基础确定的可变现净值应按期末汇率折算，再将其低于记账本位币成本的差额确定为跌价损失。

②以公允价值计量的外币非货币性项目。以公允价值计量的外币非货币性项目是指交易性金融资产，如股票、基金等，应采用公允价值确定日的即期汇率折算，折算后的记账本位币金额与原记账本位币金额的差额，作为公允价值变动（含汇率变动）处理，计入当期损益。

［**例 2-13**］以公允价值计量的外币非货币性项目的调整。

某公司以人民币作为记账本位币，2019 年 12 月 5 日以每股 1.5 美元的价格购入 A 公司 B 股股票 10 000 股作为交易性金融资产，当日即期汇率为￥6.70=$1.00，款项已付清。2019 年 12 月 31 日，由于股市价格变动，该公司当月 5 日购入 A 公司 B 股股票的市价为每股 2 美元，当日即期汇率为￥6.80=$1.00。2020 年 2 月 10 日，该公司将所购 B 股股票以每股 2.3 美元全部售出，当日即期汇率为￥6.50=$1.00。如何根据这笔业务理解以公允价值计量的外币非货币性项目的调整呢？

其会计处理程序如下：

①2019 年 12 月 5 日，该公司购入 A 公司 B 股 1 000 股作为交易性金融资产时，会计分录编制如下：

借：交易性金融资产（$10 000×1.5×6.70）　　100 500
　　贷：银行存款——美元户（$10 000×1.5×6.70）　　100 500

②2019 年 12 月 31 日，该公司将公允价值变动（含汇率变动）计入当期损益，会计分录编制如下：

借：交易性金融资产 [$10 000×(2×6.80−1.5×6.70)]　　35 500
　　贷：公允价值变动损益　　35 500

这笔会计分录中的公允价值变动损益，既包含了公允价值变动损益，又包含了汇率变动损益。

③2020 年 2 月 10 日，该公司将所购 B 股股票全部售出，会计分录编制如下：

借：银行存款——美元户（$10 000×2.3×6.50）　　149 500
　　贷：交易性金融资产　　136 000
　　　　投资收益　　13 500

第三节　外币财务报表折算

一、外币财务报表折算的基本原理

（一）外币财务报表折算概述

1. 外币财务报表折算的含义

外币财务报表折算是指将以外币表示的财务报表折算为以某一特定货币表示的财务报表。

需要注意的是，外币财务报表折算不同于外币兑换，外币兑换是将企业持有一种货币兑换成另一种货币，会发生实际货币的等值交换；而外币财务报表折算并不涉及不同货币的实际兑换，只是将财务报表的表述从一种货币单位转化为另一种货币单位。

2. 外币财务报表折算的作用

（1）在母公司拥有境外经营子公司的情况下，在编制合并财务报表之前，企业需对纳入合并范围的境外经营子公司以外币表示的财务报表折算为以母公司记账本位币表示的财务报表。

（2）为了向国外股东和其他报表使用者提供适合其使用的报表，企业需要将以本国货币表示的财务报表折算为以某种外国货币表示的财务报表。

（3）为了在国外证券市场上发行股票和债券，企业需要将以本国货币表示的财务报表折算为以某种外国货币表示的财务报表。

本书阐述的外币财务报表折算主要针对第一个目的。

3. 外币财务报表折算的主要会计问题

（1）折算汇率的选择。折算汇率的选择，即外币财务报表中的各个项目按什么汇率进行折算，是选择现行汇率、历史汇率，还是与即期汇率相近似的平均汇率进行折算。

（2）折算差额的处理。折算差额的处理，即外币财务报表折算产生的折算差额是应当直接计入当期损益，还是做递延处理。

（二）外币财务报表折算的四种方法

目前，世界各国对外币财务报表折算方法主要有以下四种：

1. 流动与非流动项目法

流动与非流动项目法是借鉴传统的资产负债表项目分类方法，将资产负债表项目按其流动性划分为流动项目和非流动项目两类。

流动项目包括流动资产项目和流动负债项目，流动资产项目主要有库存现金、银行存款、应收账款和存货等；流动负债项目主要有应付账款、应付票据等。

非流动项目是指除了流动项目以外的资产负债表项目，主要有长期投资、固定资产、无形资产、递延资产、长期负债和所有者权益等。

具体折算方法如下：对于流动资产和流动负债项目，按报表编制日的现行汇率折算；对于非流动项目，按资产取得或负债发生时的历史汇率折算；对于利润表项目，除了折旧费和摊销费用按其相关资产取得时的历史汇率折算外，其他收入和费用项目都按会计报告期内的平均汇率折算。

流动性与非流动性项目法的理论依据是非流动资产一般不会在短期内转变为现金，非流动负债一般也不会在短期内进行偿还，因此它们不应该受到现行汇率的影响。这种方法的缺点是其依据的理论并不充分，即不能说明流动项目和非流动项目要采用不同汇率的原因。例如，按现行汇率折算流动资产，表明货币性资产和存货都要承受同样的汇率波动风险，但这对按历史成本计价的存货项目来说就不合理了。同时，如果两个会计期间汇率变化较大时，会使合并利润表上折算的经营成果失真。

2. 货币性与非货币性项目法

货币性与非货币性项目法将资产负债表项目划分为货币性项目和非货币性项目两类。

货币性项目是指货币性资产和负债，货币性资产主要有库存现金、银行存款、应收账款、应收票据等；货币性负债主要有应付账款、应付票据和长期负债等。

非货币性项目是指除了货币性项目以外的资产、负债和所有者权益项目。

具体折算方法如下：对于货币性项目，按现行汇率折算；对于非货币性项目，按其取得或发生时历史汇率折算；对于利润表项目，除了折旧费用和摊销费用按其相关资产取得时的历史汇率折算外，其他收入和费用项目都按会计报告期内的平均汇率折算。

这种方法和流动与非流动项目法的主要区别在于存货的折算，在流动与非流动项目法下，存货是按现行汇率折算，而采用这种方法，存货是按历史汇率折算。

采用这种方法的主要理由是外币货币性项目代表着在以后期间将要收回或付出的一笔固定的外币债权和外币债务，这些外币债权和外币债务的币值，随着汇率的变动会有所增减，因此这些外币项目按编表日的现行汇率进行折算是合理的，即这种方法是依据汇率波动对企业资产负债的影响程度来选择折算汇率的，货币性项目要承受汇率变动的风险，要按现行汇率折算，而非货币性项目不受汇率变动的影响，则按历史汇率折算是比较合理的。不赞成这种方法的理由是外币的折算涉及的是计量而不是分类，因此合理的折算方法不一定与资产、负债的分类有关，非货币性项目并不一定都按历史汇率折算才合理，当某项非货币性项目是以历史成本计价的，若按历史汇率折算是合理的，但当某项非货币性项目是以现行成本计价的，若按历史汇率折算就不合理了。

3. 时态法

时态法又称时间量度法，是针对资产负债表项目的计量方法和时间的不同，而选择不同汇率进行折算的一种方法。这种方法的基本思路是既然外币折算是一个计量过程，那么就不能改变被计量项目的属性，而只能改变计量单位。这样无论在历史成本计量模式下还是在现行成本计量模式下，由于现金总是按照资产负债表日实际持有的金额计量的，应收账款和应付账款也是按资产负债表日可望在未来收回或偿付的货币金额计量的，它们的外币计量日期都是资产负债表日，因此都要按资产负债表日的现行汇率进行折算，其他资产负债表项目则按其计价日期的历史汇率折算。

具体折算方法如下：对于现金、应收和应付项目，不论是按原始成本，还是按现行成本计价，都按现行汇率折算；对于其他资产负债表项目，如果在子公司财务报表上以历史成本计价，则按历史汇率折算，如果在子公司财务报表上以现行成本计价，则按现行汇率折算；对于所有者权益项目，按发生时的历史汇率折算；对于利润表项目，除了折旧费用和摊销费用按历史汇率折算外，其他项目都按平均汇率折算。外币资产负债表和利润表项目在折算过程中形成的折算损益都应确认为当期损益。

主张这种方法的理由是外币财务报表的折算是一个计量变换过程，不能改变被计量项目的属性和计量基础，而只能改变计量单位，如对存货项目的折算，是为了重新表述存货的计量单位的货币名称，而不是改变其实际价值。采用时态法进行折算时，在采用历史成本计量属性的情况下，它和货币性与非货币性项目法的折算程序实质上是相同的。但如果采用其他计量基础，如重置成本、市场价值或收益现值时，其折算程序就不同了。目前国际上通行的是历史成本计量模式，但它已不再是纯粹的历史成本计量模式，而是有条件地吸收了一些现行成本计量模式的优点，如对部分资产按重置成本计价，对投资和存货采用成本与市价孰低原则等。因此，时态法和货币性与非货币性项目法是不同的。例如，存货项目，在时态法下，以市价计量的存货按现行汇率折算，而在货币性与非货币性项目法下，则按历史汇率折算。

时态法的优点是使折算的资产和负债项目保持与交易发生时的计价基础相一致，具有一定的灵活性，克服了上述流动与非流动项目法的缺陷。目前时态法是国际上广泛采用的一种方法。美国财务会计准则委员会在财务会计准则公告中，将时态法确立为外币财务报表折算的唯一公认原则。

4. 现行汇率法

现行汇率法是对外币资产负债表中的所有资产负债表项目都按现行汇率折算的方法。这种方法的具体折算方法如下：对于所有的资产负债表项目都按现行汇率折算；对于收入和费用项目都按平均汇率折算；对于实收资本项目按发生时的历史汇率折算。

现行汇率法采用单一汇率对各项资产负债进行折算，相当于对各项目乘上一个常数，因而计算简便，而且折算后报表中各项目之间的比例关系能够与原外币财务报表中各项目之间的比例关系保持一致。这种方法的缺点是将外币财务报表中按历史成本表示的资产项目按折算日现行汇率折算，其折算结果既不是资产的历史成本，也不是资产的现行市价，而是外币资产的历史成本与资产负债表日现行汇率两个不同时点数字的乘积。此外，现行汇率法假设所有的外币资产都将受汇率变动的影响，这显然与实际情况不符。

尽管现行汇率法存在种种不足，但在会计实务中是应用的较为广泛的一种方法。美国财务会计准则委员会在财务会计准则公告中也肯定了这一方法。

对于上述四种方法，按照国际会计准则委员会的要求，各国可以从后两种方法中选择一种应用。外币财务报表折算方法的比较如表 2-2 所示。

表 2-2　外币财务报表折算方法的比较

资产负债表项目	流动与非流动项目法	货币性与非货币性项目法	时态法	现行汇率法
库存现金	CR	CR	CR	CR
应收账款	CR	CR	CR	CR
存货				
按成本	CR	HR	HR	CR
按市价	CR	HR	CR	CR
投资				
按成本	HR	HR	HR	CR
按市价	HR	HR	CR	CR
固定资产	HR	HR	HR	CR
其他资产	HR	HR	HR	CR
应付账款	CR	CR	CR	CR
非流动负债	HR	CR	CR	CR
股本	HR	HR	HR	HR
留存利润	※	※	※	※

注：CR，即现行汇率；HR，即历史汇率；※，即轧算的平衡数字，其中在现行汇率法下，该数字为利润分配表折算的结果，再通过轧算平衡计算出的折算调整数。

（三）外币财务报表折算差额的处理

外币财务报表折算差额是指在外币财务报表折算时，由于不同项目采用的汇率不同而产生的差额。企业无论采用哪种折算方法都会产生一个折算差额，即折算损益。折算损益只是在编制合并财务报表过程中形成的一种未实现汇兑损益。外币财务报表折算产生的损益，主要取决于两个因素：一是汇率变动引起的有关资产和负债项目相比的差额；二是汇率变动的方向，即外汇汇率变动是升值，还是贬值。当汇率升值或贬值时，如果有关资产项目和有关负债项目金额相等，发生的损益就会相互抵销；如果资产项目金额大于负债项目金额，外币升值时会产生折算收益，外币贬值时会产生折算损失。

外币折算损益的大小，除取决以上两个因素外，还取决于选用的折算方法。在不同的折算方法下，对不同的项目使用不同的汇率折算，由此产生的折算损益的金额也不一样。

目前，国际上主要有以下两种基本账务处理方法：

1. 作为当期损益处理

这种方法是将外币财务报表折算差额作当期损益处理，以“折算损益”项目列示在利润表中，采用时态法时，应将折算差额作当期损益处理。

主张这种方法的人认为，汇率变动是不容掩盖的客观事实。这是因为汇率变动会引起资产和负债折算后价值的改变，而资产净额的变动必然会使企业收益受到影响。企业只有将折算损益计入当期损益，才能给报表使用者以真实的信息。

但是，在通货膨胀情况下，将大幅度的汇率变动造成的外币折算损益计入当期损益，利润表中企业的收益反映不出企业的正常经营成果。另外，把未实现的折算损益计入当期损益，合并财务报表提供的信息也容易使人产生误解。

2. 做递延处理

这种方法是将外币财务报表折算差额在资产负债表的股东权益中以“报表折算差额”项目单独列示，不予摊销，做递延处理。企业采用现行汇率法可做递延处理。

主张这种方法的人认为，折算损益只是外币财务报表重新表述过程的产物，它们与母公司的境外经营子公司中的长期投资相联系，在境外子公司结束经营活动并把全部净资产分配给母公司之前，这种折算损益都不可能实现。在这之前，汇率的变动可能逆转，也就是说，这种折算损益有可能永远不能实现。它不会影响境外经营子公司创造的当地货币的现金流量，将其作为当期损益计入利润表，可能会使人产生误解，因此，应作为合并业主权益的一部分单独积累，即将折算损益以单独项目列示于资产负债表的股东权益内，作为累计递延处理。

然而，有些人认为这种会计处理方法不符合全面收益观的概念，因为这种观念要求在利润表内包括一切非正常和非营业性损益项目。

二、一般情况下外币财务报表的折算方法

本部分着重介绍根据我国会计准则的规定对一般情况下外币财务报表进行折算采用的方法。

（一）基本原理

我国外币财务报表的折算采用的是前述四种方法中的现行汇率法，根据我国《企业会计准则第19号——外币折算》的规定，企业将境外经营子公司的财务报表并入本企业财务报表时，具体折算规定如下：

（1）资产负债表中的资产、负债项目，采用资产负债日的即期汇率折算，所有者权益项目除“未分配利润”项目外，其他项目采用发生时的即期汇率折算。也就是说，将资产和负债项目全部按照资产负债表日的现行汇率折算，对于所有者权益项目，除“未分配利润”外，都按照权益发生时的即期汇率折算。

（2）利润表中的收入、费用、利得和损失项目，可以采用交易发生日的即期汇率折算，也可以采用按照系统、合理的方法确定的与交易日即期汇率近似的汇率折算。

（3）按照上述两步折算所产生的外币财务报表折算差额应当在合并资产负债表中作为所有者权益项目单独列示，其中属于少数股东权益的部分，应列入少数股东权益项目。比较财务报表的折算比照上述规定处理。

（二）举例

［**例 2-14**］一般情况下外币财务报表的折算方法。

由中国母公司 100%拥有的境外子公司甲公司以美元表示的 2018 年 12 月 31 日和 2019 年 12 月 31 日比较资产负债表及 2019 年度（至 12 月 31 日止）的利润表和所有者权益变动表部分项目见表 2-3 和表 2-4。其他有关资料如下：

假设股本发行时的汇率为￥6.60=$1.00。2019 年购货、销货、其他费用以及股利等在年内都是均匀发生的。2019 年度内的汇率资料如下：

2019 年 1 月 1 日　　￥6.65=$1.00

2019 年 12 月 31 日　　￥6.70=$1.00

2019 年平均汇率　　￥6.64=$1.00

表 2-3　比较资产负债表　　单位：美元

项　目	2018 年 12 月 31 日	2019 年 12 月 31 日
资产		
货币资金	12 000	20 000
应收账款	52 000	40 000
存货	48 000	60 000
固定资产	360 000	320 000
资产总计	472 000	440 000
负债及所有者权益		
应付账款	88 000	96 000
非流动负债	176 000	120 000
股本	80 000	80 000
留存收益	128 000	144 000
负债及所有者权益总计	472 000	440 000

表 2-4　利润表和所有者权益变动表部分项目　　单位：美元

项目	金额
营业收入	400 000
营业成本	238 000
管理费用	40 000
其他费用	59 720
营业利润	62 280
所得税费用	18 680
净利润	43 600
留存收益（2018 年 12 月 31 日）	128 000
股利分配前留存收益	171 600
股利	27 600
留存收益（2019 年 12 月 31 日）	144 000

根据我国会计准则的规定采用现行汇率法进行折算，其折算程序如下：

利润表和留存收益情况的折算见表 2-5。

表 2-5 利润表和留存收益情况的折算

2019 年度

项目	外币/美元	平均汇率	折合本位币/元
营业收入	400 000	6.64	2 656 000
营业成本	238 000	6.64	1 580 320
管理费用	40 000	6.64	265 600
其他费用	59 720	6.64	396 541
费用合计	337 720		2 242 461
营业利润	62 280		413 539
所得税费用	18 680	6.64	124 035
净利润	43 600		289 504
年初留存收益	128 000		851 200①
股利分配前留存收益	171 600		1 140 704
股利	27 600	6.64	183 264
年末留存收益	144 000		957 440

注：①见上年折算报表中留存收益项目的折合本位币金额，按本例 2018 年 12 月 31 日留存收益的折算金额为 851 200 元。

资产负债表的折算见表 2-6。

表 2-6 资产负债表的折算

2019 年 12 月 31 日

项目	外币/美元	现行汇率	折合本位币/元
资产			
货币资金	20 000	6.70	134 000
应收账款	40 000	6.70	268 000
存货	60 000	6.70	402 000
固定资产	320 000	6.70	2 114 000
资产总计	440 000		2 948 000
负债及所有者权益			
应付账款	96 000	6.70	643 200
非流动负债	120 000	6.70	804 000
股本	80 000	6.60	528 000
留存收益	144 000		957 440
其他综合收益			15 360
负债及所有者权益总计	440 000		2 948 000

三、我国外币财务报表折算的其他规定

（一）恶性通货膨胀下合并境外经营问题

上述外币财务报表折算方法在境外经营所处的经济环境比较正常、没有严重恶性通货膨胀情况下是适用的，当企业合并处于恶性通货膨胀情况下的境外经营的财务报表时，企业应当按照下列规定进行折算：

企业先对资产负债表项目运用一般物价指数予以重述，对利润表项目运用一般物价指数变动予以重述，再按照资产负债表日的即期汇率进行折算，即采取先消除恶性通货膨胀的影响，再进行折算的办法。

当境外经营不再处于恶性通货膨胀经济中时，企业应当停止重述，按照停止之日的价格水平重述的财务报表进行折算。

恶性通货膨胀经济通常按照以下特征进行判断：

（1）最近 3 年累计通货膨胀率接近或超过 100%。

（2）利率、工资和物价与物价指数挂钩。

（3）公众不是以当地货币，而是以相对稳定的外币为单位作为衡量货币金额的基础。

（4）公众倾向于以非货币资产或相对稳定的外币来保存自己的财富，持有的当地货币立即用于投资以保持购买力。

（5）即使信用期限很短，赊销、赊购交易仍按补偿信用期预计购买力损失的价格成交。

（二）处置境外经营问题

企业在处置境外经营时，应当将资产负债表中所有者权益项目下列示的、与境外经营相关的外币财务报表折算差额，自所有者权益项目转入处置当期损益；部分处置境外经营的，应当按处置的比例计算处置部分的外币财务报表折算差额，转入处置当期损益。例如，中国境内某企业集团在境外有一家经营机构 A 公司，在过去的会计期间内，A 公司并入企业集团资产负债表中所有者权益项目下的外币财务报表折算差额累计 20 000 元人民币，2019 年年末集团公司决定处置 A 公司的全部经营成果，则应将所有者权益项目下的外币财务报表折算差额 20 000 元全部计入 2019 年度的损益。如果集团公司决定处置 A 公司 50%的经营成果，则应将所有者权益项目下的 20 000 元的 50%，即 10 000 元转入 2019 年度的损益。

第四节　外币业务的会计信息列报

会计信息列报一直是会计处理的关键问题之一，在我国上市公司成为社会经济活动的重要组成部分之后，这方面的工作显得尤为重要。

与外币业务有关的会计信息列报，包括已经确认与计量的项目在财务报表内的列示，还有一些在财务报表附注中的披露。

一、表内列示

对于外币交易，涉及资产、负债或所有者权益项目的，在各个期末的资产负债表中列示；涉及汇总损益的，分别在利润表或资产负债表中列示。对于外币折算，“外币财务报表折算差额”在资产负债表中所有者权益项目下列入“其他综合收益”。企业对境外经营的财务报表进行折算时，如需编制合并财务报表时，外币财务报表折算差额应在合并资产负债表的“其他综合收益”项目列示。其中，合并资产负债表中的“其他综合收益”中的外币财务报表折算差额仅包含归属于母公司股东的部分，归属于少数股东的部分并入“少数股东权益”项目列报。

二、表外披露

表外披露分为两个方面：一是与记账本位币有关的信息；二是汇总损益对当期财务状况和经营成果的影响。具体如下：

（1）企业及其境外经营选定的记账本位币及选定的原因，记账本位币发生变更的，说明变更的理由。

（2）采用近似汇率的，说明近似汇率的确定方法。

（3）计入当期损益的汇兑差额。

（4）处置境外经营对外币财务报表折算差额的影响。

□思考题

1. 何为记账本位币？何为列报货币？企业在选定记账本位币时应考虑哪些因素？
2. 记账本位币变动时应根据哪些规定进行处理？
3. 什么是外币业务？外币业务有哪几种类型？
4. 外汇汇率的基本标价方法有几种？其特点是什么？
5. 什么是汇兑损益？它有几种类型？如何对其进行确认？
6. 我国企业会计准则对汇兑损益的处理有哪些规定？
7. 外币交易的基本会计处理方法有哪些？各自有哪些特点？
8. 会计期末对外币货币性项目应如何折算？
9. 会计期末对外币非货币性项目应如何折算？
10. 外币财务报表折算的基本方法有哪些？各种方法的适用范围和优缺点是什么？
11. 对外币财务报表折算差额应如何处理？
12. 我国企业会计准则对外币财务报表的折算有哪些规定？
13. 如何对恶性通货膨胀下合并境外经营进行处理？
14. 在处置境外经营时如何进行会计处理？
15. 在财务报表附注中，怎样披露折算信息？

第三章
股份支付会计

【学习目标】

通过本章的学习，学生应了解股份支付的含义和种类，了解股份支付的环节及可行权条件，理解并掌握以权益结算的股份支付和以现金结算的股份支付的会计处理。

第一节　股份支付概述

一、股权激励与股份支付的含义

（一）股权激励

随着公司股权的日益分散、人力资本对企业价值创造重要性的日益提高和管理技术的日益复杂化，世界各国的公司为了合理激励公司管理人员，不断创新激励方式，不断探索建立、健全企业员工（包括经营者）激励机制。

2006 年 1 月，中国证监会发布了《上市公司股权激励管理办法（试行）》，明确规定了上市公司建立股权激励制度的条件、方式和批准程序；2006 年 3 月和 10 月，国务院国有资产监督管理委员会和财政部相继出台了《国有控股上市公司（境外）实施股权激励试行办法》和《国有控股上市公司（境内）实施股权激励试行办法》，这些法规的出台为我国企业实施股权激励创造了条件，企业可以通过股票期权等权益工具对职工实行激励，而且已完成股权分置改革的上市公司，允许建立股权激励机制。

（二）股份支付的含义

股份支付是“以股份为基础的支付”的简称，是指企业为获取职工和其他方提供的服务而授予权益工具或承担以权益工具为基础确定的负债的交易。通俗地说，职工或企业外部某单位或个人给企业提供了服务，企业应当付出代价，而这个代价是以股份为基础来支付或计算应支付金额的。

现代企业的薪酬制度是一个由多种薪酬方式有机组成的薪酬组合，它通常由基本工资、短期奖金、长期奖金、福利、长期激励和额外供应品（或服务）等组成。其中，基本工资用于保障员工的基本生活；奖金是对员工绩效的直接回报；福利用于解决员工的后顾之忧，弥补现金激励的不足；长期激励是用于奖励员工为企业长期绩效做出贡献的奖金，是实现所有者与经营者、普通员工利益一致性的薪酬制度，其主要形式——股份支付制度对激励员工在任职期间努力工作可以起到很好的作用；

额外供应品（或服务）是对福利的一种补充，这种福利包括允许员工使用企业的汽车等公共资源。

传统薪酬制度以基本工资和年度奖金为核心，用于回报员工现期或上期对企业的贡献。但基本工资与年度奖金偏重对以往业绩、短期业绩的评估，企业管理人员出于自身利益的考虑可能放弃、延缓或搁置那些短期内会给企业财务状况带来不利影响但有利于企业长期发展的计划，从而使企业长期发展面临不利的局面。企业股份的价值是对企业内在价值及发展前景的直观、综合的反映。以股份期权为代表的股份支付制度以企业股份的价值作为支付的基础，并且其对员工绩效的考察期通常很长（一般在 1 年以上），奖励金额通常较为可观，使得员工的利益同企业股份的价值、企业的长远发展有机联系起来，从而有利于理顺现代企业中委托代理关系下的利益分配关系，避免了经营者、普通员工的短期行为，这使得股份支付逐渐成为现代企业针对员工的主要的长期激励方式。

企业通过授予职工股票期权、认股权证等衍生工具或其他权益工具换取职工提供的服务，从而实现对职工的激励或补偿，属于职工薪酬的重要组成部分。由于股份支付以权益工具的公允价值为计量基础，因此《企业会计准则第 9 号——职工薪酬》规定，以股份为基础的薪酬适用《企业会计准则第 11 号——股份支付》。

二、股份支付的特征

理解股份支付的定义，要把握以下几个关键词：职工或其他方、服务、权益工具。只有符合以下三个特征的交易才能按照股份支付进行处理：

（一）企业与职工或其他方之间发生的交易

企业与股东之间无论是新发行股份，还是支付股票股利等，企业合并交易中的合并方与被合并方之间支付对价，都有可能会以股份的形式进行支付，但这些都不能按照《企业会计准则第 11 号——股份支付》的原则来处理。只有发生在企业与其职工或向企业提供服务的其他方之间的交易，才可能符合《企业会计准则第 11 号——股份支付》对股份支付的定义。

（二）以获取职工或其他方服务为目的的交易

职工或其他方为企业提供了服务，企业以股份的形式支付代价。企业在这个交易中获取了其职工或其他方提供的服务（可以作为当期费用处理）或取得这些服务的权利（可以作为资产处理）。企业获取这些服务或权利的目的是用于其正常生产经营，不是转手获利等。

（三）交易对价或其定价与企业自身权益工具的价值密切相关

股份支付交易同企业与其职工间其他类型交易的最大不同，是交易对价或其定价与企业自身权益工具未来的价值密切相关。在股份支付中，企业要么向职工支付其自身权益工具，要么向职工支付一笔现金，而其金额高低取决于结算时企业自身权益工具的公允价值。对价的特殊性可以说是股份支付的显著特征。

三、股份支付的分类

（一）按分享权益的类型不同划分

按分享权益的类型划分，股份支付可以分为股份增值权、模拟股票、股票期权、限制性股票计划、业绩股份、业绩单位、延期支付计划、股份奖励、管理层收购、管理层持股、员工持股计划等（见表 3-1）。

表 3-1　按分享权益的类型不同划分的各种股份支付种类

股份支付种类	具体含义
股份增值权	企业给予激励对象（被激励人员）的一种权利，这种权利使得激励对象可以在规定的时间内获得规定数量的股份价格上升所带来的收益，但激励对象不拥有这些股份的所有权、表决权和配股权
模拟股票	企业授予激励对象一种虚拟的“股票”，激励对象可以据此享受一定数量的分红和股价升值收益，但不拥有“股票”的所有权、表决权，也不能对其进行转让和出售，激励对象在离开企业时“股票”自动失效
股票期权	股票期权也称认股权证，实际上是一种看涨期权，是指公司授予激励对象的一种权利，激励对象可以在规定的时间内（行权期）以事先确定的价格（行权价）购买一定数量的本公司流通股票（行权）。股票期权只是一种权利，而非义务，持有者在股票价格低于“行权价”时可以放弃这种权利，因而对股票期权持有者没有风险。实施股票期权的假定前提是公司股票的内在价值在证券市场能够得到真实的反映，由于在有效市场中股票价格是公司长期盈利能力的反映，而股票期权至少要在 1 年以后才能实现，因此被授予者为了使股票升值而获得价差收入，会尽力保持公司业绩的长期稳定增长，使公司股票的价值不断上升，这样就使股票期权具有了长期激励的功能。股票期权模式目前在美国最流行，运作方法也最规范
限制性股票计划	限制性股票计划是指事先授予激励对象一定数量的公司股票，但对股票的来源、抛售等有一些特殊限制，激励对象只有在规定的服务期限以后并完成特定业绩目标（如扭亏为盈）时，才可抛售限制性股票并从中获益，否则公司有权将免费赠予的限制性股票收回或以激励对象购买时的价格回购限制性股票
业绩股份	企业在考察期初预先为激励对象设定业绩目标。在考察期末，如果激励对象达到了预定的业绩目标，则企业授予其一定数量的股份或提取一定比例的奖励基金用于购买企业的股份，以此作为对激励对象的奖励
业绩单位	与业绩股份相似，不同之处在于业绩股份支付的是股份，而业绩单位支付的是现金，而且是按考核期市盈率计算的股价折算的现金。在这种激励机制下，激励对象得到的激励收益和企业股价的联系较小
延期支付计划	企业将激励对象的部分薪酬（如年度奖金等）按照当日企业股票市场价格折算成一定的股票数量，存入企业为激励对象单独设立的延期支付账户。在既定的期限后或在该激励对象退休后，再以企业股票的形式或根据期满时的股票市场价格以现金方式支付给激励对象
股份奖励	企业在考察期初奖励给激励对象一定数量的股份。如果在考察期被考核的指标没有达到最低标准，这些股份在考察期末全部归还企业，并根据超过最低标准的程度确定免于归还的股份数量。但即使归还股份，考察期内的股利还是属于受益人的
管理层收购	管理层收购又称经理层融资收购，是指公司的管理者或经理层（个人或集体）利用借贷所融资本购买本公司的股份（或股权），从而改变公司所有者结构、控制权结构和资产结构，实现持股经营。同时，它也是一种极端的股权激励手段，因为其他激励手段都是所有者（产权人）对雇员的激励，而它则干脆将激励的主体与客体合二为一，从而实现了激励对象与企业利益、股东利益完整的统一

表3-1(续)

股份支付种类	具体含义
管理层持股	管理层持股是指管理层持有一定数量的本公司股票并进行一定期限的锁定。激励对象得到公司股票的途径可以是公司无偿赠予，由公司补贴、激励对象购买，公司强行要求受益人自行出资购买等。激励对象在拥有公司股票后，成为自身经营企业的股东，与企业共担风险、共享收益。参与持股计划的激励对象得到的是实实在在的股票，拥有相应的表决权和分配权，并承担公司亏损和股票降价的风险，从而建立起企业、所有者与经营者三位一体的利益共同体。按照目前典型的做法，管理层持股又可以分为三类：增值奖股、强制购股和直接购股
员工持股计划	员工持股计划是指由公司内部员工个人出资认购本公司部分股份，并委托公司进行集中管理的产权组织形式。员工持股计划为企业员工参与企业所有权分配提供了制度条件，持有者真正体现了劳动者和所有者的双重身份。其核心在于通过员工持股运营，将员工利益与企业前途紧紧联系在一起，形成一种按劳分配与按资分配相结合的新型利益制衡机制。同时，员工持股后便承担了一定的投资风险，这就有助于唤起员工的风险意识，激发员工的长期投资行为。由于员工持股不仅使员工对企业运营有了充分的发言权和监督权，而且使员工更关注企业的长期发展，这就为完善科学的决策、经营、管理、监督和分配机制奠定了良好的基础

（二）按支付结算方式的不同划分

《企业会计准则第 11 号——股份支付》第二条规定，根据股份支付的方式，股份支付分为以权益结算的股份支付和以现金结算的股份支付。

以权益结算的股份支付是指企业为获得服务而以股份或其他权益工具作为对价结算的交易。以权益结算的股份支付最常用的工具有两类：限制性股票和股票期权。限制性股票是指职工或其他方按照股份支付协议规定的条款和条件，从企业获得一定数量的本企业股票。企业授予职工一定数量的股票，在一个确定的等待期内或在满足特定业绩指标之前，职工出售股票要受到持续服务条款或业绩条件的限制。股票期权是指企业授予职工或其他方在未来一定期限内以预先确定的价格和条件购买本企业一定数量股票的权利。

以现金结算的股份支付是指企业为获取服务而承担的以股份或其他权益工具为基础计算的交付现金或其他资产的义务的交易。以现金结算的股份支付最常用的工具有两类：现金股票增值权和模拟股票。现金股票增值权和模拟股票，是用现金支付模拟的股权激励机制，即与股票挂钩，但用现金支付。除不需要实际行权和持有股票外，现金股票增值权的运作原理与股票期权是一样的，而模拟股票的运作原理与限制性股票是一样的。

在确定不同的股权激励方式时，企业应充分考虑企业性质、市场竞争程度、所处行业、发展阶段、企业经营状况等多种因素，并且可以在企业不同时期、针对不同激励对象等，个性化组合设计本公司的股权激励机制。

四、股份支付的环节与时点

股份支付不是一个时点上的交易，而可能是很长一段时间的交易。从环节上说，典型的股份支付通常涉及四个主要环节：授予环节、等待可行权环节、行权环节和出售环节。在这些环节中，有些时点是比较重要的，如授予日、等待期内的资产负债表日、可行权日、行权日、出售日、失效日。

从图 3-1 可以看出，授予环节主要发生在授予日。等待可行权环节是从授予日到可行权日，这之间的时期称为等待期（行权限制期）。除非立即可行权，否则股份支付均会存在等待期。行权环节从可行权日到行权日。出售环节一般在行权日后，这之间的时期称为禁售期。行权有效期不是无限的，行权有效期的最后一天即为失效日。

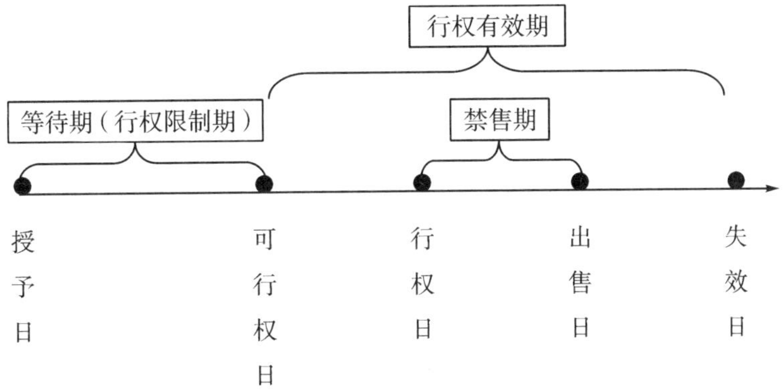

图 3-1 典型的股份支付交易时点示意图

下面对上述几个时点进行专门介绍：

（一）授予日

授予日是指股份支付协议获得批准的日期。“获得批准”是指企业与职工或其他方就股份支付的协议条款和条件已达成一致，该协议获得股东大会或类似机构的批准。这里的“达成一致”是指双方在对该计划或协议内容充分形成一致理解的基础上，均接受其条款和条件。如果按照相关法规的规定，在提交股东大会或类似机构之前存在必要程序或要求，企业应履行该程序或满足该要求。

（二）可行权日

可行权日是指可行权条件得到满足，职工或其他方从企业取得权益工具或现金权利的日期。有的股份支付协议是一次性可行权，有的则是分批可行权。一次性可行权和分批可行权就像购买合同一样，有一次性付款和分期付款。只有已经可行权的股票期权，才是职工真正拥有的“财产”，才能去择机行权。

（三）等待期内的资产负债表日

从授予日至可行权日的时段，是可行权条件得到满足的期间，因此称为“等待期”又称“行权限制期”。在此期间的每个期末，也就是资产负债表日，企业也需要进行会计处理。

（四）行权日

行权日是指职工和其他方行使权利、获取现金或权益工具的日期。例如，持有股票期权的职工行使了以特定价格购买一定数量本公司股票的权利，该日期即为行权日。行权是按期权的约定价格实际购买股票，一般在可行权日之后到期权到期日之前的可选择时段内（行权有效期）行权。

（五）出售日

出售日是指股票的持有人将行使期权取得的期权股票出售的日期。按照我国法律的规定，用于期权激励的股份支付协议，应在行权日与出售日之间设立禁售期。其中，国有控股上市公司的禁售期不得低于 2 年。

（六）失效日

失效日是指权利失效的日期。行权有有效期间，在此期间均可以行权，有效期的最后一天，即为失效日。

五、股份支付的可行权条件

一般来说，股份支付均有一个等待期。这个等待期就是可行权条件得到满足的期间。因此，股份支付通常涉及可行权条件，在满足这些条件之前，职工无法获得股份。可行权条件是指能够确定企业是否得到职工或其他方提供的服务，且该服务使职工或其他方具有获取股份支付协议规定的权益工具或现金权利的条件。

可行权条件包括服务期限条件和业绩条件。

（一）服务期限条件

服务期限条件是指职工完成规定服务期间才可行权的条件。例如，企业在股份支付协议中规定，职工从 2019 年 1 月 1 日开始，连续在本企业工作满 3 年，即可享受一定数量的股票期权。以服务期限为可行权条件的处理比较简单。在等待期内的每个资产负债表日，企业都要计算从授予日到该资产负债表日的期限，将其与可行权条件的期限进行比较，以便计算应确认的成本或费用金额。

（二）业绩条件

业绩条件是企业达到特定业绩目标，职工才可行权的条件，具体包括市场条件和非市场条件。

1. 市场条件

市场条件是指行权价格、可行权条件以及行权可能性与权益工具的市场价格相关的业绩条件，如股份支付协议中关于股价至少上升至何种水平职工可相应取得多少股份的企业规定。企业在确定权益工具在授予日的公允价值时，应考虑市场条件的影响，而不考虑非市场的影响。但市场条件是否得到满足，不影响企业对预计可行权情况的估计。

2. 非市场条件

非市场条件是指除市场条件之外的其他业绩条件，如股份支付协议中关于达到最低盈利目标或销售目标才可行权的规定。企业在确定权益工具在授予日的公允价值时，不考虑非市场条件的影响。但非市场条件是否得到满足，影响企业对预计可行权情况的估计。对于可行权条件为业绩条件的股份支付，只要职工满足了其他所有非市场条件（如利润增长率、服务期限等），企业就应当确认已取得的服务。

［**例 3-1**］区分不同类型的可行权条件。

2019 年 1 月，为奖励并激励高管，上市公司 ABC 公司与其管理层签署股份支付协议，规定如果管理层成员在其后 3 年中都在 ABC 公司中任职服务，并且 ABC 公司股价每年均提高 10% 以上，管理层成员即能以低于市价的价格购买一定数量的 ABC 公司股票。同时，作为协议的补充，ABC 公司把全体管理层成员的年薪提高了 50 000 元，但 ABC 公司将这部分年薪按月存入专门建立的内部基金，3 年后，管理层成员可用属于其个人的部分抵减未来行权时支付的购买股票的款项。如果管理层成员决定退出这项基金，可以随时全额提取。ABC 公司以期权定价模型估计授予的此项期权在授予日的公允价值为 6 000 000 元。

在第 1 年年末，ABC 公司估计 3 年内管理层离职的比例为 10%；第 2 年年末，ABC 公司调整其估计离职率为 5%；第 3 年年末，ABC 公司管理层实际离职率为 6%。

在第 1 年中，ABC 公司股价提高了 10.5%，第 2 年提高了 11%，第 3 年提高了 6%。ABC 公司在第 1 年年末、第 2 年年末均预计下年能实现当年股价增长 10%以上的目标。

此例中涉及哪些条款和条件？ABC 公司应如何处理？

如果不同时满足服务 3 年和 ABC 公司股价年增长 10%以上的要求，管理层成员就无权行使其股票期权，因此两者都属于可行权条件，其中服务满 3 年是一项服务期限条件，10%以上的股价增长要求是一项市场业绩条件。虽然 ABC 公司要求管理层成员将部分薪金存入统一账户保管，但不影响其可行权，因此统一账户条款是非可行权条件。

按照《企业会计准则第 11 号——股份支付》的规定，第 1 年年末确认的服务费用 = 6 000 000×1÷3×90% = 1 800 000（元）

第 2 年年末累计应确认的服务费用 = 6 000 000×2÷3×95% = 3 800 000（元）

第 3 年年末累计应确认的服务费用 = 6 000 000×3÷3×94% = 5 640 000（元）

由此，第 2 年应确认的费用 = 3 800 000 - 1 800 000 = 2 000 000（元）

第 3 年应确认的费用 = 5 640 000 - 3 800 000 = 1 840 000（元）

最后，94%的管理层成员满足了市场条件之外的全部可行权条件。尽管股价年增长 10%以上的市场条件未得到满足，ABC 公司在第 3 年年末也均确认了收到的管理层提供的服务，并相应确认了费用。

六、股份支付的作用

股份支付的积极作用主要体现在以下几个方面：

（一）降低企业代理成本

在现代企业制度下，企业所有权和经营权相分离，实质上形成了一种委托代理关系。

所有者作为其财产的委托人，必须支付给代理人一定的代理费用来委托其代理所有者对企业进行营运管理。由于信息不对称，委托人无法知道、监督代理人的工作努力程度。通过授予代理人一定的股份期权等形式的股份支付报酬，能够将经营者的薪酬和企业长期业绩更为紧密地联系起来，使得企业经营者能够分享他们的工作给股东带来的收益，也使得股东能更为轻松地解决由于信息不对称带来的管理和监督难题。

（二）提升企业经营业绩

股份支付从长远眼光考核激励对象对提升公司经营业绩所做的贡献，有利于矫正激励对象的短视心理，在一定程度上防止激励对象为在短期内提升公司的经营业绩而采取急功近利、竭泽而渔的做法。股份支付作为一种促使激励对象积极为股东谋取利益的货币性激励工具，不仅改变了企业对激励对象"重约束、轻激励"的不平衡局面，而且使得激励对象因正常离职等原因离开企业后仍可继续分享企业利润、增加个人收益。因此，激励对象出于自身未来经济利益的考虑，会在其任职期间致力于企业的长期发展，从长远的角度努力提升公司的经营业绩。

（三）提高员工的工作积极性

股份支付将员工（包括经理人员，下同）的薪酬同公司的业绩相联系，也就是将公司所有者的利益和员工的利益达到了一定程度上的一致。公司经营业绩的好坏直接关系到员工能否通过股份支付制度获益。因此，公司的员工会尽力争取提高公司竞争能力和获利能力，从而提高公司的管理效率和员工自身的工作积极性。

（四）吸引、留住高素质人才

成长型企业，尤其是高新技术企业，一般急需大量的高素质经营管理、关键技术人才，但同时可能缺乏足够的现金支付薪酬的能力。此时，企业通过设计合理的股份支付方案，既可以提高员工的实际收入水平，又避免了成长型企业的现金大量流出，有利于吸引留住富有一定冒险和创新精神的高素质人才来企业大显身手。国内外的实践证明，股份支付在奖励、激励公司的高级经理人员、对公司有突出贡献的员工方面发挥了重要的、积极的作用。股份支付已经在世界各国广为流行，越来越成为现代公司的管理、激励制度之一。

然而，任何事物都有其两面性。股份支付尽管具备上述积极作用，但是如果一旦在设计、实施、监管环节出现漏洞、舞弊，其消极影响也是值得警惕的。随着20世纪90年代后期互联网泡沫的破灭以及世通、安然等公司财务丑闻的频频爆发，人们不得不开始对以股票期权为代表的股份支付的负面影响进行反思。在21世纪这个重视人力资源的知识经济时期，股份支付制度在经历了一段时间的发展低潮后，通过不断的改革与完善，有望再次迎来一个发展的黄金时期。我国要大力推行股份支付制度，在注重其积极作用的同时，还应当看到其可能导致的消极影响，尤其是在我国目前企业治理机制尚不健全、法治环境尚不完善等条件下，对其应保持谨慎乐观的态度。

第二节　股份支付的会计处理

一、以权益结算的股份支付的确认与计量

（一）以权益结算的股份支付的确认与计量原则

1. 换取职工服务的股份支付的确认和计量原则

就确认时点来看，换取职工服务的股份支付可以分为有等待期的股份支付和授予后立即可行权的股份支付。

对于有等待期的换取职工服务的股份支付，企业应当以股份支付授予的权益工具的公允价值计量。在等待期内的每个资产负债表日，企业应以对可行权权益工具数量的最佳估计为基础，按照权益工具在授予日的公允价值，将当期取得的服务计入相关资产成本或当期费用，同时计入资本公积中的其他资本公积。在这种情况下，需要对未来可行权权益工具的数量进行最佳估计，用估计的权益工具的数量乘以权

益工具在授予日的公允价值就可以得出应计入当期费用或资产成本的金额。由于这一部分还未实际行权，并不是企业的股份数量增加，因此先计入资本公积中。

对于授予后立即可行权的换取职工提供服务的权益结算的股份支付，企业应在授予日按照权益工具的公允价值，将取得的服务计入相关资产成本或当期费用，同时计入资本公积中的股本溢价。

2. 换取其他方服务的股份支付的确认和计量原则

对于换取其他方服务的股份支付，企业应当以股份支付换取的服务的公允价值计量。企业应当按照其他方服务在取得日的公允价值，将取得的服务计入相关资产成本或费用。

如果其他方服务的公允价值不能可靠计量，但权益工具的公允价值能够可靠计量，企业应当按照权益工具在服务取得日的公允价值，将取得的服务计入相关资产成本或费用。

比较上述两种情况的确认与计量原则可以发现，换取其他方服务的股份支付一般是以取得服务的公允价值来确定计入当期费用或资产成本的金额；而换取职工服务的股份支付是以相关权益工具的公允价值来确定计入当期费用或资产成本的金额。

（二）以权益结算的股份支付的会计处理

股份支付的会计处理必须以完整、有效的股份支付协议为基础。

1. 授予日

除了立即可行权的股份支付外，企业在授予日不需要做会计处理。对于立即可行权的股份支付，其会计处理与可行权日的会计处理相同。

2. 等待期内每个资产负债表日

对于以权益结算的股份支付，企业应当在等待期内的每个资产负债表日，将取得职工或其他方提供的服务计入当期费用或资产成本，同时确认所有者权益。计入成本或费用的金额，应当按照授予日权益工具的公允价值计量，即使权益工具的公允价值发生变动，也不确认其后续公允价值变动。由于未来可行权的职工人数会发生变动，企业必须根据最新取得的可行权职工人数变动等后续信息做出最佳估计，修正预计可行权的权益工具数量。

企业应根据上述权益工具的公允价值和预计可行权的权益工具数量，计算截至当期累计应确认的成本或费用金额，再减去前期累计已确认金额，作为当期应确认的成本费用金额。

在等待期的资产负债表日，企业根据授予日权益工具的公允价值乘以预计可行权的权益工具数量，按照职工付出服务的性质，借记“生产成本”“制造费用”“管理费用”“销售费用”“研发支出”和“在建工程”等科目，贷记“资本公积——其他资本公积”科目。

3. 可行权日

在可行权日，也就是等待期结束，有权利参加行权的职工人数应当确定，预计可行权权益工具的数量也应当确定，这应与未来实际可行权工具的数量保持一致。至于未来是否实际行权，则另当别论。因此，可行权日的会计处理和等待期内的资产负债表日的会计处理一样，只是可行权权益工具的数量是确定的。

4. 可行权日之后

对于权益结算的股份支付，企业在可行权日之后不再对已确认的成本或费用和所有者权益总额进行调整。

5. 行权日

企业应在行权日根据行权情况，确认股本和股本溢价，同时结转等待期内确认的资本公积（其他资本公积）。

企业应根据行权时收到的款项，借记“银行存款”科目，结转等待期内确认的资本公积，借记“资本公积——其他资本公积”科目，根据转换成的股本数，贷记“股本”科目，按其差额，贷记“资本公积——股本溢价”科目。

（三）以权益结算的股份支付的应用举例

[**例 3-2**] 附服务年限条件的权益结算的股份支付。

ABC 公司为上市公司。2014 年 12 月，ABC 公司董事会批准了一项股份支付协议。协议规定，2015 年 1 月 1 日，ABC 公司向其 400 名管理人员每人授予 1 000 份股票期权。这些管理人员必须从 2015 年 1 月 1 日起在 ABC 公司连续服务 3 年，服务期满时才能够以每股 5 元的价格购买 1 000 股 ABC 公司股票。ABC 公司估计该期权在授予日（2015 年 1 月 1 日）的公允价值为 12 元人民币。

（1）第 1 年有 40 名管理人员离开 ABC 公司，ABC 公司估计 3 年中离开的管理人员比例将达到 20%。

（2）第 2 年有 20 名管理人员离开 ABC 公司，ABC 公司将估计的管理人员离开比例修正为 15%。

（3）第 3 年有 30 名管理人员离开。

（4）第 4 年年末（2018 年 12 月 31 日），有 30 名管理人员放弃了股票期权。

（5）第 5 年年末（2019 年 12 月 31 日），剩余 280 名管理人员全部行权，ABC 公司股票面值为每股 1 元，管理人员以每股 5 元购买。

请对 ABC 公司的上述事项进行会计处理。

1. 计算费用和资本公积

费用和资本公积计算表见表 3-2。

表 3-2 费用和资本公积计算表 单位：元

年份	计算	当期费用	累计费用
2015	400×(1-20%)×1 000×12×1÷3	1 280 000	1 280 000
2016	400×(1-15%)×1 000×12×2÷3-1 280 000	1 440 000	2 720 000
2017	310×1 000×12×3÷3-2 720 000	1 000 000	3 720 000

2. 会计处理

（1）授予日。2015 年 1 月 1 日，授予日不做处理。

（2）等待期内的每个资产负债表日。

①2015 年 12 月 31 日。

借：管理费用等 1 280 000

　贷：资本公积——其他资本公积 1 280 000

②2016 年 12 月 31 日。

借：管理费用等　　1 440 000

　贷：资本公积——其他资本公积　　1 440 000

③2017 年 12 月 31 日。

借：管理费用等　　1 000 000

　贷：资本公积——其他资本公积　　1 000 000

（3）可行权日及之后。

①2018 年 12 月 31 日。不调整成本费用和资本公积。

②2019 年 12 月 31 日。

借：银行存款（280×1 000×5）　　1 400 000

　　资本公积——其他资本公积　　3 720 000

　贷：股本（280×1 000×1）　　280 000

　　　资本公积——股本溢价　　4 840 000

［**例 3-3**］附非市场业绩条件的权益结算的股份支付。

2017 年 1 月 1 日，ABC 公司为其 200 名管理人员每人授予 1 000 份股票期权，其可行权条件为：2017 年年末，ABC 公司当年净利润增长率达到 20%；2018 年年末，ABC 公司 2017—2018 年 2 年净利润平均增长率达到 15%；2019 年年末，ABC 公司 2017—2019 年 3 年净利润平均增长率达到 10%。每份期权在 2017 年 1 月 1 日的公允价值为 20 元。

2017 年 12 月 31 日，ABC 公司净利润增长了 18%，同时有 16 名管理人员离开，ABC 公司预计 2018 年将以同样速度增长，即 2017—2018 年 2 年净利润平均增长率能够达到 18%，因此预计 2018 年 12 月 31 日可行权。另外，ABC 公司预计第 2 年又将有 16 名管理人员离开 ABC 公司。

2018 年 12 月 31 日，ABC 公司净利润仅增长了 10%，但 ABC 公司预计 2017—2019 年 3 年净利润平均增长率可达到 12%，因此预计 2019 年 12 月 31 日可行权。另外，ABC 公司实际有 20 名管理人员离开，预计第 3 年将有 24 名管理人员离开 ABC 公司。

2019 年 12 月 31 日，ABC 公司净利润增长了 8%，3 年平均增长率为 12%，满足了可行权条件（3 年净利润平均增长率达到 10%）。ABC 公司当年有 16 名管理人员离开。

编制 ABC 公司 2017—2019 年的会计分录。

第 1 年年末，虽然没能实现净利润增长 20%的要求，但 ABC 公司预计下年将以同样的速度增长，因此能实现 2 年平均增长 15%的要求，ABC 公司将其预计等待期调整为 2 年。第 2 年年末，虽然 2 年实现 15%增长的目标再次落空，但 ABC 公司仍然估计能够在第 3 年取得较理想的业绩，从而实现 3 年平均增长 10%的目标，ABC 公司将其预计等待期调整为 3 年。第 3 年年末，目标实现。ABC 公司根据实际情况确定累计费用，并据此确认了第 3 年费用的调整。

费用和资本公积计算表见表 3-3。

表 3-3 费用和资本公积计算表 单位：元

年份	计算	当期费用	累计费用
2017	(200−16−16)×1 000×20×1÷2	1 680 000	1 680 000
2018	(200−16−20−24)×1 000×20×2÷3−1 680 000	186 666.67	1 866 666.67
2019	(200−16−20−16)×1 000×20−1 866 666.67	1 093 333.33	2 960 000

会计分录编制如下：

（1）2017 年 12 月 31 日。

借：管理费用 1 680 000

　贷：资本公积——其他资本公积 1 680 000

（2）2018 年 12 月 31 日。

借：管理费用 186 666.67

　贷：资本公积——其他资本公积 186 666.67

（3）2019 年 12 月 31 日。

借：管理费用 1 093 333.33

　贷：资本公积——其他资本公积 1 093 333.33

二、以现金结算的股份支付的确认与计量

（一）以现金结算的股份支付的确认与计量原则

在实际行权或结算之前，以现金结算的股份支付实质上是企业欠职工的一项负债。

企业应当在等待期内的每个资产负债表日，以对可行权情况的最佳估计为基础，按照企业承担负债的公允价值，将当期取得的服务计入相关资产成本或当期费用，同时计入负债（应付职工薪酬），并在结算前的每个资产负债表日和结算日对负债的公允价值重新计量，将其变动计入损益（公允价值变动损益）。

对于授予后立即可行权的现金结算的股份支付，企业应当在授予日按照企业承担负债的公允价值计入相关资产成本或费用，同时计入负债（应付职工薪酬），并在结算前的每个资产负债表日和结算日对负债的公允价值重新计量，将其变动计入损益（公允价值变动损益）。

（二）以现金结算的股份支付的会计处理

股份支付的会计处理必须以完整、有效的股份支付协议为基础。

1. 授予日

和权益结算的股份支付相同，除了立即可行权的股份支付外，企业在授予日不做会计处理。

2. 等待期内每个资产负债表日

对于现金结算的股份支付，企业应当在等待期内的每个资产负债表日，将取得职工或其他方提供的服务计入成本或费用，同时确认负债。现金结算的股份支付在未结算前确认为负债，这相当于是欠职工的薪酬负债，这是和权益结算的股份支付较大的区别之一。

企业应根据某一资产负债表日预计可行权工具的数量乘以当日权益工具的公允

价值，借记“生产成本”“制造费用”“管理费用”“销售费用”“研发支出”和“在建工程”等科目，贷记“应付职工薪酬——股份支付”科目。

值得注意的是，对于现金结算的股份支付，如果各个资产负债表日的权益工具的公允价值发生变化，企业应按照每个资产负债表日权益工具的公允价值重新计量，确定成本或费用和应付职工薪酬，其会计分录的编制不变。

3. 可行权日

在可行权日，也就是等待期结束，有权利参加行权的职工人数应当确定，预计应付职工薪酬也应当确定，这应和未来实际应支付金额保持一致。因此，可行权日的会计处理和等待期内的资产负债表日处理一样，只是应付金额是确定的。

4. 可行权日之后

对于现金结算的股份支付，企业在可行权日之后不再确认成本或费用，但是由于赖以计算负债的权益工具公允价值发生变动引起的负债（应付职工薪酬）公允价值的变动应当进行确认，计入当期损益，即公允价值变动损益。这也是和权益结算的股份支付较大的区别之一。

5. 行权日

企业应在职工行权日根据行权情况，按照所支付现金，借记“应付职工薪酬——股份支付”科目，贷记“银行存款”等科目。

（三）以现金结算的股份支付的应用举例

为说明现金结算的股份支付的会计处理，特举例说明。前已述及，以现金结算的股份支付的主要支付工具是现金股票增值权，本例就用现金股票增值权来说明。

［**例 3-4**］现金股票增值权的会计处理。

2014 年 12 月，ABC 公司向其 400 名中层以上职员每人授予 1 000 份现金股票增值权，并规定这些职员从 2015 年 1 月 1 日起在该公司连续服务 3 年，即可按照当时股价的增长幅度获得现金。该增值权应在 2019 年 12 月 31 日之前行使。ABC 公司估计的该增值权在负债结算之前的每一资产负债表日以及结算日的公允价值和可行权后的每份增值权现金支出额见表 3-4。

表 3-4 各年公允价值与支付现金一览表 单位：元

年份	公允价值	支付现金
2015	28	
2016	30	
2017	36	32
2018	42	40
2019		50

第 1 年有 40 名职员离开 ABC 公司，ABC 公司估计 3 年中还将有 30 名职员离开；第 2 年有 20 名职员离开 ABC 公司，ABC 公司估计还将有 20 名职员离开；第 3 年又有 30 名职员离开。第 3 年年末，有 140 人行使股票增值权取得了现金。第 4 年年末，有 100 人行使了股票增值权。第 5 年年末，剩余 70 人也行使了股票增值权。

编制 ABC 公司 2015—2019 年的会计分录。

费用和负债计算表见表 3-5。

表 3-5 费用和负债计算表 单位：元

年份	负债计算 （1）	支付现金计算 （2）	负债 （3）	支付现金 （4）	当期费用 （5）
2015	（400-70）×1 000×28×1÷3		3 080 000		3 080 000
2016	（400-80）×1 000×30×2÷3		6 400 000		3 320 000
2017	（400-90-140）×1 000×36×3÷3	140×1 000×32	6 120 000	4 480 000	4 200 000
2018	（400-90-140-100）×1 000×42	100×1 000×40	2 940 000	4 000 000	820 000
2019	0	70×1 000×50	0	3 500 000	560 000
总额				11 980 000	11 980 000

注：表中（1）计算得出（3），（2）计算得出（4），当期（3）-前一期（3）+当期（4）= 当期（5）。

会计分录编制如下：

（1）2015 年 12 月 31 日。

借：管理费用 3 080 000

　贷：应付职工薪酬——股份支付 3 080 000

（2）2016 年 12 月 31 日。

借：管理费用 3 320 000

　贷：应付职工薪酬——股份支付 3 320 000

（3）2017 年 12 月 31 日。

借：管理费用 4 200 000

　贷：应付职工薪酬——股份支付 4 200 000

借：应付职工薪酬——股份支付 4 480 000

　贷：银行存款 4 480 000

（4）2018 年 12 月 31 日。

借：公允价值变动损益 820 000

　贷：应付职工薪酬——股份支付 820 000

借：应付职工薪酬——股份支付 4 000 000

　贷：银行存款 4 000 000

（5）2019 年 12 月 31 日。

借：公允价值变动损益 560 000

　贷：应付职工薪酬——股份支付 560 000

借：应付职工薪酬——股份支付 3 500 000

　贷：银行存款 3 500 000

三、两种股份支付的综合比较

根据《企业会计准则第 11 号——股份支付》的规定，企业应分析权益结算与现金结算股份支付的异同。

（一）权益结算与现金结算股份支付的相同点

（1）支付媒介相同。不论是以权益结算的股份支付还是以现金结算的股份支付都要涉及权益工具，如股份等。

（2）目的相同。这两种股份支付都是企业的激励手段，以获取职工或其他方服务为目的。

（3）计量属性相同。这两种股份支付都以公允价值计量，不同的是，权益结算的股份支付以授予日公允价值计量，现金结算的股份支付以等待期内每一个资产负债表日的公允价值重新计量。

（4）都要满足一定的可行权条件。可行权条件包括服务期限条件和业绩条件。其中，业绩条件包括市场条件和非市场条件。

（5）除授予后立即可行权的股份支付外，企业在授予日都不做会计处理。

（6）都要将取得的服务确认为相关的成本或费用（管理费用、销售费用等）。

（二）权益结算与现金结算股份支付的不同点

（1）属性不同。权益结算的股份支付需要确认资本公积——其他资本公积，给企业形成的是一项所有者权益；现金结算的股份支付形成的是一项负债（应付职工薪酬）。

（2）企业承担的义务不同。以权益结算，企业要授予股份或认股权，不承担支付现金或其他资产的义务，经济利益未流出企业；以现金结算，企业最终要承担交付现金或其他资产的义务，会导致经济利益流出企业。

（3）会计处理不同。以权益结算的股份支付，等待期内每个资产负债表日以对可行权权益工具数量的最佳估计为基础，按照权益工具授予日的公允价值，将当期取得的服务计入相关资产成本或当期费用，同时计入资本公积中的其他资本公积。会计分录为：

借：管理费用等

  贷：资本公积——其他资本公积

可行权日之后，企业不再对已确认的成本费用和所有者权益总额进行调整。行权日会计分录为：

借：银行存款

  资本公积——其他资本公积

  贷：股本

    资本公积——股本溢价

现金结算的股份支付，等待期内按资产负债表日权益工具的公允价值重新计量，确认成本费用和相应的应付职工薪酬。会计分录为：

借：管理费用等

  贷：应付职工薪酬——股份支付

可行权日之后，企业不再确认成本费用，但负债（应付职工薪酬）公允价值的变动应计入当期损益（公允价值变动损益）。

负债公允价值上升时，会计分录为：

借：公允价值变动损益

  贷：应付职工薪酬——股份支付

负债公允价值下跌时，编制相反的会计分录。

行权日会计分录为：

借：应付职工薪酬——股份支付

　贷：银行存款

（4）公允价值的确定不同。以权益结算的股份支付采用的是权益授予日的公允价值，其后不存在变动；而以现金结算的股份支付采用的是结算前每个资产负债表日的公允价值，其值处于变动状态，等待期内的变动额都记入费用科目；可行权日之后，其公允价值变动确认公允价值变动损益，同时相应增减负债。

第三节　股份支付的特殊问题

一、权益工具公允价值的确定

这里的权益工具，根据《企业会计准则第 22 号——金融工具确认和计量》的规定，是指能证明拥有某个企业在扣除所有负债后的资产中的剩余权益的合同，其实质就是指所有者权益，而在所有者权益中，股份是重要的组成部分。

股份支付中权益工具的公允价值的确定，应当以市场价格为基础。一些股份和股票期权没有一个活跃的交易市场，在这种情况下，企业应当考虑估值技术。在通常情况下，企业应当按照《企业会计准则第 22 号——金融工具确认和计量》的有关规定确定权益工具的公允价值，并根据股份支付协议的条款和条件进行调整。

（一）限制性股票

限制性股票公允价值的确定相对比较简单，股票在市场上自由交易，属于存在活跃市场的金融资产，因此其市价即为权益工具的公允价值。但如果限制性股票的取得条件包括了市场条件，将使激励方式具有期权的特征，应准确认定所属期权工具的类别并按估值模型确定其公允价值。

（二）股票期权和股票增值权

对于授予职工的股票期权，因其通常受到一些不同于交易期权的条款和条件的限制，因此在许多情况下难以获得其市场价格。如果不存在条款和条件相似的交易期权，企业应通过期权定价模型来估计授予的期权公允价值。从概念上讲，股票增值权的公允价值和股票期权相同，都包括时间价值和内在价值两部分，其公允价值也可以采用期权定价模型确定。

股票期权和股票增值权公允价值的确定比较复杂。一般情况下，激励期权并不在市场上进行交易，因此无法获取市场价格，应采用期权定价模型来确定其公允价值。期权定价模型有很多，比较常用的主要有布莱克-斯科尔斯模型（B-S）和二项模型。利用这类模型估计期权公允价值需考虑的主要因素有期权的行权价格、期权期限、基础股份的现行价格、估计的预计波动率、股份的预计股利、期权期限内的无风险利率等。

此外，企业选择的期权定价模型还应考虑熟悉情况和自愿的市场参与者在确定期权价格时会考虑的其他因素，但不包括那些在确定期权公允价值时不考虑的可行权条件和再授予特征因素。确定授予职工的股票期权的公允价值，还需要考虑提早行权的可能性。

1. 期权定价模型的输入变量的估计

在估计基础股份的预计波动率和股利时，目标是尽可能接近当前市场或协议交换价格所反映的价格预期。在通常情况下，对未来波动率、股利和行权行为的预期寻找一个合理的区间，这时应将区间内的每项可能数额乘以其发生概率，加权计算上述输入变量的期望值。

2. 预计提早行权

出于各种原因，职工经常在期权失效日之前提前行使股票期权。预计提早行权对期权公允价值的影响的具体方法，取决于所采用的期权定价模型的类型。但无论采用何种方法，估计提早行权时都要考虑以下因素：等待期的长短，以往发行在外的类似期权的平均存续时间、基础股份的价格（有时根据历史经验，职工在股价超过行权价格达到特定水平时倾向于行使期权），职工在企业中所处的层级（有时根据历史经验，高层职工倾向于较晚行权），基础股份的预计波动率（一般而言，职工倾向于更早地行使高波动率的股份期权）。

3. 预计波动率

波动率是对预期股份价格在一个期间内可能发生的波动金额的度量。期权定价模型中所用的波动率的量度，是一段时间内股份的连续复利回报率的年度标准差。波动率通常以年度表示，而不管计算时使用的是何种时间跨度基础上的价格，如每日、每周或每月的价格。一个期间股份的回报率（可能是正值也可能是负值）衡量了股东从股份的股利和价格涨跌中受益的多少。股份预计年波动率是指一个范围（置信区间），连续复利年回报率预期处在这个范围内的概率大约为2/3（置信水平）。估计预计波动率要考虑以下因素：

（1）如果企业有股票期权或其他包含期权特征的交易工具（如可转换公司债券）的买卖，则应考虑这些交易工具内含的企业股价波动率。

（2）在与期权的预计期限（考虑期权剩余期限和预计提早行权的影响）大体相当的最近一个期间企业股价的历史波动率。

（3）企业股份公开交易的时间。与上市时间更久的类似企业相比，新上市企业的历史波动率可能更大。

（4）波动率向其均值（长期平均水平）回归的趋势以及表明预计未来波动率可能不同于以往波动率的其他因素。有时，企业股价在某一特定期间因为特定原因剧烈波动，如收购要约或重大重组失败，则在计算历史平均年度波动率时，可剔除这个特殊期间。

（5）获取价格要有恰当且规律的间隔。价格的获取在各期应保持一贯性。例如，企业可用每周收盘价或每周最高价，但不应在某些周用收盘价，某些周用最高价。又如，获取价格应使用与行权价格相同的货币来表示。

除了上述考虑因素外，如果企业因新近上市而没有关于历史波动率的充分信息，应按可获得交易活动数据的最长期间计算历史波动率，也可考虑类似企业在类似阶段可比期间的历史波动率。如果企业是非上市企业，估计预计波动率是没有历史信息可循的，企业可以考虑以下替代因素：

（1）在某些情况下，定期向职工（或其他方）发行期权或股份的非上市企业，可能已为其股份设立了一个内部“市场”。估计预计波动率时可以考虑这些“股价”的波动率。

（2）如果上述方法不适用，而企业以类似上市企业股份为基础估计其自身股价的价值，企业可以考虑类似上市股份的历史或内含波动率。

（3）如果企业未以类似上市企业股价为基础估计其自身股份价值，而是采用了其他估计方法对自身股价进行估价，则企业可以推导出一个与该估价方法基础一致的预计波动率估计数。

4. 预计股利

计量所授予的股份或期权的公允价值时是否应当考虑预计股利，取决于被授予方是否有权取得股利或股利等价物。

如果职工被授予期权，并有权在授予日和行权日之间取得基础股份的股利等价物（可现金支付，也可抵减行权价格），所授予的期权应当像不支付基础股份的股利那样进行估价，即预计股利的输入变量应为零。相反，如果职工对等待期内或行权前的股利或股利等价物有要求权，对股份或期权在授予日公允价值的估计就应考虑预计股利因素。一般来说，预计股利应以公开可获得的信息为基础。不支付股利且没有支付股利计划的企业应假设预计股利收益率为零。如果无股利支付历史的新企业被预期在其职工股票期权期限内开始支付股利，可使用其历史股利收益率与大致可比的同类企业的股利收益率均值的平均数。

5. 无风险利率

无风险利率一般是指期权行权价格以该货币表示的，剩余期限等于被估价期权的预计期限（基于期权的剩余合同期限，并考虑预计提早行权的影响）的零息国债当前可获得的内含收益率。如果没有此类国债，或者环境表明零息国债的内含收益率不能代表无风险利率，企业应使用适当的替代利率。

6. 资本机构的影响

通常情况下，交易期权是由第三方而不是企业签出的。当这些股票期权行权时，签出人将股份交付给期权持有者。这些股份是从现有股东手中取得的，因此交易期权的行权不会产生稀释效应。

如果股票期权是从企业签出的，在行权时需要增加已发行在外的股份数量（要么正式增发，要么使用先前回购的库存股）。假定股份将按行权价格而不是行权日的市场价格发行，这种现实或潜在的稀释效应可能会降低股价。因此，期权持有者行权时，无法获得与行使其他方面类似但不稀释股价的交易期权一样多的利益。这一问题能否对企业授予股票期权的价值产生显著影响，取决于各种因素，包括行权时增加的股份数量（相对于已发行在外股份数量）。如果市场已预期企业将会授予期权，则可能已将潜在稀释效应体现在了授予日的股价中。企业应考虑授予的股票期权未来行权的潜在稀释效应，是否可能对股票期权在授予日的公允价值构成影响。企业可以修改期权定价模型，以将潜在稀释效应纳入考虑范围。

二、权益工具公允价值无法可靠确定时的处理

在极少数情况下，授予权益工具的公允价值无法可靠计量，企业应在获取服务

的时点、后续的每个资产负债表日和结算日，以内在价值计量该权益工具，内在价值的变动应计入当期损益。同时，企业应以最终可行权或实际可行权的权益工具数量为基础，确认取得服务的金额。内在价值是指交易对方有权认购或取得的股份的公允价值，与其按照股份支付协议应当支付的价格间的差额。

企业对上述以内在价值计量的已授予权益工具进行结算，应当遵循以下要求：

（1）结算发生在等待期内的，企业应当将结算作为加速可行权处理，即立即确认本应于剩余等待期内确认的服务金额。

（2）结算时支付的款项应当作为回购该权益工具处理，即减少所有者权益。结算支付的款项高于该权益工具在回购日内在价值的部分，计入当期损益。

三、可行权条件和条款的变更与修改

在通常情况下，股份支付协议生效后，企业不应对其条款和条件随意修改。但在某些情况下，企业可能需要修改授予权益工具的股份支付协议中的条款和条件，如股票除权、除息或其他原因需要调整行权价格或股票期权数量。此外，为了得到更佳的激励效果，有关法规也允许企业依据股份支付协议的规定，调整行权价格或股票期权数量，但应当由董事会做出决议并经股东大会审议批准，或者由股东大会授权董事会决定。《上市公司股权激励管理办法》对此做出了严格的限定，企业必须按照批准股份支付计划的原则和方式进行调整。

在会计上，无论已授予的权益工具的条款和条件如何修改，甚至取消权益工具的授予或结算该权益工具，企业都应至少确认所授予的权益工具在授予日的公允价值来计量获得的相应的服务，除非因不能满足权益工具的可行权条件（除市场条件外）而无法行权。

1. 条款和条件的有利修改

如果修改了某些条款或条件，对职工有利，那么企业应当区分以下情况，确认导致股份支付公允价值总额升高以及其他对职工有利的修改的影响：

（1）如果修改增加了所授予的权益工具的公允价值，企业应按照权益工具公允价值的增加相应地确认取得服务的增加。权益工具公允价值的增加是指修改前后的权益工具在修改日的公允价值之间的差额。

如果修改发生在等待期内，企业在确认修改日至修改后的权益工具可行权日之间取得服务的公允价值时，应当既包括在剩余原等待期内以原权益工具授予日公允价值为基础确定的服务金额，也包括权益工具公允价值的增加。

如果修改发生在可行权日之后，企业应当立即确认权益工具公允价值的增加。

如果股份支付协议要求职工只有先完成更长期间的服务才能取得修改后的权益工具，则企业应在整个等待期内确认权益工具公允价值的增加。

（2）如果修改增加了所授予的权益工具的数量，企业应将增加的权益工具的公允价值相应地确认为取得服务的增加。

如果修改发生在等待期内，企业在确认修改日至增加的权益工具可行权日之间取得服务的公允价值时，应当既包括在剩余原等待期内以原权益工具授予日公允价值为基础确定的服务金额，也包括权益工具公允价值的增加。

（3）如果企业按照有利于职工的方式修改可行权条件，如缩短等待期、变更或取消业绩条件（而非市场条件），企业在处理可行权条件时，应当考虑修改后的可行权条件。

2. 条款和条件的不利修改

如果企业以减少股份支付公允价值总额的方式或其他不利于职工的方式修改条款和条件，企业仍应继续对取得的服务进行会计处理，如同该变更从未发生，除非企业取消了部分或全部已授予的权益工具。具体包括如下几种情况：

（1）如果修改减少了所授予的权益工具的公允价值，企业应当继续以权益工具在授予日时的公允价值为基础，确认取得服务的金额，而不应考虑权益工具公允价值的减少。

（2）如果修改减少了授予的权益工具的数量，企业应当将减少部分作为已授予的权益工具的取消来进行处理。

（3）如果企业以不利于职工的方式修改了可行权条件，如延长等待期、增加或变更业绩条件（而非市场条件），企业在处理可行权条件时，不应当考虑修改后的可行权条件。

［**例 3-5**］泸州老窖股权激励计划的变更与实施分析。

泸州老窖股份有限公司（以下简称泸州老窖）是具有悠久酿酒历史的国有控股上市公司，拥有我国建造最早（始建于公元 1573 年）、连续使用时间最长、保护最完整的老窖池群，1996 年经国务院批准为全国重点文物保护单位，被誉为“中国第一窖”，以其独一无二的社会、经济、历史、文化价值成为世界酿酒史上的奇迹。

2010 年 1 月，泸州老窖股权激励方案获得通过。高管、业务骨干共计 143 人将获得股权激励，包括泸州老窖董事长谢明、总经理张良等人在内，共 1 344 万份期权。除了江苏洋河酒厂股份有限公司（以下简称洋河股份）在上市之前便完成股权激励外，泸州老窖成为第二家进行股权激励的白酒上市公司。在此三年半之前，泸州老窖也曾启动过一次股权激励。2006 年 7 月，泸州老窖的股权激励方案获得通过，但随后因为国资委与财政部出台了《国有控股上市公司（境内）实施股权激励试行办法》，国有控股上市公司需按照该文件的规定予以规范，因此在此后很长的一段时间内，泸州老窖对原方案进行了修订，并最终获得四川省国资委的批复。根据这次修订后的方案，计划授予激励对象的股票期权为 1 344 万份，占当时总股本的 0. 96%。获得激励的人员中，高管共 11 人。

与三年半之前的那个方案相比，新方案的变化不小。首先，期权总量由 2 400 万份下降为 1 344 万份。变化更为显著的是，高管期权数量大幅削减，从之前的 1 625 万份减少至 485 万份。以董事长谢明为例，之前的方案是 240 万份，改变为 58 万份。与此同时，骨干员工期权数则由 775 万份增至 859 万份。此次授予的股票期权的行权价格为不低于 12. 78 元，有效期为自股票期权授权日起 5 年。

泸州老窖股权激励计划的变更及实施，为我们提供了一个国有控股企业管理层持股的经典案例。

（1）国有绝对控股。分析泸州老窖 2000—2010 年持股在 5%以上的大股东股权结构发现，长期以来，泸州老窖都处于国有绝对控股的状态，国有产权的持股比例

（含直接持股和间接持股）一直都超过 50%（尽管国有控股的比例从 2000 年的 74.82%减少到 2010 年的 53.67%）。同时，泸州老窖基本上不存在其他持股超过 5%以上的大股东。

（2）管理层高度稳定。泸州老窖的高管团队组建于 2004 年 5 月底。表 3-6 列示了泸州老窖前后两份股权激励方案中的激励对象（董事及高级管理人员）。

表 3-6 泸州老窖前后两份股权激励方案中的激励对象

2006 年股权激励方案		2010 年股权激励方案	
激励对象	所处职务	激励对象	所处职务
谢明	董事长	谢明	董事长
张良	董事、总经理	张良	董事、总经理、党委书记
蔡秋全	董事、副总经理	蔡秋全	董事、副总经理
沈才洪	董事、副总经理	沈才洪	董事、副总经理
龙成珍	董事	—	—
江域会	监事会主席	江域会	董事、纪委书记
刘淼	销售公司总经理	刘淼	副总经理
郭志勇	总经理助理	郭志勇	副总经理
张顺泽	总经理助理	张顺泽	副总经理
何诚	酿酒公司总经理	何诚	酿酒公司总经理
林锋	营销总监	林锋	销售公司总经理
敖治平	财务部部长	敖治平	财务部部长

通过比较两份激励方案激励对象中的董事及高级管理人员名单，可以看到这两份股权激励方案激励的董事及高级管理人员具有高度的一致性，除 2006 年股权激励方案中的龙成珍董事不在 2010 年的股权激励方案中以外，其他激励对象除了职务发生一些变化之外均完全一致。同时，2010 年的股权激励方案并未增加新的高管层面的激励对象。此外，在股权激励方案实施的各个年份，所有公司高管基本上都未持有泸州老窖的股份。2006—2010 年，泸州老窖的高管团队十分稳定，稳定的高管团队有利于各项战略经营决策的稳步推进和顺利开展。

（3）近年经营业绩。分析泸州老窖及其对比公司（贵州茅台集团和五粮液集团，在此期间，这两家国有企业均未实施过股权激励方案）2000—2010 年的主要经营指标后发现，从 2005—2010 年，泸州老窖的经营绩效有了大幅度的增长。具体来说：

①泸州老窖的净资产收益率（ROE）从 2005 年的 3.01%增长到 2010 年的 45.16%，从原来 2005 年排在贵州茅台集团和五粮液集团之后，而且差距明显，到 2010 年明显超越贵州茅台集团和五粮液集团。

②泸州老窖的总资产报酬率（ROA）有着类似 ROE 的变化趋势。

③泸州老窖的销售净利率从 2005 年的 3.02%成长到 2010 年的 42.46%，从原来 2005 年排在贵州茅台集团和五粮液集团之后，而且差距明显，到 2010 年基本上与贵州茅台集团比较接近。

④总资产周转率从2005年的0.57次（在三家企业中排名第二），增加到2010年的0.77次（在三家企业中排名第一）。

（4）2006年方案未能实施的原因分析。泸州老窖2006年6月的股权激励方案顺利地获得了泸州市国资委和临时股东大会的通过，但尚未来得及实施，证监会、国资委、财政部就陆续出台了许多新的监管法规和监管措施，这使得泸州老窖原有的股权激励方案在用这些新的监管法规和监管措施进行审视时，有很多的不规范之处，从而无法进入正式实施阶段。具体来说主要是以下两个方面的原因：

①激励的预期收益过高。泸州老窖2006年6月的股权激励方案，主要是违背了《国有控股上市公司（境内）实施股权激励试行办法》（2006年9月发布）第十六条的有关规定，即“在股权激励计划有效期内，高级管理人员个人股权激励预期收益水平，应控制在其薪酬总水平（含预期的期权或股权收益）的30%以内”。这样，随着泸州老窖股票价格在2006年6月以后的快速上涨，其高管人员股权激励的预期收益最高的甚至超过了1亿元，而高管人员的实际年薪不到100万元，显然这一条件无法得到有效满足。

②具体条款和公司治理结构有待进一步完善。根据前述有关法规的要求，上市公司要实施股票期权激励，在公司治理结构方面要满足更高的标准，而这些标准恰恰是泸州老窖还没有完全满足的。具体包括：行权条件中没有考虑行业标准；首次实施股权激励计划授予的股权数量占股本总额的比例过高；行权限制期和等待期偏短；尚未开展公司治理专项活动（上市公司自查阶段、公众评议阶段和整改提高阶段）；独立董事比例未达到董事会的半数以上，而且薪酬委员会成员并不是全由独立董事组成；一名公司监事被纳入股权激励对象等。上述原因的存在，导致泸州老窖2006年的股权激励方案很难获得通过，必须要根据新的监管法规和要求进行相应的调整。

（5）对2010年股权激励方案成功实施的探讨。泸州老窖的行业排名基本上是在第三位，处于贵州茅台集团和五粮液集团之后，同时又受到洋河股份等后起之秀的挑战。这样的行业地位比较尴尬，要前进一步非常困难，但要后退却非常容易；同时，即使要保持住现有的地位也会面临很大压力。要保证公司在行业中的地位和未来发展，需要有足够的激励强度，而如何向高管和骨干员工提供足够的、合适的股权激励就成为一个很现实的问题。经过三年多的等待，泸州老窖股权激励方案终于在2010年成功实施，对比2006年的股权激励方案，我们发现如下几点变化：

①激励数量及激励份额占总股本的比例明显降低。激励数量由2006年股权激励方案的2 400万份（占总股本的2.85%）降为2010年的股权激励方案的1 344万份（占总股本的0.96%），其主要目的在于满足《国有控股上市公司（境内）实施股权激励试行办法》第十四条的有关规定，即上市公司首次实施股权激励计划授予的股权数量原则上应控制在上市公司股本总额的1%以内。

②激励份额在激励对象之间的结构分布发生明显变化。在2006年的股权激励方案中，董事及高管人员所获激励份额占总激励份额的67.71%，其中董事长谢明和总经理张良各占10%，而骨干员工所占比例仅为32.29%。在2010年的股权激励方案中，这一比例差不多刚好反过来，董事及高管人员所占比例大幅降低为36.09%，

其中董事长谢明和总经理张良各占 4.32%，而骨干员工所占比例则大幅增加至 63.91%，同时，2010 年的股权激励方案所激励的骨干员工数量也比原来的股权激励方案有明显增加。

③股权激励方案的等待期和有效期发生变化。股权激励方案的等待期从 1 年变为 2 年，其目的在于满足《国有控股上市公司（境内）实施股权激励试行办法》第二十一条的有关规定，即行权限制期原则上不得少于 2 年，在限制期内不可以行权。这一规定可以在一定程度上限制激励对象的机会主义行为。

④股权激励方案的股票来源和行权价格没有发生变化。前后两个股权激励方案的激励股票来源均为定向增发，没有差异。泸州老窖股权激励方案中最容易引起争议的地方就是，前后两个股权激励方案的行权价格完全没有发生变化，均为 12.78 元。在设计 2006 年 6 月的股权激励方案时，12.78 元的行权价格是有一定的合理性的，其确定依据为在股权激励计划草案公布前一个交易日的公司标的股票的收盘价 11.11 元的基础上再乘以 115%。但是，在设计 2010 年 1 月的股权激励方案时，股票价格已经发生了根本性的变化。此时，如果将 2010 年 1 月的股权激励方案视作一个全新的股权激励方案的话，根据《国有控股上市公司（境内）实施股权激励试行办法》第十八条的规定，上市公司股权的授予价格应不低于股权激励计划草案摘要公布前一个交易日的公司标的股票收盘价或者股权激励计划草案摘要公布前 30 个交易日内的公司标的股票平均收盘价中的较高者，那么行权价格就应该在 35~40 元，远远高于原方案中的 12.78 元。这也是 2010 年 1 月的股权激励方案是以 2006 年 6 月的股权激励方案的修订稿形式出现，而不是以一个全新的股权激励方案的形式出现的最根本原因。

⑤行权条件和行权安排比较。从行权条件的角度来看，2010 年的股权激励方案的设计要求更高，而且引入了行业比较的相对业绩评价。对净资产收益率指标的要求从 2006 年的股权激励方案的不得低于 10%提高到 2010 年的股权激励方案的不得低于 30%且不得低于同行业上市公司 75 分位值。尽管对净利润增长率的要求从原股权激励方案的不低于 30%调整到新股权激励方案的不低于 12%，但这主要是与泸州老窖在经历了 2005—2010 年的高速成长阶段之后，净利润的进一步成长潜力必然会有所下降有关。

从行权安排的角度来看，两份股权激励方案都比较强调在业绩考核合格之后分阶段行权，2006 年的股权激励方案分 3 年行权，可行权比例分别为 40%、30%和 30%；2010 年的股权激励方案也是分 3 年行权，但是对可行权比例做了适度调整，分别为 30%、30%和 40%，更强调对高管的长期激励。

股权激励方案在行权安排方面的最大变化，是根据国资委、财政部于 2008 年 12 月联合发布的《关于规范国有控股上市公司实施股权激励制度有关问题的通知》的有关要求，增加了薪酬管制条款，即在行权有效期内，激励对象获取的股权激励收益占本期股票期权授予时薪酬总水平（含股权激励收益）的最高比重不得超过 40%。激励对象已行权的股票期权获得的股权激励实际收益超出上述比重的，尚未行权的股票期权不再行使。前后两个股权激励方案的比较如表 3-7 所示。

表 3-7 前后两个股权激励方案的比较

比较	2006 年的股权激励方案	2010 年的股权激励方案
有无明确薪酬管制安排	无	（1）有； （2）授予的期权数量和份额有明显下降； （3）高管对所获期权占比有明显下降； （4）对股票期权的预期收益水平加以限制
激励方面的表现（面向未来）	（1）行权价高出当时市价 15%； （2）有效期 10 年； （3）授予的期权数量较多，份额相对较高； （4）高管所获期权占比相对较高	（1）除行权价格外，行权条件和行权安排相对更加规范； （2）等待期由 1 年延长为 2 年； （3）就低不就高的行权价格，提高了激励强度
福利方面的表现（利益分配）	（1）择时（股市低迷时）提出激励方案； （2）行权条件和行使安排相对比较简单； （3）等待期限仅为 1 年，相对较短	（1）就低不就高的行权价格，即使股价大跌，通过行权仍能获得满意收益，容易导致高管努力水平下降； （2）有效期减为 5 年

资料来源：殷友利. 泸州老窖股权激励计划的变更与实施［EB/OL］.（2012-11-28）［2020-06-30］. http://www.gzfunds.com/gzjj/news/newsContent.jsp? cId=gz-gzgc&nId=16068&sId=38.

公司的股权激励机制，对于深化国有企业改革和完善社会主义市场经济的建设，都有深刻的历史意义。股权激励方案的设计是否合理、是否选择和利用适合各个公司的股权激励工具、行权条件是否适时变革与调整是关系到方案能否成功实施的关键。

3. 取消或结算

如果企业在等待期内取消了所授予的权益工具或结算了所授予的权益工具（因未满足可行权条件而被取消的除外），企业应当：

（1）将取消或结算作为加速可行权处理，立即确认原本应在剩余等待期内确认的金额。

（2）在取消或结算时支付给职工的所有款项均应作为权益的回购处理，回购支付的金额高于该权益工具在回购日公允价值的部分，计入当期费用。

（3）如果向职工授予新的权益工具，并在新权益工具授予日认定所授予的新权益工具是用于替代被取消的权益工具的，企业应当以与处理原权益工具条款和条件修改相同的方式，对所授予的替代权益工具进行处理。权益工具公允价值的增加是指在替代权益工具的授予日，替代权益工具公允价值与被取消的权益工具净公允价值之间的差额。被取消的权益工具净公允价值是指其在取消前立即计量的公允价值减去因取消原权益工具而作为权益回购支付给职工的款项的净额，如果企业未将新授予的权益工具认定为替代权益工具，则应将其作为一项新授予的股份支付进行处理。企业如果回购其职工已可行权的权益工具，应当借记“所有者权益”账户，回购支付的金额高于该权益工具在回购日公允价值的部分，计入当期费用。

股权激励取消的会计处理分为两种情况：未达到非市场条件和达到市场条件。如果因为达到市场条件而未行权，企业不调整已经确认的费用；如果因为未达到非市场条件（如业绩）而不能行权，企业应调整已经确认的费用。

（1）不能满足非市场条件而取消或终止股权激励计划。若激励对象未能达到非市场条件（服务期限条件、业绩条件等），则激励对象实际最终没有被授予权益工具。相应地，与该股权激励计划相关的累计成本、费用为零。在会计处理上，企业应将原已确认的费用冲回，即在权益结算的股份支付中，服务期限条件和非市场业绩条件是决定授予权益工具的数量的。如果激励对象未满足服务期限条件和非市场业绩条件，则最终被授予的权益工具数量为零。相应地，与该股份支付计划相关的累计成本、费用也就为零。企业需要把以前期间就该股份支付计划已确认的成本、费用全部在当期冲回。这是由股份支付的基本原理决定的。

[**例 3-6**] 未能满足非市场条件而取消股权激励计划。

2017 年 1 月 1 日，ABC 公司授予 20 名激励对象每人 100 份股票期权。ABC 公司每个会计年度对财务业绩指标进行考核，以达到财务业绩指标作为激励对象行权的必要条件。其可行权条件为 2 年内 ABC 公司净利润增长均达到 10%，每份期权在 2017 年 1 月 1 日的公允价值是 10 元。

2017 年年末，ABC 公司净利润增长为 12%，并且预计下一年会有相同幅度的增长。因此，ABC 公司在这一资产负债表日确认费用 10 000 元。对上述事项进行会计处理如下：

借：管理费用等　　10 000

　贷：资本公积——其他资本公积（20×100×10×1÷2）　　10 000

2018 年年末，由于市场发生变化，ABC 公司净利润增长为 8%，未能达到非市场的业绩条件，不能行权。ABC 公司应将原已确认的费用冲回，会计处理如下：

借：以前年度损益调整　　10 000

　贷：资本公积——其他资本公积　　10 000

（2）能够满足非市场条件下取消或终止股权激励计划。能够满足非市场条件，即预计激励对象能够满足服务期限条件、业绩条件等指标。此时，激励对象将因为能够满足激励指标而被视为将被授予权益工具。但是由于权益工具价格低于行权价格，行权将产生负收益。在这一情况下，很多上市公司考虑到权益工具价格可能长时间低于行权价格，激励对象不能得到正常的激励收入而直接取消股权激励计划。取消股权激励计划通常源于公司或员工主动的行为。会计处理结果视同加速行权，将剩余等待期内应确认的金额立即计入当期损益，同时确认资本公积。

具体的处理方法（是作为冲回处理还是加速行权处理、冲回全部还是部分、冲回的损益影响确认在哪一年度等）需要根据具体的股权激励计划条款进行分析，不能一概而论。如果取消的仅是其中某一期解锁的股票而不是全部标的股票，并且取消的原因是没有实现可行权条件中的非市场条件，则所冲回的费用也仅限于截至目前累计已经确认的与该期取消解锁的股权相关的费用，其他各期不受影响。根据《国际财务报告准则》（IFRS）的规定，在这种分期解锁的情况下，分不同期限解锁的各期视作不同的股份支付，分别在其各自的等待期内摊销计入费用。冲回的损益影响确认在哪一个年度，取决于何时可以确定非市场条件不再得到满足。

［**例 3-7**］能够满足非市场条件而取消股权激励计划。

2016 年 1 月 10 日，ABC 公司（上市公司）向 30 名公司高级管理人员授予了 3 000 万股限制性股票，授予价格为 6 元，授予后锁定 3 年。2016 年、2017 年、2018 年为申请解锁考核年，每年的解锁比例分别为 30%、30%和 40%，即 900 万股、900 万股和 1 200 万股。经测算，授予日限制性股票的公允价值总额为 30 000 万元。该计划为一次授予、分期行权的计划。各期解锁的业绩条件如下：

第一期：2016 年净利润较 2014 年增长率不低于 25%。

第二期：2016 年和 2017 年两年净利润平均数较 2014 年增长率不低于 30%。

第三期：2016—2018 年三年净利润平均数较 2014 年增长率不低于 40%。

2016 年 11 月 30 日，ABC 公司公告预计 2016 年全年净利润较 2014 年下降 20%~50%。2016 年 12 月 13 日，ABC 公司召开董事会，由于市场需求大幅度萎缩，严重影响了 ABC 公司当年以及未来一两年的经营业绩，ABC 公司预测股权激励计划解锁条件中关于经营业绩的指标无法实现，因此决定终止实施原股权激励计划，激励对象已获授的限制性股票由 ABC 公司回购并注销。2016 年 12 月 28 日，ABC 公司股东大会审议通过上述终止及回购方案。ABC 公司终止实施原股权激励计划应该如何进行会计处理呢？

第一期解锁部分未能达到可行权条件，即“2016 年净利润较 2014 年增长率不低于 25%”而导致激励对象不能解锁相应的限制性股票，属于不能满足非市场条件（业绩条件）而取消或终止股权激励计划，2016 年度不确认与这一部分相关的股权激励费用 9 000 万元，ABC 公司不进行任何会计处理。

第二期和第三期由于市场原因而取消股份支付计划，ABC 公司应按照加速行权处理，将剩余的授予日权益工具的公允价值全部在取消当期确认，即在取消日加速确认第二期、第三期的费用 21 000 万元。会计处理如下：

借：管理费用等　　　　　　　　　　　　　　　　　　　21 000

　贷：资本公积——其他资本公积（9 000+12 000）　　　　　　21 000

四、回购股份进行职工期权激励

企业以回购本企业股份的形式奖励本企业职工的，属于以权益结算的股份支付，应当按照以权益结算的股份支付进行会计处理。所不同的是，回购股份也要进行会计处理。

（一）回购股份

企业回购股份时，应当按照回购股份的全部支出作为库存股处理，同时进行备查登记。会计分录为借记“库存股”科目，贷记“银行存款”等科目。

（二）确认成本费用

按照《企业会计准则第 11 号——股份支付》对职工权益结算股份支付的规定，企业应当在等待期内每个资产负债表日按照权益工具在授予日的公允价值，将取得的职工服务计入成本或费用，同时增加资本公积（其他资本公积）。这和本章第二节介绍的会计处理相同。

(三) 职工行权

企业应于职工行权购买本企业股份收到价款时，转销交付职工的库存股成本和等待期内资本公积（其他资本公积）累计金额；同时，按照其差额调整资本公积（股本溢价）。会计分录为借记“银行存款”“资本公积——其他资本公积”等科目，贷记“股本”“库存股”科目，按其差额借记或贷记“资本公积——股本溢价”科目。

五、集团股份支付的会计处理

如果由母公司和其全部子公司组成的企业集团内部发生股份支付，其会计处理有一定的特殊性，但这种特殊性主要表现在不同情况的股份支付应视为何种类型的股份支付，即应归属于权益结算的股份支付还是现金结算的股份支付。

2010 年 7 月 14 日，财政部发布了《企业会计准则解释第 4 号》就上述问题的处理进行了原则性规定，主要包括：

(1) 结算企业以其本身权益工具结算的，应当将该股份支付交易作为权益结算的股份支付处理；除此之外，应当作为现金结算的股份支付处理。

结算企业是接受服务企业的投资者的，应当按照授予日权益工具的公允价值或应承担负债的公允价值确认为对接受服务企业的长期股权投资，同时确认资本公积（其他资本公积）或负债。

(2) 接受服务企业没有结算义务或授予本企业职工的是其本身权益工具的，应当将该股份支付交易作为权益结算的股份支付处理；接受服务企业具有结算义务且授予本企业职工的是企业集团内其他企业权益工具的，应当将该股份支付交易作为现金结算的股份支付处理。

第四节 股份支付的会计信息列报

与股份支付有关的会计信息列报，包括已经确认与计量的项目在财务报表内的列示，还有一些在财务报表附注中的披露。

一、表内列示

无论是权益结算的股份支付，还是现金结算的股份支付，在等待期内的每个资产负债表日确认与计量的资产成本应在资产负债表中列示，而相关费用应在利润表中列示。权益结算的股份支付确认的资本公积在资产负债表的所有者权益中列示，现金结算的股份支付确认的应付职工薪酬在资产负债表的流动负债中列示。其他相关的确认与计量的信息披露基本上按照会计分录中的项目进行。

二、表外披露

表外披露分为两个方面：一是与股份支付本身有关的信息，二是股份支付交易对当期财务状况和经营成果的影响（见表 3-8）。

表 3-8 以权益结算和以现金结算股份支付会计处理比较

对比		权益结算	现金结算
项目计量标准		按照授予职工和提供类似服务的其他方的权益工具的公允价值计量	按照承担债务性工具的公允价值计量
授予日	授予日后立即可以行权	成本费用为授予日权益工具的公允价值加相关成本费用，同时增加资本公积——其他资本公积	成本费用为授予日企业承担负债的公允价值及相关成本费用，同时增加负债（应付职工薪酬）
	存在等待期	不做会计处理	
等待期每个资产负债表日	可行权权益工具的数量	根据最新取得的可行权职工人数变动等后续信息做出最佳估计，修正预计可行权权益工具的数量，在可行权日，最终预计可行权权益工具的数量应当与实际可行权权益工具的数量一致	
	公允价值的变动	等待期内的每个资产负债表日，不确认公允价值变动，只根据行权数量变动而重新计算每年确认的成本费用（授予日权益工具的公允价值×可行权日权益工具的数量的最佳估计值×N÷等待期-以前年度确认的成本费用），同时增加资本公积（其他资本公积）（N 为 1，2，3,…，等待期，自然数）。 会计分录为： 借：管理费用等 　贷：资本公积——其他资本公积	等待期内的任何公允价值变动都要重新计算公允价值，每年确认的成本费用=每个资产负债表日权益工具的公允价值×可行权日权益工具的数量的最佳估计值×N÷等待期-以前年度确认的成本费用，同时增加企业负债（N 为 1，2，3，…，等待期，自然数）。 会计分录为： 借：管理费用等 　贷：应付职工薪酬——股份支付
可行权日		行权日按照实际行权金额，增加银行存款、股本，同时结转等待期内确认的资本公积，差额计入资本公积（股本溢价）。 行权价>0 时，资本溢价=行权价格×行权日权益工具实际数量+其他资本公积-行权时权益工具实际数量的面值。 行权价=0 时，资本溢价=其他资本公积-行权时权益工具实际数量的面值。 不再对已确认的成本费用和所有者权益总额进行调整。 会计分录为： 借：银行存款 　　资本公积——其他资本公积 　贷：股本 　　　资本公积——股本溢价	行权日调整至可行权水平，按照实际行权金额冲减负债，差额计入当期损益。对负债公允价值的变动计入当期损益（公允价值变动损益），不再确认为获取职工提供服务的费用。 会计分录为： 借：公允价值变动损益 　贷：应付职工薪酬——股份支付 借：应付职工薪酬——股份支付 　贷：银行存款
行权条件未能满足		冲减因行权数量变动引起的公允价值的变动，不对其他原因形成公允价值的变动进行调整	冲减相关成本费用，同时冲减负债

（一）与股份支付本身有关的信息披露

企业应当在附注中披露与股份支付有关的下列信息：

（1）当期授予、行权和失效的各项权益工具总额。

（2）期末发行在外的股份期权或其他权益工具行权价格的范围和合同剩余期限。

（3）当期行权的股份期权或其他权益工具以其行权日价格计算的加权平均价格。

（4）权益工具公允价值的确定方法。

另外，企业对性质相似的股份支付信息可以合并披露。

（二）股份支付对当期财务状况和经营成果的影响的信息披露

企业应当在附注中披露股份支付交易对当期财务状况和经营成果的影响，至少包括下列信息：

（1）当期因以权益结算的股份支付而确认的费用总额。

（2）当期因以现金结算的股份支付而确认的费用总额。

（3）当期以股份支付换取的职工服务总额及其他方服务总额。

□思考题

1. 什么是股份支付？对企业和职工来说，股份支付有何意义？

2. 股份支付有哪些主要环节？主要的日期有哪些？

3. 权益结算的股份支付和现金结算的股份支付在授予日、等待期内、可行权日、可行权日之后、行权日等时点上的确认与计量方面有何区别？

4. 什么是可行权条件？为什么要规定可行权条件？可行权条件有哪些类别？

5. 对于可行权条件或条款的变更与修改，应如何进行处理？

6. 回购股份激励职工和一般的股份支付有何区别？

第四章
政府补助会计

【学习目标】

通过本章的学习，学生应理解政府补助的含义及特征，了解政府补助的内容及形式，掌握政府补助的会计处理方法，了解政府补助会计披露的要求。

一个国家的政府向企业提供经济支持，以鼓励或扶持特定行业、地区或领域的发展，是政府进行宏观调控的重要手段，也是国际上通行的做法。但并不是所有来源于政府的经济资源都属于《企业会计准则第 16 号——政府补助》（以下简称政府补助准则）规范的政府补助，除政府补助外，还可能是政府对企业的资本性投入或政府购买服务支付的对价。因此，企业要根据交易或事项的实质对来源于政府的经济资源所归属的类型做出判断，再进行相应的会计处理。

第一节　政府补助概述

一、政府补助的定义

根据政府补助准则的规定，政府补助是指企业从政府无偿取得的货币性资产或非货币性资产。其主要形式包括政府对企业的无偿拨款、税收返还、财政贴息以及无偿给予非货币性资产等。在通常情况下，企业直接减征、免征、增加计税抵扣额、抵免部分税额等不涉及资产直接转移的经济资源，不适用政府补助准则。但是，部分减免税款需要按照政府补助准则进行会计处理。例如，属于增值税一般纳税人的加工型企业根据税法规定招用自主就业退役士兵，并按定额扣减增值税的，应当将减征的税额计入当期损益，借记“应交税费——应交增值税（减免税额）”科目，贷记“其他收益”科目。需要说明的是，增值税出口退税不属于政府补助。根据税法的规定，在对出口货物取得的收入免征增值税的同时，退付出口货物前道环节发生的进项税额，增值税出口退税实际上是政府退回企业事先垫付的进项税，因此不属于政府补助。

二、政府补助的特征

（一）政府补助是来源于政府的经济资源

政府主要是指行政事业单位及类似机构。对企业收到的来源于其他方的补助，如有确凿证据表明政府是补助的实际拨付者，其他方只是起到代收代付的作用，则该项补助也属于来源于政府的经济资源。例如，某集团公司母公司收到一笔政府补助款，有确凿证据表明该补助款实际的补助对象为该母公司下属子公司，母公司只是起到代收代付作用，在这种情况下，该补助款属于对子公司的政府补助。

（二）政府补助是无偿的

企业取得来源于政府的经济资源，不需要向政府交付商品或服务等对价。无偿性是政府补助的基本特征。这一特征将政府补助与政府作为企业所有者投入的资本、政府购买服务等互惠性交易区别开来。

政府如以企业所有者身份向企业投入资本，享有相应的所有者权益，政府与企业之间是投资者与被投资者的关系，属于互惠交易。

企业从政府取得的经济资源，如果与企业销售商品或提供劳务等活动密切相关，且来源于政府的经济资源是企业商品或服务的对价，或者是对价的组成部分，应当按照《企业会计准则第 14 号——收入》的规定进行会计处理，不适用政府补助准则。需要说明的是，政府补助通常附有一定条件，这与政府补助的无偿性并无矛盾，只是政府为了推行其宏观经济政策，对企业使用政府补助的时间、使用范围和方向进行了限制。

［**例 4-1**］甲企业是一家生产和销售高效照明产品的企业。国家为了支持高效照明产品的推广使用，通过统一招标的形式确定中标企业、高效照明产品及其中标协议价格。甲企业作为中标企业，需要以中标协议供货价格减去财政补贴资金后的价格将高效照明产品销售给终端用户，并按照高效照明产品实际安装数量、中标供货协议价格、补贴标准，申请财政补贴资金。2019 年度，甲企业因销售高效照明产品获得财政资金 5 000 万元。

本例中，甲企业虽然取得财政补贴资金，但最终受益人是从甲企业购买高效照明产品的大宗用户和城乡居民，相当于政府以中标协议供货价格从甲企业购买了高效照明产品，再以中标协议供货价格减去财政补贴资金后的价格将产品销售给终端用户。在实际操作时，政府并没有直接从事高效照明产品的购销，但以补贴资金的形式通过甲企业的销售行为实现了政府推广使用高效照明产品的目标。对甲企业而言，销售高效照明产品是其日常经营活动，甲企业仍按照中标协议供货价格销售了产品。其销售收入由两部分构成：一是终端用户支付的购买价款，二是财政补贴资金，财政补贴资金是甲企业产品对价的组成部分。可见，甲企业收到的补贴资金 5 000 万元应当按照《企业会计准则第 14 号——收入》的规定进行会计处理。

［**例 4-2**］2019 年 2 月，乙企业与所在城市的开发区人民政府签订了项目合作投资协议，实施“退城进园”技改搬迁。根据协议的规定，乙企业在开发区内投资约 4 亿元建设电子信息设备生产基地。生产基地占地面积 400 亩（1 亩约等于 666.67 平方米，下同），该宗项目用地按开发区工业用地基准地价挂牌出让，乙企业摘牌并按挂牌出让价格缴纳土地款及相关税费 4 800 万元。乙企业自开工之日起必须在 18 个月内完成搬迁工作，从原址搬迁至开发区，同时将乙企业位于城区繁华地段的原址用地（200 亩，按照所在地段工业用地基准地价评估为 1 亿元）移交给开发区政府收储，开发区政府将向乙企业支付补偿资金 1 亿元。

本例中，为实施“退城进园”技改搬迁，乙企业将其位于城区繁华地段的原址用地移交给开发区政府收储，开发区政府为此向乙企业支付补偿资金 1 亿元。由于开发区政府对乙企业的搬迁补偿是基于乙企业原址用地的公允价值确定的，实质上是政府按照相应资产的市场价格向企业购买资产，企业从政府取得的经济资源是企业让渡其资产的对价，双方的交易是互惠性交易，不符合政府补助的无偿性的特点，因此乙企业收到的 1 亿元搬迁补偿资金不作为政府补助处理，而应作为处置非流动资产的收入。

［**例 4-3**］丙企业是一家生产和销售重型机械的企业。为推动科技创新，丙企业所在地政府于 2019 年 8 月向丙企业拨付了 3 000 万元资金，要求丙企业将这笔资金用于技术改造项目研究，研究成果归丙企业享有。

本例中，丙企业的日常经营活动是生产和销售重型机械，其从政府取得了 3 000 万元资金用于研发支出，且研究成果归丙企业享有。因此，这项财政拨款具有无偿性，丙企业收到的 3 000 万元资金应当按照政府补助准则的规定进行会计处理。

三、政府补助的分类

确定了来源于政府的经济利益属于政府补助后，企业还应当对其进行恰当的分类。根据政府补助准则的规定，政府补助应当划分为与资产相关的政府补助和与收益相关的政府补助，这是因为两类政府补助给企业带来经济利益或者弥补相关成本或费用的形式不同，从而在具体账务处理上存在差别。

（一）与资产相关的政府补助

与资产相关的政府补助是指企业取得的、用于购建或以其他方式形成长期资产的政府补助。在通常情况下，相关补助文件会要求企业将补助资金用于取得长期资产。长期资产将在较长的期间内给企业带来经济利益，会计上有两种处理方法可供选择：一是将与资产相关的政府补助确认为递延收益，随着资产的使用而逐步结转入损益；二是将补助冲减资产的账面价值，以反映长期资产的实际取得成本。

（二）与收益相关的政府补助

与收益相关的政府补助是指除与资产相关的政府补助之外的政府补助。此类政府补助主要是用于补偿企业已发生或即将发生的费用或损失，受益期相对较短，因此通常在满足补助所附条件时计入当期损益或冲减相关成本。

第二节　政府补助的会计处理

一、会计处理方法

根据政府补助准则的规定，政府补助同时满足下列条件的，才能予以确认：一是企业能够满足政府补助所附条件；二是企业能够收到政府补助。在计量方面，政府补助为货币性资产的，企业应当按照收到或应收的金额计量。企业如果已经实际收到补助资金，应当按照实际收到的金额计量。企业如果在资产负债表日尚未收到补助资金，但企业在符合相关政策规定后就相应获得了收款权，且与之相关的经济利益很可能流入企业，企业应当在这项补助成为应收款时按照应收账款的金额计量。政府补助为非货币性资产的，企业应当按照公允价值计量。公允价值不能可靠取得的，企业按照名义金额（通常是人民币 1 元）计量。

企业对政府补助有两种会计处理方法：一是总额法，即在确认政府补助时将政府补助全额确认为收益，而不是作为相关资产账面价值或费用的扣减；二是净额法，即将政府补助作为相关资产账面价值或所补偿费用的扣减。根据《企业会计准则——基本准则》的要求，同一企业不同时期发生的相同或相似的交易或者事项，应当采用一致的会计政策，不得随意变更；确需变更的，应当在附注中说明。企业应当根据经济业务的实质，判断某一类政府补助业务应当采用总额法还是净额法。通常情况下，企业对同类或类似政府补助业务只能选用一种方法，同时企业对该业务应当一贯地运用该方法，不得随意变更。

与企业日常活动相关的政府补助，应当按照经济业务实质，计入其他收益或冲减相关成本费用。与企业日常活动无关的政府补助，计入营业外收支。在通常情况下，若政府补助补偿的成本费用是营业利润之中的项目，或者该补助与日常销售等经营行为密切相关，如增值税即征即退等，则认为该政府补助与日常活动相关。企业选择总额法对与日常活动相关的政府补助进行会计处理的，应增设“其他收益”科目进行核算。“其他收益”科目核算总额法下与日常活动相关的政府补助以及其他与日常活动相关且应直接计入“其他收益”科目的项目。对于总额法下与日常活动相关的政府补助，企业在实际收到或应收时，将其确认为递延收益的政府补助，分摊计入损益，借记“银行存款”“其他应收款”“递延收益”等科目，贷记“其他收益”科目。

二、与资产相关的政府补助

在实务中，企业通常先收到政府补助资金，再按照政府要求将政府补助资金用于购建固定资产或无形资产等长期资产。企业在收到政府补助资金时，有两种会计处理方法可供选择：一是总额法，即企业按照政府补助资金的金额借记有关资产科目，贷记“递延收益”科目；之后在相关资产使用寿命内按合理、系统的方法分期计入损益。如果企业先收到政府补助资金，再购建长期资产，则应当在开始对相关资产计提折旧或摊销时开始将递延收益分期计入损益；如果企业先开始购建长期资产，再收到政府补助资金，则应当在相关资产的剩余使用寿命内按照合理、系统的方法将递延收益分期计入损益。企业对与资产相关的政府补助选择总额法后，为避免出现前后方法不一致的情况，结转递延收益时不得冲减相关成本费用，而是将递延收益分期转入其他收益或营业外收入，借记“递延收益”科目，贷记“其他收益”或“营业外收入”科目。相关资产在使用寿命结束时或结束前被处置（出售、转让、报废等），尚未分摊的递延收益余额应当一次性转入当期的损益，不再予以递延。二是净额法，即企业将政府补助冲减相关资产账面价值，企业按照扣减了政府补助后的资产价值对相关资产计提折旧或进行摊销。

在实务中，存在政府无偿给予企业长期非货币性资产的情况，如无偿给予的土地使用权和天然起源的生物资产等。对无偿给予的非货币性资产，企业在收到时，应当按照公允价值借记有关资产科目，贷记“递延收益”科目；在相关资产使用寿命内按合理、系统的方法分期计入损益，借记“递延收益”科目，贷记“其他收益”或“营业外收入”科目。对以名义金额（1 元）计量的政府补助，企业在取得时计入当期损益。

［**例4-4**］按照国家有关政策，企业购置环保设备可以申请政府补助以补偿其环保支出。丁企业于2019年1月向政府有关部门提交了210万元的政府补助申请，作为对其购置环保设备的补贴。2019年3月15日，丁企业收到了政府补助210万元。2019年4月20日，丁企业购入不需安装的环保设备，实际成本为480万元，使用寿命10年，采用直线法计提折旧（不考虑净残值）。2027年4月，丁企业的这台设备发生毁损。本例中不考虑相关税费。丁企业的账务处理如下：

方法一：丁企业选择总额法进行会计处理。

（1）2019年3月15日，企业日实际收到财政拨款，确认递延收益。

借：银行存款　　2 100 000

　贷：递延收益　　2 100 000

（2）2019年4月20日，企业购入设备。

借：固定资产　　4 800 000

　贷：银行存款　　4 800 000

（3）自2019年5月起，企业在每个资产负债表日（月末）计提折旧，同时分摊递延收益。

①计提折旧（假设该设备用于污染物排放测试，折旧费用计入制造费用）。

借：制造费用　　40 000

　贷：累计折旧　　40 000

②分摊递延收益（月末）。

借：递延收益　　17 500

　贷：其他收益　　17 500

（4）2027年4月设备毁损，企业同时转销递延收益余额。

①设备毁损。

借：固定资产清理　　960 000

　　累计折旧　　3 840 000

　贷：固定资产　　4 800 000

借：营业外支出　　960 000

　贷：固定资产清理　　960 000

②转销递延收益余额。

借：递延收益　　420 000

　贷：营业外收入　　420 000

方法二：丁企业选择净额法进行会计处理。

（1）2019年3月15日，企业实际收到财政拨款。

借：银行存款　　2 100 000

　贷：递延收益　　2 100 000

（2）2019年4月20日，企业购入设备。

借：固定资产　　4 800 000

　贷：银行存款　　4 800 000

借：递延收益　　2 100 000
　　贷：固定资产　　2 100 000

（3）自 2019 年 5 月起，企业于每个资产负债表日（月末）计提折旧。

借：制造费用　　22 500
　　贷：累计折旧　　22 500

（4）2027 年 4 月，设备毁损。

借：固定资产清理　　540 000
　　累计折旧　　2 160 000
　　贷：固定资产　　2 700 000

借：营业外支出　　540 000
　　贷：固定资产清理　　540 000

三、与收益相关的政府补助

对于与收益相关的政府补助，企业应当选择采用总额法或净额法进行会计处理。选择总额法的，政府补助应当计入其他收益或营业外收入；选择净额法的，政府补助应当冲减相关成本费用或营业外支出。

（1）用于补偿企业以后期间的相关成本费用或损失的政府补助，企业在收到时应当先判断能否满足政府补助所附条件。根据政府补助准则的规定，只有满足政府补助确认条件的才能予以确认。客观情况通常表明企业能够满足政府补助所附条件，企业应当将政府补助确认为递延收益，并在确认相关费用或损失的期间，计入当期损益或冲减相关成本。

［**例 4-5**］A 企业于 2017 年 3 月 15 日与企业所在地地方政府签订合作协议，根据协议约定，当地政府将向 A 企业提供 1 000 万元奖励资金，用于 A 企业的人才激励和人才引进奖励，A 企业必须按年向当地政府报送详细的资金使用计划并按规定用途使用资金。协议同时还约定，A 企业自获得奖励起 10 年内注册地址不迁离本区，否则政府有权追回奖励资金。A 企业于 2017 年 4 月 10 日收到 1 000 万元补助资金，分别在 2017 年 12 月、2018 年 12 月、2019 年 12 月使用了 400 万元、300 万元和 300 万元，用于发放总裁级别类高管年度奖金。

本例中，A 企业在实际收到补助资金时应当先判断是否满足递延收益确认条件。如果客观情况表明 A 企业在未来 10 年内离开该地区的可能性很小，比如通过成本效益分析认为 A 企业迁离该地区的成本大大高于收益，则 A 企业在收到补助资金时应当计入“递延收益”科目，实际按规定用途使用补助资金时，再计入当期损益。

A 企业选择净额法对此类政府补助进行会计处理。其账务处理如下：

（1）2017 年 4 月 10 日，A 企业实际收到政府补贴资金。

借：银行存款　　10 000 000
　　贷：递延收益　　10 000 000

（2）2017 年 12 月、2018 年 12 月、2019 年 12 月，A 企业用政府补助资金发放高管奖金，相应结转递延收益。

①2017 年 12 月。

借：递延收益　　4 000 000

　贷：管理费用　　4 000 000

②2018 年 12 月。

借：递延收益　　3 000 000

　贷：管理费用　　3 000 000

③2019 年 12 月。

借：递延收益　　3 000 000

　贷：管理费用　　3 000 000

如果 A 企业在收到政府补助资金时暂时无法确定能否满足政府补助所附条件（在未来 10 年内不得离开该地区），则应当将收到的政府补助资金先记入“其他应付款”科目，待客观情况表明企业能够满足政府补助所附条件后再转入“递延收益”科目。

（2）用于补偿企业已发生的相关成本费用或损失的政府补助，直接计入当期损益或冲减相关成本。这类政府补助通常与企业已经发生的行为有关，是对企业已发生的成本费用或损失的补偿，或者是对企业过去行为的奖励。

［**例 4-6**］B 企业销售其自主开发生产的动漫软件，按照国家有关规定，该企业的这种产品适用增值税即征即退政策。按 13%的税率征收增值税后，政府对其增值税实际税负超过 3%的部分，实行即征即退。B 企业 2019 年 8 月在进行纳税申报时，对归属于 7 月的增值税即征即退提交退税申请，经主管税务机关审核后的退税额为 10 万元。软件企业即征即退增值税属于与企业的日常销售、日常活动相关的政府补助。B 企业 2019 年 8 月申请退税并确定了增值税退税额。其账务处理如下：

借：其他应收款　　100 000

　贷：其他收益　　100 000

［**例 4-7**］C 企业 2019 年 11 月遭受重大自然灾害，并于 2019 年 12 月 20 日收到了政府补助资金 200 万元。

2019 年 12 月 20 日，C 企业实际收到政府补助资金并选择按总额法进行会计处理。其账务处理如下：

借：银行存款　　2 000 000

　贷：营业外收入　　2 000 000

［**例 4-8**］D 企业是集芳烃技术研发、生产于一体的高新技术企业。芳烃的原料是石脑油。石脑油按成品油项目在生产环节征收消费税。根据国家有关规定，对使用燃料油、石脑油生产乙烯芳烃的企业购进并用于生产乙烯、芳烃类化工产品的石脑油、燃料油，按实际耗用数量退还所含消费税。假设 D 企业石脑油单价为 5 333 元/吨（其中消费税 2 105 元/吨，1 吨等于 1 000 千克，下同）。D 企业在本期将 115 吨石脑油投入生产，石脑油转换率为 1.15∶1（1.15 吨石脑油可生产 1 吨乙烯芳烃），共生产乙烯芳烃 100 吨。D 企业根据当期产量及所购原料供应商的消费税证明，申请退还相应的消费税。当期应退消费税为 100×1.15×2 105＝242 075 元。D 企业在期末结转存货成本和主营业务成本之前相关账务处理如下：

借：其他应收款 242 075
　贷：生产成本 242 075

四、政府补助的退回

已计入损益的政府补助需要退回的，企业应当在需要退回的当期分情况按照以下规定进行会计处理：

（1）初始确认时冲减相关资产账面价值的，调整资产账面价值。

（2）存在相关递延收益的，冲减相关递延收益账面余额，超出部分计入当期损益；属于其他情况的，直接计入当期损益。

此外，对于属于前期差错的政府补助退回，企业应当按照前期差错更正进行追溯调整。

［**例 4-9**］接［**例 4-4**］，假设 2020 年 5 月，有关部门在对丁企业的检查中发现，丁企业不符合申请补助的条件，要求丁企业退回政府补助。丁企业于当月退回了政府补助 210 万元。丁企业账务处理如下：

方法一：丁企业选择总额法进行会计处理，应当结转递延收益，并将超出部分计入当期损益。因为以前期间计入其他收益，所以本例中这部分退回的政府补助冲减应退回当期的其他收益。

2020 年 5 月，丁企业退回政府补助。

借：递延收益 1 890 000
　　其他收益 210 000
　贷：银行存款 2 100 000

方法二：丁企业选择净额法进行会计处理，应当视同一开始就没有收到政府补助，调整固定资产的账面价值，将实际退回金额与账面价值调整数之间的差额计入当期损益。因为本例中以前期间实际冲减了制造费用，所以本例中这部分退回的政府补助补记退回当期的制造费用。

2020 年 5 月，丁企业退回政府补助。

借：固定资产 1 890 000
　　制造费用 210 000
　贷：银行存款 2 100 000

［**例 4-10**］甲企业于 2016 年 11 月与某开发区政府签订合作协议，在开发区内投资设立生产基地。协议约定，开发区政府自协议签订之日起 6 个月内向甲企业提供 300 万元产业补贴资金用于奖励该企业在开发区内投资，甲企业自获得补贴起 5 年内注册地址不迁离本区。如果甲企业在此期限内提前搬离开发区，开发区政府允许甲企业按照实际留在本区的时间保留部分补贴，并按剩余时间追回补贴资金。甲企业于 2017 年 1 月 3 日收到补贴资金。

假设甲企业在实际收到补贴资金时，客观情况表明甲企业在未来 5 年内搬离开发区的可能性很小，甲企业应当在收到补助资金时计入“递延收益”科目。由于协议约定如果甲企业提前搬离开发区，开发区政府有权追回部分补贴资金，说明甲企业每留在开发区内一年，就有权取得与这一年相关的补助，与这一年补助有关的不确定性基本消除，补贴收益得以实现，因此甲企业应当将该补助在 5 年内平均摊销结转计入损益。甲企业账务处理如下：

（1）2017 年 1 月 3 日，甲企业实际收到补贴资金。

借：银行存款　　3 000 000

　贷：递延收益　　3 000 000

（2）2017 年 12 月 31 日及以后年度，甲企业分期将递延收益结转计入当期损益。

借：递延收益　　600 000

　贷：其他收益　　600 000

假设 2019 年 1 月，甲企业因重大战略调整搬离开发区，开发区政府根据协议要求甲企业退回补贴资金 180 万元。

借：递延收益　　1 800 000

　贷：其他应付款　　1 800 000

五、特定业务的会计处理

（一）综合性项目政府补助

综合性项目政府补助同时包含与资产相关的政府补助和与收益相关的政府补助，企业需要将其进行分解并分别进行会计处理；难以区分的，企业应当将其整体归类为与收益相关的政府补助进行处理。

［**例 4-11**］2019 年 6 月 15 日，某市科技创新委员会与 B 企业签订了科技计划项目合同书，拟对 B 企业的新药临床研究项目提供研究补助资金。该项目总预算为 600 万元，其中市科技创新委员会资助 200 万元，B 企业自筹 400 万元。政府资助的 200 万元用于补助设备费 60 万元、材料费 15 万元、测试化验加工费 95 万元、差旅费 10 万元、会议费 5 万元、专家咨询费 8 万元、管理费用 7 万元。本例中除设备费外的其他各项费用都计入研究支出。市科技创新委员会应当在合同签订之日起 30 日内将资金拨付给 B 企业。根据双方约定，B 企业应当按合同规定的开支范围，对市科技创新委员会资助的经费实行专款专用。项目实施期限为自合同签订之日起 30 个月，期满后 B 企业如未通过验收，在该项合同实施期满后 3 年内不得再向市政府申请科技补贴资金。B 企业于 2019 年 7 月 10 日收到补助资金，在项目期内按照合同约定的用途使用了补助资金。其中，B 企业于 2019 年 7 月 25 日按项目合同书的约定购置了相关设备，设备成本 150 万元，其中使用补助资金 60 万元。该设备使用年限为 10 年，采用直线法计提折旧（不考虑净残值）。假设本例中不考虑相关税费。

本例中，B 企业收到的政府补助是综合性项目政府补助，需要区分与资产相关的政府补助和与收益相关的政府补助并分别进行处理。假设 B 企业对收到的与资产相关的政府补助选择净额法进行会计处理。B 企业账务处理如下：

（1）2019 年 7 月 10 日，B 企业实际收到补贴资金。

借：银行存款　　2 000 000

　贷：递延收益　　2 000 000

（2）2019 年 7 月 25 日，B 企业购入设备。

借：固定资产　　1 500 000

　贷：银行存款　　1 500 000

借：递延收益　　600 000

　贷：固定资产　　600 000

（3）2019 年 8 月起，B 企业在每个资产负债表日（月末）计提折旧，折旧费用计入研发支出。

借：研发支出　　7 500

　贷：累计折旧　　7 500

（4）对其他与收益相关的政府补助，B 企业应当按照相关经济业务的实质确定是计入其他收益还是冲减相关成本费用，在企业按规定用途实际使用补助资金时计入损益，或者在实际使用的当期期末根据当期累计使用的金额计入损益，借记“递延收益”科目，贷记有关损益类科目。

（二）政策性优惠贷款贴息

政策性优惠贷款贴息是政府为支持特定领域或区域发展，根据国家宏观经济形势和政策目标，对承贷企业的银行借款利息给予的补贴。企业取得政策性优惠贷款贴息的，应当区分财政将贴息资金拨付给贷款银行和财政将贴息资金直接拨付给企业两种情况，分别进行会计处理。

1. 财政将贴息资金拨付给贷款银行。

在财政将贴息资金拨付给贷款银行的情况下，贷款银行以政策性优惠利率向企业提供贷款。在这种方式下，受益企业按照优惠利率向贷款银行支付利息，没有直接从政府取得利息补助，企业可以选择下列方法之一进行会计处理：一是以实际收到的金额作为借款的入账价值，按照借款本金和该政策性优惠利率计算借款费用。在通常情况下，实际收到的金额即为借款本金。二是以借款的公允价值作为借款的入账价值并按照实际利率法计算借款费用，实际收到的金额与借款公允价值之间的差额确认为递延收益，递延收益在借款存续期内采用实际利率法摊销，冲减相关借款费用。企业选择了上述两种方法之一后，应当一致地运用，不得随意变更。

向企业发放贷款的银行并不是受益主体，其仍然按照市场利率收取利息，只是一部分利息来自企业，另一部分利息来自财政贴息。因此，金融企业发挥的是中介作用，并不需要确认与贷款相关的递延收益。

［**例 4-12**］2019 年 1 月 1 日，丙企业向银行贷款 100 万元，期限 2 年，按月计息，按季度付息，到期一次还本。由于这笔贷款资金将被用于国家扶持产业，符合财政贴息的条件，因此贷款利率显著低于丙企业取得同类贷款的市场利率。假设丙企业取得同类贷款的年市场利率为 9%，丙企业与银行签订的贷款合同约定的年利率为 3%，丙企业按季度向银行支付贷款利息，财政按年向银行拨付贴息资金。贴息后实际支付的年利息率为 3%，贷款期间的利息费用满足资本化条件，计入相关在建工程的成本。相关借款费用的测算和递延收益的摊销如表 4-1 所示。

表 4-1　相关借款费用的测算和递延收益的摊销　　单位：元

月度	实际支付银行的利息 ①	财政贴息 ②	实际现金流 ③	实际现金流折现 ④	长期借款各期实际利息 ⑤	摊销金额 ⑥	长期借款期末账面价值 ⑦
0							890 554
1	7 500	5 000	2 500	2 481	6 679	4 179	894 733
2	7 500	5 000	2 500	2 463	6 710	4 210	898 944
3	7 500	5 000	2 500	2 445	6 742	4 242	903 186
4	7 500	5 000	2 500	2 426	6 774	4 274	907 460
5	7 500	5 000	2 500	2 408	6 806	4 306	911 766
6	7 500	5 000	2 500	2 390	6 838	4 338	916 104
7	7 500	5 000	2 500	2 373	6 871	4 371	920 475
8	7 500	5 000	2 500	2 355	6 904	4 404	924 878
9	7 500	5 000	2 500	2 337	6 937	4 437	929 315
10	7 500	5 000	2 500	2 320	6 970	4 470	933 785
11	7 500	5 000	2 500	2 303	7 003	4 503	938 288
12	7 500	5 000	2 500	2 286	7 037	4 537	942 825
13	7 500	5 000	2 500	2 269	7 071	4 571	947 396
14	7 500	5 000	2 500	2 252	7 105	4 605	952 002
15	7 500	5 000	2 500	2 235	7 140	4 640	956 642
16	7 500	5 000	2 500	2 218	7 175	4 675	961 317
17	7 500	5 000	2 500	2 202	7 210	4 710	966 027
18	7 500	5 000	2 500	2 185	7 245	4 745	970 772
19	7 500	5 000	2 500	2 169	7 281	4 781	975 552
20	7 500	5 000	2 500	2 153	7 317	4 817	980 369
21	7 500	5 000	2 500	2 137	7 353	4 853	985 222
22	7 500	5 000	2 500	2 121	7 389	4 889	990 111
23	7 500	5 000	2 500	2 105	7 426	4 926	995 037
24	7 500	5 000	1 002 500	837 921	7 463	4 963	1 000 000
合计	180 000	120 000	1 060 000	890 554	169 446	109 446	—

注：(1) 实际现金流折现④为各月实际现金流③2 500 元按照月市场利率 0. 75%（9%÷12）折现的金额。例如，第一个月实际现金流折现 = 2 500÷(1+0. 75%) = 2 481 元，第二个月实际现金流折现 = 2 500÷(1+0. 75%)^2 = 2 463 元。

(2) 长期借款各期实际利息⑤为各月长期借款账面价值⑦与月市场利率 0. 75%的乘积。例如，第一个月长期借款实际利息 = 本月初长期借款账面价值 890 554×0. 75% = 6 679 元；第二个月长期借款实际利息 = 本月初长期借款账面价值 894 733×0. 75% = 6 710 元。

(3) 摊销金额⑥是长期借款各期实际利息⑤扣减每月实际利息支出③2 500 元后的金额。例如，第一个月摊销金额 = 当月长期借款各期实际利息 6 679 − 当月实际现金流 2 500 = 4 179 元；第二个月摊销金额 = 当月长期借款各期实际利息 6 710 − 当月实际支付的利息 2 500 = 4 210 元。

按方法一账务处理如下：

（1）2019 年 1 月 10 日，丙企业取得银行贷款 100 万元。

借：银行存款　　1 000 000

　贷：长期借款——本金　　1 000 000

（2）2019 年 1 月 31 日起每月月末，丙企业按月计提利息，企业实际承担的利息支出为 1 000 000×3%÷12=2 500 元。

借：在建工程　　2 500

　贷：应付利息　　2 500

按方法二账务处理如下：

（1）2019 年 1 月 1 日，丙企业取得银行贷款 100 万元。

借：银行存款　　1 000 000

　　长期借款——利息调整　　109 446

　贷：长期借款　　1 000 000

　　　递延收益　　109 446

（2）2019 年 1 月 31 日，丙企业按月计提利息。

借：在建工程　　6 679

　贷：应付利息　　2 500

　　　长期借款——利息调整　　4 179

同时，摊销递延收益。

借：递延收益　　4 179

　贷：在建工程　　4 179

在这两种方法下，计入在建工程的利息支出是一致的，均为 2 500 元。所不同的是在第一种方法下，银行贷款在资产负债表中反映的账面价值为 1 000 000 元；在第二种方法下，银行贷款的入账价值为 890 554 元，递延收益为 109 446 元，各月需要按照实际利率法进行摊销。

2. 财政将贴息资金直接拨付给受益企业。

财政将贴息资金直接拨付给受益企业，企业先按照同类贷款市场利率向银行支付利息，财政部门定期与企业结算贴息。在这种方式下，由于企业先按照同类贷款市场利率向银行支付利息，因此实际收到的借款金额通常就是借款的公允价值，企业应当将对应的贴息冲减相关借款费用。

［**例 4-13**］接［**例 4-12**］，丙企业与银行签订的贷款合同约定的年利率为 9%，丙企业按月计提利息，按季度向银行支付贷款利息，以付息凭证向财政申请贴息资金，财政按年与丙企业结算贴息资金。丙企业账务处理如下：

（1）2019 年 1 月 1 日，丙企业取得银行贷款 100 万元。

借：银行存款　　1 000 000

　贷：长期借款——本金　　1 000 000

（2）2019 年 1 月 31 日起每月月末，丙企业按月计提利息，应向银行支付的利息金额为 1 000 000×9%÷12＝7 500 元。丙企业实际承担的利息支出为 1 000 000×3%÷12＝2 500 元，应收政府贴息为 5 000 元。

借：在建工程　　　　7 500

　贷：应付利息　　　　7 500

借：其他应收款　　　　5 000

　贷：在建工程　　　　5 000

第三节　政府补助的会计信息列报

一、表内列示

企业应当在利润表中的“营业利润”项目之上单独列示“其他收益”项目，计入其他收益的政府补助在该项目中反映。冲减相关成本费用的政府补助在相关成本费用项目中反映。与企业日常经营活动无关的政府补助在利润表的营业外收支项目中列示。其他收益项目在利润表中的列报格式如表 4-2 所示。

表 4-2　其他收益项目在利润表中的列报格式

项目	本期金额	上期金额
一、营业收入		
减：营业成本		
税金及附加		
销售费用		
管理费用		
财务费用		
资产减值损失		
加：公允价值变动收益（损失以“-”号填列）		
投资收益（损失以“-”号填列）		
其中：对联营企业和合营企业的投资收益		
资产处置收益（损失以“-”号填列）		
其他收益		
二、营业利润（亏损以“-”号填列）		

二、表外披露

企业应当在附注中披露与政府补助有关的下列信息：政府补助的种类、金额和列报项目；计入当期损益的政府补助金额；本期退回的政府补助金额及原因。因政府补助涉及递延收益、其他收入、营业外收入以及成本费用等多个报表项目，为了全面反映政府补助情况，企业应当在附注中单设项目披露政府补助的相关信息。参考披露格式如表 4-3、表 4-4 所示。

表 4-3　计入递延收益的政府补助明细表

补助项目	种类	期初余额	本期新增金额	本期结转计入损益或冲减相关成本的金额	期末余额	本期结转计入损益或冲减相关成本的列报项目

表 4-4　计入当期损益或冲减相关成本的政府补助明细表

补助项目	种类	本期计入损益或冲减相关成本的金额	本期计入损益或冲减相关成本的列报项目

□思考题

1. 什么是政府补助？政府补助有哪些类型？

2. 政府补助的有哪些特征？

3. 为什么要将政府补助区分为与资产相关的政府补助和与收益相关的政府补助，并采用不同的会计处理方法？

4. 阅读并分析一家公司的财务报告时，对于政府补助方面的信息，需要重点关注哪些问题？

第五章
租赁会计

【学习目标】

通过本章的学习，学生应了解租赁业务的基本概念、种类；熟悉融资租赁的判断标准，掌握融资租赁和经营租赁业务的会计处理；了解短期租赁、低价值资产租赁和使用权资产租赁的概念，并掌握其会计处理；熟悉售后租回业务的概念及会计处理；了解租赁业务披露的基本要求。

第一节　租赁会计概述

一、租赁的含义与作用

（一）租赁的含义

租赁（lease）是指在一定的期间内，出租人将资产的使用权让与承租人，以获取租金的协议。出租人是指在租赁协议中拥有租赁资产所有权的一方。承租人是指在租赁协议中获得租赁期内资产使用权的一方。租赁的主要特征是：在租赁期内，资产的使用权发生转移，由出租方转移到了承租方，并且这种转移是以承租方支付租金为代价的，而资产的所有权在整个租赁期内没有发生转移，始终属于出租人。

租赁有不同的表现形式，现代经济生活中的租赁业务往往表现为一种融资活动，类似于租赁资产的分期买卖业务，只是购买租赁资产的资金先由出租人垫付，而后再由承租人以租金的形式分期偿还给出租人而已。这样形式上看似租赁的业务在实质上却表现为融资业务。而传统意义上的租赁业务往往只涉及一些资产的短期租借，与融资毫无关联。这样一来，租赁的概念就有了广义和狭义之分。狭义的租赁又称现代租赁，是指以融资为目的、以设备资产为主要租赁对象的契约租赁业务。而广义的租赁则泛指一切财产使用权的有偿转让活动，它不仅包括现代租赁，还包括为满足短期、临时需要，以不动产为租赁对象，不立契约的财产使用权的转让活动。在现代租赁会计中，租赁往往是指现代租赁（融资租赁）业务，而租赁的本质一般也是针对现代融资租赁而言的。

现代融资租赁活动一般会涉及三个当事人：出租人、承租人和供货人。其中，出租人一般根据承租人的要求购入设备并出租给承租人，在租赁期间内，出租人拥有该设备的所有权，并定期收取租金，其所收取的租金中既包含购买设备的本金，又包含为承租人购买设备的资金而应收取的利息；承租人在租赁期间拥有租赁资产的使用权并定期向出租人支付租金；供货人根据承租人的特定要求购买或制造设备并将设备提供给出租人。

通过现代租赁关系可以看出，现代租赁类似于一种特殊形式的分期付款购买行为。然而，现代租赁同分期付款购买行为又有明显的区别，主要表现如下：

（1）从业务关系方面分析，分期付款购买是买卖双方的关系，而租赁则涉及出租人、承租人和供货人三方面的关系，一些复杂的租赁合同可能还会涉及长期贷款人。

（2）从法律关系方面分析，分期付款购买是一种买卖行为，在商品交付购货方时，表明商品已经出售给了买方，商品应归买方所有，只是在货款尚未付清之前，买方承担了一笔债务，并以所购入的商品作为债务的担保物，当货款全部付清之后，买方也就取得了商品的所有权。而租赁则不然，在租赁期间，资产的所有权仍归出租人，出租行为是出租人行使所有权的表现。承租人对租赁资产只有使用权，未经出租人同意，不得做出任何侵犯所有权的行为。如果有侵犯所有权的行为发生，出租人有权终止租约，并要求承租人支付自违约时起至租赁期限届满时止的各期租金。

总之，现代租赁从本质上看是一种有偿转让资产使用权的契约，是一种融资行为，而不是交易行为，它与分期付款的购买行为有着明显的区别。另外，由于现代租赁不仅是融资行为，而且也是融物（租赁资产）行为，因此它同一般意义上的银行贷款行为也具有明显的区别。

应该注意的是，某些交易合同可能未采取租赁的法律形式，但如果该交易或交易的组成部分就经济实质而言属于租赁业务，则应该按照《企业会计准则第 21 号——租赁》的规定进行会计处理。确定一项合同是否属于或包含着租赁业务，应重点考虑以下两个因素：一是履行该合同时，是否需要依赖某项特殊资产，如果需要依赖某项特殊资产，应该属于租赁业务；二是该合同是否转移了资产的使用权，如果转移了资产的使用权，应该属于租赁业务。反之，如果某些租赁合同中包含着一系列相关联的交易，这些交易不属于租赁业务，但与该租赁合同相关联，属于租赁合同的组成部分，则这一系列相关联的交易应该按照租赁进行会计处理。

（二）租赁的作用

租赁是一种非常常见的经济现象，对出租人和承租人来讲，均有利可图，因此在现代经济生活中发挥着越来越大的作用。租赁的作用主要表现在以下几个方面：

（1）现代租赁可以帮助承租人解决资金短缺的困难。在现代租赁方式下，承租人不必像一般性购买设备那样立即支付大量的资金，而是不付资金或先付很少的资金就能得到生产所需的昂贵的设备。当设备投入使用后，承租人再用租赁设备带来的经营收入分期偿还租金，从而达到“借鸡生蛋，以蛋得鸡”的目的。因此，现代租赁方式特别适合于资金短缺和正处于发展阶段的企业。

（2）租赁可以减少资产陈旧的风险。众所周知，无形损耗是由于科技不断进步、生产效率不断提高等经济因素而产生的一种不可避免的经济现象。任何购买设备的单位都要承担设备无形损耗的实际速度快于预计速度而遭受损失的风险，而租赁则有助于减少甚至避免这种风险。因此，企业可以适时选择租赁而不是购买生产所需设备。

（3）租赁可以避免因通货膨胀而造成的损失。由于租赁期限一般都比较长，租赁费通常又是定期等额支付的，因此租赁（尤其是现代租赁）具有缓和物价暴涨冲击的作用，在物价上涨时会使支付租赁费的实际成本不断下降，租赁业务可以部分地抵消通货膨胀所造成的影响。

（4）租赁可以降低筹资成本。如果承租人直接从银行等金融机构筹措资金并购买所需设备，通常要受到严格的限制，大多数都必须对借入资金进行强制性存款，以此作为贷款的抵押。为取得必要的资金，企业就必须接受超出所需资金的贷款，而租赁能够避免这种不利状况。此外，现代租赁业务大多都是通过专业性的租赁公司来开展的，这些租赁公司的专业特长及经验能为承租人找到更加有利的客户，以降低筹资成本。

（5）租赁的还租形式比较灵活。与其他筹集资金的方式相比，租赁具有还租形式灵活的特点，承租人可以根据企业收入的分布情况确定租赁期限、付租次数甚至租金支付方式（某些租金可能以或有租金的方式支付），从而给承租人提供更便利的融资条件，保证承租人的生产经营活动顺利进行，保证融资业务的顺利开展。

（6）对租赁期限较短的租赁而言，租赁会使承租人取得资产负债表表外筹资（off balance-sheet financing）的效果。对经营租赁而言，会计上并不记录因租赁业务而引起的资产和负债。也就是说，此类性质的租赁不会影响到承租人的权益负债比例，从而增加了承租人的表内融资机会。

二、租赁的分类

（一）租赁的基本分类及判断标准

租赁可以按不同的标准进行分类，当前国际上比较流行的分类是从与租赁资产所有权有关的风险和报酬是否从出租人转移给承租人的角度划分的。据此，租赁一般可以分为融资租赁和经营租赁两大类，这就是租赁的基本分类。《国际会计准则第 17 号——租赁》（IAS17）指出：如果一项租赁实质上转移了与资产所有权相关的全部风险与报酬，那么该项租赁就应当归类为融资租赁，否则就为经营租赁。可见，国际会计准则理事会（International Accounting Standards Board，IASB）在 IAS17 中将租赁分为融资租赁和经营租赁两大基本类型。目前，国际会计准则理事会对租赁的基本分类方法已经被世界上许多国家和地区所采纳，包括美国、英国、德国、日本、加拿大、澳大利亚、新加坡、南非等，我国《企业会计准则第 21 号——租赁》也采用了与 IAS17 相一致的分类方法。

融资租赁（capital leases）也称资本租赁（financing leases），是指出租人实质上将与资产所有权相关的几乎全部风险和报酬都转移给承租人的一种租赁。对于融资租赁来讲，在租赁结束时，租赁资产的所有权很可能会发生转移，即由承租人购买或无偿拥有这项租赁资产的所有权。当然，融资租赁结束时，租赁资产的所有权也可能不发生转移。所谓与租赁资产所有权有关的风险，是指由于生产能力的闲置或工艺技术的陈旧可能造成的损失以及由于某些情况变动可能造成的相关收入的减少。所谓与租赁资产所有权有关的报酬，是指在资产的有效使用年限内直接使用租赁资产而可能获取的经济利益以及因资产升值或变卖余值可能实现的额外收入。

如果与租赁资产所有权有关的风险和报酬实质上并未转移给承租人，那么这种租赁就应归类为经营租赁（operating leases）。经营租赁的资产的所有权不会发生转移，在租赁期届满后，承租人有退租或续租的选择权，但不存在购买或无偿拥有租赁资产所有权的情况。

确认一项租赁是融资租赁还是经营租赁，应根据租赁业务的实质，即根据与租赁资产所有权有关的全部风险和报酬是否转移来判断，而不能根据租赁合同的形式来判断。我国《企业会计准则第 21 号——租赁》全面规范了租赁的会计核算方法，根据规定，满足下列标准之一的，应将其确定为融资租赁；否则，就应界定为经营租赁：

（1）在租赁期届满时，租赁资产的所有权转移给承租人。此种情况通常是指租赁合同中已经约定，在租赁期届满时，租赁资产的所有权应由出租人转移给承租人；或者在租赁开始日，根据其他相关条件能够做出合理判断，在租赁期届满时，承租人将会选择有偿获得该项租赁资产的所有权，具体可参见下面第二种情况中的例子。

（2）根据租赁协议的规定，在租赁期届满时，承租人有购买租赁资产的选择权，并且所确定的购买价格预计将远低于行使选择权时租赁资产的公允价值，因此在租赁开始日就可以合理确定承租人将会行使这种选择权。例如，某承租人和出租人签订了一项租赁协议，租赁期为 3 年，根据该协议的规定，在租赁期满时，承租人有权以 1 000 元的价格购买该项租赁资产，而该项租赁资产预计租赁期满时的公允价值为 50 000 元。因此，如果没有其他特殊情况出现，基本可以断定承租人在租赁期满时将会购买该项租赁资产。该例子实际上也是上述第一种情况中的后一种情况，即承租人必须支付买价才可以拥有该租赁资产所有权的情形。

（3）即使租赁期满时资产的所有权不转移，但租赁期占租赁资产使用寿命的大部分。这里的“大部分”一般指租赁期占租赁资产使用寿命的 75%以上（含 75%，下同）。需要说明的是，这里的“租赁期占租赁资产使用寿命的 75%”是对租赁资产较新的情况而言的，如果租赁资产在开始租赁前已使用的年限超过了该资产全新时可使用寿命的大部分（75%以上）时，即使租赁期占租赁资产剩余使用寿命的大部分，也不应该确定为融资租赁而应确定为经营租赁。

例如，某项设备全新时可使用年限为 10 年，在第 4 年年初开始对外租赁，在签订租赁协议时该资产已经使用了 3 年，剩余使用年限为 7 年，租赁协议中约定的租赁期为 6 年。由于在租赁开始时，该设备已使用年限只占其全部使用年限的 30%（3÷10×100%），而且租赁期占资产剩余使用年限的 85. 7%（6÷7×100%），因此该项租赁属于融资租赁。假如该设备在开始出租时已经使用了 8 年，租赁期为 2 年，剩余使用年限为 2 年，尽管租赁期占该资产剩余使用年限的 100%（2÷2×100%），但由于该设备在出租前已使用年限占该设备全部使用年限的 80%（>75%），则该租赁业务不能认定为融资租赁，只能认定为经营租赁。

可见，用于融资租赁的资产不能太旧，使用年限较长的资产用于租赁，一般可直接确定为经营租赁。这里需要注意的是，上面提及的 75%的量化判断标准只是指导性的标准，企业在具体运用时，必须根据现行企业会计准则规定的相关条件并结合租赁合同的条款，按照实质重于形式的原则进行判断。

（4）承租人在租赁开始日的最低租赁付款额的现值，几乎相当于租赁开始日租赁资产的公允价值；出租人在租赁开始日的最低租赁收款额的现值，几乎相当于租赁开始日租赁资产的公允价值。这里的“几乎相当于”，一般应在90%以上（含90%，下同）。例如，某出租人和承租人就某项设备签订了租赁合同，在租赁开始日，该设备的公允价值为100万元。根据租赁协议的规定，租赁期为10年，承租人每年支付15万元租金给出租人，没有其他支付条款，这样，在10年之内，承租人最低需要支付150万元给出租人。假如该承租人每年支付的15万元租金按双方签订的租赁协议，规定折现后的现值超过了该设备租赁时公允价值的90%，即90万元（100×90%）时，可以断定该项租赁业务属于融资租赁，否则根据该条款判断，此项业务就属于经营租赁。

需要指出的是，在租赁会计中，最低租赁付款额、最低租赁收款额等术语都有专门的含义，其现值的计算方法也有具体的规定，本教材将在后面陆续阐述。另外，这里90%的量化标准只是指导性的标准，企业在具体运用时，必须根据现行会计准则规定的相关条件并结合租赁合同的条款，按照实质重于形式的原则进行判断。

（5）租赁条件性质特殊，如果不做较大改造，只有承租人才能使用。一般来讲，经营租赁和融资租赁在租赁过程中的主要区别是：在经营租赁方式下，出租方在购买租赁资产时，一般不会考虑个别承租人的特殊需要，而会根据大多数承租人的需求提供通用资产；在融资租赁方式下，出租方在购买租赁资产时，一般会根据承租人的特殊需要，为其量身定做，即根据承租人对租赁资产的生产厂家、型号、规格等方面的特殊要求专门购买或建造租赁资产，因此这类租赁资产具有专购、专用的性质，如果不做较大的重新改造，其他企业通常难以使用，只有承租人才能使用。

需要注意的是，在我国，土地归国家所有，土地的租赁不能归类为融资租赁，因此如果企业的融资租赁协议中同时涉及土地和建筑物的租赁，通常应该将土地和建筑物分开考虑，将最低租赁付款额根据土地部分的租赁权益和建筑物部分的租赁权益的相对公允价值的比例进行分配，用于建筑物部分的价值归类为融资租赁，属于土地部分的价值归类为经营租赁，但如果土地与建筑物无法分离，从而使土地无法单独计量时，则应与建筑物一起归类为融资租赁。

（二）租赁的其他分类

租赁除了以上基本分类外，还有其他形式的分类：

（1）按照租赁资产对象的不同，租赁可以分为不动产租赁（包括土地租赁、建筑物租赁）和动产租赁（包括各种设备租赁）等。

（2）按照租赁资产投资的来源不同，租赁可以分为直接租赁、售后租回、杠杆租赁、转租赁等。其中，直接租赁是指购置租赁资产所需的资金全部由出租人筹集垫付；售后租回是指承租人将自制或外购的资产出售给出租人后再从出租人处租赁回来的行为（简称回租）；杠杆租赁是指融资租赁的一种特殊方式，又称平衡租赁或减租租赁，即由贸易方政府向设备出租者提供减税及信贷刺激，从而使租赁公司以较优惠的条件进行设备出租的一种方式，是目前采用较为广泛的一种国际租赁方式，也是一种利用财务杠杆原理的租赁形式；转租赁是指承租人将租入的资产转租给第三者的行为（简称转租）。

（3）按照承租人对租赁资产行使权利不同，租赁可以分为短期租赁、低价值资产租赁和使用权资产租赁。2018 年 12 月修订后的《企业会计准则第 21 号——租赁》，根据承租人对租赁资产行使的权利不同，将租赁分为短期租赁、低价值资产租赁和使用权资产租赁。

①短期租赁。短期租赁是指从租赁期开始日起，租赁期不超过 12 个月的租赁。包含购买选择权的租赁不属于短期租赁。

②低价值资产租赁。低价值资产租赁是指单项租赁资产为全新资产时价值较低的租赁。低价值资产租赁的判定仅与资产的绝对价值有关，不受承租人规模、性质或其他情况的影响。

③使用权资产租赁。使用权资产租赁是指承租人可以在较长的租赁期内拥有行使相关权利的资产租赁。

结合我国企业实际租赁现状，本教材按照我国《企业会计准则第 21 号——租赁》的规范要求，主要从企业承租人的角度，阐述了承租人短期租赁、低价值资产租赁、使用权资产租赁的会计核算方法，又从出租人角度阐述了融资租赁和经营租赁的会计核算方法。售后租回业务作为非直接租赁在我国也有开展，售后租回业务在本章第四节介绍。

（三）国际租赁分类的发展动态

通过以上介绍可以看出，我国现行企业会计准则从承租人角度将租赁分为短期租赁、低价值资产租赁和使用权资产租赁三大类，从出租人角度将租赁分为融资租赁和经营租赁两大类。

近年来，很多国内外学者认为，IAS17 关于租赁的基本分类存在某些缺陷。

第一，由于经营租赁将租赁资产和负债游离于资产负债表外，承租方通过经营租赁的方式获得了表外融资，而报表使用者在分析财务报表时，通常需要通过参照附注中披露的信息来重新调整确认因租赁资产和负债带来的损益，从而增加了会计信息使用者的会计信息使用成本。

第二，IAS17 的会计处理过分依赖量化的判断标准，某些企业可能会通过设计结构性租约将融资租赁业务转化为经营租赁业务，从而避免了租赁融资业务表内化，美化企业的财务报表。2008 年金融危机爆发后，IAS17 备受诟病，其中包括现行租赁基本分类所带来的问题。IAS17 的基本分类导致了大量以经营租赁方式进行的表外融资，使监管机构难以辨明，从面影响了财务报表的真实性。

因此，2008 年金融危机后，国际会计准则理事会开始考虑对 IAS17 进行修订和完善。2009 年 3 月 19 日，国际会计准则理事会与美国财务会计准则委员会（FASB）联合发布《租赁会计准则（征询意见稿）（Exposure Draft）》，拟将经营租赁和融资租赁“两租合一”，试图在会计处理中不再区分经营租赁与融资租赁，要求两类租赁均要计入资产负债表内。此后，关于租赁准则的修订问题，国际会计准则理事会和美国财务会计准则委员会在联合会议上又展开了若干次讨论，深入研究和探讨了租赁业务及其分类和会计处理问题，提出了“租赁业务”“短期租赁业务”和“租赁服务业务”等新概念。2010 年，国际会计准则理事会首次发布了《国际会计准则——租赁（征求意见稿）》。2013 年 5 月，国际会计准则理事会再次发布了

《国际会计准则——租赁（征求意见稿）》，并将租赁分为 A 类型（非房地产类）和 B 类型（房地产类）两种，进一步补充和规范了承租人与出租人的确认原则、计量方法、列示项目和披露信息，修订了售后租回、短期租赁等内容。2016 年 1 月，国际会计准则理事会发布了《国际财务报告准则第 16 号——租赁》（IFRS16），自 2019 年 1 月 1 日起实施。该准则的核心变化是，取消承租人关于融资租赁与经营租赁的分类，要求承租人对所有租赁（选择简化处理的短期租赁和低价值资产租赁除外）确认使用权资产和租赁负债，并分别确认折旧和利息费用。在出租人方面，该准则基本沿袭了《国际会计准则第 17 号——租赁》的会计处理规定，但改进了出租人的信息披露，要求出租人披露对其保留的有关租赁资产的权利所采取的风险管理战略、为降低相关风险所采取的措施等。我国财政部于 2018 年 12 月 7 日修订了《企业会计准则第 21 号——租赁》，并规定在境内外同时上市的企业以及在境外上市并采用国际财务报告准则或企业会计准则编制财务报表的企业，自 2019 年 1 月 1 日起施行；其他执行企业会计准则的企业自 2021 年 1 月 1 日起施行。

三、租赁的识别、分拆与合并

（一）租赁的识别

1. 租赁或包含租赁

在合同开始日，企业应当评估合同是否为租赁或包含租赁。合同中一方让渡了在一定期间内控制一项或多项已识别资产使用的权利以换取对价，则该合同为租赁或包含租赁。除非合同条款和条件发生变化，企业无需重新评估合同是否为租赁或包含租赁。

一项合同要被分类为租赁，必须同时满足以下三个要素：

（1）存在一定期间。

（2）存在已识别资产。

（3）资产供应方向客户转移对已识别资产使用权的控制，即客户主导已识别资产。

为了确定合同是否让渡了在一定期间内控制已识别资产的权利，企业应当评估合同中的客户是否有权获得在使用期间内因使用已识别资产产生的几乎全部经济利益，并有权在该使用期间主导已识别资产的使用。

2. 已识别资产

已识别资产是指合同明确指定的，资产的部分产能在物理上可区分的资产。已识别资产也可以在资产可供客户使用时在合同中隐性指定。但是，即使合同对资产进行指定，如果资产的供应方在整个使用期间拥有对该资产的实质性替换权，则该资产不属于已识别资产。

合同符合下列条件时，表明资产的供应方拥有资产的实质性替换权：

（1）资产的供应方拥有在整个使用期间替换资产的实际能力。

（2）资产的供应方通过行使替换资产的权利将获得经济利益。

如果资产的某部分产能或其他部分在物理上不可区分，则该部分不属于已识别资产，除非其实质上代表该资产的全部产能，从而使客户获得因使用该资产产生的几乎全部经济利益。已识别资产及租赁合同的判断示例如表 5-1 所示。

表 5-1 已识别资产及租赁合同的判断示例（1）

示例	分析
便利店运营企业与广州白云机场运营商签订了使用机场内 A 商业区域销售商品的 3 年期合同。合同规定了商业区域的面积，但其可位于机场 A 区域内的任一登记区域。便利店运营企业使用易于移动的自动售货亭销售商品。 问题： （1）合同中的商业区域属不属于已识别资产？ （2）该合同是否为租赁合同？	（1）广州白云机场运营商在整个使用期间有变更便利店运营企业使用商业区域的实际能力。 （2）广州白云机场运营商可以通过替换商业区域获利。 （3）广州白云机场运营商有替换商业区域的实质性权利，商业区域不属于已识别资产。 因为合同中不存在已识别资产，所以该合同不是租赁合同，而是转让场地的特许经营权合同
客户与飞机所有者签订了使用一架指定飞机的两年期合同，合同详细规定飞机的内部、外部规格，并约定飞机所有者可随时替换飞机。但飞机所有者的机队中配备符合客户要求规格的飞机成本高昂。 问题：合同中指定的飞机属不属于已识别资产？	由于配备一架符合合同要求规格的飞机会发生高昂的成本，飞机所有者不能从替换飞机中获益，因此替换权不具有实质性。合同约定的指定飞机属于已识别资产，即在合同中隐性指定了已识别资产（假如用于运输稀有名贵观赏鱼商品的飞机）
客户与公用设施公司签订一份为期 15 年的合同，以取得连接两座城市光缆中三条指定的物理上可区分的光纤使用权。若光纤损坏，公用设施公司负责修理和维护。公用设施公司仅可因修理、维护或故障等原因替换指定给客户使用的光纤。 问题： （1）合同中是否存在已识别资产？ （2）该合同是否为租赁合同？	合同指定了 3 条光纤，该 3 条光纤在物理上可区分，且不可因修理、维护或故障等原因替换。因此，合同中存在已识别资产（3 条已识别光纤），该合同为租赁合同
客户与公用设施公司签订一份为期 15 年的合同以取得连接两座城市光缆中约定宽带的光纤使用权。约定的宽带相当于使用光缆中 3 条光纤的全部传输容量。公用设施公司的光缆包含 15 条传输容量相近的光纤。 问题： （1）合同中是否存在已识别资产？ （2）该合同是否为租赁合同？	客户仅可使用光缆的部分传输容量，客户使用的光纤与其余光纤在物理上不可区分，且不代表光纤几乎全部传输容量。因此，合同中不存在已识别资产，该合同为非租赁合同

在评估客户是否有权获得因使用已识别资产所产生的几乎全部经济利益时，企业应当在约定的客户可使用资产的权利范围内考虑其产生的经济利益。

3. 主导已识别资产

何为客户有权主导已识别资产的使用？存在下列情况之一的，可视为客户有权主导对已识别资产在整个使用期间内使用：

（1）客户有权在整个使用期间主导已识别资产的使用目的和使用方式。

（2）已识别资产的使用目的和使用方式在使用开始前已预先确定，并且客户有权在整个使用期间自行或主导他人按照其确定的方式运营该资产，或者客户设计了已识别资产并在设计时已预先确定了该资产在整个使用期间的使用目的和使用方式。

判断客户是否有权在使用期间主导已识别资产的使用目的和使用方式，应考虑与改变资产的使用目的和使用方式最相关的决策权。已识别资产及租赁合同的判断示例如表 5-2 所示。

表 5-2　已识别资产及租赁合同的判断示例（2）

示例	分析
客户与供货方就一辆指定的卡车在一周时间把指定的货物从甲地运至乙地签订了合同。供货方只提供卡车，客户负责驾车自甲地到乙地，客户可以选择具体的行驶速度、路线、停车休息地点等。供应方没有替换权。在指定路程完成后，客户无权继续使用卡车。 问题： （1）合同中是否存在已识别资产？ （2）合同中是否主导了卡车的使用权？ （3）该项合同是租赁合同还是劳务合同？	（1）合同明确指定卡车，且供应方无替换权，存在已识别资产。 （2）将指定货物从甲地运至乙地，合同已预先确定使用目的和使用方式。 （3）客户有权在整个使用期间操作卡车，如决定行驶速度、路线、停车休息地点，主导了卡车的使用。因此，该合同为租赁合同，而非劳务合同
甲公司与电力公司签订了购买某一指定的新的太阳能电厂 20 年生产的全部电力的合同。太阳能电厂归电力公司所有，但电力公司没有对太阳能电厂的替换权。太阳能电厂在建造之前由甲公司设计，电力公司负责按照甲公司的设计建造电厂，并负责电厂的运营。 问题： （1）合同中是否存在已识别资产？ （2）客户是否主导了已识别资产的使用权？ （3）该项合同是租赁合同还是劳务合同？	（1）合同明确指定了太阳能电厂，电力公司无替换权，存在已识别资产。 （2）太阳能电厂的使用目的和使用方式等相关决策在太阳能电厂设计时已预先确定，尽管电厂由电力公司负责运营，但甲公司设计赋予了甲公司主导电厂使用的权利。 （3）该项合同为租赁合同
甲公司与电信公司签订了 2 年期的服务合同，要求电信公司提供约定传输速度和质量的网络服务。为提供服务，电信公司在甲公司处安装并配置了服务器。在保证速度和质量的前提下，电信公司有权决定使用服务器传输数据的方式、接入的网络、是否重新配置服务器、将服务器用于其他用途。甲公司不操作服务器或对其使用做出任何重大决定。 问题： （1）合同中是否存在已识别资产？ （2）甲公司是否主导了服务器的使用？ （3）该项合同是租赁合同还是服务合同？	（1）电信公司是使用期间唯一可就服务器的使用做出决策的一方，包括是否重新配置（替换）服务器，因此不存在已识别资产。 （2）甲公司唯一的决策权是在使用期开始前决定网络的服务水平，不能直接影响网络服务的配置，不能决定服务器的使用方式和使用目的，不能主导服务器的使用。 （3）该合同为非租赁合同，是提供网络信息的服务合同

（二）租赁的分拆与合并

1. 租赁的分拆

合同中同时包含多项单独租赁的，承租人和出租人应当将合同予以分拆，并区分各项单独租赁进行会计处理。合同中同时包含租赁和非租赁部分的，承租人和出租人应当将租赁和非租赁部分进行分拆，租赁部分应按照《企业会计准则第 21 号——租赁》的规定进行会计处理，非租赁部分应当按照其他适用的企业会计准则进行会计处理。

2. 租赁的合并

企业与同一交易方或其关联方在同一时间或相近时间订立的两份或多份包含租赁的合同，在符合下列条件之一时，应当合并为一份合同进行会计处理：

（1）该两份或多份合同基于总体商业目的而订立并构成一揽子交易，若不作为整体考虑则无法理解其总体商业目的。

（2）该两份或多份合同中的某份合同的对价金额取决于其他合同的定价或履行情况。

（3）该两份或多份合同让渡的资产使用权合起来构成一项单独租赁。

四、租赁会计涉及的主要概念

在租赁会计业务处理中将会涉及很多专门术语，为便于掌握，本书把经常涉及的一些会计术语解释如下：

（一）租赁期

租赁期是指承租人有权使用租赁资产且不可撤销的期间。

承租人有续租选择权，即有权选择续租该资产，且合理确定将行使该选择权的，租赁期还应当包含续租选择权涵盖的期间。

承租人有终止租赁选择权，即有权选择终止租赁该资产，但合理确定将不会行使该选择权的，租赁期应当包含终止租赁选择权涵盖的期间。

发生承租人可控范围内的重大事件或变化，且影响承租人是否合理确定将行使相应选择权的，承租人应当对其是否合理确定将行使续租选择权、购买选择权或不行使终止租赁选择权进行重新评估。

租赁合同签订后一般不可撤销，但下列情况除外：

（1）经出租人同意。

（2）承租人与原出租人就同一资产或同类资产签订了新的租赁合同。

（3）承租人支付一笔足够多的额外款项。

（4）发生某些很少会出现的或有事项。

如果相应协议规定，在租赁期满时，承租人有权选择续租该资产，并且在租赁开始日就可以合理确定承租人将会行使这种选择权，那么无论是否再支付租金，续租期也包括在租赁期之内。

（二）租赁激励

租赁激励是指出租人为达成租赁向承租人提供的优惠，包括出租人向承租人支付的与租赁有关的款项、出租人为承租人偿付或承担的成本等。

（三）租赁开始日

租赁开始日是指租赁合同签署日与租赁各方就主要租赁条款做出承诺日中的较早者。

（四）租赁期开始日

租赁期开始日是指出租人提供租赁资产使其可供承租人使用的起始日期，表明租赁行为的开始。除短期租赁和低价值资产租赁外，在租赁期开始日，承租人应对租赁资产、租赁付款额和未确认融资费用进行初始确认；出租人应对应收融资租赁款、未担保余值和未确认融资收益进行初始确认。可见，租赁期开始日既是租赁资产使用权转移的日期，也是会计上对租赁业务进行初始确认的日期。

（五）初始直接费用

初始直接费用是指为达成租赁所发生的增量成本。增量成本是指若企业不取得该租赁，则不会发生的成本。初始直接费用主要包括承租人和出租人在租赁谈判和签订租赁合同过程中发生的、可直接归属于某租赁项目的费用，如印花税、佣金等。

（六）担保余值

担保余值是指与出租人无关的一方向出租人提供担保，保证在租赁结束时租赁资产的价值至少为某指定的金额。

担保余值主要是针对承租人而言的，即主要由承租人作为担保人。担保余值可以督促承租人谨慎地使用租赁资产，尽量减少出租人作为资产所有者而承担的风险和可能发生的损失，也是租赁期满租赁资产剩余价值的最低保障。除此之外，担保余值的担保人也可能是独立于承租人和出租人的第三方，如担保公司。在这种情况下，担保余值就是针对出租人而言的了。对于出租人而言，担保余值是指承租人的担保余值加上由独立于承租人和出租人的第三方担保的资产余值。

（七）未担保余值

未担保余值是指在租赁资产余值中，出租人无法保证能够实现或仅由与出租人有关的一方予以担保的部分。

例如，某租赁资产的资产余值预计为100万元，其中由承租人担保的余值为80万元，由独立的担保公司担保的余值为15万元，则未担保余值应该为5万元。对于出租人而言，如果资产余值都被担保，则说明预计的资产余值没有风险；如果资产余值中存在未担保余值，则说明这部分资产余值的风险没有转移，其未来的风险由出租人自己承担。

（八）租赁付款额

租赁付款额是指承租人向出租人支付的与在租赁期内使用租赁资产的权利相关的款项。其内容如下：

（1）固定付款额及实质固定付款额，存在租赁激励的，扣除租赁激励相关金额。

（2）取决于指数或比率的可变租赁付款额，该款项在初始计量时根据租赁期开始日的指数或比率确定。

（3）购买选择权的行权价格，前提是承租人合理确定将行使该选择权。

（4）行使终止租赁选择权需支付的款项，前提是租赁期反映出承租人将行使终止租赁选择权。

（5）根据承租人提供的担保余值预计应支付的款项。

实质固定付款额是指在形式上可能包含变量但实质上无法避免的付款额。

可变租赁付款额是指承租人为取得在租赁期内使用租赁资产的权利，向出租人支付的因租赁期开始日后的事实或情况发生变化（非时间推移）而变动的款项。取决于指数或比率的可变租赁付款额包括与消费者价格指数挂钩的款项、与基准利率挂钩的款项和为反映市场租金费率变化而变动的款项等。

（九）租赁收款额

租赁收款额是指出租人因让渡在租赁期内使用租赁资产的权利而应向承租人收取的款项。其内容如下：

（1）承租人需支付的固定付款额及实质固定付款额，存在租赁激励的，扣除租赁激励相关金额。

（2）取决于指数或比率的可变租赁付款额，该款项在初始计量时根据租赁期开始日的指数或比率确定。

（3）购买选择权的行权价格，前提是合理确定承租人将行使该选择权。

（4）承租人行使终止租赁选择权需支付的款项，前提是租赁期反映出承租人将行使终止租赁选择权。

（5）由承租人、与承租人有关的一方以及有经济能力履行担保义务的独立第三方向出租人提供的担保余值。

（十）租赁内含利率

租赁内含利率是指使出租人的租赁收款额的现值与未担保余值的现值之和等于租赁资产公允价值与出租人的初始直接费用之和的利率。

租赁内含利率的计算公式如下：

租赁收款额现值+未担保余值现值=租赁资产公允价值+初始直接费用

租赁内含利率是出租人摊销未实现融资收益、确定每期租赁收益的主要指标，也是承租人摊销未确认融资费用、确定每期租赁成本的有用指标。

（十一）承租人增量借款利率

承租人增量借款利率是指承租人在类似经济环境下为获得与使用权资产价值接近的资产，在类似期间以类似抵押条件借入资金必须支付的利率。

（十二）租赁投资净额

租赁投资净额为未担保余值和租赁期开始日尚未收到的租赁收款额按照租赁内含利率折现的现值之和。租赁投资净额在数量上等于出租人租赁收款额及未担保余值之和与未实现融资收益之间的差额。租赁投资净额是出租人融资租赁资产的投资本金，是计算出租人每期租金收益（每期未实现融资收益的摊销额）的计算基础。出租人每期租金收益的计算公式如下：

出租人每期租金收益=租赁投资净额余额×租赁内含利率

（十三）租金及或有租金

租金是指承租人在租赁期内因拥有租赁资产使用权而应支付给出租人的使用费。承租人融资租赁支付的租金包括了租赁资产在租赁开始日公允价值的大部分以及资金占用费（相当于利息）。租金通常按固定金额分期支付给出租人，但在某些租赁协议中，承租人可能还要根据租赁期间以外的其他因素（如销售量、使用量、物价指数等）计算并支付给出租人一些额外的、金额不固定的租金，这就是或有租金。或有租金的会计核算方法完全不同于固定租金的核算，后面将具体阐述两者之间的区别。

（十四）履约成本

履约成本是指承租人在租赁期内为有效使用租赁资产而支付的各种相关费用，如技术咨询和服务费、人员培训费、维修费、保险费等。履约成本是在租赁协议之外发生的额外费用，在租赁会计中，一般作为期间费用处理。

［**例 5-1**］租赁业务有关指标的计算。

A 企业与 B 企业签订了一项租赁协议。该协议规定，A 企业租赁 B 企业的一项全新固定资产，租赁期为 10 年，年租金为 50 万元，自租赁开始日每年平均支付。租赁期满后，A 企业有权以 10 万元的价格获得该资产的所有权。预计该租赁资产期满时的公允价值为 100 万元，A 企业的全资子公司 A1 和独立于 A 企业、B 企业的 C 担保公司分别为该租赁资产余值提供了 10 万元和 30 万元的担保。租赁协议还规定，A 企业每年应向 B 企业支付 10 万元的技术咨询和人员培训费，且应按其销售收入的 1%向 B 企业支付额外租金。假定 A 企业每年的销售收入均为 1 000 万元。

分析该例题中的租金、或有租金、资产余值、对承租人来讲的担保余值、对出租人来讲的担保余值、未担保余值、履约成本、承租人的租赁付款额和出租人的租赁收款额等相关数据。

本例中租赁相关指标金额的计算及分析如表 5-3 所示。

表 5-3　租赁相关指标金额的计算及分析

项目	金额/万元	分析及计算过程
租金	500	50×10=500（万元）
或有租金	10	1 000×1%=10（万元）
资产余值	100	该设备租赁期满时的公允价值
对承租人来讲的担保余值	10	A1 对该设备的担保价值
对出租人来讲的担保余值	40	A1 和 C 对该设备担保价值合计=10(A1)+30(C)=40(万元)
未担保余值	60	未担保余值等于资产余值减去担保值,即 100-30-10=60(万元)
履约成本	10	A 企业每年支付给 B 企业的技术咨询费和人员培训费
承租人的租赁付款额	520	租赁付款额等于租金，承租人的担保余值和廉价购买价款之和，即 500+10+10=520（万元）
出租人的租赁收款额	550	租赁收款额等于承租人的最低租赁付款额加上 C 公司的担保余值，即 520+30=550（万元）

第二节　承租人的会计处理

一、租赁负债和使用权资产的初始确认与计量

（一）租赁负债的初始确认与计量

租赁负债应当按照租赁期开始日尚未支付的租赁付款额的现值进行初始计量。识别应纳入租赁负债的相关付款项目是计量租赁负债的关键。

1. 租赁付款额

租赁付款额主要包括以下内容：

（1）固定付款额及实质固定付款额，存在租赁激励的，扣除租赁激励相关金额。实质固定付款额是指在形式上可能包含变量但实质上无法避免的付款额。租赁激励是指出租人为达成租赁向承租人提供的优惠，包括出租人向承租人支付的与租赁有关的款项、出租人为承租人偿付或承担的成本等。实际上，此处的激励就是出租人就租赁业务向承租人做出的让价或折扣。存在租赁激励的，承租人在确定租赁付款额时，应扣除租赁激励相关金额。

（2）取决于指数或比率的可变租赁付款额。可变租赁付款额是指承租人为取得在租赁期内使用租赁资产的权利，向出租人支付的因租赁期开始日后的事实或情况发生变化（非时间推移）而变动的款项。可变租赁付款额可能与下列各项指标或情况挂钩：

①由于市场比率或指数数值变动导致的价格变动。例如，基准利率或消费者价格指数变动可能导致租赁付款额调整。

②承租人源自租赁资产的绩效。例如，零售业不动产租赁可能会要求基于使用该不动产取得的销售收入的一定比例确定租赁付款额。

③租赁资产的使用。例如，车辆租赁可能要求承租人在超过特定里程数时支付额外的租赁付款额。

（3）购买选择权的行权价格，前提是承租人合理确定将行使该选择权。在租赁期开始日，承租人应评估是否合理确定将行使购买标的资产的选择权。在评估时，承租人应考虑对其行使或不行使购买选择权产生经济激励的所有相关事实和情况。如果承租人合理确定将行使购买标的资产的选择权，则租赁付款额中应包含购买选择权的行权价格。

（4）行使终止租赁选择权需支付的款项，前提是租赁期反映出承租人将行使终止租赁选择权。在租赁期开始日，承租人应评估是否合理确定将行使终止租赁的选择权。在评估时，承租人应考虑对其行使或不行使终止租赁选择权产生经济激励的所有相关事实和情况。如果承租人合理确定将行使终止租赁选择权，则租赁付款额中应包含行使终止租赁选择权需支付的款项，并且租赁期不应包含终止租赁选择权涵盖的期间。

（5）根据承租人提供的担保余值预计应支付的款项。如果承租人提供了对余值的担保，则租赁付款额应包含该担保下预计应支付的款项，它反映了承租人预计将支付的金额。

2. 折现率

租赁负债应当按照租赁期开始日尚未支付的租赁付款额的现值进行初始计量。在计算租赁付款额的现值时，承租人应当采用租赁内含利率作为折现率；无法确定租赁内含利率的，承租人应当采用承租人增量借款利率作为折现率。

（二）使用权资产的初始确认与计量

使用权资产是指承租人可以在租赁期内使用租赁资产的权利。在租赁期开始日，承租人应当按照成本对使用权资产进行初始计量。该成本包括下列四项内容：

（1）租赁负债的初始计量金额。

（2）在租赁期开始日或之前支付的租赁付款额，存在租赁激励的，应扣除已享受的租赁激励相关金额。

（3）承租人发生的初始直接费用。

（4）承租人为拆卸及移除租赁资产、复原租赁资产所在场地或将租赁资产恢复至租赁条款约定状态预计将发生的成本。前述成本属于为生产存货而发生的，则按照《企业会计准则第 1 号——存货》的要求进行处理。

承租人应当按照《企业会计准则第 13 号——或有事项》的规定进行确认和计量。

［**例 5-2**］承租人甲公司就某栋建筑物的某一层楼与出租人乙公司签订了为期 10 年的租赁协议，并拥有 5 年的续租选择权。有关资料如下：

（1）初始租赁期内的不含税租金为每年 50 000 元，续租期间为每年 55 000 元，所有款项应于每年年初支付。

（2）为获得该项租赁，甲公司发生的初始直接费用为 20 000 元，其中 15 000 元为向该楼层前任租户支付的款项，5 000 元为向促成此租赁交易的房地产中介支付的佣金。

（3）作为对甲公司的激励，乙公司同意补偿甲公司 5 000 元的佣金。

（4）在租赁期开始日，甲公司评估后认为，不能合理确定将行使续租选择权，因此将租赁期确定为 10 年。

（5）甲公司无法确定租赁内含利率，其增量借款利率为每年 5%。该利率反映的是甲公司以类似抵押条件借入期限为 10 年、与使用权资产等值的相同币种的借款而必须支付的利率。为简化处理，假设不考虑相关税费的影响。

（1）甲公司计算租赁付款额现值，确认租赁负债和使用权资产。

每年租金 50 000 元，第 1 年已付；剩余 9 年，按 5%的利率折现。

租赁付款额（剩余 9 期）= 50 000×9 = 450 000（元）

租赁负债 = 剩余 9 期租赁付款额的现值 = 50 000×$(P/A,5\%,9)$ = 355 391（元）

未确认融资费用 = 剩余 9 期租赁付款额 - 剩余 9 期租赁付款额的现值

= 450 000 - 355 391 = 94 609（元）

借：使用权资产　　405 391

　　租赁负债——未确认融资费用　　94 609

　贷：租赁负债——租赁付款额　　450 000

　　　银行存款　　50 000

（2）甲公司以银行存款支付初始直接费用 2 万元。

借：使用权资产　　20 000

　贷：银行存款　　20 000

（3）甲公司将已收的租赁激励 0.5 万元从使用权资产入账价值中扣除，款已收存银行。

借：银行存款　　5 000

　贷：使用权资产　　5 000

使用权资产初始成本 = 405 391 + 20 000 - 5 000 = 420 391（元）

（三）使用权资产的后续常规确认与计量

1. 计量基础

在租赁期开始日后，承租人应当采用成本模式对使用权资产进行后续计量，即以成本减累计折旧或摊销减减值准备计量使用权资产。

2. 使用权资产进行后续计量——折旧

承租人应参照《企业会计准则第 4 号——固定资产》有关折旧的规定计提折旧。承租人可以在租赁期开始的当月计提折旧，也可以从下月计提折旧。预计取得其所有权的，按租赁资产剩余使用寿命为折旧年限；无法确定所有权的，按租赁期与租赁资产剩余使用寿命孰短为折旧年限。如使用权资产的剩余使用寿命短于前两者，按使用权资产的剩余使用寿命为折旧年限。

3. 使用权资产进行后续计量——减值

承租人应参照《企业会计准则第 8 号——资产减值》的有关规定提取减值准备。使用权资产减值准备一旦计提，不得转回。承租人应按照扣除减值准备之后的使用权资产的账面价值，进行后续折旧提取。

［**例 5-3**］承租人甲公司与出租人乙公司签订了一份为期 5 年的设备租赁合同。甲公司计划开发自有设备以替代租赁资产，自有设备计划在 5 年内投入使用。甲公司拥有在租赁期结束时以 5 000 元购买该设备的选择权。每年的租赁付款额固定为 10 000 元（不含增值税），于每年年末支付。甲公司无法确定租赁内含利率，其增量借款利率为 5%。在租赁期开始日，甲公司对行使购买选择权的可能性进行评估后认为，不能合理确定将行使购买选择权。这是因为甲公司计划开发自有设备，继而在租赁期结束时替代租赁资产。承租人在支出租赁款时同步支付增值税，其增值税税率为 13%。

（1）在租赁期开始日，确认租赁负债和使用权资产。

应确认租赁负债为 43 300 元［10 000×(P/A,5%,5)］。“租赁负债——租赁付款额”账户（贷方）为 50 000 元，“租赁负债——未确认融资费用”账户（借方）为 6 700 元。

借：使用权资产　　43 300
　　租赁负债——未确认融资费用　　6 700
　贷：租赁负债——租赁付款额　　50 000

（2）分期摊销未确认融资费用（利率 5%）。未确认融资费用分期摊销表如表 5-4 所示。

表 5-4　未确认融资费用分期摊销表　　单位：元

年度	期初应付租金 A	财务费用 B=A×5%	未确认融资费用	现金总流出 C	租金本期付现 D=C-B	期末应付租金 E=A-D
承租日	43 300	—	6 700	—	—	—
第 1 年	43 300	2 165	4 535	10 000	7 835	35 465
第 2 年	35 465	1 773	2 762	10 000	8 227	27 238
第 3 年	27 238	1 362	1 400	10 000	8 638	18 600
第 4 年	18 600	930	470	10 000	9 070	9 530
第 5 年	9 530	470*	0	10 000	9 530	0
总额	—	6 700	—	50 000	43 300	—

注：为避免小数点计算误差，最后一年的财务费用是倒推出来的。

［**例 5-4**］沿用［**例 5-3**］，假设租赁的是商铺，而不是设备。除固定付款额外，合同还规定租赁期间甲公司商铺当年销售额超过 1 000 000 元的，当年应再支付按销售额的 2%计算的租金（不含增值税，增值税税率为 13%），于当年年末以银行存款支付。假设在租赁的第 3 年，该商铺的销售额为 1 500 000 元。

借：销售费用　　30 000
　　应交税费——应交增值税（进项税额）　　3 900
　贷：银行存款　　33 900

二、租赁负债和使用权资产后续重新计量

租赁负债和使用权资产后续重新计量时，应考虑下列因素的变动：实质固定付款额发生变动，担保余值预计的应付金额发生变动，用于确定租赁付款额的指数或比率发生变动，购买选择权、续租选择权或终止租赁选择权的评估结果或实际情况发生变化。

（一）实质固定付款额发生变动

如果租赁付款额最初是可变的，但在租赁期开始日后的某一时点转为固定，那么在潜在可变性消除时，该付款额就成为实质固定付款额，该付款额就应纳入租赁负债的计量之中。承租人应当按照变动后租赁付款额的现值重新计量租赁负债。

［**例5-5**］承租人甲公司签订了一份为期10年的机器租赁合同。租金于每年年末支付，并按以下方式确定：第1年，租金是可变的，根据该机器在第1年下半年的实际产能确定；第2~10年，每年的租金依据该机器在第1年下半年的实际产能确定，即租金将在第1年年末转变为固定付款额。在租赁期开始日，甲公司无法确定租赁内含利率，其增量借款利率为5%。假设在第1年年末，根据该机器在第1年下半年的实际产能所确定的租赁付款额为每年20 000元。该租金不含增值税，增值税税率13%。

（1）在租赁期开始时，由于未来的租金尚不确定，因此甲公司的租赁负债为零。

（2）甲公司在第1年年末支付租金20 000元及增值税2 600元。该租金不含增值税，增值税税率13%。

借：制造费用　　20 000
　　应交税费——应交增值税（进项税额）　　2 600
　贷：银行存款　　22 600

（3）在第1年年末，租金的潜在可变性消除，成为实质固定付款额（每年20 000元），因此甲公司应基于变动后的租赁付款额重新计量租赁负债，并采用不变的折现率（5%）进行折现，年末确认使用权资产和租赁负债。“租赁负债——租赁付款额”账户（贷方）180 000元（20 000×9），租赁付款额现值为142 156元［20 000×(P/A,5%,9)］，“租赁负债——未确认融资费用”账户（借方）为37 844元。

借：使用权资产　　142 156
　　租赁负债——未确认融资费用　　37 844
　贷：租赁负债——租赁付款额　　180 000

（二）担保余值预计的应付金额发生变动

在租赁期开始日后，承租人应对其在担保余值下预计支付的金额进行估计。该金额发生变动的，承租人应当按照变动后租赁付款额的现值重新计量租赁负债（采用的折现率不变）。

［**例5-6**］承租人甲公司与出租人乙公司签订了汽车租赁合同，租赁期为5年，甲公司增量资本借入利率为5%。合同中就担保余值的规定为：如果标的汽车在租赁期结束时的公允价值低于40 000元，则甲公司需向乙公司支付40 000元与汽车公允价值之间的差额。在租赁期开始日，甲公司预计标的汽车在租赁期结束时的公允价值为40 000元，即甲公司预计在担保余值下将支付的金额为零。因此，甲公司在计算租赁负债时，与担保余值相关的付款额为零。

假设在第1年年末，甲公司预计该汽车在租赁期结束时的公允价值为30 000元。该担保余值下预计应付的金额为10 000元，“租赁负债——租赁付款额”账户（贷方）为10 000元，租赁负债现值为8 227元［10 000×(*P/F*,5%,4)］，“租赁负债——未确认融资费用”账户（借方）为1 773元。

借：使用权资产　　8 227
　　租赁负债——未确认融资费用　　1 773
　贷：租赁负债——租赁付款额　　10 000

（三）用于确定租赁付款额的指数或比率发生变动

在租赁期开始日后，因用于确定租赁付款额的指数或比率（浮动利率除外）的变动而导致未来租赁付款额发生变动的，承租人应当按照变动后租赁付款额的现值重新计量租赁负债。在该情形下，承租人采用的折现率不变。需要注意的是，仅当现金流量发生变动时，即租赁付款额的变动生效时，承租人才应重新计量租赁负债，以反映变动后的租赁付款额。承租人应基于变动后的合同付款额，确定剩余租赁期内的租赁付款额。

［**例5-7**］承租人甲公司签订了一项为期10年的不动产租赁合同，每年的租赁付款额为50 000元，租金于每年年初支付。合同规定，租赁付款额在租赁期开始日后每两年基于过去24个月消费者价格指数的上涨进行上调。租赁期开始日的消费者价格指数为125。假设在租赁第3年年初的消费者价格指数为135，甲公司在租赁期开始日采用的折现率为5%。在第3年年初，甲公司在对因消费者价格指数变化而导致未来租赁付款额的变动进行会计处理以及支付第3年的租赁付款额之前，租赁负债为339 320元［50 000+50 000×(*P/A*,5%,7)］。经消费者价格指数调整后的第3年租赁付款额为54 000元（50 000×135÷125）。

甲公司在第3年年初重新计量租赁负债。在第3年年初，新的租赁负债现值为366 466元［54 000+54 000×(*P/A*,5%,7)］，之前的租赁负债为339 320元。

因此，租赁负债将增加27 146元，其中“租赁负债——租赁付款额”账户（贷方）为32 000元，“租赁负债——未确认融资费用”账户（借方）为4 854元。

借：使用权资产　　27 146
　　租赁负债——未确认融资费用　　4 854
　贷：租赁负债——租赁付款额　　32 000

在租赁期开始日后，担保余值预计的应付金额发生变动，或者因用于确定租赁付款额的指数或比率发生变动而导致未来租赁付款额发生变动的，承租人应当按照变动后租赁付款额的现值重新计量租赁负债。在该情形下，承租人采用的折现率不变；但是，租赁付款额的变动源自浮动利率变动的，使用修订后的折现率。

（四）购买选择权、续租选择权或终止租赁选择权的评估结果或实际行使情况发生变化

发生下列情形且评估后有变化的，承租人应重新计量租赁负债：

（1）发生承租人可控范围内的重大事件或变化，且影响承租人是否合理确定将行使续租或终止租赁选择权的，应对选择权进行重新评估。

（2）发生承租人可控范围内的重大事件或变化，且影响承租人是否合理确定将行使购买选择权的，应对购买选择权进行重新评估。

重新评估应以剩余租赁期间的租赁内含利率作为折现率；无法确定的，应以重估日的增量借款利率作为折现率。

[**例 5-8**] 承租人甲公司与出租人乙公司签订了一份为期 5 年的设备租赁合同。甲公司计划开发自有设备以替代租赁资产，自有设备计划在 5 年内投入使用。甲公司拥有在租赁期结束时以 5 000 元购买该设备的选择权。每年的租赁付款额固定为 10 000 元（不含增值税），于每年年末支付。甲公司无法确定租赁内含利率，其增量借款利率为 5%。在租赁期开始日，甲公司对行使购买选择权的可能性进行评估后认为，不能合理确定将行使购买选择权。这是因为甲公司计划开发自有设备，继而在租赁期结束时替代租赁资产。承租人在支出租赁款时同步支付增值税，其增值税税率为 13%。承租人甲公司租赁负债中未确认融资费用分期摊销表如表 5-4 所示。

假设在第 3 年年末，甲公司做出削减开发项目的战略决定，包括上述替代设备的开发。该决定在甲公司的可控范围内，并影响其是否合理确定将行使购买选择权。此外，甲公司预计该设备在租赁期结束时的公允价值为 20 000 元。

（1）甲公司重新评估，确定将行使该购买选择权。在租赁期结束时不大可能有可用的替代设备；该设备预期市场价值（20 000 元）远高于行权价格（5 000 元）。其第 3 年年末的增量借款利率为 5.5%。

（2）重新计量租赁负债。新租赁负债现值为 22 960 元，即 10 000×$(P/F, 5.5\%, 1)$+(10 000+5 000)×$(P/F, 5.5\%, 2)$，之前的租赁负债为 18 600 元。

甲公司应调增租赁负债 4 360 元，其中“租赁负债——租赁付款额”账户（贷方）调增 5 000 元，“租赁负债——未确认融资费用”账户（借方）应调增 640 元。

借：使用权资产 4 360

　　租赁负债——未确认融资费用 640

　贷：租赁负债——租赁付款额 5 000

承租人甲公司因选择权改变后的未确认融资费用分期摊销表如表 5-5 所示。

表 5-5　承租人甲公司因选择权改变后的未确认融资费用分期摊销表　单位：元

年度	期初应付租金 A	财务费用 B＝A×5.5%	未确认融资费用	现金总流出 C	租金本期付现 D＝C−B	期末应付租金 E＝A−D
	22 960	—	2 040	—	—	—
第 4 年	22 960	1 263	777	10 000	8 737	14 223
第 5 年	14 223	777	0	15 000	14 223	0
总额	—	6 700	—	25 000	22 960	—

注：为避免小数点计算误差，最后一年的财务费用是倒推出来的。

［例 5-9］承租人甲公司租入一层办公楼，为期 10 年，并拥有可续租 5 年的选择权。初始租赁期间（10 年）的租赁付款额为每年 50 000 元，可选续租期间（5 年）的租赁付款额为每年 55 000 元，均在每年年初支付。在租赁期开始日，甲公司评估后认为，不能合理确定将会行使续租选择权，因此确定租赁期为 10 年。甲公司无法确定租赁内含利率，其增量借款利率为 5%。在租赁期开始日，甲公司支付第 1 年的租赁付款额 50 000 元，并确认租赁负债 355 390 元，即 355 390＝50 000×（P/A，5%，9）。在第 5~6 年，甲公司的业务显著增长，其日益壮大的人员规模意味着需要扩租办公楼。为了最大限度地降低成本，甲公司额外签订了一份为期 8 年、在同一办公楼内其他楼层的租赁合同，在第 7 年年初起租。

（1）重新评估，确定将行使续租选择权。在第 6 年年末，该租赁的租赁期由 10 年变为 15 年。其第 6 年年末的增量借款利率为 4.5%。

（2）重新计量租赁负债。新的租赁负债现值为 399 030 元，即 50 000+50 000×（P/A,4.5%,3）+55 000×（P/A,4.5%,5）×（P/F,4.5%,3）。之前的租赁负债现值为 186 160 元。调增租赁负债为 212 870 元，其中应调增“租赁负债——租赁付款额”账户（借方）275 000 元（5 年，每年 55 000 元），应调增“租赁负债——未确认融资费用”账户（贷方）62 130 元。

借：使用权资产　　212 870

　　租赁负债——未确认融资费用　　62 130

　贷：租赁负债——租赁付款额　　275 000

［例 5-10］承租人甲公司与出租人乙公司签订为期 5 年的库房租赁合同，每年年末支付固定租金 10 000 元。甲公司拥有在租赁期结束时以 300 000 元购买该库房的选择权。在租赁期开始日，甲公司评估后认为，不能合理确定将行使该购买选择权。第 3 年年末，该库房所在地房价显著上涨，甲公司预计租赁期结束时该库房的市价为 600 000 元，甲公司重新评估后认为，能够合理确定将行使该购买选择权。

房价上涨属于市场情况发生的变化，不在甲公司的可控范围内。因此，虽然该事项导致购买选择权的评估结果发生变化，但甲公司不应在第 3 年年末重新计量租赁负债。

然而，如果甲公司在第 3 年年末不可撤销地通知乙公司，其将在第 5 年年末行使购买选择权，则属于购买选择权实际行使情况发生了变化，甲公司需要在第 3 年年末按修订后的折现率对变动后的租赁付款额进行折现，重新计量租赁负债。

［例 5-11］承租人甲公司与出租人乙公司签订了一份办公楼租赁合同，每年的租赁付款额为 50 000 元，于每年年末支付。甲公司无法确定租赁内含利率，其增量借款利率为 5%。其不可撤销租赁期为 5 年，并且合同约定在第 5 年年末，甲公司有权选择以每年 50 000 元续租 5 年，也有权选择以 1 000 000 元购买该房产。甲公司在租赁期开始时评估认为，可以合理确定将行使续租选择权，而不会行使购买选择权，因此将租赁期确定为 10 年。以上租金不含增值税，增值税税率为 9%。购买房产的增值税税率为 13%。

（1）在租赁期开始日，确认租赁负债和使用权资产。甲公司应确认使用权资产＝386 000 元［50 000×（P/A,5%,10）］，应确认“租赁负债——租赁付款额”账户

（贷方）为 500 000 元，应确认“租赁负债——未确认融资费用”账户（借方）为 114 000 元。

借：使用权资产　　386 000
　　租赁负债——未确认融资费用　　114 000
　贷：租赁负债——租赁付款额　　500 000

未确认融资费用分期摊销表如表 5-6 所示。

表 5-6　未确认融资费用分期摊销表　　单位：元

年度	租赁负债年初金额	本期利息费用	未确认融资费用	现金总流出	租赁负债本期付现	租赁负债年末余额
	①	②=①×5%	③=③-②	④	⑤=④-②	⑥=①-⑤
承租日	386 000	—	114 000	—	—	—
第 1 年	386 000	19 300	94 700	50 000	30 700	355 300
第 2 年	355 300	17 765	76 935	50 000	32 235	323 065
第 3 年	323 065	16 153	60 782	50 000	33 847	289 218
第 4 年	289 218	14 461	46 321	50 000	35 539	253 679
第 5 年	253 679	12 684	33 637	50 000	37 316	216 363
第 6 年	216 363	10 818	22 819	50 000	39 182	177 181
第 7 年	177 181	8 859	13 960	50 000	41 141	136 040
第 8 年	136 040	6 802	7 158	50 000	43 198	92 842
第 9 年	92 842	4 642	2 516	50 000	45 358	47 484
第 10 年	47 484	2 516	0	50 000	47 484	0
总额	—	114 000	—	500 000	386 000	—

（2）第 1 年会计处理如下：

①支付租金及税金。

借：租赁负债——租赁付款额　　50 000
　　应交税费——应交增值税（进项税额）　　4 500
　贷：银行存款　　54 500

②摊销利息费用。

借：财务费用　　19 300
　贷：租赁负债——未确认融资费用　　19 300

③计提折旧费用。

借：管理费用　　38 600
　贷：累计折旧　　38 600

各年的会计处理如表 5-7 所示。

表 5-7 各年的会计处理 单位：元

会计业务	会计分录	第 1 年	第 2 年	第 3 年	第 4 年	第 5 年
支付租金及增值税	借：租赁负债——租赁付款额	50 000	50 000	50 000	50 000	50 000
	借：应交税费——应交增值税（进项税额）	4 500	4 500	4 500	4 500	4 500
	贷：银行存款	54 500	54 500	54 500	54 500	54 500
摊销融资费用	借：财务费用	19 300	17 765	16 153	14 461	12 684
	贷：租赁负债——租赁付款额	19 300	17 765	16 153	14 461	12 684
提取折旧	借：管理费用	38 600	38 600	38 600	38 600	38 600
	贷：使用权累计折旧	38 600	38 600	38 600	38 600	38 600

（3）在第 4 年，该房产所在地房价显著上涨，甲公司预计租赁期结束时该房产的市价为 2 000 000 元。

经年末重新评估，甲公司将行使购买选择权（因为购买价为 100 万元），而不行使续租选择权。该房产所在地区的房价上涨属于市场情况发生的变化，不在甲公司的可控范围内。因此，虽然该事项导致购买选择权及续租选择权的评估结果发生变化，但甲公司不需重新计量租赁负债。

（4）在第 5 年年末，甲公司实际行使了购买选择权。使用权资产原值 386 000 元，累计折旧 193 000 元。租赁付款额 250 000 元，未确认融资费用 33 637 元。甲公司支付款项 1 000 000 元及增值税 130 000 元。

三、租赁变更的会计处理

租赁变更是指原合同条款之外的租赁范围、租赁对价、租赁期限的变更，包括增加或终止一项或多项租赁资产的使用权，延长或缩短合同规定的租赁期等。租赁变更生效日，是指双方就租赁变更达成一致的日期。会计准则对于发生租赁变更时的相关处理要求如下：

（一）租赁变更作为一项单独租赁处理

租赁发生变更且同时符合下列条件的，承租人应当将该租赁变更作为一项单独租赁进行会计处理：

（1）该租赁变更通过增加一项或多项租赁资产的使用权而扩大了租赁范围或延长了租赁期限。

（2）增加的对价与租赁范围扩大部分或租赁期限延长部分的单独价格按该合同情况调整后的金额相当。

[例 5-12] 承租人甲公司与出租人乙公司就 2 000 平方米的办公场所签订了一项为期 10 年的租赁合同。在第 6 年年初，甲公司和乙公司同意对原租赁合同进行变更，以扩租同一办公楼内 3 000 平方米的办公场所。扩租的场所于第 6 年第 2 季度末可供甲公司使用。增加的租赁对价与新增 3 000 平方米办公场所的当前市价（根据甲公司获取的扩租折扣进行调整后的金额）相当。扩租折扣反映了乙公司节约的成本，即若将相同场所租赁给新租户，乙公司将会发生的额外成本（如营销成本）。

甲公司应当将该变更作为一项单独的租赁处理。该租赁变更通过增加 3 000 平方米办公场所的使用权而扩大了租赁范围，并且增加的租赁对价与新增使用权的单独价格按该合同情况调整后的金额相当。

（二）租赁变更未作为一项单独租赁处理

在租赁变更生效日，承租人应当按照有关租赁分拆的规定对变更后合同的对价进行分摊，按照有关租赁期的规定确定变更后的租赁期，并采用变更后的折现率对变更后的租赁付款额进行折现，以重新计量租赁负债。在计算变更后租赁付款额的现值时，承租人应当采用剩余租赁期间的租赁内含利率作为折现率；无法确定的，应当采用变更后增量借款利率作为折现率。

就上述租赁负债调整的影响，承租人应区分以下情形进行会计处理：

（1）租赁变更导致租赁范围缩小或租赁期缩短的，承租人应当调减使用权资产的账面价值，以反映租赁的部分终止或完全终止。承租人应将部分终止或完全终止租赁的相关利得或损失计入当期损益。

（2）其他租赁变更，承租人应当相应调整使用权资产的账面价值。

［**例 5-13**］承租人甲公司与出租人乙公司就 5 000 平方米的办公场所签订了 10 年期的租赁合同。年租赁付款额为 100 000 元，在每年年末支付。甲公司无法确定租赁的内含利率。在租赁期开始日，甲公司的增量借款利率为 6%，相应的租赁负债和使用权资产的初始确认金额均为 736 000 元［100 000×(*P/A*,6%,10)］。在第 6 年年初，甲公司和乙公司同意对原租赁合同进行变更，即自第 6 年年初起，将原租赁场所缩减至 2 500 平方米。每年的租赁付款额（第 6～10 年）调整为 60 000 元。承租人在第 6 年年初的增量借款利率为 5%。

（1）按 50%的比例终止原使用权和原租赁负债的账面价值。

使用权资产：原总价为 736 000 元，已摊销一半，剩下 368 000 元；剩下的终止 50%，即 184 000 元。

租赁负债：变更日原账面价值为 421 240 元［100 000×(*P/A*,6%,5)］，终止 50%，即 210 620 元。即“租赁负债——租赁付款额”账户(借方)减少 250 000 元（100 000×50%×5），“租赁负债——未确认融资费用”账户(贷方)减少 39 380 元（250 000-210 620）。

两者之差为 26 620 元（210 620-184 000），通过资产处置损益计入当期损益。

借：租赁负债——租赁付款额	250 000	
贷：租赁负债——未确认融资费用		39 380
使用权资产		184 000
资产处置损益		26 620

（2）第 6 年年初，即租赁变更日，重新计量租赁负债。

原剩下的租赁负债为 210 620 元，新的租赁负债按新租金、新利率、新期限计算。租赁变更后的租赁负债为 259 770 元［60 000×(*P/A*,5%,5)］。两者之差为 49 150 元（259 770- 210 620=49 150），即调增使用权资产和租赁负债 49 150 元。其中，租赁付款额增加额为 50 000 元［(60 000-100 000×50%)×5］，未确认融资费用的增加额 850 元（50 000-49 150）。调增使用权资产和租赁负债 49 150 元。其中，租赁付款额增加额 50 000 元，未确认融资费用的增加额 850 元。承租人同步调增使用权资产 49 150 元。

借：使用权资产　　49 150
　　租赁负债——未确认融资费用　　850
　贷：租赁负债——租赁付款额　　50 000

[例 5-14] 承租人甲公司与出租人乙公司就 5 000 平方米的办公场所签订了一项为期 10 年的租赁合同。年租赁付款额为 100 000 元，在每年年末支付。甲公司无法确定租赁内含利率。甲公司在租赁期开始日的增量借款利率为 6%。在第 7 年年初，甲公司和乙公司同意对原租赁合同进行变更，即将租赁期延长 4 年。每年的租赁付款额不变（在第 7~14 年的每年年末支付 100 000 元）。甲公司在第 7 年年初的增量借款利率为 7%。

第 7 年年初，基于下列情况甲公司重新计量租赁负债：剩余租赁期为 8 年，年付款额为 100 000 元，采用修订后的折现率 7%进行折现。

变更后的租赁负债为 597 130 元 [100 000×$(P/A,7\%,8)$]。

变更前的租赁负债为 346 510 元 [100 000×$(P/A,6\%,4)$]。

调增租赁负债的账面价值 250 620 元（597 130-346 510），其中"租赁负债——租赁付款额"账户（贷方）为 400 000 元，"租赁负债——未确认融资费用"账户（借方）为 149 380 元。

甲公司同步调增使用权资产 250 620 元。

借：使用权资产　　250 620
　　租赁负债——未确认融资费用　　149 380
　贷：租赁负债——租赁付款额　　400 000

四、短期租赁和低价值资产租赁

对于短期租赁和低价值资产租赁，承租人可以选择不确认使用权资产和租赁负债。做出该选择的，承租人应当将短期租赁和低价值资产租赁的租赁付款额，在租赁期内各个期间按照直线法或其他系统合理的方法计入相关资产成本或当期损益。其他系统合理的方法能够更好地反映承租人的受益模式的，承租人应当采用该方法。

（一）短期租赁

短期租赁是指在租赁期开始日，租赁期不超过 12 个月的租赁。包含购买选择权的租赁不属于短期租赁。一旦某类租赁资产简化处理，未来该类资产下所有的短期租赁都应如此。某类租赁资产是指企业运营中具有类似性质和用途的一组租赁资产。简化处理的短期租赁发生租赁变更或因租赁变更之外的原因导致租赁期发生变化的，承租人应当将其视为一项新租赁进行会计处理。

（二）低价值资产租赁

低价值资产租赁是指单项租赁资产为全新资产时价值较低的租赁。低价值资产租赁的标准应该是一个绝对金额，即仅与资产全新状态下的绝对价值有关，不受承租人规模、性质等影响，也不考虑该资产对于承租人或相关租赁交易的重要性。承租人应基于租赁资产的全新状态下的价值进行评估，不应考虑资产已被使用的年限，可简化会计处理。同时，只有承租人能够从单独使用该低价值资产或将其与承租人易于获得的其他资源一起使用中获利，且该项资产与其他租赁资产没有高度依赖或高度关联关系时，才能对该资产租赁选择进行简化会计处理。相对于短期租赁而言，低价值资产租赁不必做租赁变更的考虑。

承租人转租或预期转租租赁资产的，原租赁不属于低价值资产租赁。

常见的低价值资产主要包括平板电脑、普通办公家具、电话等小型资产。

值得注意的是，符合低价值资产租赁的，也并不代表承租人若采取购入方式取得该资产时该资产不符合固定资产的确认条件。

对于短期租赁和低价值资产租赁，承租人可以选择不确认使用权资产和租赁负债（上述的简化处理）。

做出该选择的，承租人应当将短期租赁和低价值资产租赁的租赁付款额，在租赁期内各个期间按照直线法或其他系统合理的方法计入相关资产成本或当期损益，即可采用简化处理方法。其他系统合理的方法能够更好地反映承租人的受益模式的，承租人应当采用该方法。

［**例 5-15**］短期租赁的选择简化处理。

2020 年 1 月 1 日，A 公司向 B 公司租赁办公设备 1 台，租赁期为 1 年，租金总额为 24 万元，每月租金 2 万元在月初支付。对于该项短期租赁，A 公司选择采用简化处理办法对租入资产进行处理。

（1）租入设备做备查登记，不确认使用权资产。

（2）每月月初支付租金。

借：管理费用　　　　20 000

　贷：银行存款　　　　20 000

第三节　出租人的会计处理

一、出租人对租赁业务的分类

（一）融资租赁和经营租赁

出租人应当在租赁开始日将租赁分为融资租赁和经营租赁。租赁开始日可能早于租赁期开始日，也可能与租赁期开始日重合。其分类取决于交易的实质，而不是合同的形式。

如果一项租赁实质上转移了与租赁资产所有权有关的几乎全部风险和报酬，出租人应当将该项租赁分类为融资租赁。出租人应当将除融资租赁以外的其他租赁分类为经营租赁。此处使用的术语解释方法是排除法，其前提是租赁业务只有融资租赁和经营租赁两种类型。按这样的方式可以推导：某项租赁业务对出租人而言，可能是融资租赁，也可能是经营租赁；但是承租人的短期租赁和低价值资产租赁业务，应当是经营租赁。

租赁的分类是以转移与租赁资产所有权相关的风险和报酬的程度为依据的。风险包括由于生产能力的闲置或技术陈旧可能造成的损失以及由于经济状况的改变可能造成的回报变动。报酬可以表现为在租赁资产的预期经济寿命期间经营的盈利以及因增值或残值变现可能产生的利得。

租赁开始日后，除非发生租赁变更，出租人无需对租赁的分类进行重新评估。租赁资产预计使用寿命、预计余值等会计估计变更或发生承租人违约等情况变化的，出租人不对租赁进行重分类。

租赁合同可能包括因租赁开始日与租赁期开始日之间发生的特定变化而需要对租赁付款额进行调整的条款与条件。

如出租人标的资产的成本发生变动或出租人对该租赁的融资成本发生变动，在此情况下，出于租赁分类目的，此类变动的影响均视为在租赁开始日已发生。

（二）融资租赁的分类标准

除了本章第一节列示的满足五种情形之一的租赁通常分类为融资租赁外，一项租赁存在下列一项或多项迹象的，也可能分类为融资租赁：

（1）若承租人撤销租赁，撤销租赁对出租人造成的损失由承租人承担。

（2）资产余值的公允价值波动产生的利得或损失归属于承租人。

（3）承租人有能力以远低于市场水平的租金继续租赁至下一期间。

二、出租人对融资租赁的会计处理

（一）融资租赁的初始计量

在租赁期开始日，出租人应确认应收融资租赁款，并终止确认融资租赁资产。出租人应以租赁投资净额作为应收融资租赁款的入账价值。租赁投资净额为未担保余值和租赁期开始日尚未收到的租赁收款额按照租赁内含利率折现的现值之和。

租赁内含利率是指使出租人的租赁收款额的现值与未担保余值的现值之和（租赁投资净额）等于租赁资产公允价值与出租人的初始直接费用之和的利率。

出租人发生的初始直接费用包括在租赁投资净额中。

租赁收款额是指出租人因让渡在租赁期内使用租赁资产的权利而应向承租人收取的款项，包括：

（1）承租人需支付的固定付款额及实质固定付款额。存在租赁激励的，应当扣除。

（2）取决于指数或比率的可变租赁付款额。该款项在初始计量时根据租赁期开始日的指数或比率确定。

（3）购买选择权的行权价格，前提是承租人将行权。

（4）承租人行使终止选择权需支付的款项，前提是承租人将行权。

（5）由承租人、与承租人有关的一方以及有经济能力履行担保义务的独立第三方向出租人提供的担保余值。

（二）融资租赁的后续计量

出租人应按照固定的周期性利率计算并确认租赁期内各个期间的利息收入。纳入租赁投资净额的可变租赁收款额只包含取决于指数或比率的可变租赁收款额。在初始计量时，出租人应当采用租赁期开始日的指数或比率进行初始计量。出租人应定期复核未担保余值。若预计降低，出租人应修改租赁期内的收益分配，并立即确认预计的减少额。

取得的未纳入租赁投资净额计量的可变租赁收款额，如与资产的未来绩效或使用情况挂钩的可变租赁收款额，应当在实际发生时计入当期损益。

［例 5-16］2017 年 12 月 1 日，甲公司与乙公司签订了一份租赁合同，从乙公司租入塑钢机一台。租赁合同主要条款如下：

（1）租赁资产：全新塑钢机。

（2）租赁期开始日：2018 年 1 月 1 日。

（3）租赁期：2018 年 1 月 1 日至 2023 年 12 月 31 日，共 72 个月。

（4）固定租金支付：自 2018 年 1 月 1 日起，每年年末支付租金 160 000 元。如果甲公司能够在每年年末的最后一天及时付款，则给予减少租金 10 000 元的奖励。以上租金不含增值税，增值税税率 13%。

（5）取决于指数或比率的可变租赁付款额：租赁期限内，如遇中国人民银行贷款基准利率调整时，出租人将对租赁利率做出同方向、同幅度的调整。基准利率调整日之前各期和调整日当期租金不变，从下一期租金开始按调整后的租金金额收取。

（6）租赁开始日租赁资产的公允价值：该机器在 2017 年 12 月 31 日的公允价值为 700 000 元，账面价值为 600 000 元。

（7）初始直接费用：签订租赁合同过程中乙公司发生可归属于租赁项目的手续费、佣金 10 000 元。

（8）承租人的购买选择权：租赁期届满时，甲公司享有优惠购买该机器的选择权，购买价为 20 000 元，估计该日租赁资产的公允价值为 80 000 元。

（9）取决于租赁资产绩效的可变租赁付款额：2018 年和 2019 年两年，甲公司每年按该机器所生产的产品——塑钢窗户的年销售收入的 5%向乙公司支付。

（10）承租人的终止租赁选择权：甲公司享有终止租赁选择权。在租赁期间，如果甲公司终止租赁，需支付的款项为剩余租赁期间的固定租金支付金额。

（11）担保余值和未担保余值均为 0 元。

（12）全新塑钢机的使用寿命为 7 年。

第一步，判断租赁类型。

优惠购买价 20 000 元远低于行使选择权日租赁资产的公允价值 80 000 元，因此在 2017 年 12 月 31 日就可合理确定甲公司将会行使这种选择权。

租赁期 6 年，占租赁开始日租赁资产使用寿命的 86%（占租赁资产使用寿命的大部分）。

乙公司综合考虑其他各种情形和迹象，认为该租赁实质上转移了与该项设备所有权有关的几乎全部风险和报酬，因此将这项租赁认定为融资租赁。

采取列表的形式对该业务进行判断（见表 5-8）。

表 5-8　乙公司对甲公司租赁业务类型的判断

序号	会计准则要求的判断条件	与甲公司业务的合同条件	是否符合条件
1	在租赁期届满时，租赁资产的所有权转移给承租人	未提及	
2	承租人有优惠购买选择权，而确定将要行使	正确	符合条件
3	租赁期占租赁资产使用寿命的大部分	86%（>75%）	符合条件
4	在租赁开始日，租赁收款额的现值几乎相当于租赁资产的公允价值	未提及	

表5-8(续)

序号	会计准则要求的判断条件	与甲公司业务的合同条件	是否符合条件
5	租赁资产性质特殊，如果不做较大改造，只有承租人才能使用	未提及	
6	若承租人撤销租赁，撤销租赁对出租人造成的损失由承租人承担	未提及	
7	资产余值的公允价值波动所产生的利得或损失归属于承租人	未提及	
8	承租人有能力以远低于市场水平的租金继续租赁至下一期间	正确	符合条件

第二步，确定租赁收款额。

（1）承租人的固定付款额（扣除租赁激励）=（160 000−10 000）×6=900 000（元）

（2）承租人的可变租赁付款额为 0 元。

（3）承租人购买选择权的行权价格为 20 000 元。

（4）终止租赁的罚款：若终止，甲公司需支付的款项为剩余租赁期间的固定租金支付金额。甲公司不会行使终止租赁选择权。

（5）由承租人、与承租人有关的一方以及有经济能力履行担保义务的独立第三方向出租人提供的担保余值为 0 元。

综上所述，租赁收款额=900 000+20 000=920 000（元）

第三步，确认租赁投资总额。

租赁投资总额=“应收融资租赁款——租赁收款额”=在融资租赁下出租人应收的租赁收款额+未担保余值=920 000+0=920 000（元）

第四步，确认租赁投资净额的金额和未实现融资收益。

租赁投资净额(考虑货币时间价值)=应收融资租赁款=等于租赁资产在租赁期开始日公允价值(700 000)+出租人发生的租赁初始直接费用(10 000)=710 000（元）

“应收融资租赁款——未实现融资收益”=租赁投资总额−租赁投资净额

=920 000−710 000=210 000（元）

第五步，计算租赁内含利率。

租赁内含利率是使租赁投资总额的现值（租赁投资净额）等于租赁资产在租赁开始日的公允价值与出租人的初始直接费用之和的利率，即 150 000×$(P/A,r,6)$+20 000×$(P/F,r,6)$=710 000。计算得到租赁内含利率为 7.82%。

第六步，2018 年 1 月 1 日，甲公司出租租赁资产初始业务及其资金运动分析。

“应收融资租赁款——租赁收款额”账户（借方）920 000 元；“应收融资租赁款——未实现融资收益”账户（贷方）210 000 元；租赁资产公允价值 700 000 元，其中账面价值 600 000 元，初始直接费用 10 000 元。

借：应收融资租赁款——租赁收款额	920 000	
贷：银行存款		10 000
融资租赁资产		600 000
资产处置损益		100 000
应收融资租赁款——未实现融资收益		210 000

第七步，甲出租人在出租期内确认与计量租赁期内各期间的利息收入，并收到各期的租赁费（见表 5-9）。

表 5-9　未实现融资收益分期摊销表　　单位：元

年度	期初应收租金 A	租金收入 B＝A×7.82%	未实现融资收益	现金总流入 C	应收租金收现 D＝C－B	期末应收租金 E＝A－D
出租日	710 000		210 000	—	—	—
第 1 年	710 000	55 522	154 478	150 000	94 478	615 522
第 2 年	615 522	48 134	106 344	150 000	101 866	513 656
第 3 年	513 656	40 168	66 176	150 000	109 832	403 824
第 4 年	403 824	31 579	34 597	150 000	118 421	285 403
第 5 年	285 403	22 319	12 278	150 000	127 681	157 722
第 6 年	157 722	12 278	0	150 000	137 722	20 000
总额	—	210 000	—	900 000	690 000	20 000

注：为避免小数点计算误差，最后一年租金收入是倒推出来的。

每年年末：

（1）甲公司收租金 15 万元及增值税销项税额 1.95 万元；

（2）甲公司分摊确认未实现融资收益，确认租金收入。

各年的会计处理如表 5-10 所示。

表 5-10　各年的会计处理

<table>
<tr><th>会计业务</th><th>会计分录</th><th>第 1 年</th><th>第 2 年</th><th>第 3 年</th><th>第 4 年</th><th>第 5 年</th><th>第 6 年</th></tr>
<tr><td rowspan="3">收到租金及增值税</td><td>借：银行存款</td><td colspan="6">169 500</td></tr>
<tr><td>贷：应交税费——应交增值税（销项税额）</td><td colspan="6">19 500</td></tr>
<tr><td>贷：应收融资租赁款——租赁收款额</td><td colspan="6">150 000</td></tr>
<tr><td rowspan="2">确认租金收入</td><td>借：应收融资租赁款——未实现融资收益</td><td rowspan="2">55 522</td><td rowspan="2">48 134</td><td rowspan="2">40 168</td><td rowspan="2">31 579</td><td rowspan="2">22 319</td><td rowspan="2">12 278</td></tr>
<tr><td>贷：租赁收入</td></tr>
</table>

注：若各年发生金额相同，则合并单元格，并以同一个数字代表各年数字。

第八步，租赁期届满时，承租人行使购买权，行权价格为 20 000 元，不含增值税，增值税税率为 13%。出租人账务处理如下：

借：银行存款　　22 600

　贷：租赁收入　　20 000

　　　应交税费——应交增值税（销项税额）　　2 600

（三）融资租赁变更的会计处理

（1）同时符合下列条件的，出租人应当将该变更作为一项单独租赁进行会计处理：该变更通过增加一项或多项租赁资产的使用权而扩大了租赁范围或延长了租赁期限；增加的对价与租赁范围扩大部分或租赁期限延长部分的单独价格按该合同情况调整后的金额相当。

（2）如未作为一项单独租赁进行会计处理，且满足假如变更在租赁开始日生效，该租赁会被分类为经营租赁的，出租人应当自租赁变更生效日开始将其作为一项新租赁（经营租赁）进行会计处理，并以租赁变更生效日前的租赁投资净额作为经营租赁下租赁资产的账面价值。

［**例 5-17**］承租人就某套机器设备与出租人签订了一项为期 5 年的租赁，构成融资租赁。在第 2 年年初，承租人和出租人同意对原租赁进行修改，再增加 1 套机器设备用于租赁，租赁期也为 5 年。扩租的设备从第 2 年第 2 季度末时可供承租人使用。租赁总对价的增加额与新增的该套机器设备的当前出租市价扣减相关折扣后相当。其中，折扣反映了出租人节约的成本，即若将同样设备租赁给新租户出租人会发生的成本，如营销成本等。

此情况下，该变更通过增加一项租赁资产的使用权而扩大了租赁范围，增加的对价与租赁范围扩大部分的单独价格按该合同情况调整后的金额相当，应将该变更作为一项新的租赁进行处理。

［**例 5-18**］承租人就某套机器设备与出租人签订了一项为期 5 年的租赁，构成融资租赁。合同规定，每年年末承租人向出租人支付租金 10 000 元，租赁期开始日出租资产公允价值为 37 908 元。根据公式，10 000×($P/A,r,5$)= 37 908 元，计算得出租赁内含利率为 10%，租赁收款额为 50 000 元，未确认融资收益为 12 092 元。在第 2 年年初，承租人和出租人同意对原租赁进行修改，缩短租赁期限到第 3 年年末，每年支付租金时点不变，年租金从 10 000 元变更为 11 500 元。假设本例中不涉及未担保余值、担保余值、终止租赁罚款等。该变更导致租赁类型由融资租赁改为经营租赁。

在出租日，出租资产（应收融资租赁款）公允价值为 37 908 元。其中，租赁收款额 50 000 元，未实现融资收益 12 092 元，折现率为 10%。

在变更日，应收融资租赁款的“应收融资租赁款——租赁收款额”账户（贷方）为 40 000 元，“应收融资租赁款——未实现融资收益”账户（借方）为 8 301 元（12 092-37 908×10%）。

借：固定资产	31 699	
应收融资租赁款——未实现融资收益	8 301	
贷：应收融资租赁款——租赁收款额		40 000

如变更未作为一项单独租赁处理，且满足假如变更在租赁开始日生效，该租赁会被分类为融资租赁的，出租人应当按照《企业会计准则第 22 号——金融工具确认和计量》关于修改或重新议定合同的规定进行会计处理。

未导致应收融资租赁款终止确认，但导致未来现金流量发生变化的，出租人应当重新计算该应收融资租赁款的账面余额，并将相关利得或损失计入当期损益。

出租人一般按原折现率或按照《企业会计准则第 24 号——套期会计》重新计算的折现率折现的现值确定。

对于修改或重新议定租赁合同所产生的所有成本和费用，企业应当调整修改后的应收融资租赁款的账面价值，并在修改后的应收融资租赁款的剩余期限内进行摊销。

［**例 5-19**］承租人就某套机器设备与出租人签订了一项为期 5 年的租赁合同，构成融资租赁。合同规定，每年年末承租人向出租人支付租金 10 000 元，租赁期开

始日租赁资产公允价值为 37 908 元，租赁内含利率 10%。在第 2 年年初，承租人和出租人因为设备适用性等原因同意对原租赁进行修改，从第 2 年开始，每年支付租金额变为 9 500 元，租金总额从 40 000 元变更到 38 000 元。

变更生效日（第 2 年年初），新租赁投资净额为 30 114 元［9 500×(P/A,10%,4)］，原租赁投资净额账面余额 31 699 元［37 908-(10 000-37 908×10%)］，应收融资租赁款减少 1 585 元，其中“应收融资租赁款——租赁收款额”账户（贷方）减少 2 000 元，“应收融资租赁款——未实现融资收益”账户（借方）减少 415 元，计入当期损益。

借：租赁收入　　1 585

　　应收融资租赁款——未实现融资收益　　415

　贷：应收融资租赁款——租赁收款额　　2 000

三、出租人对经营租赁的会计处理

（一）租金

在租赁期内各个期间，出租人应采用直线法或其他系统合理的方法将经营租赁的租赁收款额确认为租金收入。如果其他系统合理的方法能够更好地反映因使用租赁资产所产生经济利益的消耗模式的，出租人应采用该方法。

（二）出租人对经营租赁提供激励措施

出租人提供免租期的，出租人应将租金总额在不扣除免租期的整个租赁期内，按直线法或其他合理的方法进行分配，免租期内应当确认租金收入。出租人承担了承租人某些费用的，应将该费用自租金收入总额中扣除，按扣除后的租金收入余额在租赁期内进行分配。

（三）初始直接费用

出租人应资本化至租赁标的资产的成本，在租赁期内按照与租金收入相同的确认基础分期计入当期损益。

（四）折旧和减值

对于经营租赁资产中的固定资产，出租人应采用类似资产的折旧政策计提折旧；对于其他固定资产，出租人应根据该资产适用的企业会计准则，采用系统合理的方法进行摊销。

出租人应当按照《企业会计准则第 8 号——资产减值》的规定，确定经营租赁资产是否发生减值，并对已识别的减值损失进行会计处理。

（五）可变租赁收款额

出租人取得的与经营租赁有关的可变租赁收款额，如果是与指数或比率挂钩的，应在租赁期开始日计入租赁收款额；除此之外，应当在实际发生时计入当期损益。

（六）经营租赁的变更

经营租赁发生变更的，出租人应自变更生效日开始，将其作为一项新的租赁进行会计处理；与变更前租赁有关的预收或应收租赁收款额视为新租赁的收款额。

［**例 5-20**］出租人经营租赁的会计处理。

甲公司于 2019 年 12 月 25 日与乙公司签订租赁合同，甲公司将数控机床出租给乙公司用于生产，租期 2 年，从 2020 年 1 月 1 日至 2021 年 12 月 31 日，每年租金

120 万元。甲公司在签订合同后已经收取乙公司支付的租金。假设不考虑相关税费，该设备每月应计提折旧额为 5 万元。

（1）2019 年 12 月，甲公司收到租金。

借：银行存款　　1 200 000

　贷：预收账款　　1 200 000

（2）2020 年每月甲公司将租金转收入和计提折旧。

借：预收账款　　100 000

　贷：其他业务收入　　100 000

借：其他业务成本　　50 000

　贷：累计折旧　　50 000

其他年度账务处理相同（略）。

第四节　特殊租赁业务的会计处理

一、转租赁

转租出租人对原租赁合同和转租赁合同分别根据承租人和出租人会计处理要求进行会计处理。承租人在对转租赁进行分类时，转租出租人应基于原租赁中产生的使用权资产，而不是租赁资产（如作为租赁对象的不动产或设备）进行分类。原租赁资产不归转租出租人所有，原租赁资产也未计入其资产负债表。因此，转租出租人应基于其控制的使用权资产进行会计处理。

原租赁为短期租赁，且转租出租人作为承租人已采用简化会计处理方法的，应将转租赁分类为经营租赁。

在转租的情况下，若转租的租赁内含利率无法确定，转租出租人可以采用原租赁的折现率（根据与转租有关的初始直接费用进行调整）计量转租投资净额。

［**例 5-21**］甲企业（原租赁承租人）与乙企业（原租赁出租人）就 5 000 平方米的办公场所签订了一项为期 5 年的租赁（原租赁）。在第 3 年年初，甲企业将该 5 000 平方米的办公场所转租给丙企业，期限为原租赁的剩余 3 年时间（转租赁）。假设不考虑初始直接费用。

甲企业应基于原租赁形成的使用权资产对转租赁进行分类。转租赁的期限覆盖了原租赁的所有剩余期限，综合考虑其他因素，甲企业判断其实质上转移了与该项使用权资产有关的几乎全部风险和报酬，甲企业将该项转租赁分类为融资租赁。

甲企业的会计处理如下：

（1）终止确认与原租赁相关且转给丙企业（转租承租人）的使用权资产，并确认转租赁投资净额。

（2）将使用权资产与转租赁投资净额之间的差额确认为损益。

（3）在资产负债表中保留原租赁的租赁负债，该负债代表应付原租赁出租人的租赁付款额。在转租期间，中间出租人既要确认转租赁的融资收益，也要确认原租赁的利息费用。

[例 5-22] 甲企业（原租赁承租人）与乙企业（原租赁出租人）就 5 000 平方米办公场所签订了一项为期 5 年的租赁（原租赁）。在原租赁的租赁期开始日，甲企业将该 5 000 平方米的办公场所转租给丙企业，期限为两年（转租赁）。

甲企业将该转租赁分类为经营租赁。签订转租赁合同时，中间出租人在其资产负债表中继续保留与原租赁相关的租赁负债和使用权资产。在转租期间，甲企业的会计处理如下：

（1）确认使用权资产的折旧费用和租赁负债的利息费用。

（2）确认转租赁的租赁收入。

二、生产商或经销商出租人的融资租赁会计处理

生产商或经销商通常为客户提供购买或租赁其产品或商品的选择。如果出租构成融资租赁，则该交易产生的损益应相当于按照考虑适用的交易量或商业折扣后的正常售价直接销售标的资产所产生的损益。

构成融资租赁的，生产商或经销商出租人在租赁期开始日应当按照租赁资产公允价值与租赁收款额按市场利率折现的现值两者孰低确认收入，并按照租赁资产账面价值扣除未担保余值的现值后的余额结转销售成本，收入和销售成本的差额作为销售损益。

由于取得融资租赁发生的成本主要与生产商或经销商赚取的销售利得相关，生产商或经销商出租人应当在租赁期开始日将其计入损益。与其他融资租赁出租人不同，生产商或经销商出租人取得融资租赁发生的成本不属于初始直接费用，不计入租赁投资净额。

[例 5-23] 甲公司是一家设备生产商，与乙公司（生产型企业）签订了一份租赁合同，向乙公司出租所生产的设备，合同主要条款如下：

（1）租赁资产：某设备。

（2）租赁期：2017 年 1 月 1 日至 2019 年 12 月 31 日，共 3 年。

（3）租金支付：自 2017 年起每年年末支付年租金 1 000 000 元。

（4）租赁合同规定的利率：5%（年利率），与市场利率相同。

（5）该设备 2017 年 1 月 1 日的公允价值为 2 700 000 元，账面价值为 2 000 000 元。

（6）甲公司取得该租赁发生的相关成本为 5 000 元。

（7）该设备于 2017 年 1 月 1 日交付乙公司，预计使用寿命为 8 年，无残值；租赁期届满时，乙公司可以 100 元购买该设备，预计租赁到期日该设备的公允价值不低于 1 500 000 元，乙公司对此金额提供担保；租赁期内该设备的保险、维修等费用均由乙公司自行承担。以上款项均不包含增值税，增值税税率为 13%。

（1）出租人出租日发生租赁业务的会计处理如下：

第一步，判断租赁类型。购买行权价远低于租赁到期日租赁资产公允价值，甲公司将该租赁认定为融资租赁。

第二步，根据孰低原则，确定收入金额。

应收融资租赁-租赁收款额＝租金×期数+购买价格

＝1 000 000×3+100＝3 000 100（元）

租赁收款额现值 $=1\ 000\ 000\times(P/A,5\%,3)+100\times(P/F,5\%,3)$

$=2\ 723\ 286$（元）

租赁资产的公允价值为 2 700 000 元。根据孰低原则，确认收入为 2 700 000 元。

“应收融资租赁款——未实现融资收益” =3 000 100−2 700 000=300 100（元）

“应收融资租赁款——租赁收款额”为 3 000 100 元。

租赁收入（主营业务收入）为 2 700 000 元。

借：应收融资租赁款——租赁收款额　　3 000 100

　贷：主营业务收入　　2 700 000

　　　应收融资租赁款——未实现融资收益　　300 100

第三步，计算租赁资产账面价值扣除未担保余值的现值后的余额，确定销售成本金额。

销售成本=账面价值−未担保余值的现值=2 000 000−0=2 000 000（元）

借：主营业务成本　　2 000 000

　贷：库存商品　　2 000 000

甲公司发生了 5 000 元相关支出，该支出类似于销售费用。

借：销售费用　　5 000

　贷：银行存款　　5 000

（2）计算租赁期内各期的租赁收入

根据孰低原则，甲公司在确定营业收入和租赁投资净额（应收融资租赁款）时，基于租赁资产的公允价值。因此，甲公司需要根据租赁收款额、未担保余值和租赁资产公允价值重新计算租赁内含利率。

$1\ 000\ 000\times(P/A,r,3)+100\times(P/F,r,3)=2\ 700\ 000$

$r=5.46\%$

甲公司需要按照 5.46%的折现率将未实现的融资收益 300 100 元分期确认为各期的租赁收入。应收融资租赁款为 270 万元，其中租赁收款额 300.01 万元，未实现融资收益为 30.01 万元。折现率为 5.46%。

未实现融资收益分期摊销表如表 5-11 所示。

表 5-11　未实现融资收益分期摊销表　　单位：元

年度	期初应收租金 A	租金收入 B=A×5.46%	未实现融资收益	现金总流入 C	应收租金收现 D=C−B	期末应收租金 E=A−D
出租日	2 700 000	—	300 100	—	—	—
第 1 年	2 700 000	147 436	152 664	1 000 000	852 564	1 847 436
第 2 年	1 847 436	100 881	51 783	1 000 000	899 119	948 317
第 3 年	948 317	51 783	0	1 000 000	948 217	100
	—	—	—	100	—	0
总额	—	300 100	—	3 000 100	2 700 000	

注：为避免小数点计算误差，最后一年租金收入是倒推出来的。

各年的会计处理如表 5-12 所示。

表 5-12　各年的会计处理

会计业务	会计分录	第 1 年	第 2 年	第 3 年
收到租金及增值税	借：银行存款	1 130 000	1 130 000	113
	贷：应交税费——应交增值税（销项税额）	130 000	130 000	13
	贷：应收融资租赁款——租赁收款额	1 000 000	1 000 000	100
确认租金收入	借：应收融资租赁款——未实现融资收益	147 436	100 881	51 783
	贷：租赁收入	147 436	100 881	51 783

（3）每年年末，甲公司收租金 100 万元及增值税销项税额 13 万元；分摊确认未实现融资收益，确认租金收入。

［**例 5-24**］甲公司是一家设备生产商，与乙公司（生产型企业）签订了一份租赁合同，向乙公司出租所生产的设备，合同主要条款如下：

（1）租赁资产：某设备。

（2）租赁期：2013 年 1 月 1 日至 2019 年 12 月 31 日，共 7 年。

（3）租金支付：自 2013 年起每年年末支付年租金 475 000 元。

（4）租赁合同规定的利率：6%（年利率），与市场利率相同。

（5）该设备于 2013 年 1 月 1 日的公允价值为 2 700 000 元，账面价值为 2 000 000 元，甲公司认为租赁到期时该设备余值为 72 800 元，乙公司及其关联方未对余值提供担保。

（6）甲公司取得该租赁发生的相关成本为 5 000 元。

（7）该设备于 2013 年 1 月 1 日交付乙公司，预计使用寿命为 7 年；租赁期内该设备的保险、维修等费用均由乙公司自行承担。以上款项不含增值税，增值税税率为 13%。

（1）出租人在出租日发生租赁业务的会计处理如下：

第一步，判断租赁类型。租赁期与租赁资产预计使用寿命一致，另外租赁收款额的现值为 2 651 450 元（计算过程见后），约为租赁资产公允价值的 98%，认定为融资租赁。

第二步，计算租赁期开始日租赁收款额按市场利率折现的现值，确定收入金额。

应收融资租赁款-租赁收款额＝475 000×7＝3 325 000（元）

租赁收款额现值＝475 000×$(P/A,6\%,7)$＝475 000×5. 582＝2 651 450（元）

按照租赁资产公允价值（2 700 000 元），根据孰低原则，确认收入为 2 651 450 元。

未实现融资收益为 673 350 元（3 325 000−2 651 450）。

“应收融资租赁款——租赁收款额”为 3 325 000 元。

租赁收入（主营业务收入）为 2 651 450 元。

“应收融资租赁款——未实现融资收益”为 673 350 元。

借：应收融资租赁款——租赁收款额　　3 325 000
　贷：主营业务收入　　2 651 450
　　　应收融资租赁款——未实现融资收益　　673 350

第三步，确认销售成本。

“应收融资租赁款——未担保余值”为 72 800 元。

未担保余值的现值＝72 800×$(P/F,6\%,7)$＝48 419（元）

“应收融资租赁款——未实现融资收益”为 24 381 元。

销售成本＝账面价值－未担保余值的现值＝2 000 000－48 419＝1 951 581（元）

借：主营业务成本　1 951 581

　　应收融资租赁款——未担保余值　72 800

　贷：库存商品　2 000 000

　　　应收融资租赁款——未实现融资收益　24 381

甲公司发生了 5 000 元相关支出，该支出类似于销售费用。

借：销售费用　5 000

　贷：银行存款　5 000

（2）计算租赁期内各期的租赁收入

应收融资租赁款＝2 651 450+48 419＝2 699 869（元）

未实现融资收益＝673 550+24 381＝697 931（元）

折现率为 6%。

未实现融资收益分期摊销表如表 5-13 所示。

表 5-13　未实现融资收益分期摊销表　单位：元

年度	期初应收租金 A	租金收入 B＝A×6%	未实现融资收益	现金总流入 C	应收租金收现 D＝C－B	期末应收租金 E＝A－D
出租日	2 699 869	—	697 931	—	—	—
第 1 年	2 699 869	161 992	535 939	475 000	313 008	2 386 861
第 2 年	2 386 861	143 212	392 727	475 000	331 788	2 055 073
第 3 年	2 055 073	123 304	269 423	475 000	351 696	1 703 377
第 4 年	1 703 377	102 203	167 220	475 000	372 797	1 330 580
第 5 年	1 330 580	79 835	87 385	475 000	395 165	935 415
第 6 年	935 415	56 125	31 260	475 000	418 875	516 540
第 7 年	516 540	31 260	0	475 000	443 740	72 800
	—	—	—	72 800	—	0
总额	—	697 931	—	3 397 800	2 699 869	—

注：为避免小数点计算误差，最后一年租金收入是倒推出来的。

各年的会计处理如表 5-14 所示。

表 5-14　各年的会计处理

会计业务	会计分录	第 1 年	第 2 年	第 3-7 年
收到租金及增值税	借：银行存款	536 750	536 750	536 750
	贷：应交税费——应交增值税（销项税额）	61 750	61 750	61 750
	贷：应收融资租赁款——租赁收款额	475 000	475 000	475 000
确认租金收入	借：应收融资租赁款——未实现融资收益	161 992	143 212	（略）
	贷：租赁收入	161 992	143 212	（略）

2019 年 12 月 31 日，甲公司到期收回该租赁资产。

借：融资租赁资产　　72 800

　贷：应收融资租赁款——未担保余值　　72 800

三、售后租回交易

售后租回交易是一种特殊形式的租赁业务，是指卖主（承租人）将资产出售后，又将该项资产从买主（出租人）租回，习惯上称之为“回租”。通过售后租回交易，资产的原所有者（承租人）在保留了对资产的占有权、使用权和控制权的前提下，将固定资本转化为货币资本，在出售时可以取得全部价款的现金，而租金是分期支付的，从而获得了所需的资金；而资产的新所有者（出租人）通过售后租回交易，找到了一个风险小、回报高的有保障的投资机会。

由于在售后租回交易中资产的售价和租金是相互关联的，是以一揽子方式谈判的，因此资产的出售和租回应视为一项交易。

承租人和出租人应当按照《企业会计准则第 14 号——收入》的规定，评估确定售后租回交易中的资产转让是否属于销售，并区别进行会计处理。

如果承租人在资产转移给出租人之前已经取得对标的资产的控制，则该交易属于售后租回交易。如果承租人未能取得的，即便承租人在资产转移给出租人之前先获得标的资产的法定所有权，该交易也不属于售后租回交易。

（一）售后租回交易中的资产转让属于销售

卖主（承租人）应当按原资产账面价值中与租回获得的使用权有关的部分，计量售后租回形成的使用权资产，并仅就转让至买主（出租人）的剩余权利确认相关利得或损失。

买主（出租人）根据其他适用的企业会计准则对资产购买进行会计处理，并根据企业会计准则对资产出租进行会计处理。

如果销售对价的公允价值与资产的公允价值不同，或者出租人未按市场价格收取租金，会计处理应进行以下调整：

（1）销售对价低于市场价格的，应作为预付租金进行会计处理。

（2）销售对价高于市场价格的，应作为买方兼出租人向卖方兼承租人提供的额外融资处理。

同时，承租人按照公允价值调整相关销售利得或损失，出租人按市场价格调整租金收入。

在进行上述调整时，企业应当按以下两者中较易确定者进行会计处理：

（1）销售对价的公允价值与资产的公允价值的差异。

（2）合同付款额的现值与按市场租金计算的付款额的现值的差异。

（二）售后租回交易中的资产转让不属于销售

卖主（承租人）不终止确认所转让的资产，应当将收到的货币资金作为金融负债的对价，并按照《企业会计准则第 22 号——金融工具确认和计量》进行会计处理。

买主（出租人）不确认被转让资产，应当将支付的货币资金作为获得的金融资产对价，并按照《企业会计准则第 22 号——金融工具确认和计量》进行会计处理。

［例 5-25］甲公司（卖方兼承租人）以银行存款 2 400 万元的价格向乙公司（买方兼出租人）出售一栋建筑物，交易前该建筑物的账面原值是 2 400 万元，累计折旧是 400 万元。与此同时，甲公司与乙公司签订了合同，取得了该建筑物 18 年的使用权（全部剩余使用年限为 40 年），年租金为 200 万元，于每年年末支付，租赁期满时，甲公司将以 100 元购买该建筑物。根据交易的条款和条件，甲公司转让建筑物不满足销售成立的条件。以上款项不含增值税，销售和购买不动产增值税税率为 13%，不动产出租增值税税率为 9%。该建筑物在销售当日的公允价值为 3 600 万元。

由于甲公司会行使购买权，意味着该资产风险与报酬没有转移。在租赁期开始日，甲公司将所收到的款项作为“长期应付款”处理。在租赁期开始日，乙公司将所付出的款项作为“长期应收款”处理。

［例 5-26］甲公司卖主（承租人）以银行存款 4 000 万元的价格向乙公司买主（出租人）出售一栋建筑物，交易前该建筑物的账面原值为 2 400 万元，累计折旧 400 万元。与此同时，甲公司与乙公司签订了合同，取得了该建筑物 18 年的使用权（全部剩余使用年限为 40 年），年租金为 240 万元，于每年年末支付。根据交易的条款和条件，甲公司转让建筑物符合《企业会计准则第 14 号——收入》中关于销售成立的条件。假设不考虑初始费用，该建筑物在销售当日的公允价值为 3 600 万元。以上款项均不包含增值税，销售和购建不动产增值税税率为 13%，不动产出租增值税税率为 9%。甲、乙公司均确定租赁内含年利率为 4. 5%。

甲公司业务处理如下：

（1）在租赁期开始日，甲公司对该交易的会计处理如下：

①超额售价的确定。

销售对价为 4 000 万元。

该资产的公允价值为 3 600 万元。

超额售价 400 万元确认为乙公司向甲公司提供的额外贷款。

②确认资产出售收益。

该资产公允价值为 3 600 万元。

其账面价值为 2 400-400=2 000 万元。

资产处置损益=3 600-2 000=1 600 万元。

超额售价 400 万元确认为额外贷款。

确认资产出售收益如下：原值 2 400 万元，折旧 400 万元，公允价值 3 600 万元（不含增值税，增值税税率为 13%），处置收益 1 600 万元。

超额售价的会计处理如下：

借：银行存款	4 000 000	
贷：长期应付款		4 000 000

资产出售收益的会计处理如下：

借：银行存款	40 680 000	
累计折旧	4 000 000	
贷：固定资产		24 000 000
资产处置损益		16 000 000
应交税费——应交增值税（销项税额）		4 680 000

③确认租赁负债和使用权资产。

年付款额现值＝2 400 000×(P/A,4.5%,18)＝29 183 980 元。其中，4 000 000 元与额外融资相关，剩下的 25 183 980 元即为租赁付款额现值（租赁负债和使用权资产金额）。

年付款额 240 万元中，额外融资年付款额＝2 400 000×(4 000 000÷29 183 980)≈328 948（元）。

租赁相关年付款额＝2 400 000－328 948＝2 071 052（元）

总的“租赁负债——租赁付款额”＝2 071 052×18＝37 278 936（元）

总的“租赁负债——未确认融资费用”＝37 278 936－25 183 980＝12 094 956（元）

租赁付款额现值（租赁负债和使用权资产）为 25 183 980 元。

“租赁负债——租赁付款额”为 37 278 936 元。

“租赁负债——未确认融资费用”为 12 094 956 元。

借：使用权资产　　25 183 980

　　租赁负债——未确认融资费用　　12 094 956

　贷：租赁负债——租赁付款额　　37 278 936

④冲销未实现的资产处置损益，调整使用权资产账面价值。

由于是售后回购，使用权资产对应的原固定资产部分使用权的控制权一直掌握在甲公司手中。因此甲公司不应该确认其对应部分的资产处置损益，应将原确认的这部分资产处置损益予以冲销。

计算该部分与转让至乙公司的权利相关的利得如下：

与该建筑物使用权相关利得＝16 000 000×(25 183 980÷36 000 000)

＝11 192 880（元）

该部分资产处置损益应予以冲销，将原确认的资产处置收益中的 11 192 880 元予以冲销，并同步冲销使用权资产。

借：资产处置损益　　11 192 880

　贷：使用权资产　　11 192 880

（2）甲公司每年年末确认租赁所产生的财务费用。

超额借款每期财务费用分期摊销情况如表 5-15 所示。

表 5-15　超额借款每期财务费用分期摊销情况　　单位：元

年度	长期应付款年初金额	本期财务费用	现金总流出	长期应付款本金偿还额	长期应付款年末余额
—	①	②＝①×4.5%	③	④＝③－②	⑤＝①－④
第 1 年	4 000 000	180 000	328 948	148 948	3 851 052
第 2 年	3 851 052	173 297	328 948	155 651	3 695 401
第 3 年	3 695 401	166 293	328 948	162 655	3 532 746
第 4 年	3 532 746	158 974	328 948	169 974	3 362 772
第 5 年	3 362 772	151 325	328 948	177 623	3 185 149
第 6 年	3 185 149	143 332	328 948	185 616	2 999 533

表5-15(续)

年度	长期应付款年初金额	本期财务费用	现金总流出	长期应付款本金偿还额	长期应付款年末余额
第7年	2 999 533	134 979	328 948	193 969	2 805 564
第8年	2 805 564	126 250	328 948	202 698	2 602 866
第9年	2 602 866	117 129	328 948	211 819	2 391 047
第10年	2 391 047	107 597	328 948	221 351	2 169 696
第11年	2 169 696	97 636	328 948	231 312	1 938 384
第12年	1 938 384	87 227	328 948	241 721	1 696 663
第13年	1 696 663	76 350	328 948	252 598	1 444 065
第14年	1 444 065	64 963	328 948	263 965	1 180 100
第15年	1 180 100	53 105	328 948	275 843	904 257
第16年	904 257	40 692	328 948	288 256	616 001
第17年	616 001	27 720	328 948	301 228	314 773
第18年	314 773	14 175	328 948	314 773	0
总额	—	1 921 064	5 921 064	4 000 000	—

租金支出中未确认融资费用分期摊销情况如表5-16所示。

表5-16 租金支出中未确认融资费用分期摊销情况 单位：元

年度	租赁负债年初余额	本期财务费用	未确认融资费用	现金总流出	租赁负债本期付现	租赁负债年末余额
—	①	②=①×4.5%	③=③-②	④	⑤=④-②	⑥=①-⑤
承租日	25 183 980	—	12 094 956	—	—	—
第1年	25 183 980	1 133 279	10 961 677	2 071 052	937 773	24 246 207
第2年	24 246 207	1 091 079	9 870 598	2 071 052	979 973	23 266 234
第3年	23 266 234	1 046 991	8 823 617	2 071 052	1 024 071	22 242 163
第4年	22 242 163	1 000 997	7 822 720	2 071 052	1 070 155	21 172 008
第5年	21 172 008	952 740	6 869 980	2 071 052	1 118 312	20 053 696
第6年	20 053 696	902 416	5 967 564	2 071 052	1 168 636	1 8 885 060
第7年	18 885 060	849 828	5 117 736	2 071 052	1 221 224	17 663 836
第8年	17 663 836	794 873	4 322 863	2 071 052	1 276 179	16 387 657
第9年	16 387 657	737 445	3 585 418	2 071 052	1 333 607	15 054 050
第10年	15 054 050	677 432	2 907 996	2 071 052	1 393 620	13 660 430
第11年	13 660 430	614 719	2 293 267	2 071 052	1 456 333	12 204 097
第12年	12 204 097	549 184	1 744 083	2 071 052	1 521 868	10 682 229
第13年	10 682 229	480 700	1 263 383	2 071 052	1 590 352	9 091 877
第14年	9 091 877	409 134	854 249	2 071 052	1 661 918	7 429 959
第15年	7 429 959	334 348	519 901	2 071 052	1 736 704	5 693 255

表5-16(续)

年度	租赁负债年初余额	本期财务费用	未确认融资费用	现金总流出	租赁负债本期付现	租赁负债年末余额
第16年	5 693 255	256 196	263 705	2 071 052	1 814 856	3 878 399
第17年	3 878 399	174 528	89 177	2 071 052	1 896 524	1 981 875
第18年	1 981 875	89 177	0	2 071 052	1 981 875	0
总额	—	12 094 956	—	37 278 936	25 183 980	—

（3）甲公司第1年年末会计业务处理（其他各年略）如下：

①超额借款所应确认的利息费用为18万元。

②支付长期应付款及应付利息，共计328 948元。

借：财务费用　　180 000

　贷：应付利息　　180 000

借：应付利息　　180 000

　　长期应付款　　148 948

　贷：银行存款　　328 948

③确认租金中本期应承担的融资费用为1 133 279元。

借：财务费用　　1 133 279

　贷：租赁负债——未确认融资费用　　1 133 279

④支付租金2 071 052元及增值税186 395元。

借：租赁负债——租赁付款额　　2 071 052

　　应交税费——应交增值税（进项税额）　　186 395

　贷：银行存款　　2 257 447

乙公司业务处理如下：

（1）在租赁期开始日，综合考虑后，乙公司将该建筑物的租赁分类为经营租赁。买价为3 600万元，不含增值税，增值税税率为13%，提供额外支持400万元。

借：固定资产　　36 000 000

　　长期应收款　　4 000 000

　　应交税费——应交增值税（进项税额）　　4 680 000

　贷：银行存款　　44 680 000

（2）乙公司第1年年末会计业务处理（其他各年略）如下：

①超额借款的收回，本金收回148 948元，利息收入18万元。

借：银行存款　　328 948

　贷：财务费用　　180 000

　　　长期应收款　　148 948

②收到租金2 071 052元及增值税186 395元（适用的增值税税率为9%）。

借：银行存款　　2 257 447

　贷：租赁收入　　2 071 052

　　　应交税费——应交增值税（销项税额）　　186 395

第五节　租赁业务的会计信息列报

《企业会计准则第21号——租赁》分别对承租人和出租人提出了具体的信息列报要求。

一、表内列示

（1）承租人应当在资产负债表中单独列示使用权资产和租赁负债。其中，租赁负债通常分别按非流动负债和一年内到期的非流动负债列示。

（2）在利润表中，承租人应当分别列示租赁负债的利息费用与使用权资产的折旧费用。租赁负债的利息费用在财务费用项目列示。

（3）在现金流量表中，偿还租赁负债本金和利息所支付的现金应当计入筹资活动现金流出，支付的按简化处理的短期租赁付款额和低价值资产租赁付款额以及未纳入租赁负债计量的可变租赁付款额应当计入经营活动现金流出。

（4）出租人应当根据资产的性质，在资产负债表中列示经营租赁资产。

二、表外披露

（一）承租人应当在附注中披露与租赁有关的信息

（1）各类使用权资产的期初余额、本期增加额、期末余额以及累计折旧额和减值金额。

（2）租赁负债的利息费用。

（3）计入当期损益的按简化处理的短期租赁费用和低价值资产租赁费用。

（4）未纳入租赁负债计量的可变租赁付款额。

（5）转租使用权资产取得的收入。

（6）与租赁相关的总现金流出。

（7）售后租回交易产生的相关损益。

（8）其他按照《企业会计准则第37号——金融工具列报》应当披露的有关租赁负债的信息。

（9）承租人对短期租赁和低价值资产租赁进行简化处理的，应当披露这一事实。

（二）承租人应当根据理解财务报表的需要，披露有关租赁活动的其他定性和定量信息

（1）租赁活动的性质，如对租赁活动基本情况的描述。

（2）未纳入租赁负债计量的未来潜在现金流出。

（3）租赁导致的限制或承诺。

（4）售后租回交易除相关损益之外的其他信息。

（5）其他相关信息。

（三）出租人应当在附注中披露与融资租赁有关的信息

（1）销售损益、租赁投资净额的融资收益以及与未纳入租赁投资净额的可变租赁付款额相关的收入。

（2）资产负债表日后连续五个会计年度每年将收到的未折现租赁收款额以及剩余年度将收到的未折现租赁收款额总额。

（3）未折现租赁收款额与租赁投资净额的调节表。

（四）出租人应当在附注中披露与经营租赁有关的信息

（1）租赁收入，并单独披露与未计入租赁收款额的可变租赁付款额相关的收入。

（2）将经营租赁固定资产与出租人持有自用的固定资产分开，并按经营租赁固定资产的类别提供《企业会计准则第 4 号——固定资产》要求披露的信息。

（3）资产负债表日后连续五个会计年度每年将收到的未折现租赁收款额以及剩余年度将收到的未折现租赁收款额总额。

（五）出租人应当根据理解财务报表的需要，披露有关租赁活动的其他定性和定量信息

（1）租赁活动的性质，如对租赁活动基本情况的描述。

（2）对其在租赁资产中保留的权利进行风险管理的情况。

（3）其他相关信息。

□思考题

1. 何为租赁？租赁的基本分类有哪些？如何划分经营租赁与融资租赁？

2. 租赁的主要作用是什么？

3. 什么是租赁的分拆？如何进行分拆？不进行租赁分拆的条件是什么？如何进行不分拆业务的处理？

4. 何为租赁的合并？如何进行租赁合并的会计处理？

5. 承租人在租赁期开始日应当确认哪些内容？何为使用权资产？何为租赁期开始日？

6. 使用权资产应当如何进行初始计量？何为租赁激励？何为初始直接费用？

7. 何为已识别资产？何为主导已识别资产？

8. 何为租赁负债？如何进行租赁负债的初始计量？采用什么样的折现率？有什么样的可以选择方法？

9. 何为租赁付款额？其包含哪些内容？何为实质固定付款额？何为可变租赁付款额？

10. 何为担保余值？何为未担保余值？何为租赁内含利率？何为承租人增量借款利率？

11. 何为租赁变更？承租人如何进行会计处理？

12. 何为短期租赁？何为低价值资产租赁？企业应如何进行此两类业务的会计处理？

13. 从出租人的角度来看，何为融资租赁？融资租赁的确定条件有哪些？如何进行融资租赁的会计处理？对转租业务有何特殊要求？

14. 何为售后租回交易？简述在售后租回业务中承租人与出租人的会计处理方法。

15. 我国会计准则对租赁业务的会计信息列报有何特殊要求？承租人一方在财务报表附注中要列报哪些内容？出租人一方在财务报表附注中要列报哪些内容？

第六章
衍生金融工具会计

【学习目标】

通过本章的学习，学生应了解金融工具的概念及分类，了解衍生金融工具的会计处理原理，了解套期保值的会计处理方法，熟悉衍生金融工具披露的基本要求。

第一节　金融工具概述

一、金融工具的相关概念

（一）金融工具

金融工具（financial instruments）也称金融商品。

美国财务会计准则委员会（Financial Accounting Standards Board，FASB）于1991年12月发布的《第107号财务会计准则公告——金融工具公允价值的披露》（SFAS107）中指出，金融工具是指现金、一个实体的所有者权益凭证或一份同时具备以下特征的合约：对一个实体形成合约义务，向另一个实体交割现金或另一种金融工具，或者在潜在不利的条件下与另一个实体交换金融工具；赋予另一个实体合约权利，从前一个实体接受现金或另一种金融工具，或者在潜在有利的条件下与前一个实体交换金融工具。

国际会计准则理事会在2004年修订后的《国际会计准则第32号——金融工具：列报》中指出，金融工具是指形成一个企业的金融资产并形成另一个企业的金融负债或权益工具的合约。该准则指出：合约是指双方或多方之间的具有明确的经济结果的协议，该协议通常在法律上具有强制性。

我国《企业会计准则第22号——金融工具确认和计量》中，对金融工具的概念界定与国际会计准则基本一致。金融工具是指形成一个企业的金融资产，并形成其他单位的金融负债或权益工具的合同。

综上所述，可以看出，把握金融工具定义的关键，是从“合约”的角度正确理解金融资产、金融负债、权益工具的含义。“合约”的签订决定了签约者交易的法律性质，“合约”的各方也由此拥有相应的权利或承担相应的义务。

金融工具的概念里，还涉及三个关键词：金融资产、金融负债、权益工具。

（二）金融资产、金融负债和权益工具

1. 金融资产

金融资产是指企业持有的现金、其他方的权益工具以及符合下列条件之一的资产：

（1）从其他方收取现金或其他金融资产的合同权利。

（2）在潜在有利条件下，与其他方交换金融资产或金融负债的合同权利。

（3）将来须用或可用企业自身权益工具进行结算的非衍生工具合同，且企业根据该合同将收到可变数量的自身权益工具。

（4）将来须用或可用企业自身权益工具进行结算的衍生工具合同，但以固定数量的自身权益工具交换固定金额的现金或其他金融资产的衍生工具合同除外。

正确理解金融资产概念的关键之一是从“合约”的角度将金融资产与非金融资产予以区分。企业是否形成收取现金或其他金融资产（或者交换金融负债或权益工具）的合约权利，是判断金融资产与非金融资产的主要标准。

现金等货币资金是金融资产，因为其代表交换的媒介，并因此成为在财务报表中对所有交易进行计量和报告的基础。在银行或类似金融机构中的存款是金融资产，因为其代表了这样一种合同权利，即存款人有权从该机构中取得现金，或者根据其存款余额签发支票或类似工具付给债权人，以偿付金融负债。

代表在未来收取现金的合约权利的资产，如应收账款、应收票据等，也是金融资产。

债务工具的持有人以自身拥有的债务工具投资（债券投资）、权益工具的持有人以自身拥有的权益工具投资（股票投资）也属于金融资产。

存货、固定资产、租入资产和无形资产都不属于金融资产，因为控制这些有形和无形资产虽然能够创造产生现金或其他金融资产流入的机会，但并不引起收取现金或其他金融资产的现时权利。

预付费用不是金融资产，因为预付费用产生的未来经济利益是收取商品或服务而不是收取现金或另外一项金融资产的权利。

经营租赁作为一项未完成的合约，要求出租方在未来期间提供资产给承租方使用，出租方继续核算的是租赁资产本身而不是根据合同在未来应收取的租金，因此经营租赁不被视为金融工具。融资租赁被视为一项金融工具，因为出租方是以租赁合同下的应收金额而不是租赁资产本身来核算投资。相应地，融资租赁的出租方租赁合同下的长期应收款是金融资产，因为出租方租赁合同下连续收款的权利实质上与贷款协议下收取本息的权利是一样的。

正确理解金融资产概念的一个关键是明确广义金融资产概念与具体企业会计准则中对金融资产类别界定的关系。2017 年修订后的《企业会计准则第 22 号——金融工具确认和计量》中，将金融资产分为以下三类：以摊余成本计量的金融资产、以公允价值计量且其变动计入其他综合收益的金融资产和以公允价值计量且其变动计入当期损益的金融资产。结合金融资产概念和这一分类规范，我们可以梳理出财务会计教学体系中金融资产的组成内容，如图 6-1 所示。

- 广义金融资产
  - 货币资金
  - 《企业会计准则第 22 号——金融工具确认和计量》规范的金融资产
    - 以摊余成本计量的金融资产
    - 以公允价值计量且其变动计入其他综合收益的金融资产
    - 以公允价值计量且其变动计入当期损益的金融资产
  - 《企业会计准则第 2 号——长期股权投资》规范的股权投资
    - 对子公司的股权投资
    - 对合营企业的股权投资
    - 对联营企业的股权投资

图 6-1　金融资产的组成内容

2. 金融负债

金融负债是指企业的下列负债：

（1）向其他单位交付现金或其他金融资产的合同义务。

（2）在潜在不利条件下，与其他单位交换金融资产或金融负债的合同义务。

（3）将来须用或可用企业自身权益工具进行结算的非衍生工具合同义务，企业根据该合同将交付非固定数量的自身权益工具。

（4）将来须用或可用企业自身权益工具进行结算的衍生工具的合同义务，但企业以固定金额的现金或其他金融资产换取固定数量的自身权益工具的衍生工具合同义务除外。

与金融资产相类似，理解金融负债定义的关键之一是从“合约”的角度将金融负债与非金融负债予以区分。企业是否形成支付现金或其他金融资产、金融负债或自身权益工具的合同义务，是判断金融负债与非金融负债的标志。代表在未来交付现金的合同义务的金融负债，通常包括应付账款、应付票据、应付贷款以及应付债券等；融资租赁的承租方在租赁合同下的一系列应付金额，也构成一部分金融负债；因政府的法定要求而征收的所得税等非合同性的负债，不属于金融负债。

正确理解金融负债需要注意将金融负债与权益工具相区别。

3. 权益工具

权益工具指能证明拥有某个企业在扣除所有负债后的资产中剩余利益的合同。同时满足下列条件的，发行方应当将发行的金融工具分类为权益工具：

（1）该金融工具不包括交付现金或其他金融资产给其他方，或者在潜在不利条件下与其他方交换金融资产或金融负债的合同义务。

（2）将来须用或可用企业自身权益工具进行结算该金融工具的，如果该金融工具为非衍生工具，不包括交付可变数量的自身权益工具进行结算的合同义务；如果该金融工具为衍生工具，企业只能通过以固定金额的现金或其他金融资产换取固定数量的自身权益工具结算该金融工具。

权益工具的例子包括不可回售的普通股、优先股（不包括可赎回优先股）、企业发行的使持有者有权以固定价格购入固定数量该企业普通股的认股权证等。

与金融负债一样，为了正确理解权益工具，我们要注意将权益工具与金融负债相区别。

下面举一简单的例子说明金融工具合同涉及的金融资产、金融负债与权益工具。

[例 6-1] 区分金融资产、金融负债与权益工具。

甲企业鉴于战略调整与业务发展的需要，分别采取两种方式募集资金：一是发行普通股2 000万股，每股面值1元，每股发行价格5元；二是按面值发行3年期企业债券，面值1 500万元，票面利率5%。为简化起见，假定丙企业购入甲企业发行的股票之后能对甲企业施加重大影响，丙企业购入甲企业发行的债券并分类为以摊余成本计量的金融资产，相关费用略。

说明在此例中涉及的金融资产、金融负债和权益工具，并进行相应的账务处理。

对这两个金融工具合同涉及的金融工具要素进行比较。股票买卖交易的结果：乙企业购买股票确认股权投资会形成本企业的金融资产，甲企业发行股票需确认股本和股本溢价，形成本企业的权益工具。债券发行与购买的结果：在丙企业形成债权投资这一金融资产的同时，甲企业形成应付债券本息这一金融负债。

相关企业进行确认与计量的会计处理如下：

①甲企业发行股票。

借：银行存款　　100 000 000

　贷：股本　　20 000 000

　　　资本公积——股本溢价　　80 000 000

②甲企业发行债券。

借：银行存款　　15 000 000

　贷：应付债券——面值　　15 000 000

③乙企业购入甲企业股票。

借：长期股权投资　　100 000 000

　贷：银行存款　　100 000 000

④丙企业购入甲企业债券。

借：债权投资　　15 000 000

　贷：银行存款　　15 000 000

二、金融工具的分类

服务于不同的分类目的，金融工具可以有不同的分类标准。按金融工具风险管理的需要，金融工具可分为高风险的金融工具、一般风险的金融工具和低风险的金融工具；按金融工具会计研究的需要，金融工具可按其发展顺序进行分类，分为基本金融工具和衍生金融工具两大类。

（一）基本金融工具

基本金融工具（primary financial instruments），即传统的金融工具，基本上已构成传统财务报表项目。基本金融工具的以下两个特点使其有别于衍生金融工具：

（1）基本金融工具的取得或发生通常伴随着资产的流入或流出。

（2）基本金融工具的价值取决于标的物本身的价值。

基本金融工具主要包括现金、存放于金融机构的款项等货币资金、普通股和优先股等股权证券、代表在未来期间收取金融资产的合同权利或支付金融资产的合同义务的债务投资、应付债券、应收账款、应收票据、其他应收款、应付账款、应付票据、其他应付款、存入保证金、存出保证金、客户贷款、客户存款等。

（二）衍生金融工具

衍生金融工具（derivative financial instruments）又称衍生金融产品、派生金融产品或衍生品等，是相对于基本金融工具而言的金融工具。

1. 衍生金融工具的概念界定

根据《企业会计准则第 22 号——金融工具确认和计量》的规定，衍生金融工具是指具有下列特征的金融工具或其他合同：

（1）其价值随特定利率、金融工具价格、商品价格、汇率、价格指数、费率指数、信用等级、信用指数或其他类似变量的变动而变动。

（2）不要求初始净投资，或者与对市场因素变化预期有类似反应的其他合同相比，要求较少的初始净投资。

（3）在未来某一日期结算。

［**例 6-2**］衍生金融工具的判断。

ABC 公司与 XYZ 公司签订了一项按 1 亿元名义本金确定的利率互换合同，该合同要求 ABC 公司按 8%的固定利率向 XYZ 公司支付利息，XYZ 公司按 3 个月期的伦敦银行同业拆借利率（按季调整）的变动金额向 ABC 公司支付利息，双方并不交换名义本金。该合同是否属于衍生金融工具?

该合同属于衍生金融工具，因为合同价值随基础变量（伦敦银行同业拆借利率）的变动而变动，而且没有初始净投资，在未来某一日期结算。

［**例 6-3**］衍生金融工具的判断。

ABC 公司与 XYZ 公司签订了一项远期合约，约定 1 年后按每股 55 元的价格购入现行市价为每股 50 元的 T 股票 100 万股，ABC 公司在合同开始时按约定预付 5 000 万元。此项远期合约是否属于衍生金融工具?

该合约不属于衍生金融工具，因为合约开始时预付的 5 000 万元不符合衍生金融工具的特征。ABC 公司在合约开始时也可以按 50 元的价格购买 T 股票 100 万股。

2. 衍生金融工具的特点

与基本金融工具相比，衍生金融工具最主要的特点如下：

（1）衍生性。前已述及，衍生金融工具派生于基本金融工具，衍生金融工具的价值受特定利率、金融工具价格、商品价格、汇率、价格或利率指数、信用等级、信用指数或其他变量变动的影响。其之所以得以衍生，始于人们规避风险（套期保值）和投机（套利）的需求。

（2）杠杆性。衍生金融工具不要求初始净投资或要求很小的初始净投资，并往往采用净额结算。正是这种“以小博大”的杠杆效应，才能够满足人们规避风险（套期保值）和投机（套利）的需要。

衍生金融工具的衍生性、杠杆性，不仅直接说明了衍生金融工具的基本功用，也清楚地显示了衍生金融工具的创新性和高风险性。

3. 衍生金融工具的功用

衍生金融工具的功能主要是对冲风险。在满足人们规避投资与筹资活动中特定风险的同时，衍生金融工具也被一些试图冒险的牟利者用来进行投机。因此，衍生金融工具被广泛用于避险（套期保值）与投机套利。

衍生金融工具的作用主要表现在以下几个方面：

（1）满足了市场对规避风险和保值的要求。

（2）促进了基础金融工具的发展。

（3）拓宽了金融机构的业务。

（4）提高了金融体系的效率。

（5）降低了企业的筹资成本（如互换）。

（6）促进了金融市场的证券化。

4. 衍生金融工具的风险

根据 1994 年 7 月国际证券监管委员会（IOSCO）发布的《衍生工具管理指南》的规定，衍生金融工具的风险主要如下：

（1）信用风险（credit risk）。这是指交易双方可能由于各种原因无法履行合约而发生的损失（店头交易的客户信誉无法保证，发生风险的可能性比较大）。

（2）市场风险（market risk）。这是指市场价格不利的变化造成亏损的风险。对于期货和互换而言，市场风险是其价格基础或利率变动的风险；对于期权而言，市场风险还受基础价格波动幅度和期权行使期限的影响。所有衍生金融工具的市场风险均受市场流动性及全球和地方性的政治经济事件的影响。

（3）流动性风险（liquidity risk）。这是指市场业务量不足或无法获得市场价格而导致的无法平仓的风险以及资金流动风险（因流动资金不足出现合同到期时无法履行支付义务或在市场出现逆势时无法按要求追加保证金）。对于期货而言，流动性风险是指因缺乏对手公司不能实现平仓或不能以同等或接近市场价格平仓而变现的风险。

（4）作业风险（operation risk）。这是指因人为错误、沟通不良、缺乏了解、未经授权、管理不善、监督不周或系统故障招致损失的风险。

（5）法律风险（legal risk）。这是指因合约无法履行或条文不当而招致的风险。

（6）现金流量风险（cash flow risk）。这是指与货币性金融工具相关的未来现金流量金额波动的风险。

我国《企业会计准则第 37 号——金融工具列报》要求企业披露与各种金融工具风险相关的定性和定量信息，以便财务报表使用者评估报告期末金融工具产生的风险的性质和程度，更好地评价企业面临的风险敞口。该准则指出相关风险包括信用风险、流动性风险、市场风险等。

毫无疑问，金融工具尤其是衍生金融工具的各种风险带来的损失乃至金融灾难，使衍生金融工具的风险披露越来越成为重点信息需求；而金融工具乃至衍生金融工具会计信息呈报的需求，引发了国际会计界对金融工具会计的关注与研究，并带来金融工具会计的不断发展。

5. 衍生金融工具的种类

衍生金融工具包括的内容很多，从不同的角度可以进行不同的分类。衍生金融工具的常见分类如表 6-1 所示。

在表 6-1 中，第一种分类是基本分类方法，第四种分类是目前最常见的分类方法。

表 6-1　衍生金融工具的常见分类

分类标准	类别及主要内容	
	类别	主要内容
(1) 按衍生金融工具据以衍生的基本金融工具及应用领域不同划分	①股票衍生工具	股票期货 股票期权 股指期货 股指期权
	②外汇衍生工具	远期外汇合约 外汇期货 外汇期权 货币互换
	③利率衍生工具	远期利率协议 利率期货 利率期权 利率互换
(2) 按风险和收益的对称与否划分	①风险和收益对称式衍生工具（也称远期式衍生工具）	远期外汇合约、远期利率协议 } 远期合约 股票期货、股指期货、货币期货、利率期货 } 期货合约 货币互换、利率互换 } 互换合约
	②风险和收益不对称式衍生工具（也称期权式衍生工具）	股票期权、股指期权、货币期权、利率期权 } 期权合约 利率上限、利率下限、认股权证 } 期权的变形
(3) 按交易方式不同划分	①场内交易的衍生工具（也称交易所交易的衍生工具）	期货合约 部分标准化的期权合约
	②场外交易的衍生工具（也称柜台交易的衍生工具）	远期合约 互换合约 大部分期权合约
(4) 按交易方式和特点进行划分	①金融远期	远期外汇合约 远期利率协议
	②金融期货	货币期货 利率期货 股指期货
	③金融期权	股票期权 股指期权 货币期权 利率期权
	④金融互换	货币互换 利率互换

（1）金融远期。金融远期属于远期合约。远期合约（forward contract）是买卖双方现在约定的在未来的特定日期以约定价格交割特定数量标的物的合约。金融远期，是指合约双方现在约定的在未来的某一特定日期按照事先商定的价格和方式买卖约定数量的某种金融工具的合约。金融远期是衍生金融工具最基本的类别。作为衍生金融工具的早期形态，金融远期在 19 世纪 80 年代就已存在，虽然其风险较小，但其具有的非标准化、流通性差、多需进行实物交割等特点，使金融期货、金融期权和金融互换等金融远期的延伸和变形成为必然。金融远期主要包括远期外汇合约和远期利率协议等。

（2）金融期货。金融期货属于期货合约。期货（futures）合约是远期合约的标准化。期货合约与远期合约都是“先买卖，后交割”的合约，但是两者无论在合约形式、交易方式、交易的主要目的还是交易的标的物上，都有所不同。金融期货是指合约双方在有组织的交易所内，根据交易规则，通过公开竞价的方式达成的在未来特定时间交割特定数量的特定金融工具的标准合约。金融期货主要包括货币期货、利率期货以及股指期货等。

（3）金融期权。期权（option）又称选择权，是指持权人（买方）有权选择在未来是否买卖一定数量标的物的合约。金融期权是指合约双方达成的是否在约定日（或以前）按约定价格买卖特定数量的某种金融工具的合约。金融期权包括股票期权、股指期权、货币期权、利率期权。值得注意的是，金融期权除了上述几种常见类型之外，还包括一些与基本金融工具结合而成的新兴的金融工具，如可转换债券、认股权证等。

（4）金融互换。金融互换（financial swap）又称掉期，是指两个或两个以上的个体以特定方式在未来某一时段内交换一系列现金流的协议。就金融远期、金融期货、金融期权三种合约而言，如果未来标的物价格变化，交易双方必有一方获利而另一方发生损失，与此不同的是，金融互换通常有双赢甚至三赢的结果。金融互换主要有货币互换和利率互换。

综上所述，金融远期是衍生金融工具的最基本类别，金融互换可以看成金融远期的组合，金融期货标志着衍生金融工具的成型，金融期权则更加拓宽了衍生金融工具的应用领域。如果说金融远期是衍生金融工具的最早形态，那么金融期货、金融期权则标志着衍生金融工具的成熟和发展，而金融互换更成为衍生金融工具的新兴力量。如果说金融远期、金融期货、金融期权主要被用来规避风险和投机套利，那么金融互换则很少用于投机。如果说金融远期、金融期货、金融期权只导致单方获利，那么金融互换则将带来双赢。另外，必须看到，随着金融产品的不断创新，金融产品基本类别之间的组合又不断导致新衍生产品的开发。

第二节　金融工具会计的基本问题

一、基本业务确认与计量概要

（一）金融资产、金融负债确认与计量的基本处理要点

1. 初始确认与计量

根据金融工具会计准则，当企业成为金融工具合同的一方时，应当确认一项金融资产或金融负债。

企业初始确认金融资产或金融负债，应当按照公允价值计量，但支付的交易费用在不同类别的金融资产或金融负债中，处理方法有所不同。

表 6-2 归纳了金融资产、金融负债初始计量的原则性规定。

表 6-2　金融资产、金融负债初始计量的原则性规定

金融资产类别	金融负债类别	初始计量
以摊余成本计量的金融资产	以摊余成本计量的金融负债	公允价值+交易费用
以公允价值计量且其变动计入其他综合收益的金融资产		公允价值+交易费用
以公允价值计量且其变动计入当期损益的金融资产	以公允价值计量且其变动计入当期损益的金融负债	公允价值［交易费用计入当期损益（投资损益）］

2. 后续计量

金融资产、金融负债的后续计量主要涉及两个问题：一是区分以摊余成本还是以公允价值进行后续计量的问题；二是金融资产减值问题。

各类金融资产、金融负债在报告期末按摊余成本还是公允价值进行后续计量，取决于相关资产、负债的具体分类。表 6-3 是金融资产、金融负债后续计量的原则性规定。

表 6-3　金融资产、金融负债后续计量的原则性规定

<table>
<tr><th>金融资产类别</th><th>金融负债类别</th><th colspan="2">后续计量</th></tr>
<tr><td rowspan="2">以摊余成本计量的金融资产</td><td rowspan="2">以摊余成本计量的金融负债</td><td rowspan="2">摊余成本</td><td>金融资产的摊余成本=初始入账金额-已偿还本金±累计摊销额-累计计提的金融资产损失准备</td></tr>
<tr><td>金融负债的摊余成本=初始入账金额-已偿还本金±累计摊销额</td></tr>
<tr><td>以公允价值计量且其变动计入其他综合收益的金融资产</td><td></td><td>公允价值</td><td>公允价值变动计入其他综合收益</td></tr>
<tr><td>以公允价值计量且其变动计入当期损益的金融资产</td><td>以公允价值计量且其变动计入当期损益的金额负债</td><td>公允价值</td><td>公允价值变动计入当期损益（公允价值变动损益）</td></tr>
</table>

3. 金融资产的重分类

根据 2017 年修订后的《企业会计准则第 22 号——金融工具确认和计量》的规

定，企业只有在改变管理金融资产的业务模式时，才可以对金融资产进行重分类。企业管理金融资产的业务模式发生改变是比较罕见的情形。

金融资产重分类的会计处理原则是：自重分类日起采用未来适用法进行相关会计处理。这里的“重分类日”是指导致企业对金融资产重分类的业务模式发生变更后的首个报告期间的第一天。

金融资产重分类的会计处理，需要根据各类别金融资产的分类规范和未来适用法的原理，以下几点尤其值得注意：第一，不需要对以前已确认的利得、损失（包括减值损失或利得）以及利息进行追溯调整；第二，其他类别金融资产重分类为以公允价值计量且其变动计入当期损益的金融资产时，相关账务处理中可能需要确认重分类损益；第三，以公允价值计量且其变动计入当期损益的金融资产重分类为其他两类金融资产时，自重分类日起对该金融资产适用金融资产减值的相关规定；第四，以摊余成本计量的金融资产与以公允价值计量且其变动计入其他综合收益的金融资产两个类别之间重分类时，不影响其实际利率和预期信用损失的计量。

（二）金融资产减值的基本处理要点

根据《企业会计准则第 22 号——金融工具确认和计量》的规定，金融资产减值的确认与计量应采用预期信用损失模型计提减值准备。

1. 预期信用损失模型的适用范围

采用预期信用损失模型计提资产减值准备的资产包括分类为以摊余成本计量的金融资产、以公允价值计量且其变动计入其他综合收益的金融资产中的债务工具投资、租赁应收款、合同资产、符合条件的贷款承诺和财务担保合同等。

由此可见，以公允价值计量且其变动计入当期损益的金融资产和以公允价值计量且其变动计入其他综合收益的金融资产中的权益工具投资，不需要预先确认资产减值损失并计提资产减值准备。

2. 预期信用损失模型的基本原理

预期信用损失模型与已发生损失模型相比，提前计提金融资产减值损失。采用预期信用损失模型，企业应在资产负债表日对相关金融资产评估其信用风险自初始确认后是否显著增加，并按照下列三种情形分别计量其损失准备、确认预期信用损失及其变动：

情形一：如果该金融资产的信用风险自初始确认后并无显著增加，企业应当按照相当于该金融资产未来 12 个月内预期信用损失的金额，计量其损失准备，并按金融资产的账面余额与实际利率计算确定利息收入。

情形二：如果该金融资产的信用风险自初始确认后已显著增加，企业应当按照相当于该金融资产整个存续期内预期信用损失的金额，计量其损失准备，并按金融资产的账面余额与实际利率计算确定利息收入。

情形三：如果该金融资产已发生信用减值，企业应当按照相当于该金融资产整个存续期内预期信用损失的金额，计量其损失准备，但需要按金融资产的摊余成本与实际利率计算确定利息收入。

3. 预期信用损失模型下的几个相关概念

以上关于预期信用损失模型的基本原理中，涉及以下几个关键词：

（1）预期信用损失。预期信用损失是指以发生违约的风险为权重的金融工具信用损失的加权平均值。

（2）信用损失。信用损失是指企业按照原实际利率折现的、根据合同应收的所有合同现金流量与预期收取的所有现金流量之间的差额，即全部现金短缺的现值。

（3）未来 12 个月内预期信用损失。未来 12 个月内预期信用损失是指因资产负债表日后 2 个月内（若金融工具的预计存续期少于 12 个月，则为预计存续期）可能发生的金融工具违约事件而导致的预期信用损失，是整个存续期预期信用损失的一部分。

（4）整个存续期预期信用损失。整个存续期预期信用损失是指因金融工具整个存续期所有可能发生的违约事件而导致的预期信用损失。

（5）金融资产已发生信用减值的判断。金融资产已发生信用减值的证据包括如下可观察信息：

①发行方或债务人发生重大财务困难。

②债务人违反合同，如偿付利息或本金违约或逾期等。

③债权人出于与债务人财务困难有关的经济或合同考虑，给予债务人在任何其他情况下都不会做出的让步。

④债务人很可能破产或进行其他财务重组。

⑤发行方或债务人财务困难导致该金融资产的活跃市场消失。

⑥以大幅折扣购买或源生一项金融资产，该折扣反映了发生信用损失的事实。

4. 预期信用损失模型应用中的简化情形

对于不具有重大融资成分的应收账款，企业应当自始至终按照相当于整个存续期内预期信用损失的金额计量其损失准备。

对于购买或源生的已发生信用减值的金融资产，企业应当在资产负债表日仅将自初始确认后整个存续期内预期信用损失的累计变动确认为损失准备。

对于具有重大融资成分的应收账款、租赁应收款，企业可以做出按照相当于整个存续期内预期信用损失的金额计量损失准备的会计政策选择。

5. 金融资产减值的会计处理

企业对分类为以摊余成本计量的金融资产计提减值准备时，按应确认的预期信用损失金额，借记“信用减值损失”科目，贷记“坏账准备”“贷款减值准备”“债权投资减值准备”等相关资产的备抵科目。企业对分类为以公允价值计量且其变动计入其他综合收益的金融资产中的债务工具投资计提减值准备时，按应确认的预期信用损失金额，借记“信用减值损失”科目，贷记“其他综合收益”科目。根据预期信用损失的有利变动确认减值利得时，企业应做相反的会计处理。

［例 6-4］ 金融资产初始确认与计量、后续计量的会计处理。

甲公司于 2018 年 11 月 15 日购入 10 年期，利率为 5%（实际利率也是 5%），公允价值为 1 000 万元的公司债券。2018 年 12 月 31 日，由于市场利率变动，该债券公允价值跌至 950 万元，甲公司认为信用风险无显著增加，按 12 个月预期信用损失 30 万元计提减值准备。为简化起见，暂不考虑交易费用、利息收入确认等问题。

分别假定甲公司将该项投资分类为以摊余成本计量的金融资产和以公允价值计

量且其变动计入其他综合收益的金融资产，进行两种分类假设下甲公司的有关会计处理，并指出2018年报告期末该投资在资产负债表中的报告价值。

两种分类假设下甲公司有关会计处理如下：

（1）分类为以摊余成本计量的金融资产。

2018年11月15日，甲公司购入该债券。

借：债权投资　　10 000 000

　贷：银行存款等　　10 000 000

2018年12月31日，甲公司确认预期信用损失。

借：信用减值损失　　300 000

　贷：债权投资减值准备　　300 000

报告期末该投资在资产负债表中的报告价值=1 000-30=970（万元）

（2）分类为以公允价值计量且其变动计入其他综合收益的金融资产。

2018年11月15日，甲公司购入该债券。

借：其他债权投资　　10 000 000

　贷：银行存款等　　10 000 000

2018年12月31日，甲公司确认公允价值变。

借：其他综合收益　　500 000

　贷：其他债权投资　　500 000

2018年12月31日，甲公司确认预期信用损失时。

借：信用减值损失　　300 000

　贷：其他综合收益　　300 000

报告期末该投资在资产负债表中的报告价值=1 000-50=950（万元）

［**例6-5**］金融资产的重分类和减值的会计处理。

甲公司一项债权投资的有关资料如下：

（1）期初，甲公司以公允价值（账面价值）500 000元购入一项债券投资组合。

（2）后来，甲公司变更了债券管理模式，假定重分类日该债券组合的公允价值为490 000元。

（3）如果该组合在紧邻重分类日之前以摊余成本计量或以公允价值计量且其变动计入其他综合收益，重分类日已确认的减值损失为6 000元（反映了自初始确认后信用风险显著增加，因此以整个存续期预期信用损失计量）。

（4）重分类日，12个月预期信用损失为4 000元。

（5）为简化起见此处不列示确认利息收入的会计分录。

根据上述资料，分别对六种重分类情形进行有关账务处理。

各种重分类情形下的有关会计处理比较如表6-4所示。

表 6-4　各种重分类情形下的有关会计处理比较

重分类的情形	确认与计量的账务处理		
	初始投资时	后续计量时	重分类日
1. 从以摊余成本计量的金融资产重分类为以公允价值计量且其变动计入当期损益的金融资产	借：债权投资　500 000 　贷：银行存款　500 000	借：信用减值损失　6 000 　贷：债权投资减值准备　6 000	借：交易性金融资产　490 000 　　债权投资减值准备　6 000 　　投资收益　4 000① 　贷：债权投资　500 000
2. 从以公允价值计量且其变动计入当期损益的金融资产重分类为以摊余成本计量的金融资产	借：交易性金融资产　500 000 　贷：银行贷款　500 000	借：公允价值变动损益　10 000 　贷：交易性金融资产　10 000	借：债权投资　490 000 　贷：交易性金融资产　490 000 借：信用减值损失　4 000② 　贷：债权投资减值准备　4 000 借：投资收益　10 000 　贷：公允价值变动损益　10 000
3. 从以摊余成本计量的金融资产重分类为以公允价值计量且其变动计入其他综合收益的金融资产	借：债权投资　500 000 　贷：银行贷款　500 000	借：信用减值损失　6 000 　贷：债权投资减值准备　6 000	借：其他债权投资　490 000 　　债权投资减值准备　6 000 　　其他综合收益　4 000③ 　贷：债权投资　500 000
4. 从以公允价值计量且其变动计入其他综合收益的金融资产重分类为以摊余成本计量的金融资产	借：其他债权投资　500 000 　贷：银行存款　500 000	借：其他综合收益　10 000 　贷：其他债权投资　10 000 借：信用减值损失　6 000 　贷：其他综合收益　6 000	借：债权投资　500 000 　贷：其他债权投资　490 000 　　其他综合收益　4 000④ 　　债权投资减值准备　6 000
5. 从以公允价值计量且其变动计入当期损益的金融资产重分类为以公允价值计量且其变动计入其他综合收益的金融资产	借：交易性金融资产　500 000 　贷：银行存款　500 000	借：公允价值变动损益　10 000 　贷：交易性金融资产　10 000	借：其他债权投资　490 000 　贷：交易性金融资产　490 000 借：信用减值损失　4 000⑤ 　贷：其他综合收益　4 000 借：投资收益　10 000 　贷：公允价值变动损益　10 000
6. 从以公允价值计量且其变动计入其他综合收益的金融资产重分类为以公允价值计量且其变动计入当期损益的金融资产	借：其他债权投资　500 000 　贷：银行存款　500 000	借：其他综合收益　10 000 　贷：其他债权投资　10 000 借：信用减值损失　6 000 　贷：其他综合收益　6 000	借：交易性金融资产　490 000 　贷：其他债权投资　490 000 借：投资收益　4 000 　贷：其他综合收益　4 000⑥

注：①重分类损益。

②从重分类日起适用减值规范。

③4 000＝公允价值变动 10 000－累计减值 6 000。

④结转现有余额。

⑤从重分类日起适用减值规范。

⑥将其他综合收益现有余额予以结转并同时确认重分类损益。

（三）金融资产与金融负债的终止确认

金融资产、金融负债的终止确认是指将之前确认的金融资产、金融负债从资产负债表中予以转出。

1. 金融资产的终止确认

金融资产满足下列条件之一的，应当终止确认：

（1）收取该金融资产现金流量的合同权利终止。

（2）该金融资产已经转移，且符合《企业会计准则第 23 号——金融资产转移》规定的金融资产终止确认条件。

显而易见，终止确认金融资产的第一个条件比较好理解。企业收回应收账款、企业在到期日收回债权投资的本息和等事项，就属于“收取该金融资产现金流量的合同权利终止”的情形。

终止确认金融资产的第二个条件与金融资产转移有关。

［例 6-6］金融资产的终止确认。

甲企业有两张应收票据：一张是向乙企业销货收到的面值为 800 万元的不带息商业汇票，另一张是向丙企业销货收到的面值为 1 000 万元的不带息商业汇票。在票据到期日，甲企业收到乙企业支付的票款 800 万元。甲企业由于急于使用资金，于是将付款人为丙企业的票据办理贴现，贴现所得款为 990 万元。

如何根据这两笔业务理解金融资产终止确认的处理规范？

一方面，甲企业收到乙企业按期支付的票款时，进行如下会计处理：

借：银行存款　　8 000 000

　贷：应收票据　　8 000 000

毫无疑问，贷记“应收票据”科目 800 万元的处理，就实现了对该笔金融资产的终止确认。

另一方面，甲企业在对于付款方为丙企业的应收票据进行贴现的相关会计处理过程中，借记“银行存款”科目 990 万元的同时，是否可以贷记“应收票据”科目还不确定。这就涉及在金融资产转移的情况下金融资产终止确认的条件问题。

2. 金融负债的终止确认

金融负债的终止确认的条件是当金融负债（或金融负债的一部分）消除时，即合同中规定的义务解除、取消或到期时。这里需要说明以下几个问题：

（1）企业将用于偿付金融负债的资产转入某个机构或设立信托，偿付债务的现时义务仍然存在，不应终止确认该金融负债，也不能终止确认转出的资产。

（2）金融负债的“以旧换新”。如果根据协议承担以新的金融负债替换现存的金融负债，新、旧负债的合同条款实质上不同，应当终止确认现存的金融负债，同时确认新的金融负债。类似地，对现存的全部金融负债或部分金融负债的条款的重大修改，也应作为现存的金融负债的消除和一项新的金融负债的确认。

（3）确认终止确认金融负债的损益。消除或转让的金融负债（全部或部分）的账面价值与所支付的对价（包括转让的非现金资产和承担的负债）之间的差额，应当计入损益。

（4）回购部分金融负债。回购部分金融负债时，企业应当在回购日按照继续确认部分和终止确认部分的相对公允价值，将该金融负债整体的账面价值进行分配。分配给终止确认部分的账面价值与支付的对价之间的差额，计入当期损益。

（四）权益工具确认与计量的基本规范

1. 发行权益工具

企业发行权益工具时，按所收到的对价扣除交易费用后，确认为股本（或实收资本）、股本溢价（或资本溢价）。

企业自身权益工具经初始确认后，不确认公允价值变动。

2. 回购、注销、出售权益工具

企业回购自身权益工具时，按支付的对价和交易费用，减少所有者权益。企业回购、出售或注销自身权益工具，均不应当确认利得或损失。企业回购的股份尚未注销或转让的，按库存股管理，库存股的计量采用成本法。

3. 对权益工具持有方的各种分配

对权益工具持有方的各种分配（股票股利除外），减少所有者权益。

上述内容的具体阐述和举例参见《中级财务会计》教材。

二、几个难点业务的确认与计量

（一）金融资产转移

1. 金融资产转移的含义

金融资产转移是指企业（转出方）将金融资产（或其现金流量）让与或交付给该金融资产发行方以外的另一方（转入方）。金融资产转移示意图如图 6-2 所示。

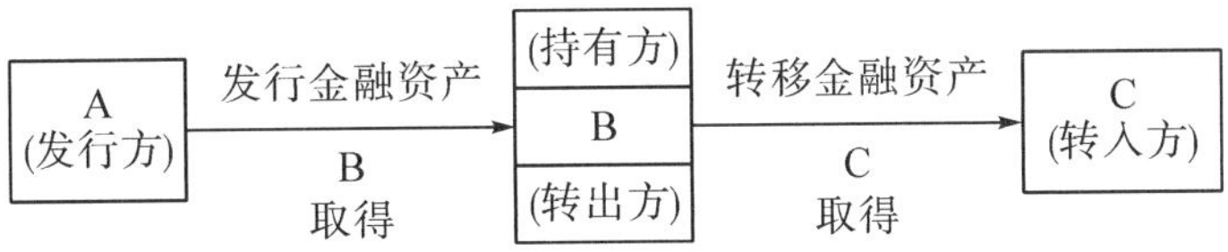

图 6-2　金融资产转移示意图

2. 金融资产转移的确认与计量原则

企业在发生金融资产转移时，应当评估其保留金融资产所有权上的风险与报酬的程度，并区分以下情形进行处理：

（1）终止确认。如果企业转让了金融资产所有权上的几乎所有风险和报酬，则企业就应终止确认该金融资产，并将在转让中产生或保留的权利和义务单独确认为资产或负债。

企业可以终止确认所转移的金融资产的情形主要如下：

①不附任何追索权方式出售金融资产。

②附回购协议的金融资产出售，回购价为回购时该金融资产的公允价值。

③附优先回购权的金融资产出售，回购价为回购时该金融资产的公允价值。

④附重大价外看跌期权的金融资产出售，持有该看跌期权的金融资产买方在期权到期时或到期前行权的可能性极小。

⑤附重大价外看涨期权的金融资产出售，持有该看涨期权的金融资产卖方在期权到期时或到期前行权的可能性极小等。

［**例 6-7**］符合终止确认条件的金融资产转移。

沿用［**例 6-6**］的资料，只是假设付款人为丙企业的票据属于无追索权的票据。

如何根据这笔贴现业务理解金融资产终止确认的处理规范？

在［**例 6-6**］中，甲企业将付款人为丙企业的应收票据贴现这一交易，就属于金融资产转移。在此项交易中，如果该票据属于无追索权的票据，则甲企业应于贴现时终止确认该应收票据。

借：银行存款	9 900 000	
财务费用	100 000	
贷：应收票据		10 000 000

（2）继续确认。如果企业保留了金融资产所有权上几乎所有的风险和报酬，则企业应当继续确认该金融资产。这种情形主要如下：

①采用附追索权方式出售金融资产。

②附回购协议的金融资产出售，回购价固定或是原售价加合理回报。

③附总回报互换的金融资产出售，该互换使市场风险又转回给了金融资产出售方。

④将信贷资产或应收款项整体出售，同时保证对金融资产购买方可能发生的信用损失等进行全额补偿。

⑤附重大价内看跌期权的金融资产出售，持有该看跌期权的金融资产买方很可能在期权到期时或到期前行权。

⑥附重大价内看涨期权的金融资产出售，持有该看涨期权的金融资产卖方很可能在期权到期时或到期前行权等。

对于不符合终止确认条件的金融资产转移，企业要继续确认所转移资产，同时将收到的转移对价确认为一项负债。该继续确认的资产与确认的相关金融负债不得互相抵销。随后各期间企业应继续确认该资产的收入和该负债的费用，所转移资产以摊余成本计量的，确认的相关负债不能指定为以公允价值计量且其变动计入当期损益的金融负债。

［**例 6-8**］不符合终止确认条件的金融资产转移。

沿用［**例 6-6**］的资料，假设付款人为丙企业的票据属于附追索权的票据。

如何根据这笔贴现业务理解金融资产的终止确认？

假定在［**例 6-6**］中所贴现票据属于有追索权的票据，则甲企业贴现时不能对其进行终止确认，因为一旦票据到期日贴现银行无法收到丙企业支付的票款，就需要向甲企业追回已贴现票款。因此，甲企业的相关会计处理如下：

①贴现时，甲企业不能对应收票据终止确认。

借：银行存款　　　　　　　　　　　　　　　　9 900 000
　　短期借款——利息调整　　　　　　　　　　　100 000
　贷：短期借款——本金　　　　　　　　　　　　10 000 000

②贴现息 100 000 元应在票据贴现期间采用实际利率法确认为利息费用。甲企业应借记“财务费用”科目，贷记“短期借款——利息调整”科目。

③票据到期时，如果丙企业支付到期票款，甲企业应对贴现票据进行终止确认。

借：短期借款——本金　　　　　　　　　　　　10 000 000
　贷：应收票据　　　　　　　　　　　　　　　　10 000 000

④票据到期时，如果丙企业没有及时支付到期票款，一方面，甲企业要退回已贴现票款。

借：短期借款——本金　　　　　　　　　　　　10 000 000
　贷：银行存款　　　　　　　　　　　　　　　　10 000 000

另一方面，甲企业要对到期应收票据予以终止确认。

借：应收账款　　　　　　　　　　　　　　　　10 000 000
　贷：应收票据　　　　　　　　　　　　　　　　10 000 000

［**例 6-9**］不符合终止确认条件的金融资产转移。

2018 年 4 月 1 日，甲公司将其持有的一笔国债出售给丙公司，售价为 200 000 元，年利率为 3.5%。同时，甲公司与丙公司签订了一项回购协议：3 个月后由甲公司将该笔债券按 201 750 元的价格回购。2018 年 7 月 1 日，甲公司购回该债券。假定实际利率与合同利率的差异较小。甲公司应怎样进行相关会计处理?

甲公司对这笔买断式回购卖出债券的有关会计处理如下:

① 4 月 1 日,甲公司出售金融资产。

借:银行存款 200 000

贷:卖出回购金融资产款 200 000

② 6 月 30 日,甲公司确认利息费用。

借:财务费用 1 750

贷:应付利息 1 750

③ 7 月 1 日,甲公司回购该债券。

借:卖出回购金融资产款 200 000

应付利息 1 750

贷:银行存款 201 750

(3)继续涉入。如果企业既没有转移也没有保留金融资产所有权上几乎所有风险和报酬,则企业应当判定其是否保留了对金融资产的控制。如果没有保留控制,企业应当终止确认金融资产,并将在转让中产生或保留的权利和义务单独确认为资产或负债。如果保留了控制,企业应当根据主体对该金融资产的继续涉入程度继续确认该金融资产。继续涉入所转移金融资产的程度是指该金融资产价值变动使企业面临的风险水平。

在继续涉入情况下如何对继续涉入资产和继续涉入负债进行确认与计量,是继续涉入的关键。其基本的会计处理原则是:在转移金融资产时,企业应根据继续涉入的程度,在充分反映保留的权利和承担的义务的基础上,确认有关金融资产,并相应确认有关负债。在后续计量时,企业应对继续涉入所形成的有关资产确认其产生的收益,对有关负债确认其产生的费用,继续涉入形成的有关资产和有关负债不得互相抵销。在部分继续涉入的情况下,企业要按转让日因继续涉入而继续确认部分和不再确认部分的相对公允价值,分配账面价值。

继续涉入的方式主要有:企业通过对被转移金融资产提供担保方式继续涉入;企业因持有看涨期权或签出看跌期权而继续涉入被转移金融资产;企业因持有看涨期权或签出看跌期权(或两者兼有,即上下限期权)而继续涉入被转移金融资产;企业采用基于被转移金融资产的现金结算期权或类似条款的形式继续涉入;等等。

企业会计准则为各种继续涉入方式下的继续涉入资产、继续涉入负债提供了具体的计量规范。以提供担保为例,根据企业会计准则的规定,企业通过对被转移金融资产提供担保方式继续涉入的,应当在转移日按照金融资产的账面价值和担保金额两者的较低者,继续确认被转移金融资产,同时按照担保金额和担保合同的公允价值(通常是提供担保收到的对价)之和确认相关负债。担保金额是指企业收到的对价中,可被要求偿还的最高金额。在后续会计期间,担保合同的初始确认金额应当随担保义务的履行进行摊销,计入当期损益。被转移金融资产发生减值的,计提的损失准备应从被转移金融资产的账面价值中抵减。

[**例 6-10**] 提供担保方式的继续涉入。

甲银行有一项可提前偿付的贷款组合,其票面利率和实际利率均为 10%,本金和摊余成本为 10 000 万元。甲银行与某受让方签署协议，将该组合贷款转移给该受让方，协议的主要条款如下：

（1）受让人支付 9 115 万元以取得收取 9 000 万元本金和按照 9.5%的利率计算的这部分本金的利息的权利，甲银行则保留了收取 1 000 万元本金加上按照 10%利率计算的这部分本金的利息以及剩余 9 000 万元本金的 0.5%的利率差价部分。

（2）收到的借款人提前支付款，按照 1∶9 的比例在甲银行和受让方之间进行分配，但是所有的拖欠要从主体保留的对 1 000 万元本金所拥有的权益中扣除，直到全部扣除完毕。假定交易日该贷款的公允价值为 10 100 万元，0.5%的利率差价的估计公允价值为 40 万元。甲银行应如何对该金融资产转移进行会计处理？

首先，判断是否应采用继续涉入法。在本例中，甲银行已经转移了相关金融资产（贷款组合）部分所有权上的重大风险与报酬（如重大的提前偿付风险），但是也保留了某些所有权上的重大风险与报酬（次级剩余权益的存在），并保留了控制，因此应该采用继续涉入法。

其次，进行有关计算。

①出让 90%份额贷款的损益。出让 90%和保留 10%贷款的价值分配如下：

	估计公允价值	百分比	账面价值分配
转让部分	9 090	90%	9 000
保留部分	1 010	10%	1 000
总计	10 100	100%	10 000

出让 90%份额所收对价 = 10 100×90% = 9 090（万元）

出让收益 = 9 090−9 000 = 90（万元）

②向受让人提供信用增级而收取的对价，包括两个部分：一部分是次级剩余权益向受让人提供信用增级收到的对价 25 万元（9 115−9 090）；另一部分是 0.5%的利率差价的公允价值 40 万元。因此，为提供信用增级已经收到的对价 25 万元和将收利息的现值 40 万元之和，构成为提供信用增级所获得的总对价 65 万元。

③继续涉入资产的计量。继续涉入资产的价值包括两个部分：一是为提供信用增级将获利息的现值 40 万元（以利率差价形式收取对价形成的资产）；二是剩余权益（为信用损失提供信用增级而予以次级化了的剩余权益）1 000 万元。因此，继续涉入资产的价值为 1 040 万元（40+1 000）。

④继续涉入负债的计量。继续涉入负债的价值也包括两个部分：上述 65 万元作为提供信用增级的对价，实际上也意味着甲银行有提供信用增级的义务；保留的 1 000 万元本金收款权也因需要先为受让方提供担保而使权益次级化，实际上也意味着有担保义务 1 000 万元。因此，继续涉入负债的金额是 1 065 万元（65+1 000）。

最后，根据上述分析，甲银行有关会计处理如下：

转移日。

①甲银行对 90%的贷款进行终止确认，并确认转让收益。

借：存放中央银行款	90 900 000	
贷：贷款		90 000 000
其他业务收入		900 000

②10%继续涉入。

借：存放中央银行款项　　250 000
　　继续涉入资产——超额账户　　400 000
　　　　　　　　——次级权益　　10 000 000
　贷：继续涉入负债　　10 650 000

如果将上述两项会计处理合并，则整合的会计处理如下：

借：存放中央银行款项　　91 150 000
　　继续涉入资产——次级权益　　10 000 000
　　　　　　　　——超额账户　　400 000
　贷：贷款　　90 000 000
　　　继续涉入负债　　10 650 000
　　　其他业务收入　　900 000

后续期间的相关会计处理。

①甲银行将信用增级的对价确认为各期收入（总额65万元，应分期确认）。

借：继续涉入负债　　650 000
　贷：其他业务收入　　650 000

②甲银行分期计提已确认资产利息。

借：贷款　　1 000 000
　贷：利息收入（1 000×10%）　　1 000 000

③甲银行分期确认超额利差的利息收入。

借：继续涉入资产　　50 000
　贷：利息收入（9 000×0.5%-40）　　50 000

④甲银行收回本息和。

借：存放中央银行款项　　11 000 000
　贷：贷款　　11 000 000

⑤甲银行结清继续涉入项目。

借：继续涉入负债　　10 000 000
　　存放中央银行款项（9 000×0.5%）　　450 000
　贷：继续涉入资产　　10 450 000

（二）金融负债与权益工具的划分

通常情况下，企业比较容易分辨所发行的金融工具是权益工具还是金融负债。例如，［**例6-1**］中甲企业发行股票确认的权益工具与发行债券确认的金融负债就是权益工具与金融负债最常见的例子。

值得注意的是，有些时候，金融负债与权益工具的区分也会遇到比较复杂的情况，这就需要根据金融工具的实质而不是其法定形式进行判断。也就是说，有些金融工具的法定形式表现为权益，但实质上却是负债（如可赎回优先股）；而有些金融工具则可能同时兼有权益工具和金融负债的特征（如可转换公司债券）。尤其是企业发行的、须用自身权益工具进行结算的金融工具，可能因为结算方式不同，导致金融负债与权益工具的确认结果不同。

金融负债与权益工具的关键区别在于合约义务的存在与否，即是否存在交付现金或其他金融资产的合约义务。如果对于金融工具的发行者来说，一项金融工具产生向金融工具的持有者交付另一项金融资产或在可能不利的条件下交换另一项金融工具的义务，则该项金融工具符合金融负债的定义。如果对于金融工具的发行者来说，一项金融工具不产生向金融工具的持有者交付另一项金融资产，或者在可能不利的条件下交换另一项金融工具的义务，则该项金融工具是权益工具。

具体来讲，区分金融负债与权益工具要注意以下几种情况：

（1）企业发行的、将来不以自身权益工具结算的金融工具，初始确认为权益工具，需满足下列条件之一：

①该金融工具没有包括交付现金或其他金融资产给其他单位的合同义务。

②该金融工具没有包括在潜在不利条件下与其他单位交换金融资产或金融负债的合同义务。

（2）企业发行的、将来须用或可用自身权益工具结算的金融工具，初始确认为权益工具，需满足下列条件之一：

①该金融工具是非衍生工具，且企业没有义务交付非固定数量的自身权益工具进行结算。

②该金融工具是衍生工具，且企业只有通过交付固定数量的自身权益工具换取固定数额现金或其他金融资产进行结算。

例如，企业出售股票的远期，采用“交付固定数量的自身股票换取固定金额的现金”结算方式的，确认为权益工具；采用“以现金净额结算”结算方式的，确认为金融负债。又如，企业签出的股票买入期权（看涨期权），采用“收取固定金额现金交付固定数量的自身股票”结算方式的，确认为权益工具；采用“以现金净额结算”结算方式的，确认为金融负债。再如，企业签出的股票卖出期权（看跌期权），采用“支付固定金额现金买入固定数量的自身股票”结算方式的，确认为权益工具；采用“以现金净额结算”或“以股票净额结算”结算方式的，确认为金融负债。

（3）交付现金、其他金融资产进行结算与否，取决于发行方和持有方均不能控制的未来不确定事项的发生与否的金融工具，初始确认为权益工具，需满足下列条件之一：

①可认定要求以现金、其他金融资产结算的或有结算条款相关的事项不会发生。

②只有在发行方发生企业清算的情况下才需要以现金、其他金融资产结算。

下面来看一组有关区分金融资产、金融负债、权益工具的例题。

［**例 6-11**］购入股票看涨期权——按现金净额结算。

2018 年 2 月 1 日，甲主体与乙主体签订一份欧式期权合同，该合同要求乙主体承担一项交付义务，同时赋予甲主体一项可在 2019 年 1 月 31 日以每股 102 元的价格购回本公司股票 1 000 股的权利。如果甲主体到期行权，该合同将以现金净额结算。有关甲主体股票市价及看涨期权公允价值资料见表 6-5。假定甲主体在行权日行使了该买权。甲主体应如何进行会计处理呢？

表 6-5 甲主体股票市价及看涨期权公允价值资料 单位：元

项目	2018 年 2 月 1 日	2018 年 12 月 31 日	2019 年 12 月 31 日
股票的每股价格	100	104	104
看涨期权的公允价值	5 000	3 000	2 000

①根据表 6-5 整理出甲主体持有的看涨期权公允价值资料如表 6-6 所示。

表 6-6 甲主体持有的看涨期权公允价值资料 单位：元

项目	2018 年 2 月 1 日	2018 年 12 月 31 日	2019 年 12 月 31 日
公允价值(1)	5 000	3 000	2 000
内在价值(2)=(市价-行权价)×1 000	0	2 000	2 000
时间价值(3)=(1)-(2)	5 000	1 000	0

合同签订日的数据表明，行权价 102 元超过了股票市价 100 元，因此没有内在价值，只有时间价值，该期权为价外期权。这时看来，甲主体行权并不经济。合同到期日，该看涨期权为价内期权，甲主体应该行权。

②从合同规定的结算方式来看，以现金净额结算，意味着结算时甲主体应向乙主体交付 102 000 元，乙主体则应向甲主体交付 104 000 元，因此甲主体按净额收取 2 000 元。换句话说，甲主体购入的期权合约令其具有将来按股票市价大于行权价之差计算的向乙主体收取现金净额的权利，因此应该确认金融资产。

根据上述资料和分析，甲主体按现金净额结算的股票看涨期权的会计处理如表 6-7 所示。

表 6-7 甲主体按现金净额结算的股票看涨期权的会计处理

日期	内容	账务处理
2018 年 2 月 1 日	确认按初始公允价值买入看涨期权	借：衍生工具——看涨期权资产 5 000 贷：银行存款 5 000
2018 年 12 月 31 日	确认看涨期权的公允价值变动损失	借：公允价值变动损益 2 000 贷：衍生工具——看涨期权资产 2 000
2019 年 12 月 31 日	确认看涨期权的公允价值变动损失	借：公允价值变动损益 1 000 贷：衍生工具——看涨期权资产 1 000
	以现金净额结算期权合同	借：银行存款 2 000 贷：衍生工具——看涨期权资产 2 000

[**例 6-12**] 购入股票看涨期权——按股票净额结算。

有关资料参照 [**例 6-11**]，结算方式改为按股票净额结算。甲主体应如何进行会计处理呢？

根据期权合同规定的结算方式，行权时乙主体有义务向甲主体交付价值为 104 000 元的甲主体股票，以换取价值为 102 000 元的甲主体股票。因此，乙主体向甲主体交付净额为 2 000 元的甲主体股票。对于甲主体来说，其相当于收回本公司的股票约 19.2 股（2 000÷104）。因此，甲主体的有关会计处理与表 6-7 基本相同，只是行权日结算合同的会计处理如下：

借：库存股（或股本）等权益类科目　　2 000
　贷：衍生工具——看涨期权资产　　2 000

［**例 6-13**］购入股票看涨期权——按实物总额结算。

有关资料仍参照［**例 6-11**］，结算方式改为按实物总额结算，即行权时甲主体将以支付固定金额的现金来收取固定数量的本公司股票的方式与乙主体结算期权合同。甲主体应如何进行会计处理呢？

根据金融资产的含义，金融资产中包括将来须用或可用企业自身权益工具进行结算的衍生金融工具合同权利，但企业以固定金额的现金或其他金融资产换取固定数量的自身权益工具合同权利除外。因此，甲主体签订的购入看涨期权合同，符合权益工具的定义，不能确认金融资产。

甲主体按实物总额结算的股票看涨期权的会计处理如表 6-8 所示。

表 6-8　甲主体按实物总额结算的股票看涨期权的会计处理

日期	内容	账务处理
2018 年 2 月 1 日	按初始公允价值确认买入看涨期权形成的权益工具	借：其他权益工具　5 000 　贷：银行存款　5 000
2018 年 12 月 31 日	权益工具确认后，不确认公允价值变动	
2019 年 1 月 31 日	以实物总额结算期权合同	借：库存股（或股本）等权益类科目　102 000 　贷：银行存款　102 000

［**例 6-14**］签出股票看涨期权——按现金净额结算。

2018 年 2 月 1 日，甲主体与乙主体签订了一份以现金净额结算的欧式期权合同，赋予乙主体一项以每股 102 元的行权价向甲主体收取 1 000 股甲主体普通股公允价值的权利，同时使甲主体承担一项支付的义务。甲主体股票市价及看涨期权公允价值资料见表 6-5。假定乙主体在行权日行使了该买权。甲主体应如何进行会计处理呢？

甲主体签出看涨期权，合同规定的结算方式是以现金净额结算，意味着如果乙主体在 2019 年 1 月 31 日行使这项权利，则甲主体有按行权日甲主体普通股的公允价值超过行权价之差计算的向乙主体交付现金的义务，因此应该确认为金融负债。根据上述资料和分析，甲主体按现金净额结算的股票看涨期权的会计处理如表 6-9 所示。

表 6-9　甲主体按现金净额结算的股票看涨期权的会计处理

日期	内容	账务处理
2018 年 2 月 1 日	确认按初始公允价值签出看涨期权	借：银行存款　5 000 　贷：衍生工具——看涨期权负债　5 000
2018 年 12 月 31 日	确认看涨期权的公允价值变动利得	借：衍生工具——看涨期权负债　2 000 　贷：公允价值变动损益　2 000
2019 年 1 月 31 日	确认看涨期权的公允价值变动利得	借：衍生工具——看涨期权负债　1 000 　贷：公允价值变动损益　1 000
	以现金净额结算期权合同	借：衍生工具——看涨期权负债　2 000 　贷：银行存款　2 000

［**例 6-15**］签出股票看涨期权——按实物总额结算。

有关资料参照［**例 6-14**］，结算方式改为按实物总额结算。假定乙主体在行权日行使了该买权。甲主体应怎样进行会计处理呢？

根据会计规范，企业承担的将以固定价格交付指定数量的企业自身股票的义务，不属于金融负债。实际上，该看涨期权将导致签出方在持权方行权时发行指定数量的股票以换取固定金额的现金。甲主体按实物总额结算的股票看涨期权的会计处理如表 6-10 所示。

表 6-10　甲主体按实物总额结算的股票看涨期权的会计处理

日期	内容	账务处理
2018 年 2 月 1 日	确认按初始公允价值签出看涨期权	借：银行存款　5 000 　贷：其他权益工具　5 000
2018 年 12 月 31 日	不确认权益工具的公允价值变动损益	
2019 年 1 月 31 日	记录期权合同的结算	借：银行存款　102 000 　贷：股本等有关科目　102 000

（三）嵌入衍生工具

1. 嵌入衍生工具的概念

嵌入衍生工具是指嵌入非衍生工具（主合同）中的衍生工具。嵌入衍生工具与主合同构成混合工具，使混合工具的全部或部分现金流量随特定利率、金融工具价格、商品价格、汇率、价格指数、费率指数、信用等级、信用指数或其他类似变量的变动而变动。

对嵌入衍生工具概念的理解，应该注意以下三个方面：

（1）关于主合同。主合同通常包括租赁合同、保险合同、服务合同、特许权合同、债务工具合同、合营合同等。嵌入衍生工具与主合同构成混合工具，如企业持有的可转换公司债券等。

（2）关于嵌入衍生工具的表现方式。在混合工具中，嵌入衍生工具通常以具体合同条款体现。例如，甲公司签订了按通胀率调整租金的 3 年期租赁合同。根据该合同，第 1 年的租金先约定，从第 2 年开始，租金按前 1 年的一般物价指数调整。在此例中，主合同是租赁合同，嵌入衍生工具体现为一般物价指数调整条款。除一般物价指数调整条款外，以下条款也可能体现嵌入衍生工具：在可转换公司债券中嵌入的股份转换选择权条款（对应可转换公司债券）、与权益工具挂钩的本金或利息支付条款、与商品或其他非金融项目挂钩的本金或利息支付条款、看涨期权条款、看跌期权条款、提前还款权条款、信用违约支付条款等。

（3）附在主合同上的衍生工具，如果可以与主合同分开并且能够单独转让，或者具有与该金融工具不同的交易对手方，则不能作为嵌入衍生工具，而应作为一项独立存在的衍生工具处理。例如，某贷款合同可能附有一项相关的利率互换条款。如该互换能够单独转让，那么该互换是一项独立存在的衍生工具，而不是嵌入衍生工具，即使该互换与主合同（贷款合同）的交易对手（借款人）是同一方也是如此。

2. 嵌入衍生工具的会计处理原则

（1）包含金融资产主合同的混合工具。如果混合工具包含的主合同属于《企业会计准则第 22 号——金融工具确认和计量》规范的金融资产的，企业不应将嵌入衍生工具从该混合工具中分拆出来，而应当将该混合工具作为一个整体，使用企业会计准则关于金融资产分类的相关规定进行相应的会计处理。

（2）其他混合工具——嵌入衍生工具应当分拆的。如果混合工具包含的主合同不属于《企业会计准则第 22 号——金融工具确认和计量》规范的金融资产，且同时符合下列规定条件的，企业应当将嵌入衍生工具从混合工具中予以分拆，作为单独存在的衍生工具进行会计处理。这些条件如下：

①嵌入衍生工具的经济特征和风险与主合同的经济特征和风险不紧密相关。

②与嵌入衍生工具具有相同条款的单独工具符合衍生工具的定义。

③该混合工具不是以公允价值计量且其变动计入当期损益进行会计处理。

嵌入衍生工具从混合工具中分拆的，一方面，企业应当按照适用的会计准则对混合工具的主合同进行会计处理；另一方面，企业对分拆出来的嵌入衍生工具要以公允价值进行初始计量，后续计量时将公允价值变动计入当期损益。在确定嵌入衍生工具的公允价值时，如果企业无法根据嵌入衍生工具的条款和条件可靠计量嵌入衍生工具的公允价值，应当根据混合工具公允价值和主合同公允价值两者之间的差额确定该嵌入衍生工具的公允价值。如果使用了上述方法后仍然无法单独计量该嵌入衍生工具在取得日或后续计量日的公允价值，企业应当将该混合工具整体指定为以公允价值计量且其变动计入当期损益的金融工具。

（3）其他混合工具——嵌入衍生工具不需要分拆的。如果混合工具包含一项或多项嵌入衍生工具，且主合同不属于《企业会计准则第 22 号——金融工具确认和计量》规范的金融资产的，企业可以将其整体指定为以公允价值计量且其变动计入当期损益的金融工具，但下列情形除外：

①嵌入衍生工具不会对混合工具的现金流量产生重大改变。

②在初次确定类似的混合工具是否需要分拆时，几乎不需要分析就能明确其包含的嵌入衍生工具不应分拆。例如，嵌入贷款的提前还款权，允许持有人以接近摊余成本的金额提前偿还贷款，该提前还款权不需要分拆。

综上所述，嵌入衍生工具可否从混合工具中分拆的基本判断思路如图 6-3 所示。

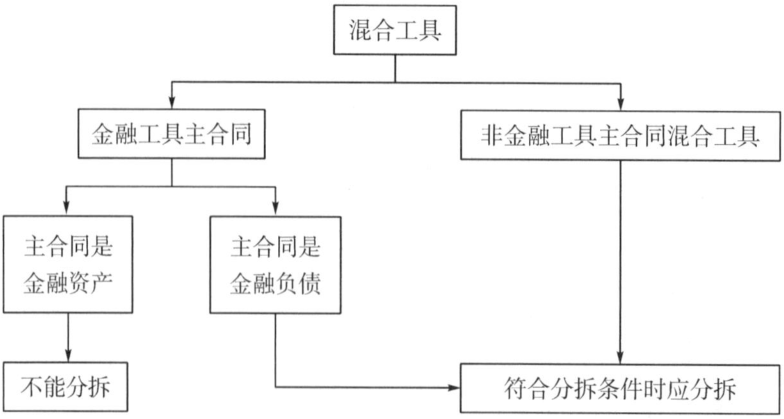

图 6-3　嵌入衍生工具可否从混合工具中分拆的基本判断思路

［**例 6-16**］嵌入衍生工具。

假定某企业在第 1 年年初按每份面值 1 000 元发行了 2 000 份可转换公司债券，期限为 3 年，年名义利率为 6%，每年年末支付利息。每份债券可在到期前的任何时间转换为 250 股普通股。该债券发行时不具备转换选择权的类似债券的市场利率为 9%。该企业将发行的该债券归类为以摊余成本计量的金融负债。该企业应如何进行会计处理呢?

首先，主合同不是《企业会计准则第 22 号——金融工具确认和计量》规范的金融资产，另假定符合分拆的其他条件。

其次，分拆的过程如下：

①本金的现值。按 9%的折现率计算的第 3 年年末应付 2 000 000 元的现值为 1 544 367 元。

②利息的现值。按 9%的折现率计算的第 3 年内每年应付 120 000 元的现值为 303 755 元。

③负债部分总额。面值的现值与利息的现值之和为 1 848 122 元。

④债券发行收入为 2 000 000 元。

⑤权益部分金额为 151 878 元（2 000 000-1 848 122）。

最后，初始确认的会计处理如下：

借：银行存款	2 000 000	
应付债券——利息调整	151 878	
贷：应付债券——面值		2 000 000
其他权益工具		151 878

第三节　衍生金融工具用于套期保值的会计处理

一、套期会计概述

（一）套期的概念

套期（hedge），原义是建立“防护墙”，有规避风险之意。根据《企业会计准则第 24 号——套期会计》的规定，套期是指企业为管理外汇风险、利率风险、价格风险、信用风险等特定风险引起的风险敞口，指定金融工具为套期工具，以使套期工具的公允价值或现金流量变动，预期抵销被套期项目全部或部分公允价值或现金流量变动的风险管理活动。

企业运用商品期货进行套期时，其套期保值策略通常是，买入（卖出）与现货市场数量相当，但交易方向相反的期货合同，以期在未来某一时间通过卖出（买入）期货合同来补偿现货市场价格变动带来的实际价格风险。

相对于非金融企业，金融企业面临较多的金融风险，如利率风险、外汇风险、信用风险等，对套期保值有更多的需求。例如，某上市银行为规避汇率变动风险，与某金融机构签订外币期权合同对现存数额较大的美元敞口进行套期保值。

（二）套期保值的分类

为运用套期会计方法，套期保值（以下简称套期）按套期关系（套期工具和被套期项目之间的关系）可划分为公允价值套期、现金流量套期和境外经营净投资套期。

1. 公允价值套期

公允价值套期是指对已确认资产或负债、尚未确认的确定承诺，或者该资产或负债、尚未确认的确定承诺中可辨认部分的公允价值变动风险进行的套期。该类价值变动源于某类特定风险，且将影响企业的损益。

以下是公允价值套期的例子：

（1）某企业对承担的固定利率负债的公允价值变动风险进行套期。

（2）航空公司签订了一项3个月后以固定外币金额购买飞机的合同（未确认的确定承诺），为规避外汇风险对该确定承诺的外汇风险进行套期。

（3）电力公司签订了一项6个月后以固定价格购买煤炭的合同（未确认的确定承诺），为规避价格变动风险对该确定承诺的价格变动风险进行套期。

2. 现金流量套期

现金流量套期是指对现金流量变动风险进行的套期。该类现金流量变动源于与已确认资产或负债、很可能发生的预期交易有关的某类特定风险，且将影响企业的损益。

以下是现金流量套期的例子：

（1）企业对承担的浮动利率债务的现金流量变动风险进行套期。

（2）航空公司为规避3个月后预期很可能发生的与购买飞机相关的现金流量变动风险进行套期。

（3）商业银行对3个月后预期很可能发生的与可供出售金融资产处置相关的现金流量变动风险进行套期。

对确定承诺的外汇风险进行的套期，企业可以作为现金流量套期或公允价值套期。

3. 境外经营净投资套期

境外经营净投资套期是指对境外经营净投资外汇风险进行的套期。境外经营净投资是指企业在境外经营净资产中的权益份额。

企业既无计划也无可能于可预见的未来会计期间结算的长期外币货币性应收项目（含贷款），应当视同境外经营净投资的组成部分。因销售商品或提供劳务等形成的期限较短的应收账款不构成境外经营净投资。

（三）套期工具和被套期项目

1. 套期工具

（1）可以作为套期工具的金融工具。套期工具是指企业为进行套期而指定的、其公允价值或现金流量变动预期可抵销被套期项目的公允价值或现金流量变动的衍生工具，对外汇风险进行套期还可以将非衍生金融资产或非衍生金融负债作为套期工具。

下列几个方面有助于理解套期工具：

①衍生工具通常可以作为套期工具。衍生工具包括远期合同、期货合同、互换和期权以及具有远期合同、期货合同、互换和期权中一种或一种以上特征的工具。例如，某企业为规避库存铜价格下跌的风险，可以卖出一定数量铜期货合同。其中，铜期货合同即是套期工具。

但是，某项衍生工具无法有效地对冲被套期项目风险的，不能作为套期工具。例如，企业发行的期权就不能作为套期工具，因为该期权的潜在损失可能大大超过被套期项目的潜在利得，从而不能有效地对冲被套期项目的风险。对于利率上下限期权，或者由一项发行的期权和一项购入的期权组成的期权，其实质相当于企业发行一项期权的（企业收取了净期权费），不能将其指定为套期工具。与此不同的是，购入期权的一方可能承担的损失最多就是期权费，而可能拥有的利得通常等于或大大超过被套期项目的潜在损失，因此购入期权的一方可以将购入的期权作为套期工具。

②非衍生金融资产或非衍生金融负债通常不能作为套期工具，但被套期风险为外汇风险时，某些非衍生金融资产或非衍生金融负债可以作为套期工具。例如，某种外币借款可以作为对同种外币结算的销售（确定）承诺的套期工具。又如，持有至到期投资可以作为规避外汇风险的套期工具。

③无论是衍生工具还是某些非衍生金融资产或非衍生金融负债，其作为套期工具的基本条件就是其公允价值应当能够可靠地计量。因此，在活跃市场上没有报价的权益工具投资以及与该权益工具挂钩并须通过交付该权益工具进行结算的衍生工具，由于其公允价值难以可靠地计量，不能作为套期工具。

企业自身的权益工具既非企业的金融资产也非金融负债，因此也不能作为套期工具。

④在运用套期会计方法时，只有涉及报告主体以外的主体的工具（含符合条件的衍生工具或非衍生金融资产或非衍生金融负债）才能作为套期工具。这里所指的报告主体，指企业集团或集团内的各企业，也指提供分部信息的各分部。因此，在分部或集团内各企业的财务报表中，只有涉及这些分部或企业以外的主体的工具及相关套期指定，才能在符合《企业会计准则第 24 号——套期会计》规定条件时运用套期会计方法，而在集团合并财务报表中，如果这些套期工具及相关套期指定并不涉及集团外的主体，则不能对其运用套期会计方法进行处理。

（2）对套期工具的指定。

①企业对套期工具进行计量时，通常以该工具整体为对象，采用单一的公允价值基础对其进行计量；同时，由于引起套期工具公允价值变动的因素具有相互关联性，因此企业应当将其整体或其一定比例（如其名义金额的 50%）指定为套期工具。

但是，由于期权的内在价值和远期合同的升水通常可以单独计量，为便于提高某些套期策略的有效性，《企业会计准则第 24 号——套期会计》允许企业在对套期工具进行指定时，就期权和远期合同做出例外处理，即对于期权，企业可以将期权的内在价值和时间价值分开，只就内在价值变动将期权指定为套期工具；对于远期合同，企业可以将远期合同的利息和即期价格分开，只就即期价格变动将远期合同指定为套期工具。

②企业通常可以将单项衍生工具指定为对一种风险进行套期，但同时满足下列条件的，也可以指定为对一种以上的风险进行套期：各项被套期风险可以清晰辨认；套期有效性可以证明；可以确保该衍生工具与不同风险头寸之间存在具体指定关系。

其中，套期有效性是指套期工具的公允价值或现金流量变动能够抵销被套期风险引起的被套期项目公允价值或现金流量变动的程度。

例如，甲企业的记账本位币是人民币，承担了一项5年期美元浮动利率负债。为规避该金融负债的外汇风险和利率风险，甲企业可以与某金融机构签订一项交叉货币利率互换合同，使该互换合同的条款与该金融负债的条款相“匹配”，并将该互换合同指定为套期工具。根据该互换合同，甲企业可以定期收取按美元浮动利率计算确定的利息，同时支付按人民币固定利率计算确定的利息。

③企业可以将两项或两项以上衍生工具的组合或该组合的一定比例指定为套期工具。对于外汇风险套期，企业可以将两项或两项以上非衍生工具的组合或该组合的一定比例，或者将衍生工具和非衍生工具的组合或该组合的一定比例指定为套期工具。

④企业虽然可以将整体套期工具的一定比例指定为套期工具，但不能在套期关系中将套期工具剩余期限内的某一时段进行套期指定。

例如，某公司拥有一项支付固定利息、收取浮动利息的互换合同，打算将其用于对所发行的浮动利率债券进行套期。该互换合同的剩余期限为10年，而债券的剩余期限为5年。在这种情况下，甲公司不能在互换合同剩余期限中的某5年将互换指定为套期工具。

2. 被套期项目

（1）可以作为被套期项目的项目。被套期项目是指使企业面临公允价值或现金流量变动风险，且被指定为被套期对象的下列项目：

①单项已确认资产、负债、确定承诺、很可能发生的预期交易，或者境外经营净投资。

②一组具有类似风险特征的已确认资产、负债、确定承诺、很可能发生的预期交易，或者境外经营净投资。

③分担同一被套期利率风险的金融资产或金融负债组合的一部分（仅适用于利率风险公允价值组合套期）。其中，确定承诺是指在未来某特定日期或期间，以约定价格交换特定数量资源、具有法律约束力的协议；预期交易是指尚未承诺但预期会发生的交易。

下列几个方面有助于理解被套期项目：

①被套期项目应当使企业面临公允价值或现金流量变动风险（被套期风险），在本期或未来期间会影响企业的损益。与之相关的被套期风险，通常包括外汇风险、利率风险、商品价格风险、股票价格风险、信用风险等。企业的一般经营风险（如固定资产毁损风险等）不能作为被套期风险，因为这些风险不能具体辨认和单独计量。同样地，企业合并交易中，与购买另一个企业的确定承诺相关的风险（不包括外汇风险）也不能作为被套期风险。

②衍生工具不能作为被套期项目，但对于外购的、嵌在另一项金融工具（主合同）中的期权，如果其与主合同存在紧密关系，且混合工具没有被指定为以公允价值计量且其变动计入当期损益的金融工具，则可以作为被套期项目。

③对于信用风险或外汇风险，企业可以将持有至到期投资作为被套期项目，而对于利率风险或提前还款风险，则不可以作为被套期项目。

④采用权益法核算的股权投资不能在公允价值套期中作为被套期项目，因为权益法下，投资方只是将其在联营企业或合营企业中的损益份额确认为当期损益，而不确认投资的公允价值变动。与之相类似，在母公司合并财务报表中，对子公司投资也不能作为被套期项目，但境外经营净投资可以作为被套期项目，因为相关的套期指定针对的是外汇风险，而非境外经营净投资的公允价值变动风险。

⑤只有涉及报告主体以外的主体的资产、负债、确定承诺或很可能发生的预期交易才能作为被套期项目。因此，企业集团内的各组成企业或分部之间发生的套期活动，只能在各组成企业的财务报表或分部的分部报告中运用套期会计方法，而不能在企业集团合并财务报表中对其予以反映。但是，发生在企业集团内两个组成企业或两个分部之间的外币交易形成的外币货币性项目（如外币应收款项），如果其外币汇兑损益不能相互抵销，则可以在企业集团合并财务报表中运用套期会计方法。例如，按照《企业会计准则第 19 号——外币折算》的规定，当企业集团内的两个关联企业采用不同的记账本位币时，它们之间形成的应收（应付）款项产生的外汇汇兑损益通常不能全额抵销。与之类似，企业集团内部两个关联企业之间很可能发生的预期交易，按照进行此项交易的主体的记账本位币以外的货币标价（按外币标价），且相关的外汇风险将影响合并利润或损失的，很可能发生的预期交易（外汇风险）可以在合并财务报表中作为被套期项目。

（2）对被套期项目的指定。

①将金融项目指定为被套期项目。对于金融资产或金融负债而言，将其指定为被套期项目具有较多选择。只要被套期风险可以辨认且套期有效性可以计量，仅与金融资产或金融负债现金流量或公允价值的一部分相关的风险，均可以作为被套期风险。相应地，相关金融资产或金融负债可以指定为被套期项目。例如，某附息金融资产或金融负债全部利率风险中的可辨认且可单独计量的部分（如无风险利率组成部分），就可以作为被套期风险，与之相关的金融资产和金融负债可以指定为被套期项目。

金融资产和金融负债现金流量的一部分指定为被套期项目时，被指定部分的现金流量应当少于该金融资产或金融负债现金流量总额。但是，企业可以仅就一项特定风险（LIBOR 变动形成的风险等），将金融资产或金融负债整体的所有现金流量进行指定。例如，假定企业有一项实际利率为 LIBOR-1%的附息金融负债，则其不能将债务本金和以 LIBOR 确定的利息指定为被套期项目，也不能将-1%指定为被套期项目，但企业可以就 LIBOR 变动引起的该金融负债整体（债务本金和以 LIBOR-1%确定的利息）公允价值或现金流量变动，将该金融负债整体指定为被套期项目。

在金融资产或金融负债组合利率风险的公允价值套期中（也仅限于这种套期），企业可以将某种货币金额（如人民币、美元或欧元金额）而不是单项资产或负债指定为被套期项目，并对与其相关的利率风险部分进行套期。在风险管理实务中，一项组合中可能既包括金融资产，也包括金融负债，但指定的货币金额应当是一项金融资产或负债金额。

②将非金融项目指定为被套期项目。在通常情况下，企业难以区分和计量与非金融项目特定风险（不包括外汇风险）相关的公允价值或现金流量变动。因此，企业在将非金融资产或非金融负债指定为被套期项目时，对应的被套期风险只限于与该非金融资产或非金融负债相关的全部风险或外汇风险。

例如，甲公司预期从乙公司购买一批轮胎。甲公司和乙公司的记账本位币分别为美元和人民币。由于轮胎是非金融项目，因此甲公司只能将与轮胎有关的所有风险或其中的外汇风险指定为被套期风险。

③将若干项目的组合指定为被套期项目。对具有类似风险特征的资产或负债组合进行套期时，该组合中的各单项资产或负债应当同时承担被套期风险，且该组合内各单项金融资产或单项金融负债由被套期风险引起的公允价值变动，应当预期与该组合由被套期风险引起的公允价值整体变动基本成比例。例如，当被套期组合因被套期险形成的公允价值变动为10%时，该组合中各单项金融资产或单项金融负债因被套期风险形成的公允价值变动应当限制在9%~11%较小的范围内。

套期有效性是通过比较套期工具（或一组类似的套期工具）和被套期项目（或一组类似的被套期项目）的公允价值或现金流量变动而确定的，因此在运用套期会计方法时，企业不能将金融资产和金融负债形成的净头寸指定为被套期项目。例如，企业不能将具有类似期限的固定利率金融资产和固定利率金融负债形成的净头寸指定为被套期项目。在这种情况下，企业往往可以通过其他办法达到几乎相同的规避风险效果。例如，某商业银行有承担类似风险与到期期限的金融资产和金融负债分别为1亿元与9 000万元，两者形成的净头寸为1 000万元。对此，该商业银行可以仅将金融资产总额中的1 000万元指定为被套期项目。如果相关的资产和负债是固定利率项目，对应的套期关系是公允价值套期；如果是浮动利率项目，对应的套期关系是现金流量套期。

（四）运用套期保值会计的条件

对于满足《企业会计准则第24号——套期会计》规定条件的公允价值套期、现金流量套期和境外经营净投资套期，企业可运用套期会计方法进行处理。套期会计方法是指企业将套期工具和被套期项目产生的利得或损失在相同会计期间计入当期损益（或其他综合收益）以反映风险管理活动影响的方法。

1. 运用套期保值会计方法应遵循的原则

公允价值套期、现金流量套期或境外经营净投资套期同时满足下列条件的，才能运用套期会计方法进行处理：

（1）套期关系仅由符合条件的套期工具和被套期项目组成。

（2）在套期开始时，企业正式指定了套期工具和被套期项目，并准备了关于套期关系和企业从事套期的风险管理策略与风险管理目标的书面文件。

（3）套期关系符合套期有效性要求。

套期关系是指套期工具和被套期项目之间的关系。只有当企业的风险管理策略将这两个要素有机地连接起来，才构成一项套期关系。

2. 套期有效性评价方法

套期有效性是指套期工具的公允价值或现金流量变动能够抵销被套期风险引起的被套期项目公允价值或现金流量变动的程度。套期工具的公允价值或现金流量变动大于或小于被套期项目的公允价值或现金流量变动的部分为套期无效部分。套期同时满足下列条件的，企业应当认定套期关系符合套期有效性要求：

（1）被套期项目和套期工具之间存在经济关系。该经济关系使得套期工具和被套期项目的价值因面临相同的被套期风险而发生方向相反的变动。

（2）被套期项目和套期工具经济关系产生的价值变动中，信用风险的影响不占主导地位。

（3）套期关系的套期比率应当等于企业实际套期的被套期项目数量与对其进行套期的套期工具实际数量之比，但不应当反映被套期项目和套期工具相对权重的失衡，这种失衡会导致套期无效，并可能产生与套期会计目标不一致的会计结果。

运用套期会计方法的条件实际上隐含了以下两项套期有效性评价要求：

（1）预期性评价，即评价套期在未来会计期间是否高度有效。这就要求企业在套期开始时以及至少在中期报告或年度财务报告日对套期有效性进行评价。

（2）回顾性评价，即评价套期在以往的会计期间实际上是否高度有效。这就要求企业至少在中期报告或年度财务报告日对套期有效性进行评价。

一般情况下，企业难以实现套期工具和被套期项目的公允价值或现金流量变动完全抵销，因此会出现无效套期的较小金额范围。无效套期的形成源于多方面的因素。这些因素通常包括：

（1）套期工具和被套期项目以不同的货币表示。

（2）套期工具和被套期项目有不同的到期期限。

（3）套期工具和被套期项目内含不同的利率或权益指数变量。

（4）套期工具和被套期项目使用不同市场的商品价格标价。

（5）套期工具和被套期项目对应不同的交易对手。

（6）套期工具在套期开始时的公允价值不等于零。

套期有效性评价方法应当与企业的风险管理策略相吻合，并在套期开始时就在风险管理有关的正式文件中详细加以说明。在这些正式文件中，企业应当就套期有效性评价的程序和方法、评价时是否包括套期工具的全部利得或损失、是否包括套期工具的时间价值等做出说明。

常见的套期有效性评价方法有三种：即主要条款比较法、比率分析法、回归分析法。

（1）主要条款比较法。主要条款比较法是通过比较套期工具和被套期项目的主要条款，以确定套期是否有效的方法。如果套期工具和被套期项目的所有主要条款均能准确地匹配，可认定因被套期风险引起的套期工具和被套期项目公允价值或现金流量变动可以相互抵销。套期工具和被套期项目的主要条款包括名义金额或本金、到期期限、内含变量、定价日期、商品数量、货币单位等。

企业在以利率互换对利率风险进行套期时，可以采用主要条款比较法。此外，企业以远期合同对很可能发生的预期商品购买进行套期保值，也可以采用主要条款比较法。例如，当以下全部条件同时符合时，企业可以认定该套期是高度有效的：

①远期合同与被套期的预期商品购买交易，在商品购买时间、地点、数量、质量等方面条款相同。

②远期合同初始确认时的公允价值为零。

③进行套期有效性评价时，不考虑远期合同溢价或折价变动对其价值的影响，或者预期商品购买交易的预计现金流量变动以商品的远期价格为基础确定。

值得注意的是，采用这种方法对套期有效性评价虽然不需要进行计算，但适用的情形往往有限，而且只能用于套期预期性评价。即使是套期工具和被套期项目的主要条款均能准确地匹配，企业依然需要进行套期的回顾性评价。因为在这种情况下，套期无效仍可能出现。例如，套期工具的流动性或其交易对手的信用等级发生变化时，通常会导致套期无效。

（2）比率分析法。比率分析法也称金额对冲法，是通过比较被套期风险引起的套期工具和被套期项目公允价值或现金流量变动比率，以确定套期是否有效的方法。运用比率分析法时，企业可以根据自身风险管理政策的特点进行选择，以累积变动数（自套期开始以来的累积变动数）为基础比较，或者以单个期间变动数为基础比较。如果上述比率没有超过80%~125%的范围，可以认定套期是高度有效的。

应当注意的是，以累积变动数和单个期间变动数分别作为比较基础，可能会得出不同结论。如果以单个期间变动数为基础，套期可能不是高度有效的，但若以累积变动数为基础，套期却可能是高度有效的。

（3）回归分析法。回归分析法是一种统计学方法，是在掌握一定量观察数据基础上，利用数理统计方法建立自变量和因变量之间回归关系函数的方法。将此方法运用到套期有效性评价中，需要研究分析套期工具和被套期项目价值变动之间是否具有高度相关性，进而判断确定套期是否有效。运用回归分析法，自变量反映被套期项目公允价值变动或预计未来现金流量现值变动，而因变量反映套期工具公允价值变动。相关回归模型如下：

$$y=kx+b+\varepsilon$$

其中：

y 表示因变量，即套期工具的公允价值变动。

k 表示回归直线的斜率，反映套期工具价值变动/被套期项目价值变动的比率。

b 表示 y 轴上的截距。

x 表示自变量，即被套期风险引起的被套期项目价值变动。

ε 表示均值为零的随机变量，服从正态分布。

企业运用线性回归分析确定套期有效性时，套期只有满足以下全部条件才能认为是高度有效的：

①回归直线的斜率必须为负数，且数值应在-0.8~-1.25。

②相关系数（$R2$）应大于或等于0.96，该系数表明套期工具价值变动由被套期项目价值变动影响的程度。当 $R2$=96%时，说明套期工具价值变动的96%是由于某特定风险引起被套期项目价值变动形成的。$R2$ 越大，表明回归模型对观察数据的拟

合越好，用回归模型进行预测效果也就越好。

③整个回归模型的统计有效性（F 测试）必须是显著的。F 值也称置信程度，表示自变量 x 与因变量 y 之间线性关系的强度。F 值越大，置信程度越高。

3. 套期关系再平衡

套期关系由于套期比率的原因而不再符合套期有效性要求，但指定该套期关系的风险管理目标没有改变的，企业应当进行套期关系再平衡。

套期关系再平衡是指对已经存在的套期关系中被套期项目或套期工具的数量进行调整，以使套期比率重新符合套期有效性要求。基于其他目的对被套期项目或套期工具指定的数量进行变动，不构成套期关系再平衡。

［**例 6-17**］甲公司于 2017 年 1 月 1 日预期将在 2018 年 1 月 1 日对外出售一批商品。为了规避商品价格下降的风险，甲公司于 2017 年 1 月 1 日与其他方签订了一项远期合同（套期工具）在 2018 年 1 月 1 日以预期相同的价格（作为远期价格）卖出相同数量的商品。合同签订日，该远期合同的公允价值为零。假定套期开始时，该现金流量套期高度有效。

甲公司每季度采用比率分析法对套期有效性进行评价。在套期期间，套期工具的公允价值及其变动、被套期项目的预计未来现金流量现值及其变动如表 6-11 至表 6-13 所示。

表 6-11　以单个期间为基础比较

项目	3 月 31 日	6 月 30 日	9 月 30 日	12 月 31 日
当季套期工具公允价值变动/万元	(100)	(50)	110	140
当季被套期项目预计未来现金流量现值变动/万元	90	70	(110)	(140)
当季套期有效程度/%	111	71.4	100	80
评价	80%～125%	非高度有效	80%～125%	

注：以单季度为基础比较，第 2 季度非高度有效；带括号的数据，表明是净减少额，下同。

表 6-12　以累积变动数为基础比较

项目	3 月 31 日	6 月 30 日	9 月 30 日	12 月 31 日
至本月止套期工具公允价值累积变动/万元	(100)	(150)	(40)	100
至本月止被套期项目预计未来现金流量现值累积变动/万元	90	160	50	(90)
至本月止累积套期有效程度/%	111	93.8	80	111
评价	80%～125%			

注：以累积数为基础比较，第 2 季度高度有效。

表 6-13　确定应计入所有者权益/当期损益的套期工具公允价值变动

项目	3 月 31 日	6 月 30 日	9 月 30 日	12 月 31 日
直接在所有者权益中反映的套期工具公允价值变动额/万元	(90)	(150)	(40)	90

表6-13(续)

项目	3月31日	6月30日	9月30日	12月31日
当季套期工具公允价值变动中的有效部分（计入所有者权益）/万元	(90)	(60)	110	130
当季套期工具公允价值变动中的无效部分（计入当期损益）/万元	(10)	10	0	10
当季套期工具公允价值变动/万元	(100)	(50)	110	140

4. 套期有效性评价应注意的问题

（1）对于利率风险，套期有效性可以通过编制金融资产和金融负债的到期期限表进行估计。该表反映了每一时期利率的净敞口，只要此净敞口与产生这种净敞口的特定资产或负债（或者特定资产组合、特定负债组合，或者其中的一部分）有关，套期的有效性就可以根据这些资产和负债来评价。

（2）在评价套期的有效性时，企业通常要考虑货币的时间价值。被套期项目的固定利率不需要与指定为公允价值套期的互换的固定利率完全吻合。带息资产或负债的浮动利率与指定为现金流量套期的互换的浮动利率亦无须相同。互换的公允价值来自其结算金额。如果互换的固定利率和浮动利率按同样的数额变动，则该变动对互换合约的金额结算不会产生影响。

（3）某企业不符合套期有效性标准时，该企业应该从符合套期有效性的最后日期开始停止运用套期会计。但是，如果企业能够识别引起套期关系不符合有效性标准的事件或环境变化，并且能证明在该事件或环境变化之前套期是有效的，企业应从该事件或环境变化之日起停止运用套期会计。

（五）套期关系的终止

企业发生下列情形之一的，应当终止运用套期会计：

（1）因风险管理目标发生变化，导致套期关系不再满足风险管理目标。

（2）套期工具已到期、被出售、合同终止或已行使。

（3）被套期项目与套期工具之间不再存在经济关系，或者被套期项目和套期工具经济关系产生的价值变动中，信用风险的影响开始占主导地位。

（4）套期关系不再满足运用套期会计方法的其他条件。在适用套期关系再平衡的情况下，企业应当首先考虑套期关系再平衡，然后评估套期关系是否满足运用套期会计方法的条件。

终止套期会计可能会影响套期关系的整体或其中一部分，在仅影响其中一部分时，剩余未受影响的部分仍适用套期会计。

二、套期保值的会计处理

（一）科目设置

企业应设置“套期工具”“被套期项目”和“套期损益”科目，对套期活动进行确认和计量。

“套期工具”科目核算企业开展套期保值业务（包括公允价值套期、现金流量套期和境外经营净投资套期）。套期工具公允价值变动形成的资产或负债，可按套期工具类别进行明细核算。其主要会计处理如下：

（1）企业将已确认的衍生工具等金融资产或金融负债指定为套期工具的，应按其账面价值，借记或贷记“套期工具”科目，贷记或借记“衍生工具”等科目。

（2）资产负债表日，对于有效套期，企业应按套期工具产生的利得，借记“套期工具”科目，贷记“公允价值变动损益”“其他综合收益”等科目；套期工具产生损失编制相反的会计分录。

（3）金融资产或金融负债不再作为套期工具核算的，企业应按套期工具形成的资产或负债，借记或贷记有关科目，贷记或借记“套期工具”科目。

“套期工具”科目期末借方余额，反映企业套期工具形成资产的公允价值；期末贷方余额，反映企业套期工具形成负债的公允价值。

“被套期项目”科目核算企业开展套期保值业务被套期项目公允价值变动形成的资产或负债，可按被套期项目类别进行明细核算。其主要会计处理如下：

（1）企业将已确认的资产或负债指定为被套期项目，应按其账面价值，借记或贷记“被套期项目”科目，贷记或借记“库存商品”“长期借款”“持有至到期投资”等科目。已计提跌价准备或减值准备的，企业还应同时结转跌价准备或减值准备。

（2）资产负债表日，对于有效套期，企业应按被套期项目产生的利得，借记“被套期项目”科目，贷记“公允价值变动损益”“资本公积——其他资本公积”等科目；被套期项目产生损失编制相反的会计分录。

（3）资产或负债不再作为被套期项目核算的，企业应按被套期项目形成的资产或负债，借记或贷记有关科目，贷记或借记“被套期项目”科目。

“被套期项目”科目期末借方余额，反映企业被套期项目形成资产的公允价值；“被套期项目”科目期末贷方余额，反映企业被套期项目形成负债的公允价值。

可见，“套期工具”和“被套期项目”均属于共同类科目。

为了核算套期保值业务中有效套期关系中套期工具或被套期项目的公允价值变动，企业可以设置“套期损益”科目，也可以在“公允价值变动损益”科目中核算此项内容。

（二）公允价值套期会计

1. 公允价值套期满足运用套期会计方法条件的处理规定

（1）套期工具。产生的利得或损失应当计入当期损益。如果套期工具是对选择以公允价值计量且其变动计入其他综合收益的非交易性权益工具投资（或其组成部分）进行套期的，套期工具产生的利得或损失应当计入其他综合收益。

（2）被套期项目。

①已确认资产或负债。因被套期风险敞口形成的利得或损失应当计入当期损益，同时调整未以公允价值计量的已确认被套期项目的账面价值。被套期项目为分类为以公允价值计量且其变动计入其他综合收益的金融资产（或其组成部分）的，其因被套期风险敞口形成的利得或损失应当计入当期损益，其账面价值已经按公允价值计量，不需要调整。被套期项目为企业选择以公允价值计量且其变动计入其他综合收益的非交易性权益工具投资（或其组成部分）的，其因被套期风险敞口形成的利得或损失应当计入其他综合收益，其账面价值已经按公允价值计量，不需要调整。

②尚未确认的确定承诺。被套期项目为尚未确认的确定承诺（或其组成部分）的，其在套期关系指定后因被套期风险引起的公允价值累计变动额应当确认为一项资产或负债，相关的利得或损失应当计入各相关期间损益。当履行确定承诺而取得资产或承担负债时，企业应当调整该资产或负债的初始确认金额，包括已确认的被套期项目的公允价值累计变动额。

2. 公允价值套期会计处理举例

［**例 6-18**］2017 年 1 月 1 日，ABC 公司为规避所持有存货 X 公允价值变动风险，与某金融机构签订了一项衍生工具合同（衍生工具 Y），并将其指定为 2017 年上半年存货 X 价格变化引起的公允价值变动风险的套期。衍生工具 Y 的标的资产与被套期项目存货在数量、质次、价格变动和产地方面相同。

2017 年 1 月 1 日，衍生工具 Y 的公允价值为零，被套期项目（存货 X）的账面价值和成本均为 1 000 000 元，公允价值是 1 100 000 元。2017 年 6 月 30 日，衍生工具 Y 的公允价值上涨了 25 000 元，存货 X 的公允价值下降了 25 000 元。当日，ABC 公司将存货 X 出售，并将衍生工具 Y 结算。

ABC 公司采用比率分析法评价套期有效性，即通过比较衍生工具 Y 和存货 X 的公允价值变动评价套期有效性。ABC 公司预期该套期完全有效。

假定不考虑衍生工具的时间价值、商品销售相关的增值税及其他因素，ABC 公司的会计处理如下：

（1）2017 年 1 月 1 日。

借：被套期项目——库存商品　　1 000 000
　贷：库存商品——X　　1 000 000

（2）2017 年 6 月 30 日。

借：套期工具——衍生工具 Y　　25 000
　贷：套期损益　　25 000

借：套期损益　　25 000
　贷：被套期项目——库存商品 X　　25 000

借：应收账款或银行存款　　1 075 000
　贷：主营业务收入　　1 075 000

借：主营业务成本　　975 000
　贷：被套期项目——库存商品 X　　975 000

借：银行存款　　25 000
　贷：套期工具——衍生工具 Y　　25 000

由于 ABC 公司采用了套期策略，规避了存货公允价值变动风险，因此其存货公允价值下降没有对预期毛利额 100 000 元（1 100 000-1 000 000）产生不利影响。

假定 2017 年 6 月 30 日，衍生工具 Y 的公允价值上涨了 22 500 元，存货 X 的公允价值下降了 25 000 元。其他资料不变，ABC 公司的会计处理如下：

（1）2017 年 1 月 1 日。

借：被套期项目——库存商品 X　　1 000 000
　贷：库存商品——X　　1 000 000

（2）2017 年 6 月 30 日。

借：套期工具——衍生工具 Y　　22 500

　贷：套期损益　　22 500

借：套期损益　　25 000

　贷：被套期项目——库存商品 X　　25 000

借：应收账款或银行存款　　1 075 000

　贷：主营业务收入　　1 075 000

借：主营业务成本　　975 000

　贷：被套期项目——库存商品 X　　975 000

借：银行存款　　22 500

　贷：套期工具——衍生工具 Y　　22 500

说明：两种情况的差异在于，前者不存在“无效套期损益”，后者存在“无效套期损益”2 500 元，从而对 ABC 公司当期利润总额的影响相差 2 500 元。本例中，套期工具公允价值变动 22 500 元与被套期项目公允价值变动 25 000 元的比率为 90%（22 500/25 000），这一比率在 80%～125%，可以认为该套期是高度有效的。

［**例 6-19**］2017 年 1 月 1 日，GHI 公司以每股 50 元的价格，从二级市场上购入 MBI 公司股票 20 000 股（占 MBI 公司有表决权股份的 3%），且将其划分为其他权益工具投资。为规避该股票价格下降风险，GHI 公司于 2017 年 12 月 31 日支付期权费 120 000 元购入一项看跌期权。该期权的行权价格为每股 65 元，行权日期为 2019 年 12 月 31 日。GHI 公司购入的 MBI 公司股票和卖出期权的公允价值如表 6-14 所示。

表 6-14　GHI 公司购入的 MBI 股票和卖出期权的公允价值　　单位：元

项目	2017 年 12 月 31 日	2018 年 12 月 31 日	2019 年 12 月 31 日
MBI 公司股票			
每股价格	65	60	57
总价	1 300 000	1 200 000	1 140 000
卖出期权			
时间价值	120 000	70 000	0
内在价值	0	100 000	160 000
总价	120 000	170 000	160 000

GHI 公司将该卖出期权指定为对其他权益工具投资（MBI 股票投资）的套期工具，在进行套期有效性评价时将期权的时间价值排除在外，即不考虑期权的时间价值变化。

假定 GHI 公司于 2019 年 12 月 31 日行使了卖出期权，同时不考虑税费等其他因素的影响。

据此，GHI 公司套期有效性分析及会计处理如下：

（1）套期有效性分析如表 6-15 所示。

表 6-15　套期有效性分析

日期	期权内在价值变化（利得）损失/元	MBI 股票市价变化（利得）损失/元	套期有效率/%
2018 年 12 月 31 日	（100 000）	100 000	100
2019 年 12 月 31 日	（60 000）	60 000	100

（2）会计处理如下：

① 2017 年 1 月 1 日。

借：其他权益工具投资——成本　　1 000 000

　贷：银行存款　　1 000 000

（确认购买 MBI 公司股票）

② 2017 年 12 月 31 日。

借：其他权益工具投资——公允价值变动　　300 000

　贷：其他综合收益　　300 000

（确认 MBI 公司股票价格上涨）

借：被套期项目——其他权益工具投资　　1 300 000

　贷：其他权益工具投资　　1 300 000

（指定其他权益工具投资为被套期项目）

借：套期工具——卖出期权　　120 000

　贷：银行存款　　120 000

（购入卖出期权并指定为套期工具）

（3）2018 年 12 月 31 日。

借：套期工具——卖出期权　　100 000

　贷：套期损益　　100 000

（确认套期工具公允价值变动——内在价值变动）

借：套期损益　　100 000

　贷：被套期项目——其他权益工具投资　　100 000

（确认被套期项目公允价值变动）

借：套期损益　　50 000

　贷：套期工具——卖出期权　　50 000

（确认套期工具公允价值变动——时间价值）

（4）2019 年 12 月 31 日。

借：套期工具——卖出期权　　60 000

　贷：套期损益　　60 000

（确认套期工具公允价值变动——内在价值变动）

借：套期损益　　60 000

　贷：被套期项目——其他权益工具投资　　60 000

（确认被套期项目公允价值变动）

借：套期损益　　70 000

　贷：套期工具——卖出期权　　70 000

（确认套期工具公允价值变动——时间价值）

借：银行存款　　320 000

　贷：套期工具——卖出期权　　160 000

　　　被套期项目——其他权益工具投资　　160 000

（确认卖出期权行权）

借：其他综合收益　　300 000

　贷：盈余公积　　30 000

　　　未分配利润　　270 000

（将计入其他综合收益的其他权益工具投资价值变动转入留存收益）

［**例 6-20**］甲公司为境内商品生产企业，采用人民币作为记账本位币。2019 年 2 月 3 日，甲公司与某境外公司签订了一项设备购买合同（确定承诺），设备价格为外币 X（本题下称 FCX）270 000 元，交货日期为 2019 年 5 月 1 日。

2019 年 2 月 3 日，甲公司签订了一项购买外币 Y（本题下称 FCY）240 000 元的远期合同。根据该远期合同，甲公司将于 2019 年 5 月 1 日支付人民币 147 000 元购入 FCY 240 000 元，汇率为 1FCY=0.612 5 元人民币（2019 年 5 月 1 日的现行远期汇率）。

甲公司将该远期合同指定为对由于人民币/FCX 汇率变动可能引起的、确定承诺公允价值变动风险的套期工具，且通过比较远期合同公允价值总体变动和确定承诺人民币公允价值变动评价套期有效性。假定最近 3 个月，人民币对 FCY、人民币对 FCX 之间的汇率变动具有高度相关性。2019 年 5 月 1 日，甲公司履行确定承诺并以净额结算了远期合同。

与该套期有关的远期汇率如表 6-16 所示。

表 6-16　与该套期有关的远期汇率

日期	2019 年 5 月 1 日 FCY/元人民币的远期汇率	2019 年 5 月 1 日 FCX/人民币元的远期汇率
2019 年 2 月 3 日	1FCY=0.612 5 元人民币	1FCX=0.545 4 元人民币
2019 年 3 月 31 日	1FCY=0.598 3 元人民币	1FCX=0.531 7 元人民币
2019 年 5 月 1 日	1FCY=0.577 7 元人民币	1FCX=0.513 7 元人民币

根据上述资料，甲公司进行如下分析和会计处理：

（1）套期有效性评价。甲公司预期该套期高度有效，原因在于：第一，2019 年 2 月 3 日，FCY240 000 元与 FCX270 000 元按 2019 年 5 月 1 日的远期汇率换算，相差（仅为 258 元人民币）不大；第二，远期合同和确定承诺将在同一日期结算；第三，最近 3 个月，人民币对 FCY、人民币对 FCX 之间的汇率变动具有高度相关性。

但是，该套期并非完全有效，因为与远期合同名义金额 FCY240 000 元等值人民币的变动，与将支付的 FCX270 000 元等值人民币的变动存在差异。另外，应注意，即期汇率与远期汇率之间的差异无须在评价套期有效性时考虑，因为确定承诺公允价值变动是以远期汇率来计量的。

远期合同和确定承诺的公允价值变动如表 6-17 所示。

表 6-17 远期合同和确定承诺的公允价值变动

项目	2月3日	3月31日	5月1日
A. 远期合同			
5月1日结算用的人民币/FCY的远期汇率	0.612 5	0.598 3	0.577 7
金额单位：FCY	240 000	240 000	240 000
远期价格（FCY240 000元折算成人民币元）	147 000	143 592	138 648
合同价格（人民币元）	(147 000)	(147 000)	(147 000)
以上两项的差额（人民币元）	0	(3 408)	(8 352)
公允价值（上述差额的现值，假定折现率为6%）	0	(3 391)	(8 352)
本期公允价值变动		(3 391)	(4 961)
B. 确定承诺			
5月1日结算用的人民币/FCX远期汇率	0.545 4	0.531 7	0.513 7
金额单位：FCX	270 000	270 000	270 000
远期价格（FCX270 000元折成人民币元）	(147 258)	(143 559)	(138 699)
初始远期价格（人民币元）(270 000×0.545 4)	147 258	147 258	147 258
以上两项的差额（人民币元）	0	3 699	8 559
公允价值（上述差额的现值，假定折现率为6%）	0	3 681	8 559
本期公允价值变动		3 681	4 878
C. 无效套期部分（以FCY标价的远期合同和以FCX标价的确定承诺两者公允价值变动的差额）		290	(83)

（2）会计处理如下（为简化核算，假定不考虑设备购买有关的税费因素、设备运输和安装费用等）：

①2019年2月3日。甲公司无须进行账务处理，因为远期合同和确定承诺当日公允价值均为零。

②2019年3月31日。

借：被套期项目——确定承诺　　3 681

　贷：套期损益　　3 681

借：套期损益　　3 391

　贷：套期工具——远期合同　　3 391

③2019年5月1日。

借：被套期项目——确定承诺　　4 878

　贷：套期损益　　4 878

借：套期损益　　4 961

　贷：套期工具——远期合同　　4 961

借：套期工具——远期合同　　8 352

　贷：银行存款　　8 352

（确认远期合同结算）

借：固定资产——设备　　147 258
　贷：银行存款　　138 699
　　　被套期项目——确定承诺　　8 559

（确认履行确定承诺购入固定资产）

注：甲公司通过运用套期策略，使所购设备的成本锁定在将确定承诺的购买价格 FCX270 000 元按 1FCX＝0. 545 4 元人民币（套期开始日的远期合同汇率）进行折算确定的金额上。

（三）现金流量套期会计

现金流量套期满足运用套期会计方法条件的，应当按照下列规定处理：

（1）套期工具产生的利得或损失中属于套期有效的部分，作为现金流量套期储备，应当计入其他综合收益。现金流量套期储备的金额，应当按照下列两项的绝对额中较低者确定：

①套期工具自套期开始的累计利得或损失。

②被套期项目自套期开始的预计未来现金流量现值的累计变动额。

每期计入其他综合收益的现金流量套期储备的金额应当为当期现金流量套期储备的变动额。

（2）套期工具产生的利得或损失中属于套期无效的部分（扣除计入其他综合收益后的其他利得或损失），应当计入当期损益。

现金流量套期储备的金额，应当按照下列规定处理：

（1）被套期项目为预期交易，且该预期交易使企业随后确认一项非金融资产或非金融负债的，或者非金融资产或非金融负债的预期交易形成一项适用于公允价值套期会计的确定承诺时，企业应当将原在其他综合收益中确认的现金流量套期储备金额转出，计入该资产或负债的初始确认金额。

（2）其他现金流量套期，企业应当在被套期的预期现金流量影响损益的相同期间，将原在其他综合收益中确认的现金流量套期储备金额转出，计入当期损益。

（3）如果在其他综合收益中确认的现金流量套期储备金额是一项损失，且该损失全部或部分预计在未来会计期间不能弥补的，企业应当在预计不能弥补时，将预计不能弥补的部分从其他综合收益中转出，计入当期损益。

当企业对现金流量套期终止运用套期会计时，在其他综合收益中确认的累计现金流量套期储备金额，应当按照下列规定进行处理：

（1）被套期的预期未来现金流量预期仍然会发生的，累计现金流量套期储备的金额应当予以保留，并按照前述现金流量套期储备的后续处理规定进行会计处理。

（2）被套期的未来现金流量预期不再发生的，累计现金流量套期储备的金额应当从其他综合收益中转出，计入当期损益。被套期的未来现金流量预期不再极可能发生但可能预期仍然会发生，在预期仍然会发生的情况下，累计现金流量套期储备的金额应当予以保留，并按照前述现金流量套期储备的后续处理规定进行会计处理。

现金流量套期会计处理举例如下：

［**例 6-21**］2019 年 1 月 1 日，DEF 公司预期在 2019 年 6 月 30 日将销售一批商品 X，数量为 100 000 吨。为规避该预期销售有关的现金流量变动风险，DEF 公司

于2019年1月1日与某金融机构签订了一项衍生工具合同Y，且将其指定为对该预期商品销售的套期工具。衍生工具Y的标的资产与被套期预期商品销售在数量、质次、价格变动和产地等方面相同，并且衍生工具Y的结算日和预期商品销售日均为2019年6月30日。

2019年1月1日，衍生工具Y的公允价值为零，商品的预期销售价格为1 100 000元。2019年6月30日，衍生工具Y的公允价值上涨了25 000元，预期销售价格下降了25 000元。当日，DEF公司将商品X出售，并将衍生工具Y结算。

DEF公司采用比率分析法评价套期有效性，即通过比较衍生工具Y和商品X预期销售价格变动评价套期有效性。DEF公司预期该套期完全有效。

假定不考虑衍生工具的时间价值、商品销售相关的增值税及其他因素，DEF公司的会计处理如下：

（1）2019年1月1日，DEF公司不做会计处理。

（2）2019年6月30日。

借：套期工具——衍生工具Y　　25 000

　贷：其他综合收益——套期工具价值变动　　25 000

（确认衍生工具的公允价值变动）

借：应收账款或银行存款　　1 075 000

　贷：主营业务收入　　1 075 000

（确认商品X的销售）

借：银行存款　　25 000

　贷：套期工具——衍生工具Y　　25 000

（确认衍生工具Y的结算）

借：其他综合收益——套期工具价值变动　　25 000

　贷：主营业务收入　　25 000

（确认将原计入其他综合收益的衍生工具公允价值变动转出，调整销售收入）

［**例6-22**］ABC公司于2018年11月1日与境外DEF公司签订合同，约定于2019年1月30日以外币（FC）每吨60元的价格购入100吨橄榄油。ABC公司为规避购入橄榄油成本的外汇风险，于当日与某金融机构签订一项3个月到期的远期外汇合同，约定汇率为1FC=45元人民币，合同金额FC 6 000元。2019年1月30日，ABC公司以净额方式结算该远期外汇合同，并购入橄榄油。

假定如下：

（1）2018年12月31日，1个月FC对人民币远期汇率为1FC=44.8元人民币，人民币的市场利率为6%。

（2）2019年1月30日，FC对人民币即期汇率为1FC=44.6元人民币。

（3）该套期符合运用《企业会计准则第24号——套期会计》规定的运用套期会计的条件。

（4）不考虑增值税等相关税费。

（简要提示：根据《企业会计准则第24号——套期会计》的规定，对外汇确定承诺的套期既可以划分为公允价值套期，也可以划分为现金流量套期。）

情形1：ABC公司将上述套期划分为公允价值套期。

（1）2018年11月1日。

远期合同的公允价值为零，ABC公司不做会计处理，将套期保值进行表外登记。

（2）2018年12月31日。

远期外汇合同的公允价值=[(45−44.8)×6 000÷(1+6%×1÷12)]≈1 194（元）

借：套期损益　　1 194

　贷：套期工具——远期外汇合同　　1 194

借：被套期项目——远期外汇合同　　1 194

　贷：套期损益　　1 194

（3）2019年1月30日。

远期外汇合同的公允价值=(45−44.6)×6 000=2 400（元）

借：套期损益　　1 206

　贷：套期工具——远期外汇合同　　1 206

借：套期工具——远期外汇合同　　2 400

　贷：银行存款　　2 400

借：被套期项目——确定承诺　　1 206

　贷：套期损益　　1 206

借：库存商品——橄榄油　　267 600

　贷：银行存款　　267 600

借：库存商品——橄榄油　　2 400

　贷：被套期项目——确定承诺　　2 400

（将被套期项目的余额调整橄榄油的入账价值）

情形2：ABC公司将上述套期划分为现金流量套期。

（1）2018年11月1日。

ABC公司不做账务处理，将套期保值进行表外登记。

（2）2018年12月31日。

远期外汇合同的公允价值=(45−44.8)×6 000÷(1+6%×1÷12)≈1 194（元）

借：其他综合收益——套期工具价值变动　　1 194

　贷：套期工具——远期外汇合同　　1 194

（3）2019年1月30日。

远期外汇合同的公允价值=(45−44.6)×6 000=2 400（元）

借：其他综合收益——套期工具价值变动　　1 206

　贷：套期工具——远期外汇合同　　1 206

借：套期工具——远期外汇合同　　2 400

　贷：银行存款　　2 400

借：库存商品——橄榄油　　167 600

　贷：银行存款　　167 600

ABC 公司将套期工具于套期期间形成的公允价值变动累计额（净损失）暂记在其他综合收益中，在处置橄榄油影响企业损益的期间转出，计入当期损益。该净损失在未来会计期间不能弥补时，将全部转出，计入当期损益。

（四）境外经营净投资套期会计

1. 境外经营净投资套期会计处理原则

对境外经营净投资的套期，企业应按以下类似于现金流量套期会计的规定处理：

（1）套期工具形成的利得或损失中属于有效套期的部分，应当计入其他综合收益。全部或部分处置境外经营时，上述计入其他综合收益的套期工具利得或损失应当转出，计入当期损益。

（2）套期工具形成的利得或损失中属于无效套期的部分，应当计入当期损益。

2. 境外经营净投资套期会计处理举例

[**例 6-23**] 2018 年 10 月 1 日，XYZ 公司（记账本位币为人民币）在其境外子公司 FS 有一项境外净投资外币 5 000 万元（FC5 000 万元）。为规避境外经营净投资外汇风险，XYZ 公司与某境外金融机构签订了一项外汇远期合同，约定于 2019 年 4 月 1 日卖出 FC5 000 万元。XYZ 公司每季度对境外经营净投资余额进行检查，且依据检查结果调整对净投资价值的套期。其他有关资料如表 6-18 所示。

表 6-18　其他有关资料

日期	即期汇率（FC/人民币）	远期汇率（FC/人民币）	远期合同的公允价值/元
2018 年 10 月 1 日	1.71	1.70	0
2018 年 12 月 31 日	1.64	1.63	3 430 000
2019 年 3 月 31 日	1.60	不适用	5 000 000

XYZ 公司在评价套期有效性时，将远期合同的时间价值排除在外。假定 XYZ 公司的上述套期满足运用套期会计方法的所有条件。

XYZ 公司的会计处理如下：

（1）2018 年 10 月 1 日。

借：被套期项目——境外经营净投资　　85 500 000

　贷：长期股权投资　　85 500 000

外汇远期合同的公允价值为零，不做会计处理。

（2）2018 年 12 月 31 日。

借：套期工具——外汇远期合同　　3 430 000

　　财务费用——汇兑损失　　70 000

　贷：其他综合收益——套期　　3 500 000

（确认远期合同的公允价值变动）

借：外币报表折算差额　　3 500 000

　贷：被套期项目——境外经营净投资　　3 500 000

（确认对子公司净投资的汇兑损益）

（3）2019 年 3 月 31 日。

借：套期工具——外汇远期合同　　1 570 000

　贷：其他综合收益——套期　　1 570 000

（确认远期合同的公允价值变动）

借：其他综合收益——套期　　2 000 000

　贷：被套期项目——境外经营净投资　　2 000 000

（确认对子公司净投资的汇兑损益）

借：银行存款　　5 000 000

　贷：套期工具——外汇远期合同　　5 000 000

（确认外汇远期合同的结算）

注：境外经营净投资套期（类似现金流量套期）产生的利得在其他综合收益中列示，直至子公司被处置。

□思考题

1. 如何理解衍生金融工具的含义？
2. 如何理解衍生金融工具对传统财务会计带来的影响？
3. 衍生金融工具会计面临的主要问题是什么？
4. “公允价值是衍生金融工具的唯一计量属性”，对此你有何看法？
5. 什么是套期会计？
6. 什么是公允价值套期？什么是现金流量套期？两者的会计处理有什么主要区别？

第七章
企业合并会计

【学习目标】

通过本章的学习，学生应理解企业合并的相关概念，了解企业合并的方式及类型，把握同一控制下与非同一控制下企业合并的会计处理原则，掌握同一控制下与非同一控制下企业合并的会计处理方法。

第一节　企业合并概述

一、企业合并的含义

企业合并是企业发展的需要。在市场经济条件下，随着企业间竞争的日益激烈，发展对于企业已是生死攸关。企业寻求发展的有效途径之一便是进行企业间的联合。企业合并无论是从宏观经济的角度还是从微观经济的角度来看，都有重大意义。因此，企业合并经常发生。有统计数据显示，2019 年，中国企业并购交易规模为近五年内最低，但仍达到披露预案 5 454 笔，其中披露金额的有 4 484 笔，交易总金额为 3 779. 06 亿美元。2019 年共计完成 2 782 笔并购交易，其中披露金额的有 2 412 笔，交易总金额为 2 467 亿美元。2019 年并购案例和交易规模主要集中在制造业、医疗健康、信息技术及信息化，其中制造业交易数量最多，共 632 起，占比 26. 2%，其次分别为医疗健康、IT 及信息化、金融、房地产以及能源与矿业等。就披露交易规模来看，制造业占比最大，以 482. 27 亿美元占比 19. 5%，紧随其后的为金融 292. 17 亿美元，占比 11. 8%，房地产、医疗健康以及能源与矿业交易金额分别为 225. 08 亿美元、188. 65 亿美元、183. 36 亿美元，相应占比分别为 9. 1%、7. 6%、7. 4%。超 10 亿美元规模完成并购交易 40 笔，超 1 亿美元完成并购交易 426 笔，其中交易规模最大的是万华化学以 82. 06 亿美元吸收合并万华化工。2019 年 12 月 4 日，武汉中商以向特定对象非公开发行股份的方式购买居然控股等 24 名交易对方持有的居然新零售 100%的股权，交易总金额为 52. 54 亿美元。该次交易使居然控股成为武汉中商控股股东，将直接持有武汉中商 42. 68%股份。2019 年 12 月 26 日，居然之家成功借壳武汉中商，正式登陆 A 股市场。这同时意味着，继红星美凯龙之后，A 股市场又迎来了居然之家这个家居卖场巨头。2019 年 10 月 18 日，证监会发布《关于修改〈上市公司重大资产重组管理办法〉的决定》（简称《重组办法》），对多条规则进行修改，理顺重组上市功能，发挥资本市场服务实体经济的积极作用。

那么，什么是企业合并呢?《企业会计准则第 20 号——企业合并》对企业合并的定义为“将两个或者两个以上单独的企业合并形成一个报告主体的交易或事项”。国际会计准则理事会（IASB）在《国际财务报告准则第 3 号——企业合并》（IFRS3）中将企业合并定义为将单独的主体或业务集合成为一个报告主体。从会计角度，交易是否构成企业合并，进而是否按照企业会计准则进行会计处理，主要应关注以下两个方面：

（一）被购买方是否构成业务

企业合并本质上是一种购买行为，但其不同于单项资产的购买，而是一组有内在联系、为了某一既定的生产经营目的存在的多项资产组合或多项资产、负债构成的净资产的购买。企业合并的结果通常是一个企业取得了对一个或多个业务的控制权。要形成会计意义上的“企业合并”，前提是被购买的资产或资产负债组合要形成“业务”。如果一个企业取得了对另一个或多个企业的控制权，而被购买方（或被合并方）并不构成业务，则该交易或事项不形成企业合并。

业务是指企业内部某些生产经营活动或资产负债的组合，该组合具有投入、加工处理过程和产出能力，能够独立计算其成本费用或所产生的收入。要构成业务不需要有关资产、负债的组合一定构成一个企业，或者是具有某一具体法律形式。在实务中，虽然也有企业只经营单一业务，但一般情况下企业的分公司、独立的生产车间、不具有独立法人资格的分部等也会构成业务。值得注意的是，有关的资产组合或资产、负债组合是否构成业务，不是看其在出售方手中如何经营，也不是看购买方在购入该部分资产或资产、负债组合后准备如何使用。为保持业务判断的客观性，对一组资产或资产、负债的组合是否构成业务，要看正常的市场条件下，从一定的商业常识和行业惯例等出发，看有关的资产或资产、负债的组合能否被作为一项具有内在关联度的生产经营目的整合起来使用。

区分业务的购买，即构成企业合并的交易与不构成企业合并的资产或资产负债组合的购买，意义在于其会计处理方式存在实质上的差异。

（1）企业取得了不形成业务的一组资产或资产、负债的组合时，应识别并确认所取得的单独可辨认资产及承担的负债，并将购买成本基于购买日取得各项可辨认资产、负债的相对公允价值，在各单独可辨认资产和负债间进行分配，不按照《企业会计准则第 20 号——企业合并》进行处理。分配的结果是取得的有关资产、负债的初始入账价值有可能不同于购买时点的公允价值（若资产的初始确认金额高于公允价值，需要考虑是否存在资产减值），资产或资产、负债打包购买中多付或少付的部分均需要分解到取得的资产、负债项目中，从而不会产生商誉或购买利得。在被购买资产构成业务，需要作为企业合并处理时，购买日（合并日）的确定，合并中取得资产、负债的计量，合并差额的处理等均需要按照《企业会计准则第 20 号——企业合并》的有关规定进行处理，如在构成非同一控制下企业合并的情况下，合并中自被购买方取得的各项可辨认资产、负债应当按照其在购买日的公允价值计量，合并成本与取得的可辨认净资产公允价值份额的差额应当确认为单独的一项资产——商誉或在企业成本小于合并中取得可辨认净资产公允价值份额的情况下（廉价购买），将该差额确认计入当期损益。

（2）交易费用在购买资产交易中通常作为转让对价的一部分，并根据适用的企业会计准则资本化为所购买资产成本的一部分；而在企业合并中，交易费用应被费用化。

（3）《企业会计准则第 20 号——企业合并》禁止对在以下交易所记录的资产和负债初始确认时产生的暂时性差异确认递延所得税：非企业合并，且既不影响会计利润，也不影响应纳税所得额或可抵扣亏损。相应地，资产购买中因账面价值与税务基础不同形成的暂时性差异不应确认递延所得税资产或负债；而业务合并中购买的资产和承担的负债因账面价值与税务基础不同形成的暂时性差异应确认递延所得税影响。

（二）交易发生前后是否涉及对标的业务控制权的转移

从企业合并的定义看，是否形成企业合并，除要看取得的资产或资产负债组合是否构成业务之外，还要看有关交易或事项发生前后，是否引起报告主体的变化。报告主体的变化产生于控制权的变化。在交易事项发生以后，投资方拥有对被投资方的权利，通过参与被投资方的相关活动享有可变回报，且有能力运用对被投资方的权利影响其回报金额的，投资方对被投资方具有控制，形成母子公司关系，涉及控制权的转移，该交易或事项发生以后，子公司需要纳入母公司合并财务报表的范围中，从合并财务报告角度形成报告主体的变化。交易事项发生以后，一方能够控制另一方的全部净资产，被合并的企业在合并后失去其法人资格，也涉及控制权及报告主体的变化，形成企业合并。

假定在企业合并前 A、B 两个企业为各自独立的法律主体，且均构成业务，《企业会计准则第 20 号——企业合并》中界定的企业合并，包括但不限于以下情形：

（1）企业 A 通过增发自身的普通股自企业 B 原股东处取得企业 B 的全部股权，该交易事项发生后，企业 B 仍持续经营。

（2）企业 A 支付对价取得企业 B 的全部净资产，该交易事项发生后，撤销企业 B 的法人资格。

（3）企业 A 以自身持有的资产作为出资投入企业 B，取得对企业 B 的控制权，该交易事项发生后，企业 B 仍维持其独立法人资格继续经营。

此外，理解企业合并的定义时，尚须注意以下几个问题：

（1）"单独的主体"既是独立的法人主体也是独立的报告主体，即作为独立的法人主体，单独的主体应定期提供单独的财务报告。

（2）"合并形成一个报告主体"是指多个主体合并后形成的合并体作为一个报告主体，它应该是经济意义上的一个整体，而从法律意义上看可能是一个法人主体，也可能是多个法人主体。当一个企业将其他一个或几个企业的资产和负债吸收并入本企业，被合并的企业解散，实施合并的企业继续保留其法人地位时，合并体既是一个法人主体，也是一个报告主体；当两家或两家以上企业合并组成一个新的企业，参与合并的原各企业均不复存在时，这个新的企业作为合并体也同时是一个法人主体和报告主体。由一家企业通过购买其他企业股份或通过交换股份取得其他企业股份的方式，取得对其他企业的控制权的合并中，在保留合并前各法人主体的前提下，合并体构成一个经济意义上的整体，从而产生一个需要提供合并会计信息的新的报告主体。

［**例 7-1**］合并概念的理解。

现有甲、乙两个企业。如果甲、乙合并后只存留下甲企业，合并后的报告主体是甲企业；如果甲、乙合并创设一个新企业丙，合并后的报告主体是丙企业；如果甲、乙合并后甲、乙作为独立的法人主体仍都存在，但甲取得对乙的控制权，则甲、乙虽然互为独立的法律主体但构成一个经济意义上的整体，从编制合并财务报表的角度来看，这个整体就是一个报告主体。

（3）企业合并是一项交易还是一个事项，这实际上是关于企业合并的性质问题。企业合并的“交易”性将决定公允价值的使用，而合并“事项”只能使用账面价值进行企业合并的确认与计量。

二、企业合并的方式

企业合并按合并方式划分，包括控股合并、吸收合并和新设合并。

（一）控股合并

控股合并（acquisition），即合并方（或购买方，下同）通过企业合并交易或事项取得对被合并方（或被购买方，下同）的控制权，企业合并后能够通过所取得的股权等主导被合并方的生产经营决策并自被合并方的生产经营活动中获益，被合并方在企业合并后仍维持其独立法人资格继续经营。控股合并发生后，合并方与被合并方形成母子公司关系，前者是母公司，后者是子公司，被合并方应当纳入合并方合并财务报表的编制范围，从合并财务报表角度，形成报告主体的变化。

（二）吸收合并

吸收合并（merger）或称兼并，指合并方在企业合并中取得被合并方的全部净资产，并将有关资产、负债并入合并方自身生产经营活动中。企业合并完成后，注销被合并方的法人资格，由合并方持有合并中取得的被合并方的资产、负债，在新的基础上继续经营。

吸收合并中，因被合并方（或被购买方）在合并发生以后被注销，从合并方（或购买方）的角度需要解决的问题是其在合并日（或购买日）取得的被合并方有关资产、负债入账价值的确定以及为了进行企业合并支付的对价与取得被合并方资产、负债的入账价值之间差额的处理。

企业合并后期间，合并方应将合并中取得的资产、负债作为本企业的资产、负债核算。

（三）新设合并

新设合并（consolidation）或称创立合并，指参与合并的各方在企业合并后法人资格均被注销，重新注册成立一家新的企业，由新注册成立的企业持有参与合并各企业的资产、负债在新的基础上经营。新设合并中，各参与合并企业投入新设企业的资产、负债价值以及相关构成新设企业的资本等，一般应按照有关法律法规及各参与合并方的合同、协议执行。

该项划分实际上是按合并后主体的法律形式的不同进行的分类，企业合并方式简图如图 7-1 所示。

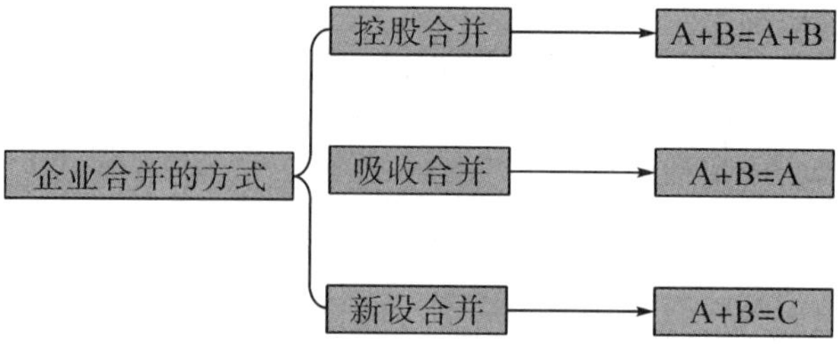

图 7-1　企业合并方式简图

三、企业合并的类型

企业合并可以从不同的角度进行分类。

(一) 按合并双方合并前后最终控制方是否变化进行分类

按合并双方合并前后是否属于同一方或相同的多方最终控制，企业合并分为同一控制下的企业合并和非同一控制下的企业合并。

1. 两类合并的概念比较

同一控制下的企业合并是指参与合并的企业在合并前后均受同一方或相同的多方最终控制且该控制并非暂时性的。

非同一控制下的企业合并是指参与合并的各方在合并前后不属于同一方或相同的多方最终控制。

简而言之，同一控制下的企业合并，参与合并的各方在合并前与合并后均属于相同的最终控制方控制；非同一控制下的企业合并，参与合并的各方在合并前与合并后分别属于不同的最终控制方控制。

为了正确理解这两类企业合并的定义，我们至少应当明确以下几个问题：

(1) 关于“同一方”“相同的多方”。所谓同一方，是指对参与合并的企业在合并前后均实施最终控制的投资者。所谓相同的多方，是指根据投资者之间的协议约定，在对被投资单位的生产经营决策行使表决权时发表一致意见的两个或两个以上的投资者。

这就明确了一个非常重要的问题：投资是此处所称“控制”的前提。

(2) 关于“控制”与“最终控制”。所谓控制，是指投资方拥有对被投资方的权利，通过参与被投资方的相关活动而享有可变回报，并且有能力运用对被投资方的权利影响其回报金额①。在直接控制的情况下控制方对被控制方的控制就应该是最终控制；在存在间接控制的情况下，间接控制方拥有对被控制方的最终控制权。能够对参与合并各方在合并前后均实施最终控制的一方，通常是指企业集团中的母公司。

(3) 关于“控制并非暂时性”。所谓控制并非暂时性，是指参与合并各方在合并前后较长的时间内受同一方或相同的多方控制的时间通常在 1 年以上（含 1 年）。

(4) 企业之间的合并是否属于同一控制下的企业合并，应综合构成企业合并交易的各方面情况，按照实质重于形式的原则进行判断。在通常情况下，同一控制下

① 关于“控制”的具体内容，参见“第八章 合并财务报表”。

的企业合并是指发生在同一企业集团内部企业之间的合并。同受国家控制的企业之间发生的合并，不应仅仅因为参与合并各方在合并前后均受国家控制而将其作为同一控制下的企业合并。

［**例 7-2**］同一控制下的企业合并与非同一控制下的企业合并的比较。

A 企业与 B 企业是两个归属于不同母公司的企业。甲、乙、丙、丁、丑、寅均为股份有限公司，其中，A 企业直接拥有甲企业 80%的表决权，直接拥有乙企业 70%的表决权；甲企业直接拥有丙企业 60%的表决权；B 企业直接拥有丁企业 80%的表决权，直接拥有丑企业 70%的表决权；丁企业直接拥有寅企业 60%的表决权。以上各项表决权的拥有期间都超过 1 年。

根据上述资料，说明合并前存在的最终控制关系以及合并后下列各种合并关系的类别：A、B 合并；甲、乙合并；乙、丙合并；甲、B 合并；丁、丑合并；丙、丁合并；丙、寅、丑合并。

第一，合并前存在的最终控制关系如下：

（1）A 企业直接控制甲企业和乙企业，间接控制丙企业；甲企业直接控制丙企业；A 企业是甲、乙和丙三个企业的最终控制方。

（2）B 企业直接控制丁企业和丑企业，间接控制寅企业；丁企业直接控制寅企业；B 企业是丁、丑和寅三个企业的最终控制方。

第二，如果分别发生上述合并关系，各项企业合并分类见表 7-1。

表 7-1　各项企业合并分类

同一控制下的企业合并		非同一控制下的企业合并
合并前后均受 A 企业最终控制	合并前后均受 B 企业最终控制	
乙、丙合并 甲、乙合并	丁、丑合并	A、B 合并；甲、B 合并； 丙、丁合并；丙、寅、丑合并

2. 两类合并的实质比较

同一控制下的企业合并，一方面，由于合并各方在合并前后的最终控制方没有发生变化，合并双方的合并行为可能不完全是自愿进行和完成的，这种合并不能算作“交易”，只是一个对合并各方资产、负债进行重新组合的经济事项；另一方面，即使作为交易来看，合并交易的作价往往因受最终控制方的影响而难以达到公允。因此，同一控制下的企业合并其实质是一桩“事项”。

非同一控制下的企业合并，一方面，由于参与合并各方在合并前后不属于同一方或相同的多方最终控制，这种合并是非关联企业之间的合并；另一方面，这种合并以市价为基础，确定的合并作价相对公允。因此，其实质上是一种交易——合并各方自愿进行的交易，其结果是合并方购买了被合并方的控制权。正因为如此，相应的会计处理中需要遵循交易规则，以自愿交易的双方都能够接受的价值——公允价值为计量基础。

3. 两类合并的参与方称谓比较

正因为两类合并的实质不同，属于经济事项的同一控制下的企业合并和属于购买交易的非同一控制下的企业合并，参与合并各方的称谓不同。同一控制下的企业合并，在合并日取得对其他参与合并企业控制权的一方为合并方，参与合并的其他企业为被合并方；非同一控制下的企业合并，在合并日取得对其他参与合并企业控制权的一方为合并方，也称购买方，参与合并的其他企业为被合并方，也称被购买方。

4. 合并日或购买日的确定

合并日或购买日是指被合并方或被购买方净资产或生产经营决策的控制权转移给合并方或购买方的日期。由合并实质所决定，同一控制下的企业合并，合并方实际取得对被合并方净资产或生产经营决策的控制权的日期称为“合并日”；非同一控制下的企业合并的购买方实际取得被购买方的净资产或生产经营决策的控制权的日期称为“合并日”或“购买日”。

同时满足以下条件的，可认定为实现了控制权的转移：

（1）企业合并协议已获股东大会等内部权力机构通过。

（2）企业合并事项需要经过国家有关部门实质性审批的，已取得有关部门的批准。

（3）参与合并各方已办理了必要的资产交接手续。

（4）合并方或购买方已支付了合并价款的大部分（一般应超过 50%），并且有能力付剩余款项。

（5）合并方或购买方实际上已经制定了被合并方或被购买方的财务和经营政策，并享有相应的利益及承担风险。

值得一提的是，就非同一控制下的企业合并而言，有时候“购买日”（合并日）与股权投资的“交易日”可能不一致。如果企业合并是通过一次股权交易实现的。股权交易日就是购买日；如果企业合并是通过多次股权交易分步实现的，交易日是各单项投资在投资方财务报表中的确认之日，购买日是购买方获得对被购买方控制权之日。

［**例 7-3**］股权交易日与企业合并日的比较。

资料：甲公司于 2019 年 7 月 1 日用银行存款 2 500 万元取得乙公司 20% 的股份；2019 年 11 月 1 日，甲公司又以 6 800 万元的价格进一步购入乙公司 40% 的股份。至此，甲公司获得了对乙公司的控制权。如何区分股权交易日与企业合并日呢？

2019 年 7 月 1 日、11 月 1 日都属于股权交易日，但购买日（或合并日）只能是 2019 年 11 月 1 日。

5. 两类合并的合并对价形式比较

两类合并下支付的合并对价形式没有太大区别。同一控制下的企业合并的合并方和非同一控制下的企业合并的购买方，都可能以支付资产、发生或承担负债以及发行权益性证券等作为合并对价。所不同的是，前者支付的合并对价应按账面价值计量，后者支付的合并对价需以公允价值计量。这是不同类别的企业合并实质使然。

（二）按合并后主体的法律形式不同进行分类

按合并后主体的法律形式不同，企业合并分为吸收合并、新设合并和控股合并三类。

无论是同一控制下的企业合并还是非同一控制下的企业合并，从合并后主体的法律地位上看，都有可能产生两种结果：一种结果是合并不形成母子公司关系，另一种结果是合并形成母子公司关系。不形成母子公司关系的企业合并，包括吸收合并和新设合并两种情况；形成母子公司关系的企业合并，就是通常所说的控股合并（见图 7-2）。

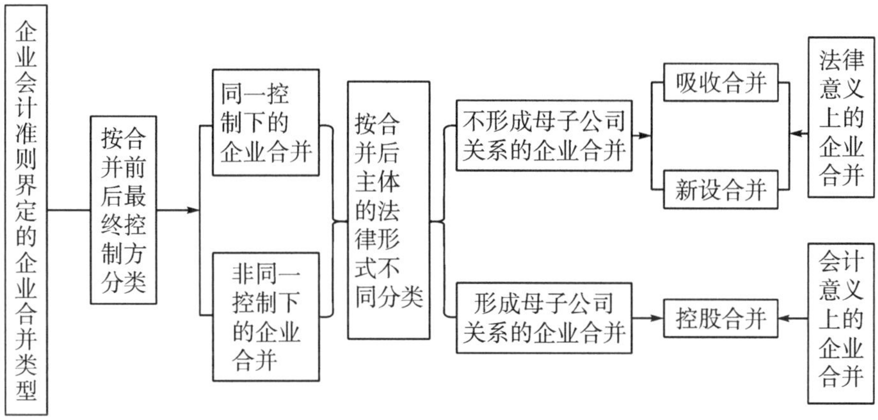

图 7-2　两种企业合并分类方法的关系图

1. 吸收合并

吸收合并（merger）或称兼并，是指合并方（或购买方）通过企业合并取得被合并方（或被购买方）的全部净资产，合并后注销被合并方（或被购买方）的法人资格，被合并方（被购买方）原持有的资产、负债，在合并后成为合并方（或购买方）的资产、负债。

2. 新设合并

新设合并（consolidation）或称创立合并，是指两家或两家以上的企业合并组成一个新的企业，参与合并的原企业都不复存在的合并类型。新设合并的方法是由参与合并的多家企业以其净资产换取新设企业的股份。

3. 控股合并

控股合并（acquisition）是指合并方（或购买方）在企业合并中取得对被合并方（或被购买方）的控制权，被合并方（或被购买方）在合并后仍保持其独立的法人资格并继续经营，合并方（或购买方）确认企业合并形成的对被合并方（或被购买方）的投资。

值得一提的是，无论是不形成母子公司关系的吸收合并、新设合并，还是形成母子公司关系的控股合并，合并方在企业合并中都取得了对其他参与合并的企业的“控制权”。不过，这种“控制权”有两种表现形式：在吸收合并或新设合并下，这种“控制权”表现为取得被合并方的净资产；在控股合并下，这种“控制权”表现为取得被合并方的股权。这一点对企业合并的会计确认与计量至关重要，同时对正确理解企业合并与长期股权投资的关系也很重要。根据企业会计准则的规定，企业合并与长期股权投资的关系如图 7-3 所示。

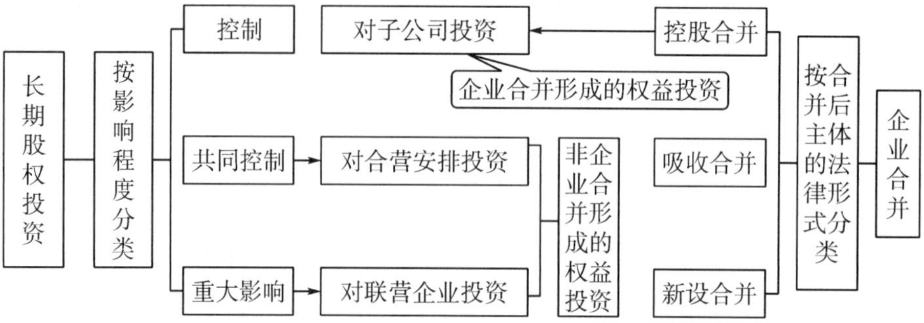

图 7-3 企业合并与长期股权投资的关系

四、企业合并会计的主要内容

企业合并有关的会计处理主要涉及两个方面的内容：一是合并日合并方如何对企业合并事项或交易进行确认与计量；二是合并日是否需要以及如何编制合并财务报表。毫无疑问，对合并交易或事项的确认与计量是本章的关键问题，而合并日合并财务报表的内容将在第八章阐述。

如前所述，无论是同一控制下的企业合并还是非同一控制下的企业合并，两类企业合并的结果都包括不形成母子公司关系和形成母子公司关系两种情况；两类企业合并的实施都需要合并方支付合并对价；两类企业合并的进行都有可能发生合并费用。那么，各类企业合并业务中的这些相关内容都应该如何进行确认与计量，必然是企业合并会计首先需要解决的问题。

合并日合并方对企业合并进行确认与计量的会计处理基本思路如表 7-2 所示。

表 7-2 会计处理基本思路

吸收合并、新设合并	控股合并
借：有关资产账户 　贷：有关负债账户 } ［取得净资产］ 　　银行存款 　　库存商品 　　应付债券、股本等 } ［支付的合并对价］ 　　银行存款等 ［支付的合并费用］	借：长期股权投资 ［取得的股权］ 　贷：银行存款 　　库存商品 　　应付债券、股本等 } ［支付的合并对价］ 　　银行存款等 ［支付的合并费用］

现在需要回答的问题主要有：在同一控制下的企业合并和非同一控制下的企业合并中，合并方对合并日取得的净资产或股权应如何计量？支付的合并对价应如何计量？两者如果有差异，应如何处理？支付的合并费用应如何处理？

下面将依据我国《企业会计准则第 20 号——企业合并》的规定，介绍企业合并的会计处理。

第二节　同一控制下的企业合并的会计处理

一、确认与计量的基本要求

（一）合并方取得的净资产或股权投资——按账面价值入账

同一控制下企业合并的合并方，对吸收合并和新设合并中取得的资产和负债，按照合并日合并方有关资产、负债的账面价值计量；对控股合并中取得的长期股权投资，按照合并日享有的被合并方在最终控制方合并财务报表中所有者权益账面价值的份额作为其初始投资成本。

（二）合并方支付的合并对价——按账面价值转账

对作为合并对价所付出的资产、发生或承担的负债，合并方按其账面价值结转，发行的股份按面值总额记录。也就是说，合并方不需要确认支付的合并对价的转让损益。

（三）股东权益的调整

合并方取得的净资产或长期股权投资的账面价值与所支付的合并对价的账面价值（或发行股份面值总额）之间如有差额，应当调整资本公积（股本溢价）；需要调整减少资本公积时，资本公积（股本溢价）不足冲减的，调整减少留存收益。

（四）合并费用的处理

合并方为进行企业合并发生的审计费用、评估费用、法律服务费用等各项直接相关费用，应当于发生时计入当期损益（管理费用）。

合并方为进行企业合并发生的其他费用，分别按以下两种情况进行处理：合并方为进行企业合并发行的债券或承担其他债务支付的手续费、佣金等，应当计入发行债券或其他债务的初始计量金额，即构成有关债务的入账价值的组成部分。合并方在企业合并中发行权益性证券发生的手续费、佣金等，应当冲减权益性证券溢价收入，溢价收入不足冲减的，冲减留存收益。

总之，对于合并方而言，无论是吸收合并、新设合并还是控股合并，其支付的评估、审计、咨询等费用以及为发行证券（作为合并对价）支付的发行费用，都不计入吸收合并或新设合并取得的净资产的入账价值，也不计入控股合并取得的长期股权投资的初始投资成本。

二、一次投资实现企业合并的会计处理

同一控制下的企业合并时，合并方确认合并业务会计处理的基本思路如下：

（一）吸收合并与新设合并

（1）支付资产实施的企业合并。

借：有关资产账户	[取得的被合并方资产账面价值]	A
贷：有关负债账户	[承担的被合并方负债账面价值]	B
银行存款、库存商品等	[支付的合并对价的账面价值]	C
资本公积	[（A−B）大于C的差额]	D

注意：如果需要借记“资本公积”科目，则以合并方“资本公积”科目的股本溢价贷方余额为上限，不足部分冲减合并方“留存收益”账面余额（下同）。

（2）发行债券或承担其他债务实施的企业合并。

借：有关资产账户	［取得的被合并方资产账面价值］	A
贷：有关负债账户	［承担的被合并方负债账面价值］	B
应付债券	［发行债券的面值-手续费、佣金等］	C
银行存款等	［实际发生的与债务相关的手续费、佣金］	D
资本公积	［差额］	E

（3）发行权益性证券实施的企业合并。

借：有关资产账户	［取得的被合并方资产账面价值 ］	A
贷：有关负债账户	［承担的被合并方负债账面价值］	B
股本	［发行证券的面值总额］	C
银行存款等	［实际发生的与证券相关的手续费、佣金等］	D
资本公积	［差额］	E

（4）支付的与企业合并相关的评估、审计、咨询费用。

借：管理费用

　贷：银行存款等

（二）控股合并

（1）支付资产实施的企业合并。

借：长期股权投资	［按享有的被合并方净资产账面价值份额］	A
贷：银行存款、库存商品等	［支付的合并对价的账面价值］	B
资本公积	［A-B 的差额 ］	C

注意：如果需要借记“资本公积”科目，则以合并方“资本公积”科目的股本溢价贷方余额为上限，不足部分冲减合并方“留存收益”账面余额（下同）。

（2）发行债券或承担其他债务实施的控股合并以及发行权益性证券实施的控股合并。

借：长期股权投资	［按享有的被合并方净资产账面价值份额］	A
贷：股本	［发行证券的面值总额］	B1
应付债券	［发行债券的面值-手续费、佣金等］	B2
银行存款等	［实际发生的与证券相关的手续费、佣金等 ］	C
资本公积	［A 与（B1+B2+C）的差额］	D

（3）支付的与企业合并相关评估、审计、咨询等费用。

借：管理费用

　贷：银行存款等

［例 7-4］以发行股票作为合并对价的吸收合并。

表 7-3、表 7-4 分别是甲公司、乙公司 2019 年 12 月 31 日的资产负债表（简表），假定在甲公司合并乙公司之前，乙公司在最终控制方合并财务报表中所有者权益账面价值等于 100 万元。2020 年 1 月初，假设甲公司发行每股面值为 10 元的普通股 80 000 股对乙公司进行吸收合并。

表 7-3 甲公司资产负债表（简表）

2019 年 12 月 31 日 单位：万元

资产（年末数）		负债和所有者权益（年末数）	
流动资产		流动负债	
货币资金	100	短期借款	28
应收票据及应收账款	5	应付票据及应付账款	18
存货	35	其他应付款	14
非流动资产		非流动负债	
固定资产	340	长期借款	200
无形资产	8	所有者权益	
		股本	160
		资本公积	25
		留存收益	43
资产总计	488	负债和所有者权益总计	488

表 7-4 乙公司资产负债表（简表）

2019 年 12 月 31 日 单位：万元

资产（年末数）		负债和所有者权益（年末数）	
流动资产		流动负债	
货币资金	60	短期借款	8
应收票据及应收账款	15	应付票据及应付账款	30
存货	25	其他应付款	12
非流动资产		非流动负债	
固定资产	200	长期借款	150
无形资产	0	所有者权益	
		股本	60
		资本公积	10
		留存收益	30
资产总计	300	负债和所有者权益总计	300

根据上述资料进行甲公司吸收合并乙公司双方的会计处理，编制合并后甲公司的资产负债表，分析合并前后净资产的变化。

（1）双方的会计处理（简化）。

①乙公司注销净资产（假定固定资产原值为 2 600 000 元，累计折旧为 600 000 元）。

借：累计折旧	600 000
短期借款	80 000
应付账款等	300 000
其他应付款	120 000
长期借款	1 500 000
股本	600 000
资本公积	100 000
盈余公积、利润分配	300 000

贷：库存现金等货币资金　　600 000
　　应收账款等　　150 000
　　库存商品等存货　　250 000
　　固定资产　　2 600 000

②甲公司取得净资产。

借：库存现金等货币资金　　600 000
　　应收账款等　　150 000
　　库存商品等存货　　250 000
　　固定资产　　2 000 000
　贷：短期借款　　80 000
　　应付账款等　　300 000
　　其他应付款　　120 000
　　长期借款　　1 500 000
　　股本　　800 000
　　资本公积　　200 000

（2）合并后甲公司资产负债表如表 7-5 所示。

（3）合并前后净资产的变化。

①根据表 7-3、表 7-4 可知：

合并前两个公司资产总额合计 = 488+300 = 788（万元）

合并前两个公司负债总额合计 = 260+200 = 460（万元）

合并前两个公司所有者权益总额合计 = 228+100 = 328（万元）

②根据表 7-5，合并后甲公司资产总计为 788 万元，负债总计为 460 万元，所有者权益总计为 328 万元。

表 7-5　甲公司资产负债表

2020 年 1 月 1 日　　单位：万元

资产（年末数）		负债和所有者权益（年末数）	
		流动负债	
流动资产		短期借款	36
货币资金	160	应付票据及应付账款	48
应收票据及应收账款	20	其他应付款	26
存货	60	非流动负债	
非流动资产		长期借款	350
固定资产	540	所有者权益	
无形资产	8	股本	240
		资本公积	45
		留存收益	43
资产总计	788	负债和所有者权益总计	788

可见，甲公司对乙公司采用增发股票方式实施的吸收合并，并未增加合并后主体的资产和负债，所有者权益账面价值总额也没有变化。对于参与合并的同一控制下的两个公司而言，此项合并导致了所有者权益按账面价值的结合。

［例 7-5］以发行股票作为合并对价的控股合并。

沿用［例 7-4］的资料，假定 2020 年 1 月初甲公司对乙公司实施的是控股合并，取得乙公司全部股权。

根据上述资料进行甲公司控股合并乙公司的会计处理。

甲公司对企业合并事项的会计处理如下：

借：长期股权投资　　1 000 000
　贷：股本　　800 000
　　资本公积——股本溢价　　200 000

［例 7-6］以支付资产作为合并对价的吸收合并和 100%控股合并比较。

A 公司与 B 公司为甲公司的两个子公司。2019 年 6 月末，A 公司将账面价值 500 万元、公允价值 580 万元的库存商品和 100 万元的银行存款支付给甲公司，实施与 B 公司的合并。合并前 A 公司、B 公司净资产价值资料分别见表 7-6、表 7-7，假定在甲公司合并财务报表中 B 公司的所有者权益账面价值也等于 700 万元。

表 7-6　合并方净资产价值资料　　单位：万元

资产		权益	
项目	账面价值	项目	账面价值
货币资金	500	应付账款等	1 000
库存商品等	800	股本	1 000
固定资产	1 500	资本公积	380
		盈余公积	200
		未分配利润	220

表 7-7　被合并方净资产价值资料　　单位：万元

资产		权益	
项目	账面价值	项目	账面价值
原材料等	200	应付账款等	400
固定资产	900	股本	400
		资本公积	100
		盈余公积	50
		未分配利润	150

根据上述资料，按吸收合并和 100%控股合并两种情况分别进行合并日合并方的会计处理。

A 公司合并日确认合并事项的相关会计处理见表 7-8。

表 7-8　A 公司合并日确认合并事项的相关会计处理

吸收合并		控股合并	
借：原材料等	2 000 000	借：长期股权投资	7 000 000
固定资产	9 000 000	贷：库存商品	5 000 000
贷：应付账款等	4 000 000	银行存款	1 000 000
库存商品	5 000 000	资本公积	1 000 000
银行存款	1 000 000		
资本公积	1 000 000		

注：1 000 000＝（2 000 000+9 000 000−4 000 000）−（5 000 000+1 000 000）
　　1 000 000＝7 000 000−（5 000 000+1 000 000）

从［例 7-6］可以看出，无论是吸收合并还是控股合并，合并方由于取得的净资产（或股权）的账面价值 700 万元大于支付的资产账面价值 600 万元，这就使得 A 公司合并后净资产增加 100 万元，并导致确认了 100 万元的资本公积。

［**例 7-7**］非 100%控股的情形。

沿用［**例 7-6**］的资料，假定 A 公司只是取得了 B 公司 80%的股份，其他资料不变。

根据上述资料进行合并日合并方的会计处理。

合并日合并方的会计处理如下：

借：长期股权投资	5 600 000	
资本公积	400 000	
贷：库存商品		5 000 000
银行存款		1 000 000

［**例 7-8**］吸收合并时合并费用的处理。

沿用［**例 7-4**］的资料，假定甲公司为企业合并另付审计费用、评估费用、法律服务费用等各项直接相关费用 20 000 元，发行股票手续费 10 000 元。

根据上述资料进行合并日合并方的会计处理。

合并日甲公司有关企业合并的会计处理如下：

借：库存现金等货币资金	600 000	
应收账款等	150 000	
库存商品等存货	250 000	
固定资产	2 000 000	
管理费用	20 000	
贷：短期借款		80 000
应付账款等		300 000
其他应付款		120 000
长期借款		1 500 000
股本		800 000
库存现金等货币资金		30 000
资本公积——股本溢价		190 000

［**例 7-9**］控股合并时合并费用的处理。

沿用［**例 7-5**］的资料，假定甲公司为合并另付审计费用、评估费用、法律服务费用等各项直接相关费用 20 000 元，发行股票手续费 10 000 元。

根据上述资料进行合并日合并方的会计处理。

合并日甲公司有关控股合并的会计处理如下：

借：长期股权投资	1 000 000	
管理费用	20 000	
贷：股本		800 000
资本公积——股本溢价		190 000
库存现金等货币资金		30 000

三、分步实现企业合并的账务处理

企业通过多次交易分步取得同一控制下被投资单位的股权，最终形成企业合并的，应当判断多次交易是否属于"一揽子交易"①。属于"一揽子交易"的，合并方应当将各项交易作为一项取得控制权的交易进行会计处理。不属于"一揽子交易"的，取得控制权日，企业应按照以下步骤进行会计处理：

（一）分步实现的控股合并

（1）确定同一控制下企业合并形成的长期股权投资的初始投资成本。

以按持股比例计算的合并日应享有被合并方所有者权益账面价值的份额作为该项股权投资的初始投资成本。这里所谓的被合并方所有者权益账面价值，是指被合并方的所有者权益相对于最终控制方而言的账面价值。

（2）长期股权投资的初始投资成本与合并对价账面价值之间的差额的处理。

合并日长期股权投资的初始投资成本，与达到合并前的原股权投资账面价值加上合并日进一步取得股份而新支付对价的账面价值之和的差额，调整资本公积（股本溢价或资本溢价）。如需冲减资本公积，资本公积不足冲减的冲减留存收益。

（二）分步实现的吸收合并

企业通过多次投资分步实现同一控制下吸收合并的，按照前述同一控制下控股合并相同的原则进行处理。

（三）合并日之前持有的被合并方股权涉及其他综合收益的

原投资采用权益法核算或金融工具确认和计量准则核算而确认的其他综合收益，暂不进行会计处理，直至处置该项投资时采用与被投资单位直接处置相关资产或负债相同的基础进行会计处理（分别转入投资收益和留存收益）；原投资采用权益法核算而确认的被投资单位净资产中除净损益、其他综合收益和利润分配以外的所有者权益其他变动，暂不进行会计处理，直至处置该项投资时转入当期损益（投资收益）。

［**例7-10**］分步投资实现同一控制下的控股合并（原投资采用权益法核算）。

甲公司与乙公司在实现合并前即为同受A公司控制的两个公司。甲公司于2019年7月初用银行存款2 500万元取得乙公司20%的股份，当日乙公司可辨认净资产账面价值为9 800万元、公允价值为10 000万元。取得投资后甲公司派人参与乙公司的生产经营决策，对该投资采用权益法核算。2019年下半年乙公司实现净利润

---

① 各项交易的条款、条件以及经济影响符合以下一种或多种情况的，通常应将多次交易事项作为"一揽子交易"进行会计处理：

第一，这些交易是同时或者在考虑了彼此影响的情况下订立的。

第二，这些交易整体才能达成一项完整的商业结果。

第三，一项交易的发生取决于至少一项其他交易的发生。

第四，一项交易单独看是不经济的，但是和其他交易一并考虑时是经济的。

例如，A公司拟收购B公司90%的股权，总金额为9 000万元。A公司分2次交易，第1次，支付8 000万元，取得B公司50%的股权；第2次支付1 000万元，取得余下40%的股权。这两项交易属于"一揽子交易"，因为2次交易是相互关联、密不可分的。如果单独区分，8 000万元只得到50%的股权，A公司不会同意。如果花1 000万元取得B公司40%的股权，B公司也不会同意。A公司之所以能够在第2次以1 000万元取得40%的股权，是因为有第1次交易为前提。

1 500 万元，甲公司确认投资收益 300 万元（假定本例中投资时被投资方可辨认净资产公允价值与账面价值之差对权益法下投资收益的确定没有产生影响）。在此期间，乙公司未宣告发放现金股利或利润。2020 年 1 月，甲公司支付 6 800 万元进一步购入乙公司 40%的股份，从而因拥有乙公司 60%的表决权资本实现了与乙公司的合并。合并日乙公司可辨认净资产的账面价值为 11 300 万元、公允价值为 15 000 万元。假定乙公司净资产公允价值高于账面价值的差额属于固定资产的评估增值；甲、乙公司合并日乙公司在最终控制方 A 公司合并财务报表中的所有者权益账面价值为 11 300 万元。不考虑相关税费及其他会计事项。根据上述资料，进行甲公司的有关会计处理。

甲公司的有关会计处理如下：

（1）与个别财务报表有关的确认与计量。

①2019 年 7 月初甲公司进行股权投资。

借：长期股权投资——投资成本　　25 000 000

　贷：银行存款　　25 000 000

②2019 年甲公司确认投资收益。

借：长期股权投资——损益调整　　3 000 000

　贷：投资收益　　3 000 000

③2020 年 1 月甲公司追加投资。

借：长期股权投资　　68 000 000

　贷：银行存款　　68 000 000

④甲公司将此前持有的原投资由权益法转为成本法。

借：长期股权投资　　28 000 000

　贷：长期股权投资——投资成本　　25 000 000

　　　　　　　　　——损益调整　　30 00 000

⑤甲公司调整长期股权投资账面价值。

按初始投资成本与其原长期股权投资账面价值加上合并日进一步取得股份而新支付对价的账面价值之和的差额，调整资本公积。

合并日的初始投资成本 = 11 300×60% = 6 780（万元）

合并日长期股权投资的账面价值 = 2 500+300+6 800 = 9 600（万元）

应调整金额 = 9 600−6 780 = 2 820（万元）

调整分录编制如下：

借：资本公积　　28 200 000

　贷：长期股权投资　　28 200 000

至此，合并日甲公司对作为子公司的乙公司的长期股权投资账面余额为 6 780 万元。

（2）与合并日合并财务报表有关的会计处理见第八章。

［**例 7-11**］分步投资实现同一控制下的控股合并（原持有股权分类为以公允价值计量的金融资产）。

沿用［**例 7-10**］的资料，假定 2019 年 7 月初甲公司将对乙公司的股权投资分类为以公允价值计量且其变动计入其他综合收益的金融资产，且 2019 年年末该投资的公允价值为 2 510 万元。根据上述资料进行甲公司的会计处理。

甲公司的会计处理如下：

（1）2019 年 7 月初甲公司进行股权投资。

借：其他权益工具投资——成本　　25 000 000

　贷：银行存款　　25 000 000

（2）2019 年年末甲公司确认公允价值变动。

借：其他权益工具投资——公允价值变动　　100 000

　贷：其他综合收益　　100 000

（3）2020 年 1 月甲公司追加投资。

借：长期股权投资　　68 000 000

　贷：银行存款　　68 000 000

（4）甲公司将此前持有的投资进行转账。

借：长期股权投资　　25 100 000

　贷：其他权益工具投资——成本　　25 000 000

　　　　　　　　　　——公允价值变动　　100 000

（5）甲公司调整长期股权投资账面价值。

合并日的初始投资成本＝11 300×60%＝6 780（万元）

合并日长期股权投资的账面价值＝2 510+6 800＝9 310（万元）

应调整金额＝9 310−6 780＝2 530（万元）

调整分录编制如下：

借：资本公积　　25 300 000

　贷：长期股权投资　　25 300 000

至此，合并日甲公司对作为子公司的乙公司的长期股权投资账面余额为 6 780 万元。

四、同一控制下的企业合并涉及的或有对价

同一控制下的企业合并形成的控股合并，在确认长期股权投资初始投资成本时，应按照《企业会计准则第 13 号——或有事项》的规定，判断是否应就或有对价确认预计负债或确认资产以及确认的金额；确认预计负债或资产的，该预计负债或资产金额与后续或有对价结算金额的差额不影响当期损益，而应当调整资本公积（资本溢价或股本溢价），资本公积（资本溢价或股本溢价）不足冲减的，调整留存收益。

第三节　非同一控制下的企业合并的会计处理

一、确认与计量的基本要求

（一）购买方取得的可辨认净资产按其公允价值入账（吸收合并和新设合并），取得的长期股权投资按合并成本作为初始投资成本（控股合并）

就控股合并而言，非同一控制下的企业合并本质上为市场化购买，其处理原则与一般的单项资产购买有相同之处，同时亦有区别。相同之处在于因为交易本身是按照市场化原则进行的，购买方在支付有关对价后，对于该项交易中自被购买方取得的各项资产、负债应当按照其在购买日的公允价值计量。与单项资产购买的不同之处在于，企业合并是构成业务的多项资产及负债的整体购买，由于在交易价格形成过程中购买方与出售方之间议价等因素的影响，交易的最终价格与通过交易取得被购买方持有的单项资产、负债的公允价值之和一般存在差异。该差异主要是源于两种情况：一是购买方支付的成本大于通过该项交易自被购买方取得的各单项可辨认资产、负债的公允价值之和，差额部分是交易各方在作价时出于对被购买方业务整合获利能力等因素的考虑，即被购买方业务中有关资产、负债整合在一起预期会产生高于其中单项资产、负债的价值，即为商誉的价值。二是购买方支付的成本小于该项交易中自被购买方取得的各单项资产、负债的公允价值之和，差额部分是购买方在交易作价过程中通过自身的议价能力得到的折让。应当予以说明的是，按照我国企业会计准则的规定，对子公司长期股权投资在取得以后，在母公司账簿及个别财务报表中都体现为单项资产——长期股权投资，且采用成本法计量，上述商誉因素包含在相关对子公司长期股权投资的初始投资成本中，仅在编制合并财务报表时才会体现。负商誉的因素不影响母公司账面及个别财务报表中持有的对子公司初始投资成本的确定，在编制合并财务报表时，体现为企业合并发生当期合并利润表的损益。其实质是一项“交易”。购买交易中取得的资产、承担的负债或取得的股权，需要采用公允价值计量，而不应该采用账面价值计量。

（二）购买方合并成本的确定

1. 一般情况下企业合并成本的确定

企业合并成本包括购买方付出的资产、发生或承担的负债、发行的权益性证券的公允价值之和。这就意味着：一方面，购买方在合并中付出的资产（发生或承担的负债），其公允价值构成合并成本；另一方面，购买方在合并中付出的资产在按其账面价值予以注销（表示相关资产退出企业）的同时，需将相关资产公允价值与账面价值的差额，作为资产转让损益计入当期损益。

2. 非同一控制下企业合并涉及的或有对价

在某些情况下，企业合并各方可能在合并协议中约定，根据未来一项或多项或有事项的发生，购买方通过发行额外证券、支付额外现金或其他资产等方式追加合并对价，或者要求返还之前已经支付的对价，这将导致产生企业合并的或有对价问题。企业会计准则规定，购买方应当将合并协议约定的或有对价作为企业合并转移对价的一部分，按照其在购买日的公允价值计入企业合并成本。或有对价符合权益工具和金融负债定义的，购买方应当将支付或有对价的义务确认为一项权益或负债；符合资产定义并满足资产确认条件的，购买方应当将符合合并协议约定条件的、可收回的部分已支付合并对价的权利确认为一项资产。同时，购买日12个月内出现对购买日已存在情况的新的或进一步证据，需要调整或有对价的，购买方应当予以确认并对原计入合并商誉的金额进行调整。对于其他情况下发生的或有对价变化或调整，购买方应当区分情况进行会计处理：或有对价为权益性质的，购买方不进行会计处理；或有对价为资产或负债性质的，如果属于企业会计准则规定的金融工具，购买方应当以公允价值计量且其变动计入当期损益，不得指定为以公允价值计量且其变动计入其他综合收益的金融资产。

上述关于或有对价的规定，主要侧重于两个方面：一是在购买日应当合理估计或有对价并将其计入企业合并成本，购买日后12个月内取得新的或进一步证据表明购买日已存在状况，从而需要对企业合并成本进行调整的，购买方可以据以调整企业合并成本。二是无论是购买日后12个月内还是其他时点，如果是由于出现新的情况导致对原估计或有对价进行调整的，购买方不能再对企业合并成本进行调整。相关或有对价属于金融工具的，购买方应以公允价值计量，公允价值变动计入当期损益。上述会计处理的出发点在于对企业合并交易原则上确认和计量时点应限定为购买日，购买日以后视新的情况对原购买成本进行调整的，不能视为购买日的情况，因此不能据以对企业合并成本进行调整。

（三）合并商誉的确认与计量

购买方对合并成本与取得的被购买方可辨认净资产或股权的公允价值份额之间的差额，分别按以下两种情形进行处理：

1. 合并成本大于取得的可辨认净资产或股权的公允价值份额的差额，确认为合并商誉

企业合并交易中，购买方一方面要按公允价值对取得的被购买企业可辨认净资产或取得的被购买方股权份额进行入账；另一方面要按合并成本反映付出的合并对价的公允价值。这时，后者大于前者的差额，可能与被购买方的地理位置、产品品牌、员工素质、管理水平、市场潜力、企业合并的协同效应等各种对合并主体获利能力的影响因素有关。这就涉及合并商誉的确认问题。

（1）合并商誉的确认与初始计量。商誉是由不能分别辨认并单独确认的资产所形成的未来经济利益。目前，国际会计界尚没有确认和计量企业自创商誉的规范，只有企业合并才有可能确认合并商誉。根据《国际财务报告准则第3号——企业合并》（IFRS3）和《企业会计准则第20号——企业合并》的规定，购买方应当将合并成本超过合并中取得的被购买方可辨认净资产公允价值份额的差额，确认为商誉。

值得一提的是，不形成母子公司关系的企业合并交易，即吸收合并和新设合并，购买日购买方的账务处理中就能够单独确认商誉，从而在合并后存续企业的个别资产负债表中单项列示。形成母子公司关系的控股合并交易，因为合并日账务处理中作为长期股权投资的初始投资成本入账的合并成本中就包括商誉价值，所以在合并日购买方的个别资产负债表中商誉并未单独列报，而是包含在“长期股权投资”项

目中。在合并日合并资产负债表中才需要单独列报合并商誉。也就是说，如果企业的个别资产负债表中列有商誉，说明该商誉来自企业曾经对其他企业实施的吸收合并或新设合并；如果企业的合并资产负债表中列有商誉，意味着该商誉来自企业曾经对其他企业实施的控股合并。

（2）合并商誉的后续计量。企业合并形成的商誉，经初始确认为资产项目以后，不予以摊销，而是至少在每年年末进行减值测试，并确认相应的减值损失，然后按其成本扣除累计减值损失的金额予以计量①。

2. 合并成本小于取得的被购买方可辨认净资产的公允价值的差额，计入当期损益

根据第 20 号企业会计准则，非同一控制下的企业合并交易中，当购买方的合并成本小于取得的被购买方可辨认净资产的公允价值时，首先，要对产生该差额的有关因素进行复核，即一方面要对取得的被购买方各项可辨认资产、负债及或有负债的公允价值进行复核；另一方面要对购买方确定的合并成本进行复核。经过复核认定合并成本确实小于取得的被购买方可辨认净资产的公允价值之后，将其差额计入当期损益。这种方法与 IFRS3 的规定相同。

（四）合并费用的处理

合并方为进行非同一控制下企业合并而发生的审计费用、评估费用、法律服务费用等各项直接相关费用，应当于发生时计入当期损益（管理费用）。

合并方为进行企业合并发行的债券或承担其他债务支付的手续费、佣金等，应当计入所发行债券或其他债务的初始计量金额，即构成有关债务的入账价值的组成部分；合并方在企业合并中发行权益性证券发生的手续费、佣金等，应当抵减权益性证券溢价收入，溢价收入不足冲减的，冲减留存收益。

可见，对于合并方而言，无论是吸收合并、新设合并还是控股合并，其支付的评估审计、咨询等费用，都不影响吸收合并或新设合并取得的净资产的入账价值，也不影响控股合并取得的长期股权投资的初始投资成本，这与同一控制下企业合并是一致的。但合并方为发行证券（作为合并对价）支付的发行费用，虽然处理原则与同一控制下企业合并是相同的，但其结果却有区别。由于证券发行费用构成发行证券的入账价值的组成部分，从而影响合并成本，并进而影响控股合并时取得股权的入账价值或吸收合并与新设合并时确认的合并商誉（或“负商誉”）的价值。

（五）递延所得税的处理

非同一控制下的企业合并如按税法规定作为免税合并②处理的情况下，合并方要注意以下两个与递延所得税有关的问题：

（1）按照企业会计准则确认的合并商誉，其计税基础为零，由此产生了合并商誉账面价值大于计税基础的应纳税暂时性差异。根据企业会计准则的规定，该暂时

---

① 合并商誉的会计处理方法一般有三种：一是确认为永久性资产，不予摊销；二是确认为一项资产，并分期摊销；三是将合并商誉直接调整为并购当期的股东权益（留存收益）。目前，《企业会计准则第 20 号——企业合并》与《国际财务报告准则第 3 号——企业合并》（IFRS3）一致，摈弃了原来采用分期摊销的方法。2019 年 1 月 7 日，财政部会计准则委员会称会计准则咨询委员大部分同意商誉进行摊销，而不是减值测试。

② 免税合并是指被合并方的资产、负债在并入合并方时，依照税法的有关规定，按照原资产、负债的账面价值“转让”，不产生转让所得，不计算缴纳所得税。因此，这些资产、负债并入合并方时，应当按照原账面价值作为计税基础。

性差异的未来纳税影响不应予以确认，即不确认与该商誉的暂时性差异有关的递延所得税负债。

（2）按照企业会计准则的规定将取得的被购买方可辨认净资产按公允价值进行初始计量，但其计税基础却等于原计税基础，由此导致的暂时性差异的纳税影响要予以确认，并调整合并商誉。

二、一次投资实现企业合并的账务处理

非同一控制下企业合并时，合并方账务处理的基本思路归纳如下：

（一）吸收合并与新设合并

1. 支付资产实施的企业合并

（1）支付货币资金、出让货物实施合并时。

借：有关资产账户	[取得的被合并方资产公允价值]	A
商誉	[C 大于（A-B）]	D1
贷：有关负债账户	[承担的被合并方负债公允价值]	B
银行存款、主营业务收入	[支付的合并对价的公允价值]	C
营业外收入	[C 小于（A-B）]	D2

（2）出让固定资产等实施合并时

借：有关资产账户	[取得的被合并方资产公允价值]	A
商誉	[C 大于（A-B）]	D1
贷：有关负债账户	[承担的被合并方负债公允价值]	B
固定资产清理 　　　无形资产等 　　　资产处置损益等	[支付的合并对价的公允价值]	C
营业外收入	[C 小于（A-B）]	D2

2. 发行权益性证券实施的企业合并

借：有关资产账户	[取得的被合并方资产公允价值]	A
商誉	[（C+D+E）大于（A-B）]	F1
贷：有关负债账户	[承担的被合并方负债公允价值]	B
股本	[发行证券的面值总额]	C
资本公积	[发行证券的溢价-手续费等]	D
银行存款等	[实际发生的手续费等]	E
营业外收入	[（C+D+E）小于（A-B）]	F2

3. 承担债务实施的企业合并

借：有关资产账户	[取得的被合并方资产公允价值]	A
商誉	[（C+D+E）大于（A-B）]	F1
贷：有关负债账户	[承担的被合并方负债公允价值]	B
应付债券——面值	[发行债券的面值]	C
——利息调整	[发行债券的溢价-手续费等]	D
银行存款等	[实际发生的手续费等]	E
营业外收入	[（C+D+E）大于（A-B）]	F2

注意：如有折价，企业将折价与手续费之和借记“应付债券——利息调整”科目，下同。

（二）控股合并

1. 支付资产实施的企业合并

借：长期股权投资		B=A
贷：库存现金、主营业务收入等		A

2. 发行权益性证券实施的企业合并

借：长期股权投资	[A+B+C]	D
贷：股本	[发行证券的面值总额]	A
资本公积	[发行证券的溢价-手续费等]	B
银行存款等	[实际发生的手续费等]	C

3. 承担债务实施的企业合并

借：长期股权投资	[A+B+C]	D
贷：应付债券（面值）	[发行债券的面值]	A
应付债券（利息调整）	[发行债券的溢价-手续费等]	B
银行存款等	[实际发生的手续费等]	C

无论是吸收合并、新设合并还是控股合并，企业发生的评估、审计、咨询等费用都需要进行如下账务处理：

借：管理费用

　贷：银行存款等

[例 7-12] 没有合并费用时合并成本的计算。

A 企业在与 B 企业的合并交易中，用账面价值 500 万元、公允价值 600 万元的库存商品和 300 万元的货币资金购买 B 企业的 100%控制权。其他资料略。计算 A 企业的合并成本。

A 企业的合并成本计算如下：

A 企业确认的合并成本=600+300=900（万元）

A 企业确认的资产转让收益=600-500=100（万元）

A 企业确认的长期股权投资初始成本=900（万元）

[例 7-13] 发生合并费用时合并成本的计算。

沿用［**例 7-12**］的资料，假定在企业并购交易中 A 企业用银行存款支付 3 万元的评估费用等合并费用。计算 A 企业的合并成本。

A 企业的合并成本计算如下：

A 企业确认的合并成本=600+300=900（万元）

A 企业确认的资产转让收益=600-500=100（万元）

A 企业确认的长期股权投资初始成本=900（万元）

此项合并交易的确认对 A 企业合并当年税前利润的影响额=100-3=97（万元）

[例 7-14] 计入合并成本的预计负债。

沿用［**例 7-13**］的资料，假设合并协议中约定，如果 B 企业在合并后两年内每年实现的净利润均超过 500 万元，A 企业就在原购买出价的基础上另付 5%的价款。

A 企业根据对已有信息的分析，认为 B 企业今后两年各年实现的净利润很可能超过 500 万元。计算 A 企业的合并成本。

A 企业的合并成本计算如下：

A 企业确认的合并成本 =（600+300）×105% = 945（万元）

［**例 7-15**］调整合并成本。

A 企业与 B 企业为非同一控制下的两个企业。2019 年 6 月末，A 企业用账面价值 500 万元、公允价值 580 万元的库存商品和 300 万元的银行存款实施与 B 企业的吸收合并。在合并日，B 企业净资产账面价值资料见表 7-9。由于当时无法及时准确地确定 B 企业各项资产、负债的公允价值，A 企业按 B 企业资产、负债的账面价值作为暂时价值对企业合并交易进行确认。2019 年 12 月末，B 企业固定资产的公允价值应为 1 000 万元。假设 A 企业合并 B 企业后，对合并进来的固定资产采用直线法按 10 年计提折旧。相关税费略。

表 7-9　B 企业（被购买方）净资产账面价值资料　　单位：万元

资产		负债及股东权益	
项目	账面价值	项目	账面价值
原材料等	200	应付账款等	400
固定资产	900	股本	400
		资本公积	100
		盈余公积	50
		未分配利润	150

根据上述资料进行 A 企业的账务处理。

A 企业有关账务处理见表 7-10。

表 7-10　A 企业有关账务处理

2019 年 6 月 30 日确认合并交易		2019 年 12 月 31 日调整合并成本	
借：原材料等	2 000 000	借：固定资产	1 000 000
固定资产	9 000 000	贷：商誉	1 000 000
商誉	1 800 000	同时，补提有关固定资产的折旧：	
贷：应付账款等	4 000 000	借：管理费用等	50 000
主营业务收入	5 800 000	贷：累计折旧	50 000
银行存款	3 000 000		
借：主营业务成本	5 000 000		
贷：库存商品	5 000 000		

［**例 7-16**］合并成本大于取得的被购买方可辨认净资产或股权的公允价值份额的情况。

沿用［**例 7-15**］的资料，假定购买日 B 企业净资产公允价值为 800 万元，超过账面价值的 100 万元为固定资产评估增值，即固定资产的公允价值为 1 000 万元。

根据上述资料，按吸收合并和控股合并两种情况分别进行购买日购买方的账务处理。

A 企业在购买日进行的账务处理见表 7-11。

表 7-11　A 企业在购买日进行的账务处理

吸收合并			控股合并		
借：原材料等	2 000 000		借：长期股权投资	8 800 000	
固定资产	10 000 000		贷：主营业务收入		5 800 000
商誉	800 000		银行存款		3 000 000
贷：应付账款等		4 000 000	借：主营业务成本	5 000 000	
主营业务收入		5 800 000	贷：库存商品		5 000 000
银行存款		3 000 000			
借：主营业务成本	5 000 000				
贷：库存商品		5 000 000			

注：800 000=(5 800 000+3 000 000)-(2 000 000+10 000 000-4 000 000)

［**例 7-17**］合并成本小于取得的被购买方可辨认净资产或股权的公允价值份额的情况。

假定 2019 年 6 月末 A 企业用发行 600 万股普通股的方式合并 B 企业，发行的股票每股面值为 1 元、市场价格为 1.3 元，另付手续费 6 万元。购买日 B 企业净资产价值资料参见［**例 7-15**］。

根据上述资料，按吸收合并和控股合并两种情况分别进行购买方的账务处理。

A 企业购买日进行的账务处理见表 7-12。

表 7-12　A 企业购买日进行的账务处理

吸收合并			控股合并		
借：原材料等	2 000 000		借：长期股权投资	7 800 000	
固定资产	10 000 000		贷：股本		6 000 000
贷：应付账款等		4 000 000	资本公积——股本溢价		1 740 000
股本		6 000 000	银行存款		60 000
资本公积——股本溢价		1 740 000			
银行存款		60 000			
营业外收入		200 000			

注：1 740 000=6 000 000×（1.30-1.00）-60 000，手续费抵减发行溢价。

［**例 7-18**］与企业合并有关的递延所得税问题。

A 企业与 B 企业为非同一控制下的两个企业。2019 年 6 月末，A 企业用自身股票作为合并对价实施与 B 企业的吸收合并。A 企业向 B 企业股东发行本公司普通股 700 万股，每股面值 1 元，市场价格 1.2 元。在合并日，B 企业净资产账面价值资料见表 7-9，公允价值为 800 万元，超过账面价值的 100 万元为固定资产评估增值，即固定资产的公允价值为 1 000 万元。企业适用的企业所得税税率为 25%。假定此项合并符合税法规定的免税合并条件。

根据上述资料，进行 A 公司合并日确认企业合并的账务处理。

A 公司购买日确认企业合并的账务处理如下：

借：原材料等 2 000 000
　　固定资产 10 000 000
　　商誉 650 000
　贷：应付账款等 4 000 000
　　　股本 7 000 000
　　　资本公积 1 400 000
　　　递延所得税负债（1 000 000×25%） 250 000

三、分步投资实现企业合并的账务处理

（一）购买日的确定

如果企业合并是通过多次股权投资交易分步实现的，交易日是各单项投资在购买方财务报表中确认之日，购买日则是获得控制权之日。也就是说，每一单项交易发生之日并不一定就是购买日，购买日应是多次交易之后实现控制权转移之日。

（二）初始投资成本的确定

通过多次投资交易分步实现的企业合并，购买日改按成本法核算的长期股权投资的初始投资成本等于购买日之前持有的被购买方的股权投资账面价值与购买日新增股权投资成本之和。

（三）账务处理思路

根据上面的分析，购买方在购买日应按照以下步骤对合并交易进行确认：

（1）购买方在购买日之前持有的对被购买方的投资，原采用权益法核算的，账面价值保持不变；在购买日之前持有的对被购买方的投资，原采用《企业会计准则第 22 号——金融工具确认和计量》进行会计处理的（其他权益工具投资及交易性金融资产），将账面价值调整至公允价值，公允价值与账面价值之间的差额分别计入留存收益和当期损益。

（2）购买方在购买日之前持有的对被购买方的投资，因采用权益法而确认的其他综合收益，应当在处置该项投资时采用与被购买方为直接处置相关资产或负债相同的基础进行会计处理（视可否结转损益，而分别转入投资损益和留存收益）。购买方因被投资单位除净损益、其他综合收益和利润分配以外的其他所有者权益变动而确认的所有者权益（资本公积——其他资本公积），应在处置该项投资时转入当期损益（投资收益）。购买方在购买日之前持有的对被购买方的投资作为按公允价值计量且其变动计入其他综合收益的金融资产核算的，原计入其他综合收益的累计公允价值变动应当在改按成本法核算时转入留存收益（盈余公积和未分配利润）。

（3）购买方在购买日追加的投资，按购买日支付的合并对价的公允价值计量，并将该新增投资成本与购买日之前持有的对被购买方的股权投资账面价值之和，作为购买日的初始投资成本，报告长期股权投资。

购买日与合并财务报表有关的账务处理参见第八章。

［**例 7-19**］分步投资实现控股合并（原投资为权益法核算的长期股权投资）。

沿用［**例 7-10**］的资料，假设甲公司与乙公司在实现合并前为非同一控制下的

两个公司，其他资料不变。根据上述资料进行甲公司与个别财务报表有关的账务处理。

甲公司与个别财务报表有关的账务处理如下：

（1）2019 年 7 月初，甲公司进行股权投资。

借：长期股权投资——投资成本　　25 000 000

　贷：银行存款　　25 000 000

（2）2019 年，甲公司确认投资收益。

借：长期股权投资——损益调整　　3 000 000

　贷：投资收益　　3 000 000

（3）2020 年 1 月，甲公司追加投资（购买日）。

借：长期股权投资　　68 000 000

　贷：银行存款　　68 000 000

（4）甲公司将权益法核算的长期股权投资结转为成本法核算的长期股权投资。

借：长期股权投资　　28 000 000

　贷：长期股权投资——投资成本　　25 000 000

　　　长期股权投资——损益调整　　3 000 000

至此，购买日甲公司对作为子公司的乙公司的长期股权投资初始成本为 9 600 万元。

［**例 7-20**］分步投资实现控股合并（原投资为其他权益工具投资）。

沿用［**例 7-10**］的资料，假定 2019 年 7 月初甲公司将对乙公司的股权投资分类为以公允价值计量且其变动计入其他综合收益的金融资产，且 2019 年年末该投资的公允价值为 2 510 万元。其他资料不变。根据上述资料进行甲公司与个别财务报表有关的账务处理。

甲公司与个别财务报表有关的账务处理如下：

（1）2019 年 7 月初，甲公司进行股权投资。

借：其他权益工具投资——成本　　25 000 000

　贷：银行存款　　25 000 000

（2）2019 年年末，甲公司确认公允价值变动。

借：其他权益工具投资——公允价值变动　　100 000

　贷：其他综合收益　　100 000

（3）2020 年 1 月，甲公司追加投资。

借：长期股权投资　　68 000 000

　贷：银行存款　　68 000 000

（4）甲公司将此前持有的投资转换为长期股权投资。

借：长期股权投资　　25 100 000

　贷：其他权益工具投资——成本　　25 000 000

　　　　　　　　　　——公允价值变动　　100 000

（5）甲公司将原累积的其他综合收益进行重分类（假定甲公司按净利润的 10% 提取盈余公积）。

借：其他综合收益　　100 000

　贷：盈余公积　　10 000

　　　利润分配——未分配利润　　90 000

至此，购买日甲公司对作为子公司的乙公司的长期股权投资初始成本为 9 310 万元。

四、被购买方可辨认净资产公允价值的确定

被购买方可辨认净资产的公允价值是指合并中取得的被购买方可辨认资产的公允价值减去负债及或有负债公允价值后的余额。

（一）公允价值的确定方法

（1）货币资金按照购买日被购买方的原账面价值确定。

（2）有活跃市场的股票、债券、基金等金融工具，按照购买日活跃市场中的市场价值确定。

（3）应收款项、短期应收款项，一般按应收取的金额作为公允价值；长期应收款项应以适当的利率折现后的现值确定其公允价值。在确定应收款项的公允价值时，企业要考虑发生坏账的可能性及收款费用。

（4）存货、产成品和商品按其估计售价减去估计的销售费用、相关税费以及购买方出售类似的产成品或商品可能实现的利润确定；在产品按完工产品的估计售价减去至完工仍将发生的成本、预计销售费用、相关税费以及基于同类或类似产成品的基础估计的出售可能实现的利润确定；原材料按现行重置成本确定。

（5）不存在活跃市场的金融工具，如权益性投资等，应当参照《企业会计准则第 22 号——金融工具确认和计量》等，采用估值技术确定其公允价值。

（6）房屋建筑物、机器设备、无形资产，存在活跃市场的，应以购买日的市场价格确定其公允价值；不存在活跃市场的，但同类或类似资产存在活跃市场的，应参照同类或类似资产的市场价格确定其公允价值；同类或类似资产也不存在活跃市场的，应按照估值技术确定其公允价值。

采用估值技术确定的公允价值估计数的变动区间很小，或者在公允价值估计数变动区间内，各种用于确定公允价值估计数的概率能够合理确定的，视为公允价值能够可靠计量。

（7）应付账款、应付票据、应付职工薪酬、应付债券、长期应付款，其中的短期负债，一般按照应支付的金额确定其公允价值；长期负债应当按照适当的折现率折现后的现值作为其公允价值。

（8）企业取得的被购买方的或有负债，其公允价值在购买日能够可靠计量的，应确认为预计负债。此项负债应当按照假定第三方愿意代购买方承担该项义务，就其所承担义务需要购买方支付的金额作为其公允价值。

（9）递延所得税资产和递延所得税负债。对于企业合并中取得的被购买方各项可辨认资产、负债及或有负债的公允价值与其计税基础之间存在差额的，企业应当按照《企业会计准则第 18 号——所得税》的规定确认相应的递延所得税资产或递延所得税负债，确认的递延所得税资产或递延所得税负债的金额不应折现。

（二）购买方将被购买方可辨认净资产公允价值单独予以确认的条件

对被购买方各项可辨认资产、负债以及或有负债，符合以下条件的，购买方应当单独予以确认：

（1）合并中取得的被购买方除无形资产以外的其他各项资产（不仅限于被购买方原已确认的资产），其带来的未来经济利益预计能够流入企业且公允价值能够可靠计量的，企业应当按照公允价值确认。合并中取得的无形资产，其公允价值能够可靠计量的，企业应当单独确认为无形资产并以公允价值计量。

（2）合并中取得的被购买方除或有负债以外的其他各项负债，履行有关的义务很可能导致经济利益流出企业且公允价值能够可靠计量的，企业应当按照公允价值确认。

（3）合并中取得的被购买方或有负债，其公允价值能够可靠计量的，企业应当按照公允价值单独确认为负债。

第四节　企业合并的会计信息列报

一、表内列示

表内列示主要表现在企业合并形成的净资产或股权在个别财务报表中的列示。

二、表外披露

《企业会计准则第20号——企业合并》将企业合并分为同一控制下的企业合并和非同一控制下的企业合并，要求合并方（购买方）在合并当期报表附注中披露有关信息。

（一）同一控制下的企业合并

（1）参与合并企业的基本情况。

（2）属于同一控制下企业合并的判断依据。

（3）合并日的确定依据。

（4）以支付现金、转让非现金资产以及承担债务作为合并对价的，所支付对价在合并日的账面价值；以发行权益性证券作为合并对价的，合并中发行权益性证券的数量及定价原则以及参与合并各方交换有表决权股份的比例。

（5）被合并方的资产、负债在上一会计期间资产负债表日及合并日的账面价值，被合并方自合并当期期初至合并日的收入、净利润、现金流量等情况。

（6）合并合同或协议约定将承担被合并方或有负债的情况。

（7）被合并方采用的会计政策与合并方不一致所做调整情况的说明。

（8）合并后已处置或准备处置被合并方资产、负债的账面价值和处置价格等。

（二）非同一控制下的企业合并

（1）参与合并企业的基本情况。

（2）购买日的确定依据。

（3）合并成本的构成及其账面价值、公允价值以及公允价值的确定方法。

（4）被购买方各项可辨认资产、负债在上一会计期间资产负债表日及购买日的账面价值和公允价值，企业合并中取得的被购买方无形资产的公允价值及公允价值的确定方法。

（5）合并合同或协议约定将承担被购买方或有负债的情况。

（6）被购买方自合并日起至报告期期末的收入、净利润、现金流量等情况。

（7）商誉的金额及其确定方法。

（8）因合并成本小于合并中取得的被购买方可辨认净资产公允价值的份额计入当期损益的金额。

（9）合并后已处置或准备处置被购买方资产、负债的账面价值和处置价格等。

□思考题

1. 什么是企业合并？
2. 什么是同一控制下的企业合并？什么是非同一控制下的企业合并？
3. 什么是吸收合并、新设合并和控股合并？
4. 如何理解购买法、权益结合法的基本内容？
5. 如何理解中国现行企业会计准则对企业合并的会计处理规范？

第八章
合并财务报表

【学习目标】

通过本章的学习，学生应了解合并财务报表的合并范围，掌握合并财务报表的编制程序及原理，能够编制合并资产负债表、合并利润表、合并所有者权益变动表和合并现金流量表的抵销分录，能够正确编制合并资产负债表、合并利润表、合并所有者权益表和合并现金流量表。

第一节　合并财务报表概述

一、合并财务报表的含义

（一）合并财务报表的概念

合并财务报表（或称合并报表）是指反映母公司和其全部子公司形成的企业集团整体的财务状况、经营成果和现金流量情况的财务报表。

控股合并以后，母公司及其所属的子公司各自仍为独立的法人实体，因此仍应单独编制各自的财务报表。但是控股合并形成的企业集团还应对外公开报告企业集团整体的财务信息，以便于母公司及企业集团的投资者、债权人和其他报表使用者了解企业集团整体的资源总量及其来源，了解企业集团整体对外交易的经营成果。因此，企业集团还要编制合并财务报表。

合并财务报表的特点主要从合并财务报表与个别财务报表（或称个别报表）和与汇总财务报表相比较两个方面来看。

相对于个别财务报表，合并财务报表有如下特点：

（1）反映的对象不同。合并财务报表以企业集团这一非法律主体为会计主体，反映该主体的财务会计信息；个别财务报表则只反映既是法律主体又同时是会计主体的单个企业的财务会计信息。

（2）编制主体不同。合并财务报表由企业集团的控股公司或母公司编制，个别财务报表由各单个企业自行编制。

（3）编制基础不同。合并财务报表以个别财务报表为基础，个别财务报表由各单个企业系统的会计账簿记录资料作为编制基础。

（4）编制方法不同。合并财务报表要采用工作底稿这一特殊手段，并在工作底稿中编制调整与抵销分录，对个别财务报表数据进行加总、抵销、调整，整理出合并数，据以填列合并财务报表；个别财务报表根据系统的账簿记录，直接或间接计算填列各报表项目。

合并财务报表与汇总财务报表比较，在编制目的、编制主体、确定编报范围的依据以及编制方法上有所不同。

（二）合并财务报表与投资的关系

合并财务报表与投资有关，但投资并不一定必须编制合并财务报表。

短期投资（如为交易目的而持有的投资）的目的决定了投资企业并不成为经济意义上的一体，投资企业不会对被投资企业实施控制，而只是将暂时闲置的资金用来谋求一定的投资收益。短期投资不可能也没有必要要求投资企业编制合并财务报表。

长期债权投资情况下不需要编制合并财务报表。长期债权投资的投资者是被投资者的债权人而不是股权拥有者，这就决定了投资企业与被投资企业并不构成一个经济整体。两个互为独立的经济主体只需各自编报反映自身财务状况、经营成果和现金流量信息的个别财务报表即可。

长期股权投资按投资企业对被投资企业的影响不同分为三种情况：控制、共同控制、重大影响。

根据我国企业会计准则的规定，当投资企业对被投资企业能够实施控制（无论是直接控制还是间接控制），投资双方构成一个经济意义上的整体时，才需要编制反映这一经济整体财务状况、经营成果和现金流量信息的合并财务报表。

可见，编制合并财务报表的前提是存在长期股权投资，但合并财务报表的编制与否最终取决于投资企业与被投资企业是否存在控制与被控制关系。

（三）合并财务报表与企业合并方式的关系

合并财务报表与企业合并有必然的联系，但是并非每一种合并方式下都需要编制合并财务报表。

合并财务报表的编制与否与企业合并是否属于同一控制下的合并无关，而与企业合并的法律结果有关。在吸收合并情况下，合并前的两个或多个企业被其中一个企业合并，被合并方均不复存在，在合并后只有一个独立的法律主体和会计主体，这时显然不存在编制合并财务报表问题；在新设合并情况下，合并前的两个或多个企业共同组成一个新的企业，这时当然也不必编制合并财务报表；只有在控股合并情况下，合并方与被合并方仍各为独立的法律主体和会计主体，而作为合并后的企业集团这一经济意义上的整体来说，为了反映其总体的财务状况、经营成果和现金流量，需要编制合并财务报表。

（四）合并财务报表的局限性

合并财务报表的局限性主要表现在以下几个方面：

（1）纳入合并范围的只是母公司及其能够实施控制的子公司，不包括企业集团中的母公司对其权益性资本在半数以下的、不能对其实施控制但能对其施加重大影响的被投资公司，这就不能全面反映企业集团整体的、完整的财务信息。

（2）多元化经营的企业集团，由于子公司行业不同、经营范围各异，必然影响合并财务报表信息的可理解性和相关性。

（3）对于跨国企业集团而言，由于境外子公司个别财务报表的外币折算采用的汇率不同，加上各国通货膨胀程度各异，合并财务报表的相关性受到影响。

（4）对于需要了解特定公司、特定信息的报表使用人来讲，合并财务报表不能提供企业集团中具体个体的偿债能力、股利支付能力和获利能力等有用信息。因此，合并财务报表的局限性使得分部报告、关联方关系及其交易的披露成为必然。

二、合并财务报表的种类

（一）按编制时间及目的不同进行分类

合并财务报表按编制时间及目的不同，分为合并日合并财务报表和合并日后合并财务报表两类。

合并日合并财务报表是指取得控制权当天编制的合并财务报表。编制合并日合并财务报表，是企业股权取得日的重要会计事项之一。同一控制下的企业合并，母公司在合并日编制的合并财务报表包括资产负债表、期初至合并日的合并利润表和合并现金流量表；非同一控制下的企业合并，母公司在购买日只编制资产负债表。

合并日后合并财务报表是指控股合并日后的每一个资产负债表编制的合并财务报表。同合并日相比，合并日以后的各报告期内发生了投资收益的确认、内部交易、股利分配等许多控股权取得日不曾有的经济事项，对与之相关的会计报表数据进行抵销和调整，就构成了合并日后合并财务报表工作底稿中与合并日合并财务报表工作底稿不同的内容。

（二）按反映的具体内容不同进行分类

合并财务报表按反映的具体内容不同，分为合并资产负债表、合并利润表、合并所有者权益变动表、合并现金流量表以及附注。

合并资产负债表是由母公司编制的，反映报告期末企业集团整体的资产、负债和股东权益情况的报表。

合并利润表是由母公司编制的，反映报告期内企业集团整体的经营成果情况的报表。

合并所有者权益变动表是由母公司编制的，反映报告期内企业集团整体所有者权益变动情况的报表。

合并现金流量表是由母公司编制的，反映报告期内企业集团整体的现金流入、现金流出数量及增减变动情况的报表。

三、合并范围的确定

（一）合并范围的确定原则

合并范围是指可纳入合并财务报表的主体范围。正确界定合并范围是编制合并财务报表的重要前提。企业会计准则如何界定合并范围，对于完善合并会计理论体系、避免合并财务报表实务中的主观随意性、提高合并财务报表信息的相关性，都具有重要意义。

《企业会计准则第 33 号——合并财务报表》规定，合并财务报表的合并范围应当以控制为基础加以确定。该准则同时还规定，母公司应当将其全部子公司纳入合并财务报表的合并范围（母公司是投资性主体时可能会有例外）。这就意味着解决合并范围的关键是要正确理解控制的含义与判断标准，正确理解母公司、子公司的概念。

（二）母公司、子公司的概念

母公司是指控制一个或一个以上主体（含企业、被投资单位中可分割的部分以及企业所控制的结构化主体等）的主体。子公司是指被母公司控制的主体。

投资方通常应当对是否控制被投资方整体进行判断。因此，通常情况下子公司是投资方控制的企业主体。但在极个别情况下，子公司可能是投资方控制的被投资方中可分割的部分。当有确凿证据表明同时满足下列条件并且符合相关法律法规规定的，投资方应当将被投资方的一部分视为被投资方可分割的部分（单独主体），进而判断是否控制该部分（单独主体）：

（1）该部分的资产是偿付该部分负债或该部分其他权益的唯一来源，不能用于偿还该部分以外的被投资方的其他负债。

（2）除与该部分相关的各方外，其他方不享有与该部分资产相关的权利，也不享有与该部分资产剩余现金流量相关的权利。

根据《国际财务报告准则第 10 号——合并财务报表》（IFRS10）的规定，在某些情况下，投资者可能通过法律和合同安排拥有对特定一组资产和负债（被投资者的一部分）的权益。在某些司法管辖区，法人主体被划分为若干部分［通常被称为“分支”（silo）］。这种情况产生了在进行合并评估时是否有可能仅将被投资者的个别分支或部分（而非整个法人主体）视为一个单独主体的问题。确定是否存在分支应基于个别分支实质上是否可以与被投资者整体单独区分开来或“划清界线”。如果被投资者的一部分在经济上可以与被投资者整体单独区分开来，并且投资者控制了被投资者的该部分，则该部分应被视为投资者的子公司。

投资方控制的结构化主体也属投资方的子公司。结构化主体是指被设计为表决权或类似权利并非决定该主体控制方的主导因素的主体。例如，证券化载体、资产抵押融资以及某些投资基金等。

（三）控制的基本内涵

控制是指投资方拥有对被投资方的权利，通过参与被投资方的相关活动而享有可变回报，并且有能力运用被投资方的权利影响其回报金额。

1. 控制的三要素

正确进行控制的判断，必须注意到控制概念涉及的以下三个相关要素：

（1）主导被投资方的权利。该权利最常见的产生方式是通过权益工具授予的表决权，但也可以通过其他合同安排产生。表决权的有无，是判断有无控制的关键。

（2）通过参与被投资方的相关活动取得可变回报的权利。这里的相关活动是指对被投资方的回报产生重大影响的活动，通常包括购买和出售商品或服务、管理金融资产、购买和处置资产、研发活动以及融资活动等。这里的可变回报是指投资方自被投资方取得的回报可能会随着被投资方业绩的变化而变动。采用术语“回报”（而非“利益”）以明确面临的被投资者的经济风险可以是正面的、负面的或两者兼有的。参与被投资者的相关活动所取得的回报，如对主体投资的价值变动、结构化主体现金流量中的剩余权益、股利、利息、管理费或服务费安排、担保、税务利益、其他权益持有人可能无法获得的任何其他回报。尽管某些经济权益可能是固定的（例如，债务工具固定的票息或基于管理资产的固定的资产管理费），其仍可能会导致可变的回报，因为投资者仍然面临诸如债务工具信用风险和资产管理安排的不履约风险等的变动风险。

（3）利用对被投资方的权利影响可变回报的能力。这一控制要素考虑了前两项控制要素之间的相互关系。为控制被投资者，投资者必须不仅具有主导被投资者的权利和因参与被投资者的相关活动而面临可变回报的风险或取得可变回报的权利，而且要有能力利用对被投资者的权利影响被投资者的回报。

在判断投资方是否控制被投资方时，如果投资方同时具备以上三项要素，则可以认定投资方能够控制被投资方。

投资方应在综合考虑所有相关事实和情况的基础上对是否控制被投资方进行判断。一旦相关事实和情况的变化导致对控制的定义涉及的相关要素发生变化的，投资方应当进行重新评估。这里的相关事实和情况主要包括：被投资方的设立目的，被投资方的相关活动及如何做出有关此类活动的决策，投资者拥有的使其在当前主导相关活动、投资者是否通过参与被投资方相关活动而享有可变回报的权利，投资者是否具有能力运用对被投资者的权利影响投资者回报金额以及投资方与其他方的关系。

2. 投资方对被投资方拥有权利的一般标志

前已述及，权利最常见的产生方式是通过权益工具授予的表决权，但也可以通过其他合同安排产生。

除非有确凿证据表明其不能主导被投资方的相关活动，下列情况表明投资方对被投资方拥有权利：

（1）投资方持有被投资方半数以上的表决权。

（2）投资方持有被投资方半数或以下的表决权，但通过与其他表决权持有人的协议能够控制半数以上表决权。

表决权是指对被投资单位经营计划、投资方案、年度财务预算和决算方案、利润分配方案和亏损弥补方案、内部管理机构的设置、聘任或解聘公司经理及其报酬、公司的基本管理制度等事项持有的表决权，不包括应由股东大会（或股东会）行使的修改公司章程、增加或减少注册资本、发行公司债券以及公司合并、分立、解散或变更公司形式等事项持有的表决权。表决权比例通常与出资比例一致，除非公司章程另有规定。

投资方拥有被投资方半数以上的表决权的方式，包括直接拥有、间接拥有、直接和间接合计拥有三种方式。例如，A 公司拥有 B 公司 90%的表决权，B 公司拥有 C 公司 80%的表决权，则 A 公司直接拥有 B 公司半数以上的表决权、间接拥有 C 公司半数以上的表决权，B 公司直接拥有 C 公司半数以上表决权。又如，E 公司拥有 F 公司 90%的表决权，直接拥有 G 公司 30%的表决权，F 公司直接拥有 G 公司 50%的表决权，则 E 公司直接拥有 F 公司半数以上的表决权，直接加间接合计拥有 G 公司半数以上的表决权。

确定直接加间接合计拥有的被投资单位表决权的比例通常有以下两种计算方法：

一种是乘法，另一种是加法。以上述 E、F、G 公司为例，间接表决权比例按乘法计算，E 公司间接持有 G 公司 45%的表决权（90%×50%），直接加间接合计持有 75%的表决权。按加法计算，E 公司间接持有 G 公司 50%的表决权，直接加间接合计持有 G 公司 80%的表决权。

按照我国现行企业会计准则的有关规范，企业在确定对间接持股的被投资单位的表决权比例时，不采用乘法而是采用加法。

（3）投资方持有半数或半数以下的表决权，但对被投资方拥有权利的其他情形。

有时投资者仅持有半数或半数以下的表决权，但综合考虑下列事实和情况后，判断投资方持有的表决权足以使其目前有能力主导被投资方相关活动的，视为投资方对被投资方拥有权利：

①投资方持权份额大小以及其他投资方持权的分散程度高低。

②投资方和其他投资方持有被投资方潜在表决权。

③其他合同安排产生的权利。

④被投资方以往的表决权行使情况等。

3. 判断投资方对被投资方是否拥有主导权利的其他情形

（1）需要根据单方面主导被投资方相关活动的证据来判断是否拥有对被投资方的权利的情形。

在某些情况下，投资方可能难以判断其享有的权利是否足以使其拥有对被投资方的权利，这时投资方应考虑其具有实际能力以单方面主导被投资方相关活动的证据，从而到判断其是否拥有对被投资方的权利。投资方应考虑的因素包括但不限于下列事项：

①投资方能否任命或批准被投资方的关键管理人员。

②投资方能否出于其自身利益决定或否决被投资方的重大交易。

③投资方能否掌控被投资方董事会等类似权力机构成员的任命程序，或者从其他表决权持有人手中获得代理权。

④投资方与被投资方的关键管理人员或董事会等类似权力机构中的多数成员是否存在关联方关系。

（2）在有多个投资者有权主导被投资方不同的相关活动时对拥有主导权利一方的判断。

如果两个或两个以上的投资者有权主导不同的相关活动，则投资者必须决定哪一项相关活动对被投资者的回报构成最大影响。能够主导对被投资方回报产生最重大影响活动的一方，拥有对被投资方的权利。例如，两个投资者成立一家公司以开发和推销医疗产品。其中一个投资者负责开发医疗产品及获得监管部门的批准——该责任包括单方面做出所有关于产品开发及获得监管部门批准的决策的能力。一旦产品获得监管部门批准，另一个投资者将制造并推销该产品——该投资者具有单方面做出所有关于产品制造和推销的决策的能力。如果所有活动——医疗产品的开发和获得监管部门批准以及制造和推销都是相关活动，则每一个投资者需要确定其是否有能力主导对被投资者回报构成最大影响的活动。据此，每一个投资者都需要考虑对被投资者回报构成最大影响的活动是医疗产品的开发及获得监管部门批准，还是医疗产品的制造和推销，及其能否主导该活动。在确定哪一个投资者拥有主导的权利时，投资者将考虑以下因素：

①被投资者的目的和设计。

②确定被投资者利润率、收入和价值的因素以及医疗产品的价值。

③每一投资者就②所述因素的决策权对于被投资者回报的影响。

④投资者面临的可变回报的风险。

⑤获得监管部门批准的不确定性及所需的工作（考虑投资者以往成功开发医疗产品并获得监管部门批准的记录）。

⑥哪一个投资者将在开发阶段取得成功后控制该医疗产品。

（3）投资方拥有多数表决权但并未拥有对被投资方的权利的情形。

拥有多数表决权但无权支配被投资方的情况主要有被投资方的相关活动听从于政府、法院、接收方、清算者等的命令。

综上所述，我们可以发现，确定投资方是否对被投资方拥有主导权利乃至投资方是否控制被投资方，要依据“实质重于形式”的原则根据具体情况进行判断。

（四）“控制”的其他问题

1. 潜在表决权

投资方在确定能否控制被投资方时，还要考虑潜在表决权因素。这里应该注意解决三个问题：什么是潜在表决权？谁持有的潜在表决权？何时的潜在表决权才能影响到控制关系的判断？

潜在表决权是指可能赋予一个企业对另一个企业在财务和经营上的表决权的认股权证、股票买入期权、可转换债券和可转换股票等工具。持有被投资企业的认股权证、股票买入期权、可转换债券和可转换股票等工具的企业如果执行或转换这些工具，将增加本企业或减少其他企业对被投资企业的表决权。也就是说，投资单位持有的被投资单位的潜在表决权一旦执行或转换，将增加投资单位的表决权比例；相反，其他单位持有的被投资单位的潜在表决权一旦执行或转换，将减少本投资单位的表决权比例。当然，如果潜在表决权直至将来某一日期发生某一事项时才能执行或转换，则该潜在表决权就不是当前可执行或可转换的，自然也就不会对本期控制关系的判断产生影响。

因此，出于确定合并范围的需要，投资方在评估本企业是否有统驭被投资方的财务和经营政策的权利时，需要考虑本企业和其他企业持有的被投资方的当期可转换公司债券、当期可执行的认股权证。

例如，投资者A持有被投资者70%的表决权；投资者B持有被投资者30%的表决权以及购入投资者A一半表决权的选择权。该选择权可在未来两年内按固定价格行使并且深度蚀价（且预计在该两年期间内一直会保持深度蚀价）。投资者A一直行使其表决权并积极主导被投资者的相关活动。在这种情况下，投资者A很可能满足拥有权利的标准，因为其似乎在当前有能力主导相关活动。尽管投资者B拥有当前可行使的购买额外表决权的选择权（若行使该选择权，投资者B将取得被投资者占多数的表决权），但是该选择权相关的条款和条件使得该选择权不被视为具有实质性。又如，投资者 A 及其他两个投资者各自持有被投资者 1/3 的表决权。被投资者的经营活动与投资者 A 紧密相关。除权益工具外，投资者 A 还持有可以在任何时候按固定价格转换成被投资者普通股的债务工具，该工具为蚀价（但非深度蚀价）。如果对该债务工具进行转换，投资者 A 将持有被投资者 60%的表决权。如果该债务工具被转换成普通股，投资者 A 将能够从所实现的协同效应中获益。投资者 A 具有主导被投资者的权利，因为其持有的被投资者表决权连同潜在表决权使其在当前有能力主导相关活动。

2. 实质性权利与保护性权利

投资方在判断其是否拥有对被投资方的权利时，应当仅考虑与被投资方相关的实质性权利，包括自身享有的实质性权利以及其他方享有的实质性权利。仅享有保护性权利的投资方不拥有对被投资方的权利。

实质性权利是指持有人在对相关活动进行决策时有实际能力行使的可执行权利。判断一项权利是否为实质性权利，应当综合考虑所有相关因素，包括权利持有人行使该项权利是否存在财务、价格、条款、机制、信息、运营、法律法规等方面的障碍（如若行使该权利则必须支付大额罚款或费用）；当权利由多方持有或行权需要多方同意时，是否存在实际可行的机制使得这些权利持有人在其愿意的情况下能够一致行权；权利持有人能否从行权中获利（如通过行使“溢价”看涨期权获利）；等等。在某些情况下，其他方享有的实质性权利有可能会阻止投资方对被投资方的控制。这种实质性权利既包括提出议案以供决策的主动性权利，也包括对已提出议案做出决策的被动性权利。

保护性权利是指仅为了保护权利持有人利益却没有赋予权利持有人对相关活动决策权的一项权利。保护性权利通常只能在被投资方发生根本性改变或某些例外情况发生时才能行使，它既没有赋予其持有人对被投资方拥有权利，也不能阻止其他方对被投资方拥有权利。保护性权利的例子可能包括批准新的债务融资的权利、持有被投资者非控制性权益的一方批准被投资者发行额外权益工具的权利，或者放款人在违约时取得资产的权利。

3. 委托人与代理人问题

投资方在判断是否控制被投资方时，应当确定其自身是以主要责任人还是代理人的身份行使决策权；在其他方拥有决策权的情况下，还需要确定其他方是否以其代理人的身份代为行使决策权。如果代理人仅代表主要责任人行使决策权，不控制被投资方。投资方将被投资方相关活动的决策权委托给代理人的，应当将该决策权视为自身直接持有。在判断决策者是不是代理人时，我们应综合考虑该决策者与被投资方以及其他投资方之间的关系。存在单独一方拥有实质性权利可以无条件罢免决策者的，该决策者为代理人。此外，我们应综合考虑决策者对被投资方的决策权范围、其他方享有的实质性权利、决策者的薪酬水平、决策者因持有被投资方中的其他权益所承担可变回报的风险等相关因素。

（五）母公司是投资性主体时合并范围的确定

母公司同时满足下列条件时，该母公司属于投资性主体：

（1）以向投资者提供投资管理服务为目的。

（2）该公司的唯一经营目的是通过资本增值、投资收益或两者兼有而让投资者获得回报。

（3）该公司按照公允价值对几乎所有投资的业绩进行考量及评价。

作为投资性主体的母公司，其通常应具有如下特征：

（1）拥有一项以上投资。

（2）拥有一个以上投资者。

（3）投资者不是该主体的关联方。

（4）其所有者权益以股权或类似权益方式存在。

母公司属于投资性主体时，应当纳入其合并范围的仅是为其投资活动提供相关服务的子公司，其他子公司不应纳入合并范围。母公司对非为其投资活动提供相关服务的子公司的投资，应按公允价值计量并将公允价值变动计入当期损益。可见，只存在“非为其投资活动提供相关服务的子公司”时，母公司不编制合并财务报表。

投资性主体的母公司本身不是投资性主体的，该母公司应当将其控制的全部主体（包括那些通过投资性主体所间接控制的主体）纳入合并范围。

母公司由投资性主体转变为非投资性主体时，应将原未纳入合并范围的子公司于转变日纳入合并范围，原未纳入合并范围的子公司在转变日的公允价值视同购买的交易对价。当母公司由非投资性主体转变为投资性主体时，除仅将为其投资活动提供相关服务的子公司纳入合并范围之外，企业自转变之日起对其他子公司不再予以合并，按照视同在转变日处置子公司但保留剩余股权的原则进行会计处理。

四、合并财务报表的编制程序

（一）编制原则

编制合并财务报表，应该在统一会计期间、统一会计政策的前提下，遵循以下原则：

（1）以个别财务报表为基础原则。一方面，以个别财务报表为基础是真实性原则的要求；另一方面，以个别财务报表为基础这一原则也解释了为什么在合并日后的以后各期编制合并财务报表时需要在合并财务报表工作底稿中对“未分配利润（期初）”项目进行调整。

（2）一体性原则。这一原则决定了在编制合并财务报表时对集团内部交易和事项要予以抵销。

（3）重要性原则。根据这一原则，对合并财务报表项目可进行适当的取舍，对集团内部交易或事项可根据需要决定是否全部予以抵销。

（二）基础工作

合并财务报表的编制，必须做好以下基础工作：

（1）统一会计政策。母公司应当统一子公司采用的会计政策，使子公司采用的会计政策与母公司的会计政策保持一致。如果子公司采用的会计政策与母公司的会计政策不一致，子公司应当按照母公司的会计政策对财务报表进行必要的调整，或者按照母公司的会计政策另行编制财务报表。

（2）统一会计期间。母公司应当统一子公司的会计期间，使子公司的会计期间与母公司的会计期间保持一致。如果子公司的会计期间与母公司的会计期间不一致，子公司应当按照母公司的会计期间对财务报表进行必要的调整，或者按照母公司的会计期间另行编制财务报表。

（3）备齐相关资料。子公司除了应当向母公司提供财务报表以外，还应当向母公司提供下列有关资料：采用的与母公司不一致的会计政策及其影响金额，与母公司不一致的会计期间说明，与母公司、其他子公司之间发生的所有内部交易的相关资料，所有者权益变动的有关资料，编制合并财务报表需要的其他有关资料。

（三）编制步骤

合并财务报表的编制需要以母公司和纳入合并范围的子公司的个别财务报表为依据，还要进行必要的调整与抵销处理，数据量以及处理数据的工作量都比较庞大，因此一般要借助于计算表格或工作底稿来整理数据。本书主要介绍工作底稿法。工作底稿法编制合并财务报表的步骤如图 8-1 所示。

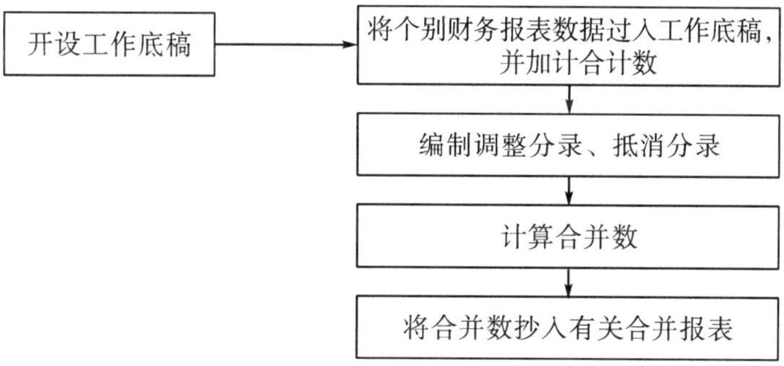

图 8-1　工作底稿法编制合并财务报表的步骤

第一步：开设合并财务报表工作底稿。一般地，合并利润表工作底稿、合并所有者权益变动表工作底稿和合并资产负债表工作底稿合在一张工作底稿中，合并现金流量表工作底稿单独设置。

合并财务报表工作底稿的格式为：纵向设置报表项目，横向分别设置“个别财务报表”“合计数”“调整与抵销分录”以及“合并数”四大栏。合并财务报表工作底稿具体格式参见表 8-1。

表 8-1　合并财务报表工作底稿具体格式

项目	个别财务报表		合计数	调整与抵销分录		合并数
	母公司	子公司		借	贷	
资产负债表项目						
……						
利润表项目						
……						
所有者权益变动表中的有关利润分配的项目						
……						

第二步：将母公司和纳入合并范围的子公司的个别财务报表资料过入合并财务报表工作底稿中的“个别财务报表”大栏中的具体栏目，并加计合计数。

第三步：根据有关资料，在合并财务报表工作底稿“调整与抵销分录”栏中编制调整与抵销分录。为了清楚起见，也可以分别设置“调整分录”栏和“抵销分录”栏，这时抵销分录的编制基础就是“个别财务报表”数据与“调整分录”数据之和。这里的调整分录主要是指编制抵销分录前对个别财务报表有关项目所做的调整，这里的抵销分录则是为了抵销内部交易对个别财务报表有关项目的影响。

第四步：根据“合计数”栏与“调整与抵销分录”栏资料，计算各项目的合并数。合并数的具体计算方法如下：

（1）资产类项目、成本费用类项目、利润分配项目等，用“合计数”加上“调整与抵销分录”栏的借方金额，减去“调整与抵销分录”栏的贷方金额，得出合并数。

（2）负债类项目、股东权益类项目、收入类项目等，用“合计数”加上“调整与抵销分录”栏的贷方金额，减去“调整与抵销分录”栏的借方金额，得出合并数。

（3）资产备抵项目、弥补亏损项目分别与资产类项目、利润分配项目的计算方法中在“调整与抵销分录”栏借方和贷方金额的加、减方向相反。

第五步：根据合并财务报表工作底稿中的“合并数”栏资料，登记各合并财务报表。可见，工作底稿法下合并财务报表编制过程的关键步骤是有关调整和抵销分录的处理。

（四）关于调整处理

进行抵销处理之前需要对个别财务报表有关项目进行调整。由于企业合并分为同一控制下企业合并和非同一控制下企业合并两种类型，而两种类型的企业合并形成的子公司在合并资产负债表中净资产的报告价值及其对合并所有者权益的影响结果有所不同，因此两种类型的合并财务报表工作底稿的调整内容可能有所不同。有关的调整处理主要有以下两类：

第一类：为统一会计政策、统一会计期间所做的调整，以实现抵销前的数据基础可比性。母公司应当统一子公司采用的会计政策，使子公司采用的会计政策与母公司的会计政策保持一致。如果子公司采用的会计政策与母公司的会计政策不一致，子公司应当按照母公司的会计政策对财务报表进行必要的调整，或者按照母公司的会计政策另行编制财务报表。母公司应当统一子公司的会计期间，使子公司的会计期间与母公司的会计期间保持一致。如果子公司的会计期间与母公司的会计期间不一致，子公司应当按照母公司的会计期间对子公司的财务报表进行必要的调整，或者要求子公司按照母公司的会计期间另行编制财务报表。

第二类：对非同一控制下企业合并取得的子公司，要对子公司可辨认净资产按合并日公允价值为报告基础进行调整，以满足选择的合并理念的要求。根据实体理念，子公司各项可辨认净资产在合并财务报表中应以合并日公允价值为基础进行报告。合并日合并财务报表中子公司各项可辨认净资产按合并日公允价值报告，而在合并日后每期期末的合并资产负债表中，子公司可辨认净资产的报告价值并不是期末评估的公允价值，而是以合并日公允价值作为基础，再结合相关资产、负债报告期内的价值变动，对子公司个别财务报表账面价值进行调整。这样做的结果，使子公司净资产在合并财务报表中的报告既保持了各期合并财务报表对子公司净资产报告价值的连续性，又维护了与相关会计准则对各项资产、负债后续计量规范的一致性。

值得一提的是，母公司对子公司长期股权投资的成本法结果还可以按权益法进行调整。这一调整满足了会计实务工作者长期以来对抵销分录编制基础的惯性思维。需要注意的是，将母公司对子公司长期股权投资的成本法结果调整到权益法结果并非编制合并财务报表的必要程序。从母公司对子公司的长期股权投资来看，从“消除公司间关系一切痕迹”的理念出发，抵销分录的结果只能有一个：母公司对子公司的“长期股权投资”和“投资收益”等一切受到对子公司股权投资影响的有关报表项目的影响金额均应抵销为零。既然如此，在成本法基础上进行抵销和在权益法基础上进行抵销，都能达到这个结果，只不过抵销分录涉及的具体项目或金额不完全相同而已。从这个意义上来说，工作底稿中将成本法调整为权益法这一调整工作实际上可以省略，现行企业会计准则也允许不做成本法到权益法的调整。

（五）关于抵销处理

合并财务报表编制程序中的核心环节是进行有关的抵销处理，也就是说，要在合并财务报表工作底稿中，编制各类有关的抵销分录。现在的问题是：第一，为什么要编制抵销分录？第二，抵销分录的类别主要有哪些？

1. 抵销处理的意义

合并财务报表编制程序中抵销处理的目的在于确定合并财务报表数据。从合并财务报表的特点可知，合并财务报表反映的是包括母公司和纳入合并范围的子公司在内的、经济意义上的一个整体的财务状况、经营成果和现金流量信息。因此，构成这个整体的各成员企业之间的交易，从合并财务报表的视角来看，属于内部交易；在依据个别财务报表编制合并财务报表时，内部交易对相关成员企业个别财务报表产生的影响应予以抵销，以便生成能够真正反映相关成员企业构成的企业集团整体的“合并”财务信息。例如，母公司、子公司期末“应收账款”的余额分别是3 000万元和2 000万元，如果母公司应收账款余额中有900万元是应向子公司收取的销货款，则母、子公司构成的一个报告主体提供的合并财务报表，应收账款报告价值应为4 100万元，表示该主体应向本主体以外债务人收取的货款。因此，在合并财务报表工作底稿中，企业要将内部交易导致的债权、债务予以抵销。

需要注意的是，由于这里的抵销分录只能在合并财务报表工作底稿里编制，因此抵销分录中涉及的对象应该是有关的报表项目而不是会计科目。这就可以解释以下两个问题：第一，为什么合并资产负债表、合并利润表以及合并所有者权益变动表的工作底稿需要合并设置，而合并现金流量表工作底稿则与上述合并财务报表工作底稿没有联系；第二，因为抵销分录只在合并工作底稿中完成，并非账簿记录依据，未在参与合并的母、子公司的个别财务报表中反映，对母、子公司个别财务报表没有任何影响，从而导致以后报告期末编制合并财务报表时可能涉及对“未分配利润（期初）”项目的调整。

2. 抵销处理的类别

按内部交易类别对抵销处理进行归类，合并财务报表工作底稿中的抵销处理可以分为以下四大类：

第一类：与内部股权投资有关的抵销处理。

第二类：与内部债权、债务有关的抵销处理。

第三类：与内部资产交易有关的抵销处理，主要有内部存货交易、固定资产交易、无形资产交易等。

第四类：与内部现金流动有关的抵销处理。

显而易见，上述第四类抵销处理，只能影响到合并现金流量表项目，从而仅与合并现金流量表的编制有关。上述第一类、第二类、第三类抵销处理，直接或间接服务于合并资产负债表、合并利润表以及合并所有者权益变动表的信息生成。其中，有的抵销分录仅仅涉及合并资产负债表有关项目（如抵销内部应收账款和应付账款），有的抵销分录则只与合并利润表项目有关（如抵销内部资产交易导致的营业收入和营业成本），而有的抵销分录则同时影响合并资产负债表和合并利润表项目（如抵销按内部应收账款计提的坏账准备）。正因为如此，我们从第二节开始，就依据内部交易类别的抵销处理这一线索来分析合并资产负债表、合并利润表、合并所有者权益变动表、合并现金流量表的编制。第二节、第三节和第四节主要介绍合并财务报表编制程序中最常见的调整与抵销处理，第五节则就合并财务报表编制过程中的其他问题进行说明。

第二节　与内部股权投资有关的抵销处理

一、基本原理

与企业集团内部成员企业之间股权投资有关的业务主要包括：第一，投资方对被投资方进行股权投资；第二，投资后被投资方向投资方宣派股利。以母公司对子公司的股权投资为例①，母公司为取得对子公司的控股权进行股权投资时，一方面增加母公司的长期股权投资，另一方面形成子公司的股本。股权投资之后的各报告期内，子公司宣告分派的现金股利会导致母公司确认投资收益。从企业集团的角度来看，这种股权投资引致的长期股权投资、股本、投资收益以及利润分配等会计要素的变动，源于内部股权投资业务。从编制合并财务报表的角度来看，这些内部股权投资业务的确认与计量对投资双方个别财务报表数据产生的影响应予以抵销。

（一）合并日（控股权取得日）的抵销处理

在合并日，企业应编制合并财务报表。企业编制合并财务报表时应进行相应的调整与抵销处理。根据现行企业会计准则的规定，无论是同一控制下的企业合并还是非同一控制下的企业合并，合并日都需编制合并资产负债表。如果是期中进行的

① 企业集团内部子公司之间的股权投资，比照母公司对子公司股权投资的抵销。子公司持有母公司的长期股权投资，应当视为企业集团的库存股，在合并资产负债表中作为所有者权益的减项。

同一控制下企业合并，合并日还需要编制年初至合并日的合并利润表、合并现金流量表。合并日的合并财务报表的编制具有以下几个要点：

第一，需要进行必要的调整处理。

第二，一般只需进行与内部股权投资有关的抵销处理。

第三，在进行与内部股权投资有关的抵销处理时，一般只涉及将投资方的长期股权投资与被投资方的股东权益相抵销（有时还会涉及少数股东权益的确认），而不会涉及股权投资收益有关的抵销处理。

（二）合并日后的抵销处理

合并日后的各个资产负债表日，编制合并财务报表的过程中，一方面应将母公司对子公司的长期股权投资余额与子公司的股东权益中归属于母公司的股东权益予以抵销；另一方面需要将报告期内母公司来自子公司的股权投资收益与子公司的股利分配中归属于母公司应享有的部分进行抵销。

（三）少数股东权益

所谓少数股东权益，也称非控制性权益（non-controlling interests），是指子公司股东权益中不属于母公司所拥有的那部分股权，是相对于控股权益而言的。少数股东权益显然产生于子公司非母公司全资投资的场合，而少数股东权益的报告却只与合并财务报表有关。与少数股东权益相关的另一个重要概念是少数股东损益。少数股东损益是子公司当年实现净损益中少数股东应享有的份额，在金额上相当于子公司当年净损益与少数股东持股比例之乘积。同净收益将增加公司股东权益一样，少数股东损益无疑将增加（或减少）企业集团少数股东权益。报告期内子公司股东权益的任何变化都会引起少数股东权益的变动。少数股东权益是在编制合并资产负债表中确认的，少数股东损益则是在编制合并利润表中确认的。合并资产负债表中少数股东权益的报告价值是多少、如何列报，少数股东损益在合并利润表中如何列报、金额如何计量，都取决于合并财务报表的不同合并理论。现行企业会计准则基本上采用了实体理论，即将少数股东权益作为合并股东权益的组成部分，在合并资产负债表中的股东权益部分单项列报；少数股东享有的损益，作为合并利润表中合并净利润的组成部分在“净利润”项下单独列报。

无论是在编制合并日的合并财务报表还是在编制合并日后的合并财务报表时，都需要在合并资产负债表中将子公司股东权益中属于少数股东享有的份额确认为少数股东权益；在编制合并日后各期的合并利润表时，需要将子公司报告期内实现的净利润中属于少数股东享有的部分，确认为少数股东损益；子公司报告期内股利分配额中归属于少数股东的部分，增加少数股东权益。

综上所述，我们可以得出以下两个结论：

第一，与内部股权投资相关的抵销处理的结果是：合并资产负债表中“长期股权投资”项目能够反映企业集团报告期末的对外长期股权投资价值；合并资产负债表中的股东权益合并数能够反映母公司的股东和子公司来自除母公司以外的股东对母公司和子公司净资产所拥有的权益之和；合并利润表中的“投资收益”项目剔除了来自内部股权投资的收益；合并所有者权益变动表中的股利分配项目只反映对母公司股东进行的股利分配。

第二，理解这一类抵销分录的关键有三点：一是要区分母公司对子公司的长期股权投资是同一控制下的企业合并形成的还是非同一控制下的企业合并形成的；二是要注意区分母公司对子公司是否是全资投资；三是注意有关长期股权投资减值准备的抵销思路。

下面区分合并日、合并日后两种情况，介绍合并财务报表编制过程中与内部股权投资有关的抵销处理。

二、合并日合并财务报表工作底稿中的相关抵销处理

（一）同一控制下的企业合并

1. 一次投资实现的控股合并

对于一次投资实现的同一控制下的控股合并，一方面，在编制合并日合并资产负债表时，被合并方的各项资产、负债，应按其账面价值计量。如果被合并方采用的会计政策和会计期间与合并方不一致，其应按照合并方采用的会计政策和会计期间进行调整，以调整后的账面价值计量。也就是说，合并方与被合并方的资产、负债应按照一致的会计政策和会计期间下的账面价值予以合并。另一方面，合并方对被合并方的长期股权投资的入账价值按合并日被合并方所有者权益账面价值的份额计量。在这种情况下，合并日合并方与合并资产负债表有关的抵销分录如下：

借：股本
　　资本公积
　　其他综合收益　　［子公司股东权益报告价值］
　　盈余公积
　　未分配利润
　贷：长期股权投资　　［母公司对该子公司长期股权投资报告价值］
　　　少数股东权益　　［子公司股东权益与少数股东持股比例之乘积］

［**例 8-1**］控股合并形成全资子公司的情况。

A、B 两个公司合并前的资料见［**例 7-6**］中的表 7-6、表 7-7。2019 年 6 月末，A 公司用账面价值 500 万元、公允价值 580 万元的库存商品和 100 万元的银行存款给 B 公司的原股东，取得 B 公司 100% 的股权。有关账务处理见表 7-8。合并后双方的个别财务报表资料见表 8-2 中的“个别财务报表”栏目。

进行合并日 A 公司编制合并财务报表工作底稿中的有关处理。

由于 A 公司与 B 公司的合并使 A 公司成为 B 公司的全资母公司，因此合并日 A 公司在编制合并资产负债表时应编制的有关抵销分录如下：

借：股本　　4 000 000
　　资本公积　　1 000 000
　　盈余公积　　500 000
　　未分配利润　　1 500 000
　贷：长期股权投资　　7 000 000

将上述抵销分录抄到合并财务报表工作底稿中，则 A 公司编制的合并日合并财务报表工作底稿（简表）见表 8-2 中的“调整与抵销分录”栏。A 公司应根据工作底稿中计算确定的“合并数”栏数字填制合并日合并资产负债表。

表 8-2　合并日合并财务报表工作底稿（简表）　　单位：万元

项目	个别财务报表		调整与抵销分录		合并数
	母公司（A）	子公司（B）	借	贷	
流动资产	700	200			900
固定资产	1 500	900			2 400
长期股权投资	700	0		700	0
负债	1 000	400			1 400
股本	1 000	400	400		1 000
资本公积	480*	100	100		480
盈余公积	200	50	50		200
未分配利润	220	150	150		220

注：480=投资前余额 380+投资处理中贷记的金额 100（见［**例 7-6**］）。

［**例 8-2**］控股合并形成非全资子公司的情况。

在［**例 7-7**］的基础上，假定 A 公司与 B 公司的合并使 A 公司拥有了 B 公司 80%的股权。进行合并日母公司的有关账务处理。

合并日 A 公司应在工作底稿中编制将母公司对子公司的长期股权投资与子公司的股东权益相抵销并确认少数股东权益的分录。

借：股本　　4 000 000
　　资本公积　　1 000 000
　　盈余公积　　500 000
　　未分配利润　　1 500 000
　贷：长期股权投资　　5 600 000
　　　少数股东权益　　1 400 000

将上述抵销分录与调整分录抄到工作底稿中，则 A 公司编制的合并日合并财务报表工作底稿（简表）见表 8-3。

表 8-3　合并日财务报表工作底稿（简表）　　单位：万元

项目	个别财务报表		调整与抵销分录		合并数
	母公司（A）	子公司（B）	借	贷	
流动资产	700	200			900
固定资产	1 500	900			2 400
长期股权投资	560	0		560	0
负债	1 000	400			1 400
股本	1 000	400	400		1 000
资本公积	340	100	100		340
盈余公积	200	50	50		200
未分配利润	220	150	150		220
少数股东权益	—	—		140	140

注：340=投资前余额 380-投资处理中借记的金额 40（见［**例 7-7**］）。

140 万元为合并日子公司股东权益中的 20%。合并股东权益为 1 900 万元，其中归属于母公司股东的权益为 1 760 万元（1 000+340+200+220），少数股东享有 140 万元。

2. 分步实现的控股合并

通过多次股权投资分步实现的控股合并，合并方在合并日合并财务报表工作底稿中的抵销分录与上述一次投资形成控股合并情况下的同一控制下的企业合并合并日编制合并财务报表时的抵销处理相同。

［**例 8-3**］分步投资实现控股合并的情况。

沿用［**例 7-10**］的资料，即甲公司与乙公司在实现合并前为同一控制下的两个公司。甲公司于 2019 年 7 月初用银行存款 2 500 万元取得乙公司 20%的股份，当日乙公司可辨认净资产账面价值为 9 800 万元，公允价值为 10 000 万元。取得投资后甲公司派人参与乙公司的生产经营决策，对该投资采用权益法核算。2019 年下半年，乙公司实现净利润 1 500 万元，甲公司确认投资收益 300 万元（假定本例中投资时被投资方可辨认净资产公允价值与账面价值之差对权益法下投资收益的确定没有产生影响）。在此期间，乙公司未宣告发放现金股利或利润。2020 年 1 月，甲公司支付 6 800 万元进一步购入乙公司 40%的股份，从而因拥有乙公司 60%的表决权资本实现了与乙公司的合并。购买日乙公司可辨认净资产的账面价值为 11 300 万元，公允价值为 15 000 万元。假定乙公司净资产公允价值高于账面价值的属于固定资产的评估增值。甲、乙公司合并日乙公司在最终控制方 A 公司合并财务报表中的所有者权益账面价值为 11 300 万元。不考虑相关税费及其他会计事项。

根据上述资料进行甲公司的有关账务处理。

（1）个别财务报表相关的确认与计量见［**例 7-10**］。

（2）与合并日合并财务报表有关的财务处理。

在合并日合并财务报表工作底稿中，母公司对子公司的股权投资与子公司股东权益相抵销的分录如下：

借：股本等股东权益	113 000 000	
贷：长期股权投资		67 800 000
少数股东权益		45 200 000

（二）非同一控制下的企业合并

1. 一次投资实现的控股合并

一次投资实现的非同一控制下的控股合并，合并日合并资产负债表的编制要点如下：

（1）在合并日合并资产负债表中，因企业合并取得的被购买方各项可辨认资产、负债以及或有负债，应当以公允价值列示。按照合并财务报表的实体理论，无论母公司取得的子公司股权份额是否为 100%，合并资产负债表中子公司各项可辨认资产、负债以及或有负债均按公允价值报告。这就意味着，在母公司非 100%控股的情况下，合并财务报表中少数股东权益中包含的子公司可辨认净资产也按其公允价值报告。根据我国《企业会计准则第 30 号——财务报表列报》的规定，子公司可辨认净资产按公允价值调整后，如果计税基础不变，则还需要在合并财务报表中确认相关资产或负债的递延所得税。

（2）根据我国现行的企业会计准则的规定，母公司的合并成本大于取得的子公司可辨认净资产公允价值份额的差额，即母公司对子公司的长期股权投资（按合并成本计量）大于母公司在子公司所有者权益（按公允价值计量）中所享有的份额的差额，列作商誉。在存在少数股权的情况下，这就意味着合并商誉中并未包含子公司归属于少数股东的商誉。

（3）母公司的合并成本小于取得的子公司可辨认净资产公允价值份额的差额，即母公司对子公司的长期股权投资（按合并成本计量的）小于母公司在子公司的所有者权益（按公允价值计量）中所享有的份额的差额，在合并日合并资产负债表中调整留存收益（该差额应计入营业外收入，因为非同一控制下控股合并的合并日只编制合并资产负债表，所以调整盈余公积和未分配利润）。

综上所述，合并日合并方与合并资产负债表有关的调整与抵销分录如下：

第一，将子公司可辨认净资产调整至公允价值。

借：有关资产　　　　　［子公司有关资产公允价值与账面价值之差］A
　贷：资本公积　　　　［A 与 B 之差］
　　　递延所得税负债［A×所得税税率］

资产的调整减值做相反处理，负债的调整与资产的调整方向相反。资产调整减值或负债调整增值还会涉及递延所得税资产的确认。

第二，将母公司对子公司的股权投资与子公司的股东权益相抵销，并确认少数股东权益。

借：股本
　　资本公积
　　其他综合收益　　［子公司调整后价值］　A
　　盈余公积
　　未分配利润
　　商誉　　　　　　［B 大于 A×母公司持股比例的差额］　D1
　贷：长期股权投资　［母公司对该子公司长期股权投资的报告价值］　B
　　　少数股东权益　［A×少数股东持股比例］　C
　　　盈余公积
　　　未分配利润　　［B 小于 A×母公司持股比例的差额］　D2

D2 分别按 10%和 90%的比例计入盈余公积和未分配利润。

［**例 8-4**］母公司的合并成本大于取得的子公司可辨认净资产公允价值份额，即 100%控股的情况。

A、B 公司为非同一控制下的两个企业。合并前双方可辨认净资产价值资料见表 8-4。

表 8-4　合并前双方可辨认净资产价值资料　　单位：万元

项目	A 公司	B 公司		项目	A 公司	B 公司	
	账面价值	账面价值	公允价值		账面价值	账面价值	公允价值
流动资产	1 000	200	200	负债	900	400	400
固定资产	1 800	900	1 000	股本	1 000	400	
长期股权投资	0	0		资本公积	200	100	
				盈余公积	300	50	
				未分配利润	400	150	

2019 年 6 月末，A 公司用账面价值为 500 万元、公允价值为 580 万元的库存商品和 300 万元的银行存款作为合并对价支付给 B 公司的原股东，换取 B 公司 100% 的股权，从而成为 B 公司的全资母公司（相关税费略）。合并后双方个别资产负债表资料见表 8-5 中的“个别财务报表”栏。

根据上述资料，说明被购买方各项可辨认净资产的列示以及合并商誉在合并日合并资产负债表工作底稿中的产生过程。

在合并财务报表工作底稿中，为了将被购买方可辨认资产、负债在合并财务报表中按公允价值报告，购买方就需要将固定资产公允价值大于账面价值的差额编制调整分录，之后再编制有关的抵销分录。

（1）调整对子公司有关资产的报告价值。

借：固定资产　　1 000 000

　贷：资本公积　　750 000

　　递延所得税负债　　250 000

（2）抵销母公司对子公司的投资。

借：股本等股东权益　　7 750 000

　商誉　　1 050 000

　贷：长期股权投资　　8 800 000

将上述调整分录与抵销分录抄入合并日合并财务报表工作底稿（简表），见表 8-5。

表 8-5　合并日合并财务报表工作底稿（简表）　　单位：万元

项目	个别财务报表		调整与抵销分录		合并数
	母公司	子公司	借	贷	
流动资产	200	200			400
固定资产	1 800	900	①100		2 800
长期股权投资	880	0		②880	0
商誉	0	0	②105		105
负债	900	400		①25	1 325
股本、资本公积、留存收益	1 980	700	②775	①75	1 980

注：商誉等于合并成本大于合并中取得的被购买方可辨认净资产公允价值份额的差额，即 105 = 880 - 775。775 = 700 + 75。合并日对取得的子公司固定资产按公允价值报告，即 2 800 = 1 800 + (900 + 100)。

上述调整分录可以与抵销分录合编。

借：股本等股东权益　　7 000 000

　固定资产　　1 000 000

　商誉　　1 050 000

　贷：长期股权投资　　8 800 000

　　递延所得税负债　　250 000

这种情况下的合并日合并财务报表工作底稿（简表）如表 8-6 所示。

表 8-6　合并日合并财务报表工作底稿（简表）　　单位：万元

项目	个别财务报表		调整与抵销分录		合并数
	母公司	子公司	借	贷	
流动资产	200	200			400
固定资产	1 800	900	100		2 800
长期股权投资	880	0		880	0
商誉	0	0	105		105
负债	900	400		25	1 325
股本、资本公积、留存收益	1 980	700	700		1 980

［**例 8-5**］母公司的合并成本大于取得的子公司可辨认净资产公允价值份额，即非 100%控股的情况。

假定 A 公司 2019 年 6 月末取得的 B 公司股权份额为 80%，其他资料见［**例 8-4**］。编制有关调整与抵销分录。

按现行企业会计准则的规定，控股合并日母公司编制合并财务报表时整合编制的调整与抵销分录如下：

借：股本等股东权益　　7 000 000
　　固定资产　　1 000 000
　　商誉　　2 600 000
　贷：长期股权投资　　8 800 000
　　　少数股东权益（7 750 000×20%）　　1 550 000
　　　递延所得税负债　　250 000

合并财务报表工作底稿（简表）见表 8-7。

表 8-7　合并财务报表工作底稿（简表）（部分商誉法）　　单位：万元

项目	个别财务报表		调整与抵销分录		合并数
	母公司	子公司	借	贷	
流动资产	200	200			400
固定资产	1 800	900	100		2 800
长期股权投资	880	0		880	0
商誉	0	0	260		260
负债	900	400		25	1 325
股本、资本公积、留存收益	1 980	700	700		1 980
少数股东权益	—	—		155	155

注：合并日对取得的子公司固定资产 100%按公允价值报告，即 2 800＝1 800+（900+100），符合合并财务报表的实体理论。

由于子公司可辨认净资产全部按公允价值报告，合并商誉却仅按母公司拥有的部分计量，因此少数股东权益只能按子公司可辨认净资产公允价值中少数股东拥有的份额计算。

商誉等于合并成本大于合并中取得的被购买方可辨认净资产公允价值份额的差额，即合并成本（880）-可辨认净资产账面价值（1 100-400）+资产增值（100）-资产增值确认的递延所得税负债（25×80%）。可见，这里不包括归属于少数股东的商誉 65 万元［（880÷80%-775）×20%］，这即是“部分商誉法”。如果按照“全部商誉法”，本例中有关合并商誉应包括少数股东应享有的合并商誉。如果用母公司合并成本隐含的子公司购买价格作为子公司公允价值的话，全部商誉法下的合并商誉为 325 万元（880÷80%-775），则合并财务报表工作底稿（简表）见表 8-8。

表 8-8　合并财务报表工作底稿（简表）（全部商誉法）　　单位：万元

项目	个别财务报表		调整与抵销分录		合并数
	母公司	子公司	借	贷	
流动资产	200	200			400
固定资产	1 800	900	100		2 800
长期股权投资	880	0		880	0
商誉	0	0	325		325
负债	900	400		25	1 325
股本、资本公积、留存收益	1 980	700	700		1 980
少数股东权益	—	—		220	220

注：220=（775+325）×20%。

［**例 8-6**］母公司的合并成本小于取得的子公司可辨认净资产公允价值份额。

沿用［**例 8-4**］的资料，假定 A 公司仅以 580 万元的存货（账面价值为 500 万元）作为合并对价取得 B 公司全部股权，其他资料不变。编制有关调整与抵销分录。

控股合并日编制合并财务报表时母公司整合编制的调整与抵销分录如下：

借：股本等股东权益　　7 000 000
　　固定资产　　1 000 000
　贷：长期股权投资　　5 800 000
　　　盈余公积　　195 000
　　　未分配利润　　1 755 000
　　　递延所得税负债　　250 000

注：-195=［580-（700+75）×100%］×10%。
　　-175.5=［580-（700+75）×100%］×90%。

合并财务报表工作底稿（简表）见表 8-9。

表 8-9　合并财务报表工作底稿（简表）　　单位：万元

项目	个别财务报表		调整与抵销分录		合并数
	母公司	子公司	借	贷	
流动资产	500	200			700
固定资产	1 800	900	100		2 800
长期股权投资	580	0		580	0
商誉	0	0			105
负债	900	400		25	1 325
股本、资本公积、留存收益	1 980	700	700	195	2 175

［**例 8-7**］母公司的合并成本小于取得的子公司可辨认净资产公允价值份额，即非 100%控股的情况。

沿用［**例 8-6**］的资料，假定 A 公司仅取得 B 公司 80%的股权，其他资料不变。

A 公司编制合并财务报表时应如何进行调整与抵销处理?

控股合并日编制合并财务报表时母公司整合编制的调整与抵销分录如下：

借：股本等股东权益　　7 000 000
　　固定资产　　1 000 000
　贷：长期股权投资　　5 800 000
　　　少数股东权益　　1 550 000
　　　盈余公积　　40 000
　　　未分配利润　　360 000
　　　递延所得税负债　　250 000

注：−4＝[580−(700+75)×80%]×10%。
　　−36＝[580−(700+75)×80%]×90%。

合并财务报表工作底稿（简表）见表 8-10。

表 8-10　合并财务报表工作底稿（简表）　　单位：万元

项目	个别财务报表		调整与抵销分录		合并数
	母公司	子公司	借	贷	
流动资产	500	200			700
固定资产	1 800	900	100		2 800
长期股权投资	580	0		580	0
商誉	0	0			0
负债	900	400		25	1 325
股本、资本公积、留存收益	1 980	700	700	40	2 020
少数股东权益	—	—		155	155

2. 多次投资分步实现的非同一控制下的控股合并

通过多次股权投资实现的非同一控制下企业合并，合并方在合并日编制合并资产负债表的要点如下（原投资采用权益法核算）：

（1）对于合并日之前已经持有的对被合并方的股权投资，按照其在合并日的公允价值进行重新计量，公允价值与账面价值之差计入当期投资收益。

（2）合并日之前持有的被合并方股权于合并日的公允价值，加上合并日新购入股权所支付对价的公允价值，两者之和作为合并日合并财务报表中的合并成本。

（3）比较合并成本与合并日被合并方可辨认净资产公允价值中合并方应享有的份额，确定合并日应确认的合并商誉或应计入留存收益的金额（“负商誉”本应计入营业外收入，但由于合并日不编制合并利润表，因此直接计入合并资产负债表的“盈余公积”和“未分配利润”项目）。

（4）合并方对于合并日之前持有的被合并方股权涉及的其他综合收益中合并方应享有的部分，转为合并日所属当期投资收益。

[例 8-8] 分步投资实现控股合并时合并财务报表的编制。

沿用 **[例 7-19]** 的资料，甲公司合并日与个别财务报表相关的确认和计量参见 **[例 7-19]**。

根据上述资料进行合并日编制合并财务报表时有关的会计处理。

合并日编制合并财务报表时有关的会计处理如下：

（1）有关计算。

①对原有股权投资进行重新计量。

假定其公允价值为 3 000 万元。

应调整金额 = 3 000-（2 500+300）= 200（万元）

②计算合并成本。

合并成本 = 3 000+6 800 = 9 800（万元）

③计算合并商誉。

合并商誉 = 9 800-（15 000-3 700×25%）×60% = 1 355（万元）

（2）合并财务报表工作底稿中的有关调整与抵销分录。

①将合并前原持有投资账面价值调整至公允价值。

借：长期股权投资	2 000 000	
贷：投资收益		2 000 000

②母公司对子公司的股权投资与子公司股东权益相抵销，并确认少数股东权益。

借：股本等股东权益	113 000 000	
固定资产	37 000 000	
商誉	13 550 000	
贷：长期股权投资		98 000 000
少数股东权益		56 300 000
递延所得税负债		9 250 000

三、合并日后合并财务报表工作底稿中的相关抵销处理

（一）*初步分析*

与合并日相比，合并日后各资产负债表日编制合并财务报表时，内部股权投资双方（以母公司对子公司股权投资为例）的相关报表项目可能已经发生变动，因此相关的抵销处理也就比较复杂。这个“复杂”表现为需要考虑以下问题：

（1）母公司对子公司的股权投资收益如何抵销。

（2）子公司实现的净利润对少数股东损益、少数股东权益的影响如何确认。

（3）子公司的对内股利分配如何抵销。

（4）以前期间的上述抵销处理对本期期初未分配利润的影响如何处理。

（5）内部长期股权投资的减值准备应如何抵销。

（6）在进行相关抵销处理之前，母公司对子公司的长期股权投资是否需要由成本法调整到权益法；调整与不调整两种情况下的抵销处理有什么区别。

如果先不考虑同一控制下的企业合并与非同一控制下的企业合并在抵销分录中的区别，也不考虑内部股权投资计提减值准备的抵销问题，则与内部股权投资有关的抵销处理分两种情况阐述如下：

情况 1：将母公司对子公司的长期股权投资由成本法调整到权益法之后再进行抵销处理。

在这种情况下，每期期末编制合并财务报表时与内部股权投资有关的抵销处理

中，包括与合并资产负债表项目有关的抵销处理和与合并利润表以及合并所有者权益变动表项目有关的抵销处理两个方面。

（1）将母公司对子公司的股权投资余额与子公司的股东权益相抵销，并确认少数股东权益（涉及合并资产负债表项目）。

借：股本
　　资本公积
　　其他综合收益
　　盈余公积
　　未分配利润
　　［子公司期末报告价值］（以上五项）
　贷：长期股权投资　　［母公司对子公司股权调整后价值］
　　　少数股东权益　　［子公司股东权益报告价值×少数股东持股比例］

该抵销分录主要抵销内部股权投资形成的投入资本，因此主要涉及合并资产负债表项目。

（2）将母公司股权投资收益与子公司分配给母公司的股利相抵销，并确认少数股东享有的收益（涉及合并利润表和合并所有者权益变动表项目）。

借：投资收益　　［子公司当年净利润×母公司持股比例］
　　少数股东损益　　［子公司当年净利润×少数股东持股比例］
　　未分配利润（期初）　［子公司期初未分配利润］
　贷：提取盈余公积[①]　　［子公司当年提取数］
　　　应付普通股股利[②]　［子公司当年分配数］
　　　未分配利润　　［子公司期末未分配利润］

该抵销分录主要是抵销内部股权投资形成的投资收益。一方面，这个投资收益（及少数股东享有的部分）在权益法下等于子公司的实现利润；另一方面，子公司的分配利润因并不属于对外分配而应予抵销。因此，这一抵销分录将涉及合并利润表、合并所有者权益变动表项目。

如果将上述两个抵销分录合并，则有：

借：股本
　　资本公积
　　其他综合利益
　　盈余公积
　　［子公司的报告价值］（以上四项）
　　投资收益　　［子公司当年净利润×母公司持股比例］
　　少数股东损益　　［子公司当年净利润×少数股东持股比例］
　　未分配利润（期初）　［子公司期初未分配利润］
　贷：长期股权投资　　［母公司对子公司股权调整后价值］
　　　少数股东权益　　［子公司股东权益报告价值×少数股东持股比例］
　　　应付普通股股利　　［子公司当年分配数］
　　　提取盈余公积　　［子公司当年提取数］

①②两个项目是所有者权益变动表中利润分配项目，其他抵销结果将影响资产负债表的“未分配利润”项目，下同。

情况 2：不将母公司对子公司的长期股权投资由成本法调整到权益法，而是直接按个别财务报表报告价值进行抵销。

在这种情况下，每期期末编制合并财务报表时与内部股权投资有关的抵销处理为：

借：股本
　　资本公积
　　其他综合收益　　　　［子公司的报告价值］
　　盈余公积
　　投资收益　　　　　　［子公司当年分配股利×母公司持股比例］
　　少数股东损益　　　　［子公司当年净利润×少数股东持股比例］
　　未分配利润（期初）　［子公司期初未分配利润×少数股东持股比例］
　贷：长期股权投资　　　［母公司对子公司股权投资报告价值］
　　　少数股东权益　　　［子公司股东权益报告价值×少数股东持股比例］
　　　应付普通股股利　　［子公司当年分配数］
　　　提取盈余公积　　　［子公司当年提取数］

可以看出，上述两种情况的长期股权投资、投资收益和未分配利润（期初）三个项目的抵销金额不同。

下面分别就同一控制下的企业合并和非同一控制下的企业合并两种情况举例进行说明。

（二）同一控制下的企业合并

［例 8-9］ 全资的情形。

2019 年年末，甲公司出资 4 000 万元货币资金，成立一个子公司 A 公司。投资后第一年 A 公司实现净利润为 800 万元，宣告分派现金股利 300 万元。

甲公司编制合并财务报表时应如何进行调整与抵销处理？

双方与此项内部股权投资有关的账务处理见表 8-11。

表 8-11　与个别财务财务报表有关的处理

甲公司	A 公司
①2019 年年末投资。 借：长期股权投资　40 000 000 　贷：银行存款　40 000 000	①2019 年年末接受投资。 借：银行存款　40 000 000 　贷：股本　40 000 000
②2020 年确认应收股利。 借：应收股利　3 000 000 　贷：投资收益　3 000 000	②2020 年宣告分派现金股利。 借：利润分配——应付普通股股利　3 000 000 　贷：应付股利　3 000 000

因此，2020 年年末，甲公司在合并财务报表工作底稿中的有关调整与抵销处理如下：

（1）2020 年年末，甲公司编制合并财务报表时，先将母公司的股权投资由成本法调整到权益法，则合并财务报表工作底稿中的调整分录如下：

借：长期股权投资　　5 000 000
　贷：投资收益　　5 000 000

（2）与内部股权投资有关的抵销分录如下：

①将母公司对子公司的股权投资与子公司的股本相抵销。

借：股本　40 000 000

　未分配利润　5 000 000

　贷：长期股权投资　45 000 000

②抵销子公司的对内股利分配及其影响。

借：投资收益　8 000 000

　贷：应付普通股股利　3 000 000

　　未分配利润（期末）　5 000 000

将上述两个抵销分录合并。

借：股本　40 000 000

　投资收益　8 000 000

　贷：长期股权投资　45 000 000

　　应付普通股股利　3 000 000

［**例 8-10**］非全资的情形。

假定 2018 年年末甲公司出资 3 600 万元给 A 公司的原股东，从而拥有 A 公司 90%的表决权资本。投资后第一年 A 公司实现净利润 800 万元，宣告分派现金股利 300 万元。

问题：甲公司编制合并财务报表时应如何进行调整与抵销处理？

2019 年年末合并财务报表工作底稿中的有关调整与抵销处理如下：

（1）将母公司的股权投资由成本法调整到权益法的调整分录如下：

借：长期股权投资［（8 000 000−3 000 000）×90%］　4 500 000

　贷：投资收益　4 500 000

（2）与内部股权投资有关的抵销分录如下：

①将母公司对子公司的股权投资与子公司的股东权益期末数相抵销。

借：股本　40 000 000

　未分配利润　5 000 000

　贷：长期股权投资　40 500 000

　　少数股东权益［（4 0 000 000+8 000 000−3 000 000）×10%］　4 500 000

②抵销子公司对内股利分配及其影响。

借：投资收益　7 200 000

　少数股东损益　800 000

　贷：应付普通股股利　3 000 000

　　未分配利润（期末）　5 000 000

③如果将上述两个抵销分录合并，则整合的调整与抵销处理如下：

借：股本　40 000 000

　投资收益　7 200 000

　少数股东损益　800 000

　贷：长期股权投资　40 500 000

　　少数股东权益　4 500 000

　　应付普通股股利　3 000 000

母公司将上述调整处理与抵销分录③填入合并财务报表工作底稿中，见表 8-12。

表 8-12　合并财务报表工作底稿

2019 年 12 月 31 日　　　　　　　　单位：万元

项目	个别财务报表		调整与抵销分录		合并数
	母公司	子公司	借	贷	
资产负债表项目	—	—			—
流动资产各项目	4 500	1 900			6 400
长期股权投资	3 600	0	调 450	抵③4 050	0
固定资产	5 000	3 000			8 000
负债各项目	3 530	400			3 930
股本	9 000	4 000	抵③4 000		9 000
未分配利润	570	500	800	750	1 020
少数股东权益	—	—		抵③450	450
利润表项目	—	—			
主营业务利润等	1 000	800			1 800
投资收益	270	0	抵③720	调 450	0
净利润	1 270	800	720	450	1 800
其中：少数股东损益	—	—	抵③80		80
所有者权益变动表有关项目	—	—			—
应付普通股股利	700	300		抵③300	700
未分配利润（期末）	570	500	800	750	1 020

说明：对于某一特定时点的合并资产负债表而言，其中的“期初数”栏取自上期合并资产负债表有关项目“期末数”栏相关数据，本期的“期末数”栏则取自本期编制的工作底稿中的“合并数”栏相关数据，下同。

一方面，对利润表任何项目的调整与抵销、对利润分配的任何调整与抵销，都必然对所有者权益变动表的“未分配利润（期末）”项目产生影响；对以前年度利润表任何项目的调整与抵销、对以前年度利润分配的任何调整与抵销，也都会对本年所有者权益变动表的“未分配利润（期初）”项目产生影响。工作底稿中“未分配利润（期末）”项目数字抄自所有者权益变动表相应项目数字。

另一方面，在以前年度合并财务报表工作底稿中编制的任何抵销分录，都只是用来确定当年合并财务报表的合并数，并未据以记账，因此并未调整个别财务报表有关项目期末数，自然也就未曾对本年个别所有者权益变动表的“未分配利润（期初）”项目产生过影响。因此，在连续编制合并财务报表的情况下，为了满足本年合并所有者权益变动表“未分配利润（期初）”项目与上年度合并所有者权益变动表中“未分配利润（期末）”项目相互勾稽的需要，有时需要对“未分配利润（期初）”项目进行调整与抵销。这正是理解合并财务报表抵销分录的关键之一。

[例 8-11] 非全资、连续编制合并财务报表的情形。

假定 2020 年 A 公司又实现 200 万元净利润，宣告分派 100 万元现金股利。其他资料见 **[例 8-10]**。

甲公司编制合并财务报表时应如何进行调整与抵销处理？

2020 年年末，甲公司编制合并财务报表时的调整与抵销分录如下：

（1）将母公司对子公司的长期股权投资资料由成本法调整到权益法的调整分录如下：

借：长期股权投资 5 400 000

贷：投资收益（200×90%-90） 900 000

未分配利润（期初）（800×90%-270） 4 500 000

（2）与内部股权投资有关的抵销分录如下：

①将母公司对子公司的股权投资余额与子公司的股东权益余额相抵销，并确认少数股东权益。

借：股本 40 000 000

未分配利润（期末） 6 000 000

贷：长期股权投资 41 400 000

少数股东权益 4 600 000

②将母公司股权投资收益与子公司分配给母公司股利相抵销，并确认少数股东享有的收益。

借：投资收益 1 800 000

少数股东损益 200 000

未分配利润（期初） 5 000 000

贷：应付普通股股利 1 000 000

未分配利润（期末） 6 000 000

如将以上两个抵销分录合并，则有：

借：股本 40 000 000

投资收益 1 800 000

少数股东损益 200 000

未分配利润（期初） 5 000 000

贷：长期股权投资 41 400 000

少数股东权益 4 600 000

应付普通股股利 1 000 000

母公司将上述调整与抵销处理填入2020年合并财务报表工作底稿中，见表8-13（为简化起见，假定双方2020年内无其他业务）。

表8-13 合并财务报表工作底稿

2020年12月31日 单位：万元

项目	个别财务报表		调整与抵销分录		合并数
	母公司	子公司	借	贷	
资产负债表项目	—	—			—
流动资产各项目	4 590	2 000			6 590
长期股权投资	3 600	0	调540	抵4 140	0
固定资产	5 000	3 000			8 000
负债各项目	3 530	400			3 930

表8-13（续）

项目	个别财务报表		调整与抵销分录		合并数
	母公司	子公司	借	贷	
股本	9 000	4 000	抵 4 000		9 000
未分配利润	660	600	700	640	1 200
少数股东权益	—	—		抵 460	460
利润表项目	—	—			—
主营业务利润	0	200			200
投资收益	90	0	抵 180	调 90	0
净利润	90	200	180	90	200
其中：少数股东损益	—	—	抵 20		20
所有者权益变动表有关项目	—	—			—
未分配利润（期初）	570	500	抵 500	调 450	1 020
应付普通股股利	0	100		抵 100	0
未分配利润（期末）	660	600	700	640	1 200

［**例 8-12**］不按权益法对母公司股权投资进行调整。

沿用［**例 8-10**］和［**例 8-11**］的资料。如果不对母公司股权投资的结果调整至权益法，而是直接按成本法结果对母公司股权投资进行抵销，则甲公司编制合并财务报表时在合并财务报表工作底稿中应如何进行处理？

有关抵销分录如下：

（1）2019 年年末，对内部股权投资有关的抵销分录如下：

借：股本　　40 000 000

　　投资收益　　2 700 000

　　少数股东损益　　800 000

　贷：长期股权投资　　36 000 000

　　　少数股东权益　　4 500 000

　　　应付普通股股利　　3 000 000

（2）2020 年年末，对内部股权投资有关的抵销分录如下：

借：股本　　40 000 000

　　投资收益　　900 000

　　少数股东损益　　200 000

　　未分配利润（期初）　　500 000

　贷：长期股权投资　　36 000 000

　　　少数股东权益　　4 600 000

　　　应付普通股股利　　1 000 000

母公司将上述抵销处理填入合并财务报表工作底稿中，见表 8-14、表 8-15（为简化起见，假定双方无其他业务）。

表 8-14　合并财务报表工作底稿

2019 年 12 月 31 日　　　　单位：万元

项目	个别财务报表		调整与抵销分录		合并数
	母公司	子公司	借	贷	
资产负债表项目	—	—			—
流动资产各项目	4 500	1 900			6 400
长期股权投资	3 600	0		3 600	0
固定资产	5 000	3 000			8 000
负债各项目	3 530	400			3 930
股本	9 000	4 000	4 000		9 000
未分配利润	570	500	350	300	1 020
少数股东权益	—	—		450	450
利润表项目	—	—			—
主营业务利润	1 000	800			1 800
投资收益	270	0	270		0
净利润	1 270	800	270		1 800
其中：少数股东损益	—	—	80		80
所有者权益变动表有关项目	—	—			—
应付普通股股利	700	300		300	700
未分配利润（期末）	660	500	350	300	1 020

表 8-15　合并财务报表工作底稿

2020 年 12 月 31 日　　　　单位：万元

项目	个别财务报表		调整与抵销分录		合并数
	母公司	子公司	借	贷	
资产负债表项目	—	—			—
流动资产各项目	4 590	2 000			6 590
长期股权投资	3 600	0		3 600	0
固定资产	5 000	3 000			8 000
负债各项目	3 530	400			3 930
股本	9 000	4 000	4 000		9 000
未分配利润	660	600	160	100	1 200
少数股东权益	—	—		460	460
利润表项目	—	—			—
主营业务利润	0	200			200
投资收益	90	0	90		0
净利润	90	200	90		200
其中：少数股东损益	—	—	20		20
所有者权益变动表有关项目	—	—			—
未分配利润（期初）	570	500	50		1 020
应付普通股股利	0	100		100	0
未分配利润（期末）	660	600	160	100	1 200

通过将表 8-14 与表 8-12 进行对比，表 8-15 与表 8-13 进行对比后可以发现，在对内部股权投资的相关影响进行抵销之前，是否将母公司对子公司长期股权投资的成本法结果调整到权益法，对抵销分录的编制会产生影响，但并不会影响最终提供的合并信息。这一点同样适用于非同一控制下企业合并的合并财务报表编制程序。

（三）非同一控制下的企业合并

非同一控制下的企业合并的合并日后每个资产负债表日编制合并财务报表时，与上述同一控制下的企业合并相关的抵销处理不同的是：首先，子公司各项可辨认净资产需按其在合并日的公允价值为基础进行调整；其次，少数股东权益也要根据子公司股东权益以合并日公允价值为基础延续计算的公允价值的一定份额进行计量；最后，可能需要确认合并商誉。

将母公司对子公司股权投资由成本法调整为权益法之后，有关调整分录与抵销分录的编制方法可以归纳如下：

（1）对子公司可辨认净资产按合并日公允价值为基础进行调整。

借：有关资产	［子公司有关资产公允价值大于账面价值之差］	A
贷：资本公积	［A 与 B 之差］	
递延所得税负债	［A×所得税税率］	B

有关资产公允价值小于账面价值之差做相反处理，负债的调整处理与资产的调整处理方向相反。

（2）与内部股权投资有关的抵销。

①将母公司对子公司的股权投资与子公司的股东权益相抵销，并确认少数股东权益。

借：股本 　　资本公积 　　其他综合收益 　　盈余公积 　　未分配利润	［子公司调整后期末报告价值］*	A
商誉	［B 大于 A×母公司持股比例的差额］	D1
贷：长期股权投资	［母公司对子公司股权投资调整后价值］**	B
少数股东权益	［A×少数股东持股比例］	C
未分配利润（期初）	［B 小于 A×母公司持股比例的差额］	D2

②将母公司股权投资收益与子公司利润分配项目相抵销，并确认少数股东享有的收益。

借：投资收益	［子公司调整后当年净利润×母公司持股比例］*
少数股东损益	［子公司调整后当年净利润×少数股东持股比例］*
未分配利润（期初）	［子公司调整后期初未分配利润］*
贷：应付普通股股利	［子公司当年分配数］
提取盈余公积	［子公司当年提取数］
未分配利润	［子公司调整后期末报告价值］*

（注：＊表示按合并日可辨认净资产公允价值为基础进行调整之后；＊＊表示按权益法调整之后。）

将上述①和②抵销分录合并，则与内部股权投资有关的抵销分录如下：

借：股本、资本公积、其他综合收益、盈余公积［子公司调整后报告价值］

投资收益［子公司调整后当年净利润×母公司持股比例］

少数股东损益［子公司调整后当年净利润×少数股东持股比例］

未分配利润（期初）［子公司调整后期初未分配利润］

商誉［B 大于 A×母公司持股比例的差额］

贷：长期股权投资［母公司对子公司股权投资调整后价值］

少数股东权益［子公司调整后股东权益报告价值×少数股东持股比例］

应付普通股股利［子公司当年分配数］

提取盈余公积［子公司当年提取数］

未分配利润(期初)［B 小于 A×母公司持股比例的差额］

A＝按合并日可辨认净资产公允价值调整后的子公司股东权益报告价值。

［例 8-13］ 连续编制合并财务报表（按权益法对母公司股权投资进行调整后抵销）。

假定 2018 年年末甲公司出资 3 800 万元给 A 公司的原股东，从而拥有 A 公司 90% 的表决权，A 公司当日的股东权益为 4 000 万元（均为股本）。2019 年、2020 年，A 公司报告净利润分别为 800 万元、200 万元，宣告分派现金股利分别为 300 万元、100 万元。投资时 A 公司某项管理用固定资产公允价值比账面价值高 50 万元，该固定资产按直线法在 5 年内计提折旧。甲公司 2019 年确认主营业务利润等 1 000 万元，宣告分派现金股利 700 万元。为简化起见，个别财务报表中的所得税费用及其他资料略。

甲公司各年在合并财务报表工作底稿中应如何处理？

（1）2018 年年末编制合并财务报表工作底稿时，有关调整与抵销分录如下：

①调整子公司有关资产的报告价值。

借：固定资产　　500 000

贷：资本公积　　375 000

递延所得税负债　　125 000

②购买日不需要对母公司股权投资价值按权益法进行调整。

③将母公司的股权投资与子公司的股东权益相抵销，并确认少数股东权益。

借：股本　　40 000 000

资本公积　　375 000

商誉（38 000 000-40 375 000×90%）　　1 662 500

贷：长期股权投资　　38 000 000

少数股东权益［(40 000 000+375 000)×10%］　　4 037 500

（2）2019 年甲公司编制合并财务报表工作底稿时，有关调整与抵销分录如下：

①调整子公司有关资产的报告价值。

借：固定资产　　400 000

管理费用　　100 000

贷：资本公积　375 000
　　递延所得税负债　100 000
　　所得税费用　25 000

为了便于理解，上述会计处理可以分解为以下三个会计分录：

借：固定资产　500 000
　贷：资本公积　375 000
　　递延所得税负债　125 000
借：管理费用　100 000
　贷：固定资产——折旧　100 000
借：递延所得税负债　25 000
　贷：所得税费用　25 000

子公司该项管理用固定资产在2018年年末的应纳税暂时性差异为500 000元，确认125 000元的递延所得税负债，即2018年年末递延所得税负债应有余额为125 000元（500 000×25%），2019年年末该项固定资产的应纳税暂时性差异为400 000元，即2019年年末递延所得税负债应有余额为100 000元（400 000×25%），因此需要转回递延所得税负债25 000元，即最终只确认100 000元递延所得税负债。

②对母公司股权投资价值按权益法进行调整。

借：长期股权投资［(5 000 000−75 000)×90%］　4 432 500
　贷：投资收益［(5 000 000−75 000)×90%］　4 432 500

（注：75 000=100 000−25 000）。

③将母公司的股权投资与子公司的股东权益相抵销，并确认少数股东权益。

借：股本　40 000 000
　　资本公积　375 000
　　未分配利润（5 000 000−75 000）　4 925 000
　　商誉（38 000 000−40 375 000×90%）　1 662 500
　贷：长期股权投资（38 000 000+4 432 500）　42 432 500
　　少数股东权益［4 000 000+(375 000+4 925 000)×10%］　4 530 000

④将母公司股权投资收益与子公司分配给母公司股利相抵销，并确认少数股东享有的收益。

借：投资收益［(8 000 000−75 000)×90%］　7 132 500
　　少数股东损益［(8 000 000−75 000)×10%］　792 500
　贷：应付普通股股利　3 000 000
　　未分配利润　4 925 000

⑤如将上述③和④合并编制，抵销分录如下：

借：股本　40 000 000
　　资本公积　375 000
　　投资收益　7 132 500
　　少数股东损益　792 500
　　商誉　1 662 500

贷：长期股权投资 42 432 500
　　少数股东权益 4 530 000
　　应付普通股股利 3 000 000

母公司将上述 2019 年年末调整与抵销分录①、②和⑤填入合并财务报表工作底稿，2019 年有关合并信息的产生过程见表 8-16。

表 8-16 合并财务报表工作底稿

2019 年 12 月 31 日　　单位：万元

项目	个别财务报表		调整与抵销分录		合并数
	母公司	子公司	借	贷	
资产负债表项目	—	—			—
流动资产各项目	4 300	1 900			6 200
长期股权投资	3 800	0	②443.25	⑤4 243.25	0
固定资产	5 000	3 000	①40		8 040
商誉	0	0	⑤166.25		166.25
负债各项目	3 530	400	①10		3 940
股本	9 000	4 000	⑤4 000		9 000
资本公积	0	0	⑤37.5	①37.5	0
未分配利润	570	500	802.5	745.75	1 013.25
少数股东权益	—	—		5 453	453
利润表项目	—	—			—
主营业务利润等	1 000	840			1 840
管理费用		40	①10		50
投资收益	270	0	⑤713.25	②443.25	0
减：所得税费用				①2.5	2.5
净利润	1 270	800	723.25	445.75	1 792.5
其中：少数股东损益	—	—	⑤79.25		79.25
所有者权益变动表有关项目	—	—			—
未分配利润（期初）	0	0			0
应付普通股股利	700	300		⑤300	700
未分配利润（期末）	570	500	802.5	745.75	1 013.25

（3）2020 年，甲公司编制合并财务报表工作底稿时，有关调整与抵销分录如下：

①调整子公司有关资产的报告价值。

借：固定资产 300 000
　　管理费用 100 000
　　未分配利润（期初） 75 000
　贷：资本公积 375 000
　　　递延所得税负债 75 000
　　　所得税费用 25 000

②将母公司对子公司的长期股权投资资料由成本法调整到权益法的调整分录如下：

借：长期股权投资　　5 265 000
　贷：投资收益　　832 500
　　　未分配利润（期初）　　4 432 500

5 265 000=(8 000 000+2 000 000−150 000)×90%−(3 000 000+1 000 000)×90%

832 500=(2 000 000−75 000)×90%−900 000

4 432 500=(8 000 000−75 000)×90%−2 700 000

③内部股权投资有关的抵销分录如下：

借：股本　　40 000 000
　　资本公积　　375 000
　　投资收益　　1 732 500
　　少数股东损益　　192 500
　　商誉　　1 662 500
　　未分配利润（期初）　　4 925 000
　贷：长期股权投资　　43 265 000
　　　少数股东权益　　4 622 500
　　　应付普通股股利　　1 000 000

192 500=(2 000 000−100 000+25 000)×10%

1 662 500=38 000 000−40 375 000×90%

4 925 000=5 000 000−75 000

4 622 500=(40 000 000+375 000−200 000+50 000+8 000 000−3 000 000+
　　2 000 000−1 000 000)×10%

母公司将上述抵销处理填入合并财务报表工作底稿中，2020 年有关合并信息的产生过程见表 8-17。

表 8-17　合并财务报表工作底稿

2020 年 12 月 31 日　　单位：万元

项目	个别财务报表		调整与抵销分录		合并数
	母公司	子公司	借	贷	
资产负债表项目	—	—			—
流动资产各项目	4 390	2 000			6 390
长期股权投资	3 800	0	②526. 5	③4 326. 5	0
固定资产	5 000	3 000	①30		8 030
商誉	0	0	③166. 25		166. 25
负债各项目	3 530	400		①7. 5	3 937. 5
股本	9 000	4 000	③4 000		9 000
资本公积	0	0	③37. 5	①37. 5	0
未分配利润	660	600	702. 5	629	1 186. 5
少数股东权益	—	—		③462. 25	462. 25
利润表项目	—	—			—

表8-17(续)

项目	个别财务报表		调整与抵销分录		合并数
	母公司	子公司	借	贷	
主营业务利润等	0	240			240
管理费用	0	40	①10		50
投资收益	90	0	③173.25	②83.25	0
减：所得税费用				①2.5	-2.5
净利润	90	200	183.25	85.75	192.5
其中：少数股东损益	—	—	③19.25		19.25
所有者权益变动表有关项目	—	—			—
未分配利润（期初）	570	500	①7.5	2 443.25	1 013.25
			③492.5		
应付普通股股利	0	100		③100	0
未分配利润（期末）	660	600	702.5	629	1 186.5

如果直接按母公司对子公司股权投资的成本法结果对内部股权投资进行抵销时，相关抵销分录如下：

借：股本
　　资本公积
　　其他综合收益
　　盈余公积
　　　　［子公司按合并日公允价值为基础调整后报告价值］ A
　　投资收益　　［子公司当年分配股利×母公司持股比例］
　　少数股东损益　　［子公司调整后当年净利润×少数股东持股比例］
　　未分配利润(期初)　　［子公司期初未分配利润×少数股东持股比例］①
　　商誉　　［B 大于子公司股东权益调整后报告价值×母公司持股比例的差额］
　贷：长期股权投资　　［母公司对子公司股权报告价值］ B
　　　少数股东权益　　［子公司股东权益调整后报告价值×少数股东持股比例］
　　　应付普通股股利　　［子公司当年分配数］
　　　提取盈余公积　　［子公司当年提取数］
　　　未分配利润(期初)　　［B 小于子公司股东权益调整后报告价值×母公司持股比例的差额］

子公司自合并日后的其他资本公积变动中相当于母公司股东享有的部分不包括在此项抵销中，其属于合并股东权益中归属于母公司股东的权益部分。

子公司股东权益调整后报告价值=A+子公司调整后的期末未分配利润

［例 8-14］ 子公司合并日后留存收益发生变动，母公司不将母公司对子公司长期股权投资的成本法结果调整至权益法，直接按成本法结果进行抵销处理。

沿用 **［例 8-13］** 的资料。母公司如何编制合并财务报表工作底稿？

2020 年编制合并财务报表工作底稿时的有关调整与抵销分录如下：

① 实际上是对上期期末抵销的子公司实现净利润及分配股利对本期期初未分配利润的影响数。

①调整子公司有关资产的报告价值。

借：固定资产　　300 000

　　管理费用　　100 000

　　未分配利润（期初）　　75 000

　贷：资本公积　　375 000

　　　递延所得税负债　　75 000

　　　所得税费用　　25 000

②抵销与内部股权投资有关的影响。

借：股本　　40 000 000

　　资本公积　　375 000

　　投资收益　　900 000

　　少数股东损益　　192 500

　　商誉　　1 662 500

　　未分配利润（期初）　　492 500

　贷：长期股权投资　　38 000 000

　　　少数股东权益　　4 622 500

　　　应付普通股股利　　1 000 000

192 500=(2 000 000−100 000+25 000)×10%

1 662 500=38 000 000−40 375 000×90%

492 500=(5 000 000−75 000)×10%

4 622 500=(40 000 000+375 000−200 000+50 000+8 000 000−3 000 000+
2 000 000−1 000 000)×10%

母公司将2020年的有关调整与抵销处理填入合并财务报表工作底稿中，见表8-18。

表8-18　合并财务报表工作底稿

2020年12月31日　　单位：万元

项目	个别财务报表		调整与抵销分录		合并数
	母公司	子公司	借	贷	
资产负债表项目	—	—			—
流动资产各项目	4 390	2 000			6 390
长期股权投资	3 800	0		②3 800	
固定资产	5 000	3 000	①30		8 030
商誉	0	0	②166. 25		166. 25
负债各项目	3 530	400		①7. 5	3 937. 5
股本	9 000	4 000	②4 000		9 000
资本公积	0	0	②37. 5	①37. 5	0
未分配利润	660	600	176	102. 5	1 186. 5
少数股东权益	—	—		②462. 25	462. 25
利润表项目	—	—			—
主营业务利润等	0	240			240
管理费用		40	①10		50

表8-18(续)

项目	个别财务报表		调整与抵销分录		合并数
	母公司	子公司	借	贷	
投资收益	90	0	②90		0
减：所得税费用				①2.5	-2.5
净利润	90	200	100	2.5	192.5
其中：少数股东损益			②19.25		19.25
所有者权益变动表有关项目	—	—			—
未分配利润（期初）	570	500	①7.5		1 013.25
			②49.25		
应付普通股股利	0	100		②100	0
未分配利润（期末）	660	600	176	102.5	1 186.5

可见，表8-17与表8-18的合并数结果是相同的。

［**例8-15**］子公司合并日后其他综合收益发生变动情况下，比较对母公司的长期股权投资由成本法调整至权益法和不调整至权益法的抵销处理的不同。

甲公司2020年年初以6 200万元的货币资金作为对价取得乙公司70%的股权，成为乙公司的控股股东。合并日乙公司的股本为5 000万元，资本公积为3 000万元，盈余公积为800万元，可辨认净资产的公允价值等于账面价值。合并当年，乙公司实现净利润400万元，其他权益工具投资公允价值变动利得300万元，没有其他涉及股东权益变动的业务。

按调整与不调整两种情况进行母公司的有关抵销处理。

2020年年末合并财务报表工作底稿中的有关调整与抵销分录的编制方法比较如下：

（1）情况1：先将母公司的长期股权投资调整到权益法再进行抵销处理。

①调整到权益法。

借：长期股权投资　　4 900 000
　贷：投资收益　　2 800 000
　　其他综合收益　　2 100 000

②抵销处理。

借：股本　　50 000 000
　资本公积　　30 000 000
　其他综合收益　　3 000 000
　盈余公积　　8 000 000
　投资收益　　2 800 000
　少数股东损益　　1 200 000
　商誉　　400 000
　贷：长期股权投资　　66 900 000
　　少数股东权益　　28 500 000

（2）情况2：不对母公司的长期股权投资调整到权益法，而是直接对成本法的结果进行抵销处理。

借：股本　50 000 000
　　资本公积　30 900 000
　　盈余公积　8 000 000
　　少数股东损益　1 200 000
　　商誉　400 000
　贷：长期股权投资　62 000 000
　　　少数股东权益　28 500 000

可见，以上两种抵销处理对于合并财务报表工作底稿中有关项目合并数的影响也是相同的。

（四）内部长期股权投资减值准备的抵销

长期股权投资减值准备的计提，一方面减少了资产负债表中长期股权投资项目的报告价值；另一方面增加了利润表中的资产减值损失，并对以后期间的期初未分配利润项目带来影响。以前述直接按母公司对子公司股权投资的成本法结果对内部股权投资进行抵销的抵销分录为例，如果考虑到内部长期股权投资计提的减值准备的抵销需要，则对内部股权投资进行抵销时，相关抵销分录应为：

借：股本、资本公积、其他综合收益、盈余公积［子公司调整后报告价值］　A
　　投资收益　［子公司当年分配股利×母公司持股比例］
　　少数股东损益　［子公司调整后当年净利润×少数股东持股比例］
　　未分配利润（期初）［子公司调整后期初未分配利润×少数股东持股比例］
　　商誉　［B 大于 A×母公司持股比例的差额］
　贷：长期股权投资　［母公司对子公司股权报告价值］
　　　　［内部长期股权投资计提减值准备期初余额］　B
　　　　［内部长期股权投资当年计提减值损失］
　　　资产减值损失　［当年计提的减值准备］
　　　少数股东权益　［子公司调整后股东权益报告价值×少数股东持股比例］
　　　应付普通股股利　［子公司当年分配数］
　　　提取盈余公积　［子公司当年提取数］
　　　未分配利润（期初）　［B 小于 A×母公司持股比例的差额］

值得一提的是，抵销了内部权益性投资减值准备之后，母公司还应抵销对该减值准备曾确认的所得税影响。相关抵销分录如下：

借：所得税费用
　　未分配利润（期初）
　贷：递延所得税资产

［**例 8-16**］考虑到长期股权投资减值准备情况的抵销处理。

沿用［**例 8-13**］的资料，另假设甲公司 2020 年对该项长期股权投资计提减值准备 12 万元。

2020 年编制合并财务报表工作底稿时，有关调整分录①和②同［**例 8-13**］，只是与内部股权投资有关的抵销分录如下：

①内部股权投资有关的抵销。

借：股本 40 000 000
　　资本公积 375 000
　　投资收益 1 732 500
　　少数股东损益 192 500
　　商誉 1 662 500
　　未分配利润（期初） 4 925 000
　贷：长期股权投资 43 145 000
　　　资产减值损失 120 000
　　　少数股东权益 4 622 500
　　　应付普通股股利 1 000 000

②内部股权投资已提减值准备的所得税影响的抵销。

借：所得税费用（120 000×25%） 30 000
　贷：递延所得税资产 30 000

四、交叉持股的抵销处理

企业集团内部子公司互相之间的长期股权投资，企业集团成员企业之间股权投资确认为以公允价值计量的金融资产的，在编制合并财务报表时，与这些权益性投资相关的影响同样应予以抵销，基本原理可以比照以上所介绍的母公司对子公司股权投资的抵销处理。

子公司持有母公司股权的，应当视为企业集团的库存股，在合并资产负债表中按照子公司取得母公司股权日所确认的长期股权投资初始投资成本，转为库存股作为合并财务报表中所有者权益的减项；子公司持有的母公司股权所确认的投资收益，应进行抵销处理。子公司持有的母公司股权分类为以公允价值计量且其变动计入其他综合收益的金融资产的，要同时冲销子公司累计确认的公允价值变动。

［**例 8-17**］甲公司是乙公司的母公司，持有乙公司 80%的表决权股份。

2020 年年末，甲公司对乙公司的长期股权投资账面价值为 8 000 万元，乙公司的股本等股东权益为 10 000 万元；乙公司持有的对甲公司的权益性投资作为长期股权投资按权益法进行核算，账面价值为 3 100 万元（投资成本为 3 100 万元，当年确认投资收益为 100 万元）。假定不考虑其他因素，甲公司可如何编制有关抵销分录？

甲公司 2020 年年末编制合并财务报表时，在合并财务报表工作底稿中应编制的抵销分录如下：

（1）将母公司对子公司的股权投资与子公司的股东权益相抵销，并确认少数股东权益。

借：股本等子公司的股东权益项目 100 000 000
　贷：长期股权投资 80 000 000
　　　少数股东权益 20 000 000

（2）将子公司对母公司的股权投资进行抵销，并确认为企业集团的库存股。

借：库存股 30 000 000
　　投资收益 1 000 000
　贷：长期股权投资 31 000 000

如果将［例 8-17］中乙公司对甲公司的权益性投资分类为以公允价值计量且其变动计入其他综合收益的金融资产，并假定该投资账面余额 3 100 万元中有 100 万元是当年确认的公允价值变动利得，则相关的抵销处理如下：

借：库存股　　30 000 000

　　其他综合收益　　1 000 000

　贷：其他权益工具投资　　31 000 000

第三节　与内部债权、债务有关的抵销处理

母公司与子公司之间、子公司相互之间可能由于各种内部交易产生债权、债务，在编制合并财务报表时，对于企业集团成员企业之间的内部债权、债务应予以抵销，以便使合并财务报表报告的债权、债务反映为企业集团整体的对外债权、债务。另外，与内部债权、债务有关的利息收益、利息费用以及与内部债权有关的坏账准备或资产减值准备也应予以抵销。

一、内部债权、债务的抵销

内部债权、债务余额的抵销主要关系到合并资产负债表有关项目的报告价值。内部债权、债务的抵销分录主要如下：

（1）内部应收账款、应付账款的抵销。

借：应付账款

　贷：应收账款

（2）内部应收票据、应付票据的抵销。

借：应付票据

　贷：应收票据

（3）内部预收款项、预付款项的抵销。

借：预收款项

　贷：预付款项

（4）内部债券投资、应付债券账面余额（含已计未付利息）的抵销。

借：应付债券　　［发行方账面价值］

　贷：债权投资等　　［投资方账面价值］

借或贷：财务费用或投资收益［差额］

（借差计入“财务费用”，贷差计入“投资收益”。）

如果债券为分期付息债券，则已计未付利息的抵销分录如下：

借：其他应付款

　贷：其他应收款

（5）内部应收股利、应付股利的抵销。

借：其他应付款

　贷：其他应收款

（6）内部其他应收款、其他应付款的抵销。

借：其他应付款

　贷：其他应收款

［例 8-18］内部债权债务的抵销处理。

2019 年某企业集团母公司 A 公司年末应收票据 90 000 元中有 30 000 元是其子公司甲公司的应付票据，A 公司应收股利 40 000 元为应收子公司甲公司当年宣告派发尚未发放的现金股利。编制合并财务报表时，A 公司如何进行抵销处理？

A 公司在合并财务报表工作底稿中的有关抵销分录如下：

（1）抵销内部应收票据、应付票据。

借：应付票据　　30 000

　贷：应收票据　　30 000

（2）抵销内部应收股利、应付股利。

借：其他应付款　　40 000

　贷：其他应收款　　40 000

二、与内部债权、债务有关的利息收益、利息费用的抵销

与内部债权、债务相关的利息收益与利息费用的抵销，主要关系到合并利润表有关项目的报告价值。下面以企业集团成员企业的一方持有另一方发行的债券为例予以说明。

如果债券投资方的当年利息收益与债券发行方的当年利息费用金额相等，则本期利息收益与利息费用的抵销分录如下：

借：投资收益

　贷：财务费用

如果债券投资方的当年利息收益与债券发行方的当年利息费用金额不相等，两者之差实质上属于债券的推定赎回损益（抵销内部债券投资、融资导致的债权、债务）。就企业集团而言，债券被推定赎回的当时，相关推定损益既未在赎回方作为损益记录，也未在发行方作为损益入账，然而它却是企业集团已经实现了的损益，因此必须在合并利润表中确认赎回债券的推定损益对企业集团损益的影响。该损益在合并利润表中作为赎回损益单项列示，还是调整“投资收益”项目或“财务费用”项目，不同的理念下有不同的解释。现行会计准则没有采取单列“赎回损益”项目的做法。那么，还有一个问题：这个差额是调整“投资收益”项目还是调整“财务费用”项目呢？实际上，这类业务同时涉及集团内部的债券投资、融资，相关损益记入“投资收益”项目还是“财务费用”项目，可以简化处理。一个简化的做法是，当债券投资方的本期实际利息收益与债券发行方的本期实际利息费用两者金额不相等时，借差记入“财务费用”项目，贷差记入“投资收益”项目，也就是相当于按两者孰低额进行抵销。

［例 8-19］与内部债权投资有关的利息收益与利息费用相等时的抵销。

ABC 公司是 EF 公司的全资母公司。EF 公司于 2019 年年初发行了一笔面值为 1 000 000 元、票面利率为 5%、发行价格为 1 000 000 元、期限为 5 年、每年年末付

息一次、到期还本的债券。ABC 公司按面值全部购入 EF 公司发行的债券，分类为以摊余成本计量的金融资产。ABC 公司于 2019 年年末收到当年利息。双方均按实际利率法确定利息收益、利息费用（实际利率为 5%）。其他资料略。ABC 公司在合并财务报表工作底稿中应如何编制抵销分录？

2019 年年末，ABC 公司编制的有关抵销分录如下：

①抵销内部债权、债务。

借：应付债券　　1 000 000

　贷：债权投资　　1 000 000

②抵销与内部债权、债务相关的利息收益与利息费用。

借：投资收益　　50 000

　贷：财务费用　　50 000

ABC 公司将上述抵销分录填入合并财务报表工作底稿，见表 8-19。

表 8-19　合并财务报表工作底稿

2019 年 12 月 31 日　　单位：元

项目	个别财务报表		调整与抵销分录		合并数
	ABC 公司	EF 公司	借	贷	
资产负债表有关项目					
债权投资	1 000 000	0		①1 000 000	0
应付债券	0	1 000 000	①1 000 000		0
利润表有关项目					
投资收益	50 000	0	②50 000		0
财务费用	0	50 000		②50 000	0

［**例 8-20**］与内部债权投资有关的利息收益与利息费用不相等时的抵销。

ABC 公司是 EF 公司的全资母公司。EF 公司于 2019 年年初发行了一笔面值为 1 000 000 元、票面利率为 5%、发行价格为 1 044 490 元、期限为 5 年、每年年末付息一次、到期还本的债券。2020 年年初，ABC 公司按 1 027 755 元的价格购入 EF 公司发行在外的债券，分类为以摊余成本计量的金融资产。2020 年年末，ABC 公司收到当年利息。双方均按实际利率法确定利息收益、利息费用（实际利率为 4%）。其他资料略。ABC 公司在合并财务报表工作底稿中应如何编制抵销分录？

（1）2020 年年末，ABC 公司与 EF 公司个别财务报表有关项目计算如下：

①ABC 公司。

本期利息收益＝期初账面价值（1 027 755）×实际利率（4%）≈41 110（元）

本期溢价摊销额＝应收利息（50 000）－利息收益（41 110）＝8 890（元）

债权投资余额＝初始投资成本（1 027 755）－溢价摊销额（8 890）＝1 018 865（元）

②EF 公司。

本期利息费用＝期初账面价值（1 036 270）×实际利率（4%）≈41 451（元）

本期溢价摊销额＝应付利息（50 000）－利息费用（41 451）＝8 549（元）

应付债券余额＝期初账面价值（1 036 270）－本期溢价摊销额（8 549）

＝1 027 721（元）

（2）2020 年年末 ABC 公司编制合并财务报表时有关债权、债务的抵销分录如下：

①抵销内部债务。

借：应付债券　　1 027 721

　贷：债权投资　　1 018 865

　　　投资收益　　8 856

②抵销与内部债权、债务相关的利息收益与利息费用。

借：投资收益　　41 110

　贷：财务费用　　41 110

ABC 公司将上述抵销分录填入合并财务报表工作底稿，见表 8-20。

表 8-20　合并财务报表工作底稿

2020 年 12 月 31 日　　单位：元

项目	个别财务报表		调整与抵销分录		合并数
	ABC 公司	EF 公司	借	贷	
资产负债表有关项目					
债权投资	1 018 865	0		①1 018 865	0
应付债券	0	1 027 721	①1 027 721		0
利润表有关项目					
投资收益	41 110	0	②41 110	①8 856	8 856
财务费用	0	41 451		②41 110	341

三、内部应收款项计提的坏账准备和债券投资减值准备的抵销

在合并财务报表工作底稿中，纳入合并范围的成员企业之间的债权、债务已经抵销，那么与该应收款项有关的坏账准备也应该予以抵销，同时还应对相关坏账准备曾确认的所得税影响予以抵销。

以应收账款为例，有关的抵销分录为：

借：应收账款　　［内部应收账款计提的坏账准备期末余额］

借或贷：信用减值损失　　［内部应收账款本年冲销或计提的坏账准备］

　贷：未分配利润（期初）　　［内部应收账款计提的坏账准备期初余额］

［例 8-21］与内部应收款项已计提坏账准备有关的抵销处理。

某企业集团母公司按年末应收账款余额的 0.5%计提坏账准备。2018 年年末，母公司应收账款余额 30 000 元为应向子公司收取的销货款；2019 年年末，母公司应收账款余额 50 000 元全部为子公司的应付账款；2020 年年末，母公司应收账款 20 000 元全部为子公司的应付账款。3 年中子公司各年年末应付账款余额分别为 35 000 元、60 000 元、20 000 元。所得税税率为 25%。

上述资料对个别财务报表的影响如何？编制合并财务报表时应如何编制抵销分录？

上述资料对个别财务报表的影响及抵销分录的编制见表 8-21。

表 8-21　合并财务报表工作底稿　　单位：元

项目	个别财务报表		合计数	调整与抵销分录		合并数
	母公司	子公司		借	贷	
2018 年						
利润表和所有者权益变动表有关项目						
信用减值损失	150		150		②150	0
减：所得税费用	-37.5		-37.5	③37.5		0
未分配利润（期末）	-112.5		-112.5	37.5	150	0
资产负债表有关项目						
应收账款	29 850		29 850	②150	①30 000	0
递延所得税资产	37.5		37.5		③37.5	0
应付账款		35 000	35 000	①30 000		5 000
未分配利润	-112.5		-112.5	37.5	150	0
2019 年						
利润表和所有者权益变动表有关项目						
信用减值损失	100		100		②100	0
减：所得税费用	-25		-25	④25		0
未分配利润（期初）	-112.5		-112.5	④37.5	③150	0
未分配利润（期末）	-187.5		-187.5	62.5	250	0
资产负债表项目						
应收账款	49 750		49 750	③150	①50 000	0
				②100		
递延所得税资产	62.5		62.5		④62.5	0
应付账款		60 000	60 000	①50 000		10 000
未分配利润	-187.5		-187.5	62.5	250	0
2020 年						
利润表和所有者权益变动表有关项目						
信用减值损失	-150		-150	②150		0
减：所得税费用	37.5		37.5		37.5	0
未分配利润（期初）	-187.5		-187.5	④62.5	③250	0
未分配利润（期末）	-75		-75	212.5	287.5	0
资产负债表有关项目						
应收账款	19 900		19 900	③250	①20 000	0
					②150	
递延所得税资产	25		25		④25	0
应付账款		20 000	20 000	120 000		0
未分配利润	-75		-75	212.5	287.5	0

其他内部应收款项的坏账准备和内部债券投资的减值准备的抵销，可以比照上述处理方法进行具体操作。

需要注意的是，与内部债权、债务有关的抵销处理中，如果涉及对子公司净利润金额的调整的，企业应对子公司净利润增减变动额中归属于少数股东的部分，编制相应调整分录。相关调整分录如下：

借（或贷）：少数股东损益

　贷（或借）：少数股东权益

第四节　与内部资产交易有关的抵销处理

为了满足编制合并财务报表的需要，母公司在合并财务报表工作底稿中还需要将母公司与子公司之间、子公司相互之间销售商品、提供劳务或其他形式形成的存货、固定资产、工程物资、在建工程、无形资产等包含的未实现内部销售损益予以抵销，并抵销与未实现内部销售损益相关的资产跌价准备或减值准备。

一、内部存货交易

（一）未实现交易损益的抵销

1. 交易当期有关的抵销分录

企业集团内部存货购销交易按交易的实现与否分为两种情况：一是企业集团内部存货交易的买方至报告期末已将该存货销售出企业集团，即企业集团的内部销售已经实现；二是企业集团内部存货交易的买方至报告期期末未将该存货销售出企业集团，从企业集团来看，这项销售并未实现。

对于上述第一种情况——企业集团的内部销售已经实现，因此不存在对“未实现的销售”进行抵销的问题。这里存在集团内营业收入、营业成本重复报告问题，因此应按集团内部存货交易的销售方的营业收入编制如下抵销分录：

借：营业收入

　贷：营业成本

对于上述第二种情况——企业集团内部存货交易的买方期末存货成本中包含销售方已入账的销售利润（或亏损，下同），而从企业集团整体立场来看，这部分利润尚未实现。因此，在内部交易当年，合并财务报表工作底稿中应将这一未实现利润及产生这一利润的未实现销售均予以抵销，抵销分录为（抵销未实现损失的分录借贷方相反，下同）：

借：营业收入　　　　　　　[内部交易销售方的收入]

　贷：营业成本　　　　　　[内部交易销售方的成本]

　　　存货　　　　　　　　[内部交易销售方的利润]

2. 以后各期合并财务报表工作底稿中的有关抵销分录

企业在以后各期期末编制合并财务报表时，对前期已实现的内部存货交易不必再做抵销处理，因为期初未分配利润中含有的内部交易利润是已实现的利润。企业对于前期未实现的内部交易利润，企业则还应做抵销处理。一方面，内部交易销售方期初未分配利润中的买方前期存货中包含的销售方未实现利润应予以抵销，以便使期初未分配利润合并数与前期期末未分配利润合并数一致。另一方面，如果该存货本年未销出企业集团，需抵销期末存货价值中相当于销售方利润的金额；如果该存货本年售出企业集团，则对集团内部交易的买方依据销售方销售收入确定的销售成本中相当于销售方利润的金额予以抵销，即按当初未实现利润金额编制如下抵销分录：

借：未分配利润（期初）　　[以前年度内部交易未实现利润]
　贷：存货　　[本年仍未实现的利润]
　　营业成本　　[本年转为实现的利润]

综上所述，如果将上述三个抵销分录的思路整合，则连续编制合并财务报表的情况下，抵销内部交易存货未实现损益及其影响的分录如下：

（1）抵销以前年度内部存货交易未实现利润对期初未分配利润的影响。

借：未分配利润（期初）　　[以前年度内部交易未实现利润]
　贷：营业成本

（2）抵销当年发生的内部存货交易。

借：营业收入　　[当年内部交易销售方的收入]
　贷：营业成本

（3）抵销期末存货价值中包含的未实现内部交易利润。

借：营业成本
　贷：存货　　[期末存货价值中包含的未实现利润]

（二）内部交易存货计提的跌价准备的抵销

纳入合并财务报表编制范围的子公司之间或子公司与母公司之间的内部存货交易中的未实现利润经过上述抵销处理之后，还有一个问题需要解决：按未实现利润计提的资产减值损失准备应如何抵销。

企业集团有关成员企业发生内部存货交易后，内部交易的买方期末按存货的可变现净值低于该存货成本（内部交易卖方的价格）的差额计提存货跌价准备、确认存货跌价损失。在合并财务财务报表中，该存货的期末跌价准备和本期应确认的跌价损失应该是以该存货仍保留在内部交易的卖方为假设条件，按照该存货的可变现净值低于其内部交易卖方的账面价值的差额计提跌价准备、确认跌价损失。为了达到这一目标，就有必要对内部交易存货已计提的跌价准备进行调整。相关调整分录如下：

借：存货　　[多计提的存货跌价准备金额]
　贷：资产减值损失　　[本期多确认的存货跌价损失]
　　未分配利润（期初）　　[前期多确认的存货跌价损失]

[**例如 8-22**] 可变现净值小于内部交易卖方卖出存货成本。

某母公司将 2 000 万元的存货按 2 400 万元的价格销售给子公司，子公司当年并未将该批存货售出企业集团。在报告期末，子公司的该批存货可变现净值为 1 900 万元，子公司计提 500 万元的存货跌价准备。

母公司编制合并财务报表时应如何编制抵销分录？

从合并财务报表来看，该批存货的报告价值应为 1 900 万元，因计提存货跌价准备而确认资产减值损失金额应为 100 万元。

因此，期末母公司在编制合并财务报表时，编制的与该项内部交易有关的抵销分录如下：

①借：营业收入　　　　　　　　　　　　24 000 000
　　贷：营业成本　　　　　　　　　　　　24 000 000
②借：营业成本　　　　　　　　　　　　4 000 000
　　贷：存货　　　　　　　　　　　　　　4 000 000

上述抵销的结果是：合并资产负债表中“存货”项目数额为 1 500 万元（2 400-500-400），“存货”项目的合并数实际上应为 1 900 万元（1 900 万元的可变现净值低于 2 000 万元的成本）。同时，合并利润表中“资产减值损失”项目的数额应为 100 万元，则应抵销子公司多计提的存货跌价准备。

③借：存货　　　　　　　　　　　　　　4 000 000
　　贷：资产减值损失　　　　　　　　　　4 000 000

合并财务报表工作底稿见表 8-22。

表 8-22　合并财务报表工作底稿　　　　单位：万元

项目	个别财务报表		调整与抵销分录		合并数
	母公司	子公司	借	贷	
利润表有关项目					
营业收入	2 400	0	①2 400		0
营业成本	2 000	0	②400	①2 400	0
营业利润	400	0	2 800	2 400	0
减：资产减值损失	—	500		③400	100
净利润	400	-500	2 800	2 800	-100
资产负债表有关项目	0				
存货		1 900	③400	②400	1 900
未分配利润	400	-500	2 800	2 800	0

［**例 8-23**］可变现净值等于内部交易卖方卖出存货成本。

将［**例 8-22**］中子公司期末该批存货的可变现净值改为 2 000 万元，且子公司计提的存货跌价准备为 400 万元。

母公司编制合并财务报表时应如何编制抵销分录？

从合并财务报表来看，该批存货的报告价值应为 2 000 万元，不必确认资产减值损失。

因此，期末母公司在编制合并财务报表时，编制的与该项内部交易有关的抵销分录与［**例 8-22**］相同。合并财务报表工作底稿见表 8-23。

表 8-23　合并财务报表工作底稿　　　　单位：万元

项目	个别财务报表		调整与抵销分录		合并数
	母公司	子公司	借	贷	
利润表有关项目					
营业收入	2 400	0	①2 400		0
营业成本	2 000	0	②400	①2 400	0
营业利润	400	0	2 800	2 400	0
减：资产减值损失	—	400		③400	0

表23-8(续)

项目	个别财务报表		调整与抵销分录		合并数
	母公司	子公司	借	贷	
净利润	400	-400	2 800	2 800	0
资产负债表有关项目	0				
存货		2 000	③400	②400	2 000
未分配利润	400	-400	2 800	2 800	0

［**例 8-24**］可变现净值高于内部交易卖方卖出存货成本，低于卖方卖出存货价格。

沿用［**例 8-22**］的资料，另假定报告期末，子公司该批存货可变现净值为 2 100 万元，子公司计提 300 万元的存货跌价准备。

母公司编制合并财务报表时应如何编制抵销分录?

从合并财务报表来看，该批存货的报告价值应为 2 000 万元，不应计提存货跌价准备从而也不需确认资产减值损失。

因此，期末母公司在编制合并财务报表时，编制的第③个抵销分录为：

借：存货　　3 000 000

　　贷：资产减值损失　　3 000 000

期末母公司合并财务报表工作底稿见表 8-24。

表 8-24　合并财务报表工作底稿　　单位：万元

项目	个别财务报表		调整与抵销分录		合并数
	母公司	子公司	借	贷	
利润表有关项目					
营业收入	2 400	0	①2 400		0
营业成本	2 000	0	②400	①2 400	0
营业利润	400	0	2 800	2 400	0
减：资产减值损失	—	300		③300	0
净利润	400	-300	2 800	2 700	0
资产负债表有关项目	0				
存货		2 100	③300	②400	2 000
未分配利润	400	-300	2 800	2 700	0

［**例 8-25**］可变现净值高于内部交易卖方卖出存货成本，也等于或高于卖方卖出存货价格。

假定［**例 8-22**］中子公司期末该批存货的可变现净值为 2 500 万元，子公司没有计提跌价准备。

母公司编制合并财务报表时应如何编制抵销分录?

从合并财务报表来看，该批存货的报告价值应为 2 000 万元，不应计提存货跌价准备从而也不需要确认资产减值损失。从个别财务报表来看，子公司也没有确认此项内部交易存货的资产减值损失，因此不用编制调整分录③。

在这种情况下，期末母公司合并财务报表工作底稿见表 8-25。

表 8-25　合并财务报表工作底稿　　单位：万元

项目	个别财务报表		调整与抵销分录		合并数
	母公司	子公司	借	贷	
利润表有关项目					
营业收入	2 400	0	12 400		0
营业成本	2 000	0	②400	①2 400	0
营业利润	400	0	2 800	2 400	0
减：资产减值损失	—	0			0
净利润	400	0	2 800	2 400	0
资产负债表有关项目	0				
存货		2 400		②400	2 000
未分配利润	400	0	2 800	2 400	0

［**例 8-26**］前期内部存货交易对本期合并财务报表的影响。

某母公司 2018 年将成本为 2 000 万元的商品按 2 400 万元的价格出售给子公司。期末，该存货的可变现净值为 1 900 万元。假设 2019 年子公司仍未将该存货售出企业集团，年末其可变现净值为 1 700 万元。

此项内部存货交易对 2019 年个别财务报表的影响如何？合并财务报表工作底稿中应怎样编制调整与抵销分录？

相关影响以及相关调整与抵销处理见表 8-26（其他业务略）。

表 8-26　合并财务报表工作底稿　　单位：万元

项目	个别财务报表		调整与抵销分录		合并数
	母公司	子公司	借	贷	
利润表及所有者权益变动表有关项目					
营业收入	0	0			0
营业成本	0	0			0
营业利润	0	0			0
减：资产减值损失	0	200			200
净利润		-200			-200
未分配利润（期初）	400	-500	①400	②400	-100
未分配利润（期末）	400	-700	400	400	-300
资产负债表有关项目					
存货	0	1 700	②400	①400	1 700
未分配利润	400	-700	400	400	-300

提示：①抵销期末存货价值中包含的未实现内部交易利润及其对期初未分配利润的影响。

②抵销上年子公司多计提存货跌价准备 400 万元对期初未分配利润的影响，实际上相当于重编上年有关调整分录（见表 8-24 中的调整分录③）。

仅就此项未实现销售的内部交易存货而言，母、子公司两年来损失总额为 300 万元，即可变现净值 1 700 万元低于成本 2 000 万元之差。其中，200 万元相当于内部交易的卖方本年应确认的跌价损失，100 万元（2 000-1 900）相当于上年确认的跌价损失。

（三）递延所得税的调整

内部交易存货未实现利润的抵销，调低了该存货在合并资产负债表中的报告价值，从合并财务报表的角度来看，该存货的账面价值低于其计税基础，由此产生的可抵扣暂时性差异对应在合并财务报表中予以确认；而内部交易存货计提跌价准备已确认的所得税影响，也应随着相关跌价准备的抵销而抵销。

相关的调整分录如下：

借：递延所得税资产　　　　［（抵销的内部存货交易未实现利润-已抵销该资产跌价准备）×所得税税率］

借或贷：所得税费用　　　　［本期应调整递延所得税］

　贷：未分配利润（期初）　［前期已调整递延所得税］

［**例 8-27**］与内部存货交易相关的递延所得税的处理。

2018 年 9 月，母公司将成本为 2 000 万元的存货按 2 400 万元的价格出售给子公司，子公司将该购入存货也作为存货核算。2018 年年末，子公司未将该存货售给企业集团。子公司于 2019 年将该存货中的 30%另加 10%的毛利售出企业集团；年末剩余存货的可变现净值为 1 500 万元。所得税税率为 25%，其他资料略。

母公司在各相关报告期期末编制合并财务报表时分别应如何进行会计处理？

母公司于报告期期末编制合并财务报表工作底稿时应编制的调整与抵销分录如下：

（1）2018 年。

①抵销期末存货价值中包含的未实现内部交易利润。

借：营业收入　　24 000 000

　贷：营业成本　　20 000 000

　　　存货　　4 000 000

②调整内部交易存货相关的递延所得税。

借：递延所得税资产　　1 000 000

　贷：所得税费用　　1 000 000

（2）2019 年。

①抵销上年内部存货交易未实现利润对期初未分配利润的影响。

借：未分配利润（期初）　　4 000 000

　贷：营业成本　　4 000 000

②抵销期末存货价值中包含的未实现内部交易利润。

借：营业成本　　2 800 000

　贷：存货　　2 800 000

③抵销内部交易存货本期末已提跌价准备。

借：存货　　1 800 000

　贷：资产减值损失　　1 800 000

④调整内部交易存货相关的递延所得税。

借：递延所得税资产［（2 800 000-1 800 000）×25%］　　250 000

　　所得税费用（1 000 000-250 000）　　750 000

　贷：未分配利润（期初）　　1 000 000

将上述调整与抵销分录填入合并财务报表工作底稿，此项交易对合并信息生成过程的影响见表 8-27。

表 8-27　合并财务报表工作底稿　　单位：万元

项目	个别财务报表		合计数	调整与抵销分录		合并数
	母公司	子公司		借	贷	
2018 年						
资产负债表有关项目						
存货	0	2 400	2 400		①400	2 000
递延所得税资产	0	0	0	②100		100
应交税费	100	0	100			100
利润表有关项目						
营业收入	2 400	0	2 400	①2 400		0
营业成本	2 000	0	2 000		①2 000	0
营业利润	400	0	400	2 400	2 000	0
减：所得税费用	100	0	100		②100	0
净利润	300	0	300	2 400	2 100	0
所有者权益变动表有关项目						
未分配利润（期初）	0	0	0			0
未分配利润（期末）	300	0	300	2 400	2 100	0
2019 年						
资产负债表有关项目						
存货	0	1 500	1 500	③180	②280	1 400
递延所得税资产	0	45	45	④25		70
应交税费	0	0	0			0
利润表有关项目						
营业收入	0	792	792			792
营业成本	0	720	720	②280	①400	600
减：资产减值损失	0	180	180		③180	0
减：所得税费用	0	−27	−27	④75		48
净利润	0	−81	−81	355	580	144
所有者权益变动表有关项目						
未分配利润（期初）	300	0	300	①400	④100	0
未分配利润（期末）	300	−81	219	755	680	144

注：个别财务报表数据只列示与此项内部交易有关的，其他资料略。

期末存货中包含的未实现利润 280＝400×70%。

本年的期初未分配利润等于上年的期末未分配利润。

二、内部固定资产交易

企业集团内部固定资产交易主要有两种情况：一是销售方将产品售给购货方，后者以此作为固定资产使用；二是销售方将固定资产售给购货方，后者仍将其作为固定资产使用。由于购买方购入固定资产是为了在本企业使用而不是为了出售，因此无论是哪一种情况，都有必要抵销期末固定资产原价中包含的企业集团未实现的利润（或损失，下同）。

（一）交易当年，期末合并财务报表工作底稿中的有关抵销分录

（1）抵销固定资产原价中包含的未实现内部销售利润。

如果是上述第一种情况，抵销分录如下：

借：营业收入　　　　　［内部交易销售方的收入］

　贷：营业成本　　　　［内部交易销售方的成本］

　　　固定资产　　　　［未实现利润］

如果是上述第二种情况，抵销分录如下：

借：资产处置收益

　贷：固定资产　　　　［未实现利润］

（2）抵销购买方当年对该固定资产计提的折旧额中按未实现利润计提的部分（本年多提折旧）。

借：固定资产　　　　　［本年多计提的折旧额］

　贷：管理费用等

（二）以后各年——到期前使用期间的各期期末的有关抵销分录

合并财务报表的编制依据——个别财务报表中，“未分配利润（期初）”中包含以前年度成员企业的销售方销售产品或固定资产的利润，即企业集团未实现利润，而在上期期末合并资产负债表中的“未分配利润”项目中已经抵销了这部分未实现利润。只要内部交易的买方未将该固定资产报废、出售，即未使其退出企业集团，企业就需要抵销这部分未实现利润对期初未分配利润的影响数，以使本期“未分配利润（期初）”项目的合并数与上期期末“未分配利润”项目的合并数相符。同时，企业还应抵销本期及以前各期按未实现利润计提的折旧。

（1）抵销固定资产原价中包含的未实现利润及其对期初未分配利润的影响数。

借：未分配利润（期初）　［未实现利润，即最初内部交易卖方的利润］

　贷：固定资产

（2）抵销按未实现利润计提的折旧。

借：固定资产

　贷：管理费用等　　　　［当年多计提的折旧额］

　　　未分配利润（期初）［以前年度累计多计提的折旧额］

（三）以后各年——到期后至清理前各使用期间各期期末的有关抵销分录

由于固定资产使用期满提足折旧后不再计提折旧，在使用期满尚未报废清理期间各年的抵销分录中，不存在抵销按包含在固定资产原价中的年初未实现利润当年多提折旧问题，因此只需编制如下抵销分录：

（1）抵销固定资产原价中包含的未实现利润及其对期初未分配利润的影响数。

借：未分配利润（期初）

　贷：固定资产

（2）抵销以前年度累计按未实现利润计提的折旧。

借：固定资产

　贷：未分配利润（期初）［以前年度累计多计提的折旧额］

实际上，上述两笔抵销分录的金额是相同的，因此也可以合编一笔抵销分录。

借：固定资产　　　　　　［以前年度累计多计提的折旧额］

　贷：固定资产　　　　　［固定资产原价中包含的未实现利润］

由于该抵销分录借、贷方的金额相等，项目相同，因此这一抵销分录也可以不必编制。

（四）清理期的有关抵销分录

内部交易的固定资产因报废或出售而转入清理时，其原始价值中包含的未实现损益随着该固定资产退出企业集团而转为实现。但是，由于固定资产清理导致的固定资产价值的注销，使得清理期末合并财务报表工作底稿中的抵销分录同以前各期有所不同，而且在不同时期清理的固定资产，其未实现损益的抵销分录也不相同。下面以报废清理为例进行归纳。

（1）情况1：提前清理。

在固定资产未满使用年限提前报废进行清理核算时，年末合并财务报表工作底稿中的有关抵销分录如下：

①调整年初未分配利润中的未实现部分。

借：未分配利润（期初）

　贷：营业外收入（或营业外支出，下同）

②抵销按未实现利润多提的折旧。

借：营业外收入

　贷：管理费用等　　　　［当年多计提的折旧额］

　　　未分配利润（期初）［以前年度累计多计提的折旧额］

上述两个抵销分录也可以合并。随着固定资产退出企业集团，年初未分配利润中的未实现利润中有一部分转为实现，相当于以前年度按内部交易实现利润多提的折旧金额，对此可以不编制抵销分录；包含在年初未分配利润中的固定资产内部交易未实现利润的另一部分需要编制抵销分录，这里一方面将相当于当年按年初未实现利润多提的折旧进行调整，另一方面将因提前清理而未计提折旧的年初未实现利润转作实现。有关的调整分录如下：

借：未分配利润（期初）

　贷：管理费用等　　［当年按未实现利润多计提的折旧］

　　　营业外收入　　［尚未按未实现利润多计提的折旧］

（2）情况2：期满清理。

内部交易的固定资产在使用期满转入清理的情况下，一方面，由于固定资产实体已经退出企业集团，期初未分配利润中的固定资产内部交易的未实现利润随之转为实现，而且该固定资产原值已经注销，因此不存在抵销固定资产原价中包含的未实现利润的问题；另一方面，由于不存在未实现利润，随着固定资产的清理，其累计折旧额已经注销，也就不存在对按未实现利润多提折旧的抵销问题。但是，企业需要将当年按期初未实现利润多计提的折旧导致的本年管理费用与期初未分配利润进行调整。有关的调整分录如下：

借：未分配利润（期初）

　　贷：管理费用等　［本年多计提折旧］

（3）情况3：超期清理。

内部交易的固定资产在超过预计使用年限后才清理的情况下，由于固定资产已经退出企业集团，其价值已经注销，年初未分配利润中的固定资产内部交易未实现利润已经转为实现，不存在抵销未实现利润的问题。由于已经超期使用，企业本年已不计提折旧，因此也不必调整管理费用。清理年度的年末合并财务报表工作底稿中不必编制任何抵销分录。

［**例8-28**］内部固定资产交易的相关抵销处理。

企业集团内部A公司将一台成本为60 000元的产品以80 000元出售给B公司，后者将其作为固定资产使用，预计使用年限为8年，采用直线法计提折旧（假定不考虑预计净残值）。

要求：分别假定以下三种情况编制报废清理期末合并财务报表工作底稿。

情况1：第6年年末清理，清理收益500元。

情况2：第8年年末清理，清理收益200元。

情况3：第10年年末清理，清理收益100元。

合并财务报表工作底稿见表8-28。

表8-28　合并财务报表工作底稿　　单位：元

项目	个别财务报表		调整与抵销分录		合并数
	A公司	B公司	借	贷	
情况1：第6年年末清理					
管理费用		10 000		2 500	7 500
营业外收入		500		5 000	5 500
未分配利润（期初）	20 000	-50 000	7 500		-37 500
固定资产		0			0
情况2：第8年年末清理					
管理费用		10 000		2 500	7 500
营业外收入		200			200
未分配利润（期初）	20 000	-70 000	2 500		-52 500
固定资产		0			0
情况3：第10年年末清理					
管理费用		0			0
营业外收入		100			100
未分配利润（期初）	20 000	-80 000			-60 000
固定资产		0			0

与内部交易形成的固定资产相关的资产减值准备的抵销处理，比照前述内部交易形成的存货的相关抵销处理。

（五）递延所得税的调整

与前面所述的内部存货交易一样，内部交易固定资产未实现利润（或亏损）的抵销，调低（或调高）了该固定资产在合并资产负债表中的报告价值，从合并财务报表的角度来看，该固定资产的账面价值与其计税基础不相等，由此产生的可抵扣（或应纳税）暂时性差异对未来的纳税影响应在合并财务报表中予以确认；而随着内部交易的固定资产计提的减值准备的抵销，与其相关的所得税影响也应予以抵销。

与前面所述的内部存货交易相关递延所得税的调整处理不同的是，内部交易的固定资产不仅在交易当年而且在以后各使用期间都可能会涉及递延所得税的相关调整，而且固定资产的折旧因素也会对递延所得税的调整产生影响。从连续编制合并财务报表的角度来看，以内部交易存在未实现利润的情况为例，相关的调整分录为：

借：递延所得税资产　　　　[（抵销的内部交易固定资产的未实现利润-已抵销的该资产减值准备）×所得税税率]

借或贷：所得税费用　　　　[本期应调整递延所得税]

　贷：未分配利润（期初）[前期已调整递延所得税]

[**例 8-29**] 与内部固定资产交易有关的递延所得税的处理。

2018 年 6 月末，某企业集团的母公司将一台成本为 60 000 元的产品以 80 000 元的价格出售给子公司，后者将其作为管理用固定资产使用，预计使用年限 10 年，采用直线法计提折旧（假定不考虑预计净残值）。假定所得税税率为 25%。为了便于对比分析，假定母公司的应交所得税在 2019 年尚未缴纳。其他资料略。

根据上述资料编制母公司 2018 年、2019 年合并财务报表工作底稿中的有关调整与抵销分录。

母公司 2018 年、2019 年合并财务报表工作底稿中的有关调整与抵销分录如下：

（1）2018 年。

①抵销期末固定资产价值中包含的未实现内部交易利润。

借：营业收入	80 000	
贷：营业成本		60 000
固定资产		20 000

②抵销当年多计提的折旧。

借：固定资产	1 000	
贷：管理费用		1 000

③调整内部交易固定资产相关的递延所得税。

借：递延所得税资产	4 750	
贷：所得税费用		4 750

注：4 750＝[（80 000-4 000）-（60 000-3 000）]×25%

（2）2019 年。

①抵销上年内部固定资产交易未分配利润的影响。

借：未分配利润（期初）	20 000	
贷：固定资产		20 000

②抵销累计多计提的折旧。

借：固定资产	3 000	
贷：管理费用		2 000
未分配利润（期初）		1 000

③调整内部交易固定资产相关的递延所得税。

借：递延所得税资产　　4 250

　　所得税费用（4 750-4 250）　　500

　贷：未分配利润（期初）　　4 750

注：4 250=[（80 000-12 000）-（60 000-9 000）]×25%

将上述调整与抵销分录填入合并财务报表工作底稿，则该内部交易对个别财务报表及合并信息的影响见表 8-29。

表 8-29　合并财务报表工作底稿　　单位：元

项目	个别财务报表		调整与抵销分录		合并数
	母公司	子公司	借	贷	
2018 年					
资产负债表有关项目					
固定资产	0	76 000	②1 000	①20 000	57 000
递延所得税资产	0	0	③4 750		4 750
应交税费	5 000	0			5 000
利润表有关项目					
营业收入	80 000	0	①80 000		0
营业成本	60 000	0		①60 000	0
管理费用	0	4 000		②1 000	3 000
营业利润	20 000	-4 000	80 000	61 000	-3 000
减：所得税费用	5 000	0		③4 750	250
净利润	15 000	-4 000	80 000	65 750	-3 250
所有者权益变动表有关项目					
未分配利润（期初）	0	0			0
未分配利润（期末）	15 000	-4 000	80 000	65 750	-3 250
2019 年					
资产负债表有关项目					
固定资产	0	68 000	②3 000	20 000	5 1 000
递延所得税资产	0	0	③4 250		4 250
应交税费	5 000	0			5 000
利润表有关项目					
管理费用	0	8 000		②2 000	6 000
营业利润	0	-8 000		2 000	-6 000
减：所得税费用	0	0	③500		500
净利润	0	-8 000	500	2 000	-6 500
所有者权益变动表有关项目					
未分配利润（期初）	15 000	-4 000	①20 000	②1 000	-3 250
				③4 750	
未分配利润（期末）	15 000	-12 000	20 500	7 750	-9 750

注：本期期初未分配利润与上期期末未分配利润相等。

内部无形资产交易等其他资产交易，相关的调整与抵销比照上述原理进行处理。值得一提的是，与前述内部债权债务相关抵销处理中所提示的一样，内部资产交易的相关抵销处理中，如果涉及对子公司净利润的增减调整的，要对其中归属于少数股东的部分，调整少数股东损益和少数股东权益。

第五节　编制合并财务报表的其他问题

一、与外币财务报表折算差额有关的合并处理

（一）外币财务报表折算差额在合并资产负债表中的列报

企业存在境外经营的情况下，报告期末需将纳入合并范围的境外经营的外币财务报表按照有关会计准则规定的折算方法进行折算，然后将折算后财务报表与母公司财务报表合并，编制合并财务报表。对某一境外经营外币财务报表进行折算时，不同的报表可能采用不同的折算汇率，同一报表的不同项目也可能采用不同的折算汇率，这就导致了外币财务报表折算差额。

根据现行会计准则的规定，外币财务报表折算差额首先应在折算后的资产负债表中所有者权益部分以“其他综合收益”项目中列报（参见表8-30中“个别财务报表”部分）。企业编制合并财务报表时，将境外经营折算后资产负债表与母公司及纳入合并范围的其他成员企业的资产负债表进行合并后，外币财务报表折算差额自然将反映在合并资产负债表的所有者权益部分（参见表8-30中“合并数”部分）。值得注意的是，作为“综合收益”的组成部分之一，外币财务报表折算差额无疑还应体现在合并所有者权益变动表中。

（二）外币财务报表折算差额在合并所有者权益变动表中的列报

合并所有者权益变动表的基本结构参见表8-31。编制合并所有者权益变动表的关键在于明确该表的内容、结构以及该表与合并资产负债表、合并利润表各项目之间的关系。

1. 一般项目的填列方法

合并所有者权益变动表可以根据合并资产负债表和合并利润表等资料进行编制。合并所有者权益变动表一般项目的编制原理简述如下：

（1）各所有者权益项目的“上年年末余额”和“本年年末余额”可以分别转抄自合并资产负债表的“股本”“资本公积”“其他综合收益”“盈余公积”“未分配利润”以及“减：库存股”等有关项目的年初数和年末数。

（2）“净利润”项目转抄自合并利润表中的“净利润”项目金额。

（3）有关利润分配各项目转抄自有关合并财务报表工作底稿中涉及的利润分配有关项目的合并数。

（4）其他各项目可以分别根据合并利润表有关项目以及合并资产负债表的“股本”“资本公积”“其他综合收益”“盈余公积”等有关项目的年末数和年初数分析填列。

2.“少数股东权益”的列报方法

在母公司非100%拥有子公司股权的情况下，合并所有者权益变动表中就需要报告少数股东权益。“少数股东权益”数额相当于子公司所有者权益中少数股东拥有的部分。因此，少数股东权益期末数可以根据合并财务报表工作底稿中第一类抵

销分录确定的金额填列，而这个金额无疑应该等于少数股东权益年初余额与本年净增加数之和。少数股东权益年初余额应等于子公司所有者权益年初余额与少数股权比例之乘积，合并财务报表工作底稿中根据子公司报告期净利润确定的少数股东收益与子公司报告期内分配给少数股东的利润，构成导致少数股东权益发生增减变动的主要因素。毫无疑问，除了上述净利润的实现与分配之外，子公司股本和资本公积等项目的变化，都会引起少数股东权益的变动。

更为重要的是，子公司外币财务报表折算差额中相当于少数股权的部分，也会导致少数股东权益的变动。

3. 外币财务报表折算差额的列报

境外经营不属于母公司全资子公司的情况下，外币财务报表折算差额中应归属于企业集团少数股东享有的部分，还需要分配至少数股东权益项目。将外币财务报表折算差额中归属于少数股东权益的部分进行分配时，有关调整分录如下：

借：其他综合收益

　贷：少数股东权益［外币财务报表折算差额×少数股东持股比例］

“外币财务报表折算差额”为负数时，调整分录的借贷方相反。

［例 8-30］外币财务报表折算差额在合并财务报表中的列报。

某母公司拥有某子公司 60%的股权，2019 年编制合并财务报表时确定该子公司的外币财务报表折算差额为 20 万元。为简化起见，假定年度内母公司净利润为 0，子公司净利润为 100 万元，其他变动资料略。

合并所有者权益变动表中应如何列报外币财务报表折算差额？

（1）分摊外币财务报表折算差额的调整分录如下：

借：其他综合收益　　80 000

　贷：少数股东权益　　80 000

（2）有关调整分录对合并财务报表工作底稿的编制过程及其对相关项目合并数据的影响见表 8-30。

表 8-30　合并财务报表工作底稿　　单位：万元

报表项目	个别财务报表		合计数	调整与抵销分录		合并数
	母公司	子公司		借	贷	
资产负债表有关项目						
长期股权投资	1 800	0	1 800		①1 800	0
其他有关资产项目	9 000	4 110	13 110			13 110
负债	4 000	1 010	5 010			5 010
股本	4 000	3 000	7 000	①3 000		4 000
其他综合收益	0	20	20	②8		12
未分配利润	2 800	100	2 900	40		2 860
归属于母公司的所有者权益	—	—	—			6 872
少数股东权益	—	—	—		①1 240	1 248
					②8	
股东权益合计	6 800	3 120	9 920	3 048	1 248	8 120

表8-30(续)

报表项目	个别财务报表		合计数	调整与抵销分录		合并数
	母公司	子公司		借	贷	
利润表有关项目						
营业收入等	0	100	100			0
投资收益	0	0	0			0
净利润	0	100				100
其中：归属于母公司股东的收益	—	—	—			60
归属于少数股东的收益	—	—	—	①40		40
其他综合收益						20
其中：外币报表折算差额		20				20
……						
综合收益总额		120				120
其中：归属于母公司股东的综合收益总额	—	—	—			72
归属于少数股东的综合收益总额	—	—	—			48

（3）根据表8-30编制的合并所有者权益变动表见表8-31。

表8-31　合并所有者权益变动表

2019年度　　　　单位：万元

项目	本年金额									上年金额
	归属于母公司的所有者权益							少数股东权益	合计	
	股本	资本公积(资本溢价)	减：库存股	其他综合收益	盈余公积	未分配利润	小计			
一、上年年末余额	4 000	0	0	0	0	2 800	6 800	1 200	8 000	略
加：会计政策变更										
前期差错更正										
二、本年年初余额	4 000	0	0	0	0	2 800	6 800	1 200	8 000	
三、本年增减变动										
（一）综合收益总额										
1. 净利润						60	60	40	100	
2. 其他综合收益				12			12	8	20	
（二）所有者投入资本										
（三）利润分配										
（四）所有者权益内部结转										
四、本年年末余额	4 000	0	0	12	0	2 860	6 872	1 248	8 120	

二、子公司超额亏损的列报

子公司当期亏损超过子公司期初所有者权益金额的情况下，子公司少数股东分担的亏损超过了少数股东在该子公司期初所有者权益中所享有的份额的，其余额仍应冲减少数股东权益。

[**例 8-31**] 子公司超额亏损在合并财务报表中的列报。

2019 年年初，母公司股本为 1 000 万元，子公司股本为 100 万元，母公司拥有子公司 80%的股权，对子公司长期股权投资余额为 80 万元，本期子公司发生亏损 150 万元。2020 年，母、子公司分别实现净利润 300 万元、260 万元。其他因素略。

2019 年、2020 年各年合并财务报表工作底稿如何编制？各年合并所有者权益变动表中如何列报子公司超额亏损？

（1）2019 年合并财务报表工作底稿的编制。

①2019 年合并财务报表工作底稿中应编制的抵销分录如下：

借：股本　1 000 000

　少数股东权益［子公司股东权益（1 000 000-1 500 000）×20%］　100 000

　贷：长期股权投资　800 000

　　少数股东损益（亏损 1 500 000×20%）　300 000

②该抵销分录过入合并财务报表工作底稿，有关合并数的产生过程见表 8-32。

表 8-32　合并财务报表工作底稿　　单位：万元

报表项目	个别财务报表		合计数	调整与抵销分录		合并数
	母公司	子公司		借	贷	
资产负债表有关资产项目						
长期股权投资	80	0	80		①80	0
股本	1 000	100	1 100	①100		1 000
未分配利润	0	-150	-150		30	-120
归属于母公司的所有者权益	—	—	—			880
少数股东权益	—	—	—	①10		-10
股东权益合计	1 000	-50	950	110	30	870
利润表有关项目						
净利润	0	-150	-150			-150
其中：归属于母公司股东的收益	—	—	—			-120
归属于少数股东的收益	—	—	—		①30	-30

③根据表 8-32 编制的合并所有者权益变动表见表 8-33。

表 8-33　合并所有者权益变动表

2019 年度　　单位：万元

项目	本年金额									上年金额
	归属于母公司的所有者权益							少数股东权益	合计	
	股本	资本公积（资本溢价）	减：库存股	其他综合收益	盈余公积	未分配利润	小计			
一、上年年末余额	1 000	0	0	0	0	0	1 000	20	1 020	略
加：会计政策变更										
前期差错更正										
二、本年年初余额	1 000	0	0	0	0	0	1 000	20	1 020	

表8-33(续)

项目	本年金额									上年金额
	归属于母公司的所有者权益							少数股东权益	合计	
	股本	资本公积（资本溢价）	减：库存股	其他综合收益	盈余公积	未分配利润	小计			
三、本年增减变动										
（一）综合收益总额										
1. 净利润						-120	-120	-30	-150	
2. 其他综合收益										
（二）所有者投入资本										
（三）利润分配										
（四）所有者权益内部结转								—		
四、本年年末余额	1 000	0	0	0	0	-120	880	-10	870	

（2）2020 年合并财务报表工作底稿的编制。

①2020 年合并财务报表工作底稿中应编制的抵销分录如下：

借：股本　1 000 000

　　少数股东损益（利润 2 600 000×20%）　520 000

　贷：长期股权投资　800 000

　　　少数股东权益［子公司股东权益(-500 000+2 600 000)×20%］　420 000

　　　期初未分配利润（上年该抵销环节的抵销金额）　300 000

②将该抵销分录过入合并财务报表工作底稿，有关合并数的产生过程见表 8-34。

表 8-34　合并财务报表工作底稿　　单位：万元

报表项目	个别财务报表		合计数	调整与抵销分录		合并数
	母公司	子公司		借	贷	
资产负债表有关项目						
长期股权投资	80	0	80		①80	0
股本	1 000	100	1 100	①100		1 000
未分配利润	300	110	410		30	388
归属于母公司的所有者权益	—	—	—			1 388
少数股东权益	—	—	—		①42	42
股东权益总计	1 300	210	1 510	110	30	1 430
利润表有关项目						
净利润	300	260	560			560
其中：归属于母公司股东的收益	—	—	—			508
归属于少数股东的收益	—	—	—	①52		52
所有者权益变动表有关项目						
期初未分配利润	0	-150	-150		①30	-120
综合收益总额	300	260	560			560
其中：归属于母东权益的综合收益总额	—	—				508
归属于少数股东权益的综合收益	—	—				52
未分配利润	300	110	410	52	30	388

③根据表 8-34 编制的合并所有者权益变动表见表 8-35。

表 8-35　合并所有者权益变动表

2020 年度　　　　　　　　　　　　　　　单位：万元

项目	本年金额									上年金额
	归属于母公司的所有者权益							少数股东权益	合计	
	股本	资本公积（资本溢价）	减：库存股	其他综合收益	盈余公积	未分配利润	小计			
一、上年年末余额	1 000	0	0	0	0	-120	880	-10	870	略
加：会计政策变更										
前期差错更正										
二、本年年初余额	1 000	0	0	0	0	-120	880	-10	870	
三、本年增减变动										
（一）综合收益										
1. 净利润						508	508	52	560	
2. 其他综合收益										
（二）所有者投入资本										
（三）利润分配										
（四）所有者权益内部结转										
四、本年年末余额	1 000	0	0	0	0	388	1 388	42	1 430	

三、合并现金流量表的编制

（一）主表部分的编制原理

合并现金流量表是由母公司编制的反映企业集团整体报告期内现金流入、现金流出数量及其增减变动情况的合并财务报表。从理论上讲，合并现金流量表有两种编制方法：一种方法是根据合并资产负债表、合并利润表和合并所有者权益变动表及其他有关资料，按个别现金流量表的编制方法编制；另一种方法是根据集团内部成员企业（母公司及纳入合并范围的子公司，下同）的个别现金流量表，通过抵销成员企业之间的现金流入和现金流出，采用合并财务报表的一般编制程序编制。

毫无疑问，上述任何一种方法都不能直接根据现有资料简单合并，都需要有关母、子公司提供比较详细的合并资产负债表、合并利润表以及合并所有者权益变动表或个别现金流量表以外的有关记录，但是两种方法的编制思路不同，所需资料存在差异。我们认为，就合并现金流量表主表而言，第二种方法比第一种方法更合理、简便，而且操作性更强。在采用第二种方法的情况下，有关成员企业在提供个别现金流量表的基础上，主要提供与其他成员企业的现金流动记录资料。母公司将个别现金流量表加总以后，合并现金流量表编制程序中的关键就是抵销内部现金流动。

下面主要阐述第二种方法下合并现金流量表主表部分的编制原理。

1. 抵销分录的特点

按母、子公司个别现金流量表编制合并现金流量表时，同合并资产负债表、合并利润表以及合并所有者权益变动表的编制程序一样，也要在工作底稿中编制抵销分录。合并现金流量表抵销分录的特点如下：

（1）抵销分录借、贷方项目均是现金流量表项目，不涉及其他报表项目，因为这里的抵销分录解决的是成员企业之间现金流入与现金流出的抵销。因此，合并现金流量表的工作底稿可以单独开设。

（2）抵销分录的规律如下：

①贷方抵销有关收现项目，借方抵销有关付现项目。

②在经营活动现金流量的抵销分录中，一方经营活动现金流入往往与另一方经营活动现金流出相抵销，但个别情况下可能要求一方经营活动现金流入（或流出）与另一方投资活动（或筹资活动）现金流出（或流入）相抵销。例如，在抵销固定资产内部交易的现金流动时，可能需要将销售方的“销货收现”与购买方的“购建固定资产付现”或将销售方的“处置固定资产收现”与购买方的“购货付现”相抵销。

③对投资活动和筹资活动现金流量的抵销分录中，一般情况下集团内一方的投资业务往往涉及另一方的筹资业务，因此抵销分录的借、贷方分别是投资活动现金流出（或流入）、筹资活动现金流入（或流出），但个别情况下可能要求一方的投资活动现金流入与另一方的投资活动现金流出相抵销，如对固定资产内部交易的双方均涉及固定资产的业务，抵销分录中将一方“购建固定资产付现”与另一方“处置固定资产收现”抵销；对集团内部转让有价证券投资业务，抵销分录中将一方“收回投资收现”与另一方“权益性（或债权性）投资付现”抵销。

2. 编制合并现金流量表主表部分时需抵销的项目及其抵销分录

（1）成员企业间现销业务、赊销业务本期的货款（不含增值税）收付的抵销。

借：经营活动现金流量——购买商品、接受劳务支付的现金

　　贷：经营活动现金流量——销售商品、提供劳务收到的现金

如果上述业务在交易双方中一方涉及经营活动而另一方涉及非经营活动，则抵销分录如下：

借：经营活动现金流量——购买商品、接受劳务支付的现金

　　贷：投资活动现金流量——处置固定资产等长期资产收到的现金

或

借：投资活动现金流量——购建固定资产等长期资产支付的现金

　　贷：经营活动现金流量——销售商品、提供劳务收到的现金

（2）成员企业间其他与经营活动有关的现金收付（如罚款、捐赠）的抵销。

借：经营活动现金流量——支付的其他与经营活动有关的现金

　　贷：经营活动现金流量——收到的其他与经营活动有关的现金

（3）成员企业间筹资本金与投资成本的现金收付的抵销。

借：投资活动现金流量——投资所支付的现金

　　贷：筹资活动现金流量——吸收投资所收到的现金

（4）成员企业间投资收益与筹资费用的现金收付的抵销。

借：筹资活动现金流量——分配股利、利润或偿付利息支付的现金

　　贷：投资活动现金流量——取得投资收益收到的现金

（5）收回投资收现与增加投资付现、收回投资收现与减少筹资付现的抵销。

现金流量表中的企业收回投资主要指出售、转让或到期收回现金等价物以外的投资。如果是出售或转让投资给集团内其他成员企业，则后者为之付出的现金属于投资活动付现，前者因此收到的现金属于投资活动收现。这时的抵销分录如下：

借：投资活动现金流量——投资支付的现金

贷：投资活动现金流量——收回投资收到的现金

如果企业到期收回投资，对方单位一般是筹资方，双方均是集团内部成员企业时，抵销分录如下：

借：筹资活动现金流量——偿还债务所支付的现金

或

借：筹资活动现金流量——支付的其他与筹资活动有关的现金

贷：投资活动现金流量——收回投资收到的现金

（6）固定资产、无形资产、其他资产交易双方现金收付的抵销。

固定资产、无形资产、其他资产交易的双方均为集团内部成员企业时，相关的现金流入与现金流出属于投资活动现金流动，抵销分录如下：

借：投资活动现金流量——购建固定资产等长期资产所支付的现金

贷：投资活动现金流量——处置固定资产等长期资产收到的现金净额

［**例 8-32**］与合并现金流量表有关的抵销分录的编制。

表 8-36 是某企业集团母公司及其子公司 2019 年个别现金流量表资料。

表 8-36 现金流量表（简表）会企 03 表

2019 年度　　单位：万元

项目	母公司	子公司
一、经营活动产生的现金流量	—	—
销售商品、提供劳务收到的现金	1 221 200	280 000
收到的税费返还	0	0
收到的其他与经营活动有关的现金	0	0
经营活动现金流入小计	1 221 200	280 000
购买商品、接受劳务支付的现金	624 000	170 000
支付给职工以及为职工支付的现金	430 000	30 000
支付的各项税费	205 000	20 000
支付的其他与经营活动有关的现金	90 000	10 000
经营活动现金流出小计	1 339 000	230 000
经营活动产生的现金流量净额	-127 800	50 000
二、投资活动产生的现金流量	—	—
收回投资收到的现金	0	5 000
取得投资收益收到的现金	20 000	1 000
处置固定资产、无形资产和其他长期资产收回的现金净额	14 200	500
处置子公司及其他营业单位收到的现金净额	0	0
收到的其他与投资活动有关的现金	0	0

表8-36(续)

项目	母公司	子公司
投资活动现金流入小计	34 200	6 500
构建固定资产、无形资产和其他长期资产支付的现金	197 000	20 000
投资支付的现金	250 000	0
取得子公司及其他营业单位支付的现金净额	0	0
支付的其他与投资活动有关的现金	0	0
投资活动现金流出小计	447 000	20 000
投资活动产生的现金流量净额	-412 800	-13 500
三、筹资活动产生的现金流量	—	—
吸收投资收到的现金	875 000	30 000
取得借款收到的现金	880 000	80 000
收到的其他与筹资活动有关的现金	0	0
筹资活动现金流入小计	1 755 000	110 000
偿还债务支付的现金	700 000	80 000
分配股利、利润或偿付利息支付的现金	70 000	80 000
支付的其他与筹资活动有关的现金	0	0
筹资活动现金流出小计	770 000	160 000
筹资活动产生的现金流量净额	985 000	-50 000
四、汇率变动对现金的影响	0	0
五、现金及现金等价物净增加额	444 400	-13 500
加：期初现金及现金等价物余额	1 500 000	126 500
六、期末现金及现金等价物余额	1 944 400	113 000

假定各公司提供的有关资料表明：母公司本年度“销售商品、提供劳务收到的现金”中有120 000元是销售商品给子公司（子公司将购自母公司的资产中有100 000元作为原材料使用，另外20 000元作为固定资产使用）而收到的现金；母公司“取得投资收益收到的现金”中有10 000元来自子公司的利润分配（其他资料略）。

与合并现金流量表有关的抵销分录编制如下：

借：经营活动现金流量（购买商品、接受劳务支付的现金）　　100 000
　　投资活动现金流量(购建固定资产、无形资产和其他长期资产支付的现金)
　　　　20 000
　贷：经营活动现金流量（销售商品、提供劳务收到的现金）　　120 000

②借：筹资活动现金流量（分配股利、利润或偿付利息所支付的现金）
　　　　10 000
　贷：投资活动现金流量（取得投资收益收到的现金）　　10 000

（二）合并现金流量表补充资料部分的编制

如果说合并现金流量表的主表部分采用的上述第二种方法，即以成员企业的个别现金流量表为依据对内部现金流动予以抵销编制而成的方法比较简便的话，那么补充资料部分将对不同的项目分别根据个别现金流量表和合并资产负债表、合并利润表及有关资料编制，这是由补充资料本身的特殊性决定的。

1. 补充资料 1 的编制

补充资料 1 是间接法下经营活动现金流量的揭示。合并现金流量表的这一部分各项目的编制方法如下：

（1）“净利润”合并数：根据合并利润表中“净利润”项目数字填列。

（2）“计提的资产损失准备”合并数：根据成员企业个别现金流量表中本项目数之和扣除内部应收款项及内部交易的资产按未实现利润计提的损失准备数的差额填列。

（3）“计提的固定资产折旧”合并数：根据成员企业个别现金流量表中本项目数之和扣除内部交易固定资产当年按未实现利润多提的折旧数的差额填列。

（4）“无形资产摊销”合并数：根据成员企业个别现金流量表中本项目数之和扣除内部交易无形资产当年按未实现利润多提的摊销数的差额填列

（5）“固定资产报废损失”“固定资产处置净损失”“固定资产盘亏损失”项目：根据成员企业个别现金流量表中相应项目数之和填列。

（6）“投资收益”“财务费用”合并数：根据合并利润表中相应项目数字填列即可（合并利润表中这两个项目各自的合并数中已经抵销了成员企业之间的投资收益和财务费用）。

（7）“递延所得税资产（减负债）”合并数：根据合并资产负债表“递延所得税资产”“递延所得税负债”项目的“期末余额”与“年初余额”之差分析填列。

（8）“与经营活动有关的非现金流动资产的增减变动”各项目的合并数：根据合并资产负债表中各项目合并数的“年初余额”与“期末余额”及之差扣除其中与经营活动无关的变动数后填列。

（9）“与经营活动有关的流动负债的增减变动”各项目的合并数：根据合并资产负债表中各项目合并数的“年初余额”与“期末余额”及之差扣除其中与经营活动无关的变动数后填列。

2. 补充资料 2 的编制

补充资料 2 是有关不涉及现金的投资、筹资活动，因此不存在对现金流动的抵销问题。合并现金流量表这一部分的编制方法是：根据成员企业个别现金流量表的相应部分加总后抵销其中发生在成员企业之间的投资和筹资活动。

3. 补充资料 3 的编制

补充资料 3 是反映现金净增加情况的。合并现金流量表中这一部分项目可以根据合并资产负债表“货币资金”项目及有关成员企业“交易性金融资产”等项目在报告期的变动情况分析填列。

第六节　合并财务报表编制综合举例

一、资料

牡丹公司与紫荆公司 2019 年度的资产负债表、利润及利润分配情况表和现金流量表（简表）资料见表 8-37 至表 8-41（盈余公积略）。

表 8-37　牡丹公司资产负债表

2019 年 12 月 31 日　　单位：元

资产	期末余额	年初余额	负债和所有者权益	期末余额	年初余额
流动资产			流动负债		
货币资金	4 000 000	2 008 000	短期借款	210 000	200 000
应收票据及应收账款	199 000	796 000	应付票据及应付账款	1 780 000	950 000
其他应收款	201 000	146 000	应付职工薪酬	800 000	820 000
存货	500 000	450 000	其他应付款	200 218	440 818
流动资产合计	4 900 000	3 400 000	应交税费	10 000	8 000
			流动负债合计	3 000 218	2 418 818
非流动资产			非流动负债		
长期股权投资	1 000 000	800 000	长期借款	2 600 000	2 000 000
其他权益工具投资	186 500	0	应付债券	647 000	0
债权投资	100 000	0	非流动负债合计	3 247 000	2 000 000
固定资产	5 413 500	5 500 000	股东权益		
无形资产	200 000	200 000	股本	4 000 000	4 000 000
递延所得税资产	200 000	100 000	资本公积	155 000	155 000
非流动资产合计	7 100 000	6 600 000	其他综合收益	16 500	0
			未分配利润	1 581 282	1 426 182
			股东权益合计	5 752 782	5 581 182
资产总计	12 000 000	10 000 000	负债和所有者权益总计	12 000 000	10 000 000

表 8-38　紫荆公司资产负债表

2019 年 12 月 31 日　　单位：元

资产	期末余额	年初余额	负债和所有者权益	期末余额	年初余额
流动资产			流动负债		
货币资金	130 500	708 150	短期借款	200 000	300 000
应收票据及应收账款	99 500	298 500	应付账款	70 000	180 000
其他应收款	0	0	应付职工薪酬	9 000	14 000
存货	800 000	503 000	其他应付款	22 040	88 140
流动资产合计	1 030 000	1 509 650	流动负债合计	301 040	582 140
			非流动负债		

表8-38(续)

资产	期末余额	年初余额	负债和所有者权益	期末余额	年初余额
非流动资产			长期借款	1 000 000	1 130 000
长期股权投资	0	0	应付债券	0	315 000
其他权益工具投资	0	0	非流动负债合计	1 000 000	1 445 000
固定资产	1 460 000	1 700 000	股东权益		
无形资产	0	0	股本	1 000 000	1 000 000
递延所得税资产	0	0	资本公积	150 000	150 000
非流动资产合计	1 460 000	1 700 000	未分配利润	38 960	32 510
			股东权益合计	1 188 960	1 182 510
资产总计	2 490 000	3 209 650	负债和所有者权益总计	2 490 000	3 209 650

表 8-39　牡丹公司利润及利润分配情况表

2019 年度　　　　单位：元

项目	上期金额	本期金额
一、营业收入	3 000 000	4 000 000
减：营业成本	1 800 000	2 500 000
税金及附加	400 000	600 000
销售费用	180 000	121 178
管理费用	100 000	200 000
财务费用	50 000	110 000
资产减值损失	15 000	8 000
信用减值损失	5 000	822
加：投资收益	34 178	37 202. 5
营业外收入	165 822	40 000
减：营业外支出	15 000	7 202. 5
二、利润总额	635 000	530 000
减：所得税费用	209 550	174 900
三、净利润	425 450	355 100
加：期初未分配利润	1 150 732	1 426 182
减：应付普通股股利	150 000	200 000
四、期末未分配利润	1 426 182	1 581 280

表 8-40　紫荆公司利润及利润分配情况表

2019 年度　　　　单位：元

项目	上期金额	本期金额
一、营业收入	800 000	905 000
减：营业成本	500 000	580 000
税金及附加	70 000	85 000
销售费用	30 000	40 000

表8-40(续)

项目	上期金额	本期金额
管理费用	60 000	70 000
财务费用	45 000	60 000
资产减值损失	9 100	9 000
信用减值损失	900	1 000
加：投资收益	0	0
营业外收入	5 000	8 000
减：营业外支出	2 000	3 000
二、利润总额	88 000	65 000
减：所得税费用	29 040	21 450
三、净利润	58 960	43 550
加：期初未分配利润	0	38 960
减：应付普通股股利	20 000	50 000
四、期末未分配利润	38 960	32 510

表 8-41 现金流量表（简表）

2019 年度　　单位：元

项目	牡丹公司	紫荆公司
一、经营活动产生的现金流量		
销售商品、提供劳务收到的现金	4 600 000	705 000
收到的其他与经营活动有关的现金	112 000	30 650
购买商品、接受劳务支付的现金	2 910 000	173 000
支付给雇员的现金	200 000	54 000
支付的所得税	174 900	20 000
支付的其他税费	93 000	80 000
支付的其他与经营活动有关的现金	122 100	3 000
经营活动现金流量净额	1 212 000	405 650
二、投资活动产生的现金流量		
收回投资收到的现金	0	0
分得股利收到的现金	11 000	0
处置固定资产、无形资产收到的现金净额	0	0
权益性投资支付的现金	91 000	0
债权性投资支付的现金	70 000	
购置固定资产、无形资产等支付的现金	10 000	270 000
投资活动现金流量净额	-160 000	-270 000
三、筹资活动产生的现金流量		
吸收权益性投资收到的现金	0	0

表8-41(续)

项目	牡丹公司	紫荆公司
发行债券收到的现金	600 000	300 000
借款收到的现金	1 500 000	175 000
偿还债务支付的现金	1 000 000	
偿还利息支付的现金	10 000	13 000
分配股利支付的现金	150 000	20 000
筹资活动现金流量净额	940 000	442 000
四、现金净增加额	1 992 000	577 650

其他有关资料如下：

（1）2017 年 12 月末，牡丹公司用银行存款 700 000 元购入非同一控制下的紫荆公司 55%的表决权资本。紫荆公司当时的可辨认净资产账面价值为 1 150 000 元，评估的公允价值为 1 200 000 元，公允价值大于账面价值 50 000 元为某项管理用固定资产评估增值（假定该固定资产未来折旧年限为 5 年，按直线法计提折旧，预计净残值因素略）。紫荆公司留存收益为 0，盈余公积略。

（2）牡丹公司商品销售中有一部分是向紫荆公司提供配套商品。2018 年、2019 年牡丹公司销售收入中分别有 30%、10%来自向紫荆公司销货，该商品的销售毛利率为 20%。

（3）紫荆公司来自牡丹公司的外购配套商品中，2018 年有 40%包括在期末资产负债表“存货”项目中；2019 年期末存货成本中有 140 000 元是购自牡丹公司的配套商品。

（4）牡丹公司 2018 年、2019 年年末应收账款余额中分别有 50 000 元、30 000 元为紫荆公司的应付账款（牡丹公司按应收账款余额的 0.5%确认预期信用损失）。

（5）紫荆公司 2019 年 1 月按面值发行 5 年期、一次还本付息、年利率为 5%的债券 300 000 元，牡丹公司购入其中的 10%，并分类为以摊余成本计量的金融资产。

（6）紫荆公司 2018 年利润分配方案中宣告分配现金股利 20 000 元，2019 年利润分配方案中则宣告分配现金股利 50 000 元并分别于 2019 年 5 月和 2020 年 5 月支付 2018 年和 2019 年的现金股利。

（7）2017 年 12 月，牡丹公司将一台账面原价为 80 000 元、累计折旧为 10 000 元的设备以 65 000 元的价格出售给紫荆公司，后者将其作为固定资产使用，并按 5 年提取折旧。

（8）假定牡丹公司其他综合收益增加 16 500 元系其他权益工具投资公允价值变动所致。

二、要求

根据上述资料，编制牡丹公司与紫荆公司 2019 年的合并资产负债表、合并利润表、合并所有者权益变动表和合并现金流量表。

三、合并财务报表的编制

（一）在合并财务报表工作底稿里编制调整与抵销分录

1. 编制调整分录①

（1）牡丹公司将子公司有关资产价值按合并日公允价值为基础进行调整。

借：固定资产　30 000
　　管理费用（50 000÷5）　10 000
　　未分配利润（期初）（10 000−10 000×25%）　7 500
　贷：所得税费用（10 000×25%）　2 500
　　　递延所得税负债（30 000×25%）　7 500
　　　资本公积　37 500

2. 编制抵销分录

第一，与内部长期股权投资有关的抵销分录。

（2）借：股本　1 000 000
　　　资本公积（150 000+37 500）　187 500
　　　少数股东损益[（43 550−10 000+2 500）×45%]　16 222. 5
　　　投资收益（50 000×55%）　27 500
　　　商誉[700 000−（1 000 000+187 500）×55%]　46 875
　　　未分配利润（期初）[（38 960−10 000+2 500）×45%]　14 157
　　贷：长期股权投资　700 000
　　　　少数股东权益
　　　　[（1 000 000+187 500+32 510−20 000+5 000）×45%]　542 254. 5
　　　　应付普通股股利　50 000

2019 年的第一类抵销处理的另一种做法是先调整至权益法再进行抵销。

①将成本法的结果按权益法进行调整。

借：长期股权投资　9 630. 5
　　投资收益　7 672. 5
　贷：未分配利润（期初数）　17 303

上面数字的有关计算如下：

（58 960−10 000+2 500）×55%−20 000×55%＝17 303

（43 550−10 000+2 500）×55%−50 000×55%＝−7 672. 5

17 303−7 672. 5＝−9 630. 5

---

① 为了让读者更好地理解该笔会计分录，本书将各年年末相关调整分录分述于此。2017 年年末（购买日），牡丹公司借记“固定资产(原价)”50 000，贷记“资本公积”37 500，贷记“递延所得税负债”12 500。2018 年年末，牡丹公司借记“固定资产(原价)”50 000，贷记“资本公积”37 500，贷记“递延所得税负债”12 500；借记“管理费用”10 000，贷记“固定资产(折旧)”10 000；借记“递延所得税负债”2 500，贷记“所得税费用”2 500。2019 年年末，牡丹公司借记“固定资产(原价)”50 000，贷记“资本公积”37 500，贷记“递延所得税负债”12 500；借记“管理费用”10 000，贷记“固定资产(折旧)”10 000；借记“期初未分配利润”10 000，贷记“固定资产(折旧)”10 000；借记“递延所得税负债”2 500，贷记“所得税费用”2 500；借记“递延所得税负债”2 500，贷记“期初未分配利润”2 500，将上述 5 笔分录合并即是 2019 年年末的调整分录。

②将子公司股东权益期末余额与母公司股权投资余额相抵销，并确认少数股东权益。

借：股本　　1 000 000
　　资本公积　　187 500
　　未分配利润　　17 510
　　商誉　　46 875
　贷：长期股权投资　　709 630. 5
　　　少数股东权益　　542 254. 5

上面数字的有关计算如下：

17 510=32 510（个别财务报表中）+（-10 000-7 500+2 500）（上述将子公司有关资产价值按合并日公允价值为基础进行调整时对子公司未分配利润的净调整数）

③与子公司当期利润及利润分配有关的抵销处理。

借：投资收益　　19 827. 5
　　少数股东损益　　16 222. 5
　　未分配利润（期初数）　　31 460
　贷：应付普通股股利　　50 000
　　　未分配利润（期末数）　　17 510

上面数字的有关计算如下：

31 460=38 960（个别财务报表中）+（-10 000+2 500）（上年编制合并财务报表时调整子公司净资产公允价值时处理中涉及的）

将上面两个抵销分录合并，则有：

借：股本　　1 000 000
　　资本公积　　187 500
　　投资收益　　19 827. 5
　　少数股东损益　　16 222. 5
　　未分配利润（期初数）　　31 460
　　商誉　　46 875
　贷：长期股权投资　　709 630. 5
　　　少数股东权益　　542 254. 5
　　　应付普通股股利　　50 000

第二，抵销内部债权债务。

（3）借：应付账款　　30 000
　　　贷：应收账款　　30 000

（4）借：应收账款（30 000×0. 5%）　　150
　　　　信用减值损失［（50 000-30 000）×0. 5%］　　100
　　　贷：未分配利润（期初）（50 000×0. 5%）　　250

（5）借：未分配利润（期初）（250×25%）　　62. 5
　　　贷：所得税费用（100×25%）　　25
　　　　　递延所得税资产（150×25%）　　37. 5

（6）借：其他应付款　　27 500
　　贷：其他应收款　　27 500
（7）借：应付债券　　31 500
　　贷：债权投资　　31 500
第三，抵销内部存货交易的相关影响。
（8）借：未分配利润（期初）（3 000 000×30%×20%×40%）　　72 000
　　贷：营业成本　　72 000
（9）借：营业收入（4 000 000×10%）　　400 000
　　贷：营业成本　　400 000
（10）借：营业成本（140 000×20%）　　28 000
　　贷：存货　　28 000
（11）借：递延所得税资产（28 000×25%）　　7 000
　　所得税费用　　11 000
　　贷：未分配利润（期初）（72 000×25%）　　18 000
第四，抵销内部固定资产交易的相关影响。
（12）借：固定资产——原价（80 000-10 000-65 000）　　5 000
　　贷：未分配利润（期初）　　5 000
（13）借：管理费用（5 000÷5）　　1 000
　　未分配利润（期初）（5 000÷5）　　1 000
　　贷：固定资产——累计折旧　　2 000
（14）借：未分配利润（期初）　　1 000
　　贷：所得税费用　　250
　　　递延所得税负债　　750
第五，抵销内部债券业务的利息费用与利息收益。
（15）借：投资收益　　1 500
　　贷：财务费用　　1 500
（16）借：少数股东损益（1 500×45%）　　675
　　贷：少数股东权益　　675
第六，抵销内部现金收付。
（17）借：经营活动现金流量——购买商品、接受劳务支付的现金　　420 000
　　贷：经营活动现金流量——销售商品、提供劳务收到的现金　　420 000

420 000＝内部应付账款年初余额（50 000）+本年内部购货成本（4 000 000×10%）－内部应付账款年初余额（30 000）

420 000＝内部销售收入（4 000 000×10%）+内部应收账款净减少额（50 000-30 000）

（18）借：筹资活动现金流量——分配股利或利润支付的现金　　11 000
　　贷：投资活动现金流量——取得股利或利润收到的现金　　11 000
（19）借：投资活动现金流量——债权性投资支付的现金　　30 000
　　贷：筹资活动现金流量——发行债券收到的现金　　30 000

合并财务报表工作底稿和合并现金流量表工作底稿分别见表8-42、表8-43。

表 8-42　合并财务报表工作底稿

2019 年度　　　　单位：元

项目	个别财务报表		调整与抵销分录		合并数
	牡丹公司	紫荆公司	借	贷	
资产负债表有关项目					
货币资金	4 000 000	708 150			4 708 150
应收票据及应收账款	199 000	298 500	(4)150	(3)30 000	467 650
其他应收款	201 000	0		(6)27 500	173 500
存货	500 000	503 000		(10)28 000	975 000
长期股权投资	1 000 000	0		(2)700 000	300 000
其他权益工资投资	186 500				186 500
债权投资	100 000	0		(7)31 500	68 500
固定资产	5 413 500	1 700 000	(1)30 000		
			(12)5 000	(13)2 000	7 146 500
无形资产	200 000	0			200 000
商誉	—	—	(2)46 875		46 875
递延所得税资产	200 000	0	(11)7 000	(5)37.5	206 962.5
短期借款	210 000	300 000			510 000
应付票据及应付账款	1 780 000	180 000	(3)30 000		1 930 000
应付职工薪酬	800 000	14 000			814 000
其他应付款	200 218	88 140	(6)27 500		260 858
应交税费	10 000	0			10 000
长期借款	2 600 000	1 130 000			3 730 000
应付债券	647 000	315 000	(7)31 500		930 500
递延所得税负债				(1)7 500	
	0	0		(14)750	8 250
股本	4 000 000	1 000 000	(2)1 000 000		4 000 000
资本公积	155 000	150 000	(2)187 500	(1)37 500	155 000
其他综合收益	16 500	0			16 500
未分配利润	1 581 282	32 510	591 717	549 525	1 571 600
少数股东权益	—	—		(2)542 254.5	542 929.5
				(16)675	
利润表及所有者权益变动表有关项目	—	—	—	—	—
营业收入	4 000 000	905 000	(9)400 000		4 505 000
减:营业成本	2 500 000	580 000	(10)28 000	(8)72 000	2 636 000
				(9)400 000	
税金及附加	600 000	85 000			685 000
管理费用	200 000	70 000	(1)10 000		

表8-42(续)

项目	个别财务报表		调整与抵销分录		合并数
	牡丹公司	紫荆公司	借	贷	
			(13)1 000		281 000
销售费用	121 178	40 000			161 178
财务费用	110 000	60 000		(15)1 500	168 500
资产减值损失	8 000	9 000			17 000
信用减值损失	822	1 000	(4)100		1 922
加:投资收益	37 202.5	0	(15)1 500		8 202.5
			(2)27 500		
营业外收入	40 000	8 000			48 000
减:营业外支出	7 202.5	3 000			10 202.5
所得税费用	174 900	21 450	(11)11 000	(5)25	204 575
				(1)2 500	
				(14)250	
净利润	355 100	43 550	479 100	476 275	395 825
其中:归属于母公司所有者利润	—	—			378 927.5
少数股东损益	—	—	(2)16 222.5		16 897.5
			(16)675		
加:未分配利润(期初)			(2)14 157		
			(1)7 500	(4)250	
	1 426 182	38 960	(8)72 000	(11)18 000	1 392 672.5
			(13)1 000	(12)5 000	
			(5)62.5		
			(14)1 000		
减:应付普通股股利	200 000	50 000		(2)50 000	200 000
未分配利润(期末)	1 581 282	32 510	591 717	549 525	1 571 600

表8-43　合并现金流量表工作底稿

2019年度　　单位：元

项目	个别财务报表		调整与抵销分录		合并数
	牡丹公司	紫荆公司	借	贷	
一、经营活动产生的现金流量					
销售商品、提供劳务收到的现金	4 600 000	705 000		(17)420 000	4 885 000
收到的其他与经营活动有关的现金	112 000	30 650			142 650
购买商品、接受劳务支付的现金	2 910 000	173 000	(17)420 000		2 663 000
支付给雇员的现金	200 000	54 000			254 000
支付的所得税	174 900	20 000			194 900

表8-43(续)

项目	个别财务报表		调整与抵销分录		合并数
	牡丹公司	紫荆公司	借	贷	
支付的其他税费	93 000	80 000			173 000
支付的其他与经营活动有关的现金	122 100	3 000			125 100
经营活动现金流量净额	1 212 000	405 650	420 000	420 000	1 617 650
二、投资活动产生的现金流量	—	—			—
收回投资收到的现金	0	0			0
取得股利收到的现金	11 000	0		(18)11 000	0
权益性投资支付的现金	91 000	0			91 000
债券性投资支付的现金	70 000	0	(19)30 000		40 000
购置固定资产、无形资产支付的现金	10 000	270 000			280 000
投资活动现金流量净额	-160 000	-270 000	30 000	11 000	-411 000
三、筹资活动产生的现金流量	—	—			—
发行债券收到的现金	600 000	300 000		(19)30 000	870 000
取得借款收到的现金	1 500 000	175 000			1 675 000
偿还债务支付的现金	1 000 000	0			1 000 000
偿还利息支付的现金	10 000	13 000			23 000
分配股利支付的现金	150 000	20 000	(18)11 000		159 000
其中:向少数股东支付现金股利	—				9 000
筹资活动现金流量净额	940 000	442 000	20 000	39 000	1 363 000
四、现金净额增加额	1 992 000	577 650	470 000	470 000	2 569 650

（二）根据合并工作底稿整理合并财务报表

根据表 8-42、表 8-43 中“合并数”栏资料，分别填列合并资产负债表、合并利润表、合并所有者权益变动表和合并现金流量表，分别见表 8-44、表 8-45、表 8-46 和表 8-47。

表 8-44　合并资产负债表

2019 年 12 月 31 日　　单位：元

资　产	期末余额	年初余额（略）	负债和所有者权益	期末余额	年初余额（略）
流动资产		—	流动负债		
货币资金	4 708 150		短期借款	510 000	
应收账款	467 650		应付账款	1 930 000	
其他应收款	173 500		应付职工薪酬	814 000	
存货	975 000		其他应付款	260 858	
流动资产合计	6 324 300		应交税费	10 000	
			流动负债合计	3 524 858	
非流动资产	—		非流动负债		

表8-44(续)

资　产	期末余额	年初余额（略）	负债和所有者权益	期末余额	年初余额（略）
长期股权投资	300 000		长期借款	3 730 000	
其他权益工具投资	186 500		应付债券	930 500	
债权投资	68 500		递延所得税负债	8 250	
固定资产	7 146 500		非流动负债合计	4 668 750	
无形资产	200 000		股东权益		
商誉	46 875		股本	4 000 000	
递延所得税资产	206 962.5		资本公积	155 000	
非流动资产合计	8 155 337.5		其他综合收益	16 500	
			未分配利润	1 571 600	
			归属于母公司的股东权益	5 743 100	
			少数股东权益	542 929.5	
			股东权益合计	6 286 028.5	
资产总计	14 479 637.5		负债和所有者权益总计	14 479 637.5	

表 8-45　合并利润表

2019 年度　　单位：元

项 目	上年数（略）	本年数
一、营业收入		4 505 000
减：营业成本		2 636 000
税金及附加		685 000
管理费用		281 000
销售费用		161 178
财务费用		168 500
资产减值损失		17 000
信用减值损失		1 922
加：投资收益		8 202.5
二、营业利润		562 602.5
加：营业外收入		48 000
减：营业外支出		10 202.5
三、利润总额		600 400
减：所得税费用		204 575
四、净利润		395 825
其中：归属于母公司所有者的利润		378 927.5
归属于少数股东的利润		16 897.5
五、其他综合收益		16 500
六、综合收益		412 325
其中：归属于母公司所有者的综合收益总额		395 427.5
归属于少数股东的综合收益总额		16 897.5

表 8-46　合并所有者权益变动表

2019 年度　　　　　　　　　　　　　　　　　　　　单位：元

项 目	本年金额							
	归属于母公司所有者的权益						少数股东权益	所有者权益合计
	股本	资本公积	其他综合收益	盈余公积	未分配利润	小计		
一、上年年末余额	4 000 000	155 000	0	0	1 392 672.5	5 547 672.5	548 532*	6 096 204.5
加：会计政策变更 前期差错更正								
二、本年年初余额	4 000 000	155 000	0	0	1 392 672.5	5 547 672.5	548 532*	6 096 204.5
三、本年增减变动								
（一）综合收益			16 500		378 927.5	395 427.5	16 897.5	412 325
（二）所有者投入资本								
（三）利润分配					-200 000	-200 000	-22 500	-222 500
（四）所有者权益内部结转								
四、本年年末余额	4 000 000	155 000	16 500	0	1 571 600	5 743 100	542 929.5	6 286 029.5

注：548 532＝子公司上年末所有者权益（按合并日公允价值为基础持续计算）×45%＝（1 000 000+150 000+37 500+58 960-10 000+2 500-20 000）×45%

表 8-47　合并现金流量表

2019 年度　　　　　　　　　　　　　　　　　　　　单位：元

项目	上年数（略）	本年数
一、经营活动所产生的现金流量		
销售商品、提供劳务收到的现金		4 885 000
收到的其他与经营活动有关的现金		142 650
购买商品、接受劳务支付的现金		2 663 000
支付给雇员的现金		254 000
支付的所得税		194 900
支付的其他税费		173 000
支付的其他与经营活动有关的现金		125 100
经营活动现金流量净额		1 617 650
二、投资活动产生的现金流量		
权益性投资支付的现金		91 000
债权性投资支付的现金		40 000
购置固定资产、无形资产支付的现金		280 000
投资活动现金流量净额		-411 000
三、筹资活动产生的现金流量		
发行债券收到的现金		870 000
借款收到的现金		1 675 000

表8-47(续)

项目	上年数（略）	本年数
偿还债务支付的现金		1 000 000
偿还利息支付的现金		23 000
分配股利支付的现金		159 000
其中：向少数股东支付的现金股利		9 000
筹集活动现金流量净额		1 363 000
四、现金净增加额		2 569 650

□思考题

1. 什么是合并财务报表？
2. 合并财务报表与个别财务报表相比有哪些特点？
3. 合并财务报表与各类企业合并之间的关系怎样？
4. 合并财务报表的编制应遵循哪些原则？为什么？
5. 同一控制下的股权取得日，合并财务报表有哪些？为什么？如何编制？
6. 非同一控制下的股权取得日，合并财务报表有哪些？为什么？如何编制？
7. 企业编制股权取得日后的合并财务报表时，主要的调整分录有哪些？
8. 与合并资产负债表有关的调整与抵销分录主要有哪些？
9. 合并资产负债表中的少数股东权益是如何确定的？
10. 怎样编制内部存货交易的有关抵销分录？
11. 怎样编制内部固定资产交易的有关抵销分录？
12. 企业编制合并财务报表时是否需要抵销内部交易资产的已计提的减值准备？如何抵销？
13. 如何理解合并利润表中“净利润”项目体现的内容？

第九章
中期财务报告

【学习目标】

通过本章的学习，学生应了解中期财务报告的含义、构成及种类，了解中期财务报告与年度财务报告之间的主要区别，掌握中期财务报告的编制原则、编制要求，能够编制中期财务报告，了解中期财务报告信息披露要求。

第一节　中期财务报告概述

一、中期财务报告的含义

中期财务报告是指以中期为基础编制的财务报告。中期是指短于一个完整的会计年度（自公历 1 月 1 日起至 12 月 31 日止）的报告期间，它可以是一个月、一个季度或半年，也可以是短于一个会计年度的其他期间，如 1 月 1 日至 9 月 30 日等。根据编制的期间不同，中期财务报告可以分为月度财务报告、季度财务报告、半年度财务报告以及期初至本中期期末的财务报告。

在市场经济条件下，投资者、债权人等对公开披露的财务报告信息的及时性和相关性提出了更高的要求，而中期财务报告可以使投资者对企业业绩评价和监督管理更加及时，更有助于及时发现企业存在的问题，寻求相应的应对措施，从而规范企业经营者行为，以满足投资者决策的需求，因此，中期财务报告目前已经成为年度财务报告以外非常重要的财务报告。我国《企业会计准则第 32 号——中期财务报告》要求我国上市公司必须公开披露半年报，但很多上市公司已经开始自愿披露季报。我国的中期报告不要求经过审计。

二、中期财务报告的构成

中期财务报告的构成与年度财务报告大同小异。我国《企业会计准则第 32 号——中期财务报告》对中期财务报告进行了详尽的规范。根据《企业会计准则第 32 号——中期财务报告》的规定，中期财务报告至少应当包括以下几部分：资产负债表、利润表、现金流量表、附注。这四部分是中期财务报告最基本的构成。与年度财务报告相比，中期财务报告不要求编制所有者权益变动表。

企业在编制中期财务报告时，应当注意以下几点：

（1）在中期财务报告中，企业至少要提供资产负债表、利润表、现金流量表和附注四部分内容。对其他财务报表或相关信息，如所有者权益（或股东权益）变动表等，企业可以根据需要自行决定提供与否。但如果企业自愿提供其他财务报表或相关信息，则必须遵循《企业会计准则第 32 号——中期财务报告》的相关规定。例如，企业若提供中期所有者权益（或股东权益）变动表，则其内容和格式也应当与上年度报告保持一致。

（2）中期财务报告的格式和内容应当与上年度财务报告相一致。如果当年新施行的会计准则对财务报表格式和内容做了修改，中期财务报告应当按照修改后的报表格式和内容编制，与此同时，在中期财务报告中提供的上年度比较财务报表的格式和内容也应当做相应的调整。《企业会计准则第 32 号——中期财务报告》规定，基本每股收益和稀释每股收益在中期利润表中应单独列示，而上年度利润表中并没有单独列示，则企业在提供比较中期财务报告时，对于上年度利润表应做相应调整，将基本每股收益和稀释每股收益单独列示。

（3）中期财务报告中的附注可适当简化。中期财务报告附注必须充分披露《企业会计准则第 32 号——中期财务报告》规定披露的信息，对于其他信息的披露，企业可以遵循重要性原则，适当简化。

在我国，上市公司的半年报比较规范，企业除了按照企业会计准则的规定提供半年期资产负债表、半年期利润表和半年期现金流量表之外，还普遍提供半年期所有者权益变动表。从我国上市公司半年报的结构与披露的内容来看，其与年度报告不存在本质性的区别。我国的上市公司一般都主动提供季报，但季报一般不提供所有者权益变动表，所披露的内容比较简单。由于中期财务报告无须审计，因此目前我国上市公司提供的中期财务报告一般都不经过审计。

三、中期财务报告的种类

根据我国企业会计准则的要求，作为母公司的上市公司提供的年度财务报表中包括母公司个别财务报表和合并财务报表两类。与年度财务报告类似，中期财务报告也分为母公司个别财务报表和企业集团合并财务报表。根据《企业会计准则第 32 号——中期财务报告》的要求，对于上年度编制合并财务报表的公司，中期期末也应当编制合并财务报表。对于上年度同时提供母公司个别财务报表和合并财务报表的公司，其在中期期末也应当同时编制母公司个别财务报表和合并财务报表。关于母公司单独的中期财务报告确认与计量的原则以及编制要求，本章将在后两节重点阐述。关于中期合并财务报表，其报表的格式、合并范围和编制方法应当与上年度合并财务报表相一致，本章不再阐述。对于上年度包括在合并财务报表中、本中期处置的子公司，其应当被并入本中期合并范围；对于本中期新增的子公司，其在本中期期末应当被纳入合并范围。

四、编制中期财务报告的基本原则

与编制年度财务报告一样，企业在编制中期财务报告时，应当遵守《企业会计准则——基本准则》中的相关原则，尤其要遵守一致性、重要性和及时性的原则。

（一）一致性原则

企业在编制中期财务报告时，应当将中期视同一个独立的会计期间，采用的会计政策应当与年度财务报告采用的会计政策相一致，且在编制中期财务报告时不得随意变更会计政策。

（二）重要性原则

企业在编制中期财务报告时，必须坚持重要性原则。重要性原则是指企业对于某项重要的会计信息，必须在中期财务报告中予以报告，否则就会影响或误导投资者等会计信息使用者对这段时间企业财务状况、经营成果和现金流量情况的正确判断。企业在遵循重要性原则时应注意以下几点：

（1）重要性程度的判断应当以中期财务数据为基础，而不得以预计的年度财务数据为基础。这里所指的“中期财务数据”，既包括本中期的财务数据，也包括年初至本中期期末的财务数据。

（2）重要性原则要求企业在中期财务报告中应当提供与理解企业本中期末财务状况、中期经营成果和中期现金流量相关的所有信息。企业在运用重要性原则时，应当避免中期财务报告中由于不确认、不披露或忽略某些信息而对信息使用者决策产生误导。

（3）重要性程度的确定需要具体情况具体分析和一定的职业判断。通常，在判断某一项目的重要性程度时，企业应当将该项目的金额和性质结合在一起予以考虑，而且在判断项目金额重要性时，应当以资产、负债、净资产、营业收入、净利润等直接相关项目数字作为比较基础，并综合考虑其他相关因素。在一些特殊情况下，单独依据项目的金额或性质就可以判断其重要性。例如，企业发生会计政策变更，该变更事项对当期期末财务状况或当期损益的影响可能比较小，但对以后期间财务状况或损益的影响比较大，因此会计政策变更从性质上属于重要事项，应当在中期财务报告中予以披露。

（三）及时性原则

企业编制中期财务报告的目的就是向会计信息使用者提供比年度财务报告更加及时的会计信息，以提高会计信息的决策有用性。中期财务报告涵盖的会计期间短于一个会计年度，因此提供的会计信息更具有及时性。为了在中期及时提供相关的财务信息，企业在会计计量上应该使用更多的会计估计手段。例如，企业通常会在会计年度末对存货进行全面、详细的实地盘点，因此对年末存货可以达到较为精确的计价，但是在中期期末，由于时间上的限制和成本方面的考虑，不大可能对存货进行全面、详细的实地盘点，在这种情况下，对于中期期末存货的计价就可以在更大程度上依赖会计估计。

就会计原则而言，一致性、重要性和及时性是编制中期财务报告时必须遵守的几条重要原则，其他一些会计原则，如可比性原则、谨慎性原则、实质重于形式原则等，在编制中期财务报告时也应当予以遵循。

第二节　中期财务报告会计确认与计量的原则

会计确认与计量主要涉及确认什么、怎样确认和确认多少等会计问题，涉及的原则应该包括会计准则对会计确认与计量的全部要求，包括会计确认的一般标准（符合要素定义等），会计确认的基础（权责发生制），会计计量属性的要求（历史成本、公允价值、可变现净值、重置成本和现值）以及会计信息的质量特征等，在编制年度财务报告时，企业应当根据企业会计准则的基本准则和具体准则的要求对财务报告要素进行正确的确认和计量。与年度财务报告一样，企业在编制中期财务报告时，也要涉及会计要素的会计确认与计量问题。中期财务报告会计确认与计量是指中期财务报告中相关会计要素的确认与计量，主要涉及以下几个方面：

一、中期财务报告会计确认与计量的基本原则

企业在编制中期财务报告时，对于中期财务报告会计确认和计量，应该坚持以下基本原则：

（一）与年度财务报告相一致的会计确认与计量原则

中期财务报告中会计要素的确认与计量原则应当与年度财务报告所采用的原则相一致，即企业在中期根据所发生交易或事项对资产、负债、所有者权益（或股东权益）、收入、费用和利润等会计要素进行确认和计量时，应当符合会计要素的定义以及相关会计确认和计量的标准，不能因为中期财务报告期间的缩短而改变会计确认与计量的原则。企业在编制中期财务报告时，不能根据会计年度内以后中期将要发生的交易或事项来判断当前中期的有关项目是否符合会计要素的定义，也不能人为地均衡会计年度内各中期的收益和费用。

[**例 9-1**] 中期财务报告营业收入的确认方法。

甲公司是一家图书代理商，其日常经销中收到订单和购书款与发送图书往往分属于不同的中期。该图书代理商如何确认其中期财务报告收入呢？

如果甲公司编制中期财务报告，则中期收入确认的原则如下：

如果甲公司编制中期财务报告，则在其收到订单和购书款的中期不能确认图书的销售收入，因为在此中期，该图书的控制权尚未转移，不符合收入确认的条件。甲公司只能在发送图书的那个中期才能确认收入，因为在这个中期，该图书的控制权已经转移。可见，甲公司中期收入的确认标准与年度收入的确认标准应该保持一致。

[**例 9-2**] 中期财务报告资产减值损失的确认方法。

乙公司是一家上市公司，根据现行企业会计准则的规定需要编制半年报。在 2019 年 6 月 30 日，乙公司对存货进行了盘点，发现一批账面价值为 1 万元的存货已经损毁。对于这批存货，乙公司在中期报告中应该如何披露呢？

乙公司发现损毁的 1 万元存货在 2019 年 6 月 30 日已无任何价值，在未来，该存货不会再给企业带来任何经济利益，不再符合资产的定义。因此，乙公司在当年编制半年度财务报告时，不能再将该批存货作为资产列报，而应当确认为一项损失。在这一问题的处理上，乙公司应该选择与年度会计处理相一致的原则。

[**例 9-3**] 中期财务报告重大事项的披露方法。

丙公司是一家软件开发商，根据企业的财务制度，按季度编制财务报告。2019 年 4 月 1 日，丙公司将其 2019 年新版管理信息系统软件投放市场。4 月 10 日，丙公司收到戊公司（财务软件开发商）来函，声明该管理信息系统软件中的财务管理软件包与戊公司开发的并已于 2018 年申请专利的财务管理系统相同，要求丙公司停止

侵权行为，并赔偿损失1 000万元。丙公司不认同，继续销售其新产品。戊公司于4月15日将丙公司告上法庭，要求其停止侵权行为，并赔偿戊公司损失1 000万元。法院受理了此案，做了数次调查取证后，初步认定丙公司的确侵犯了戊公司的专利权。根据有关规定，丙公司大约要赔偿戊公司800万~1 000万元的损失。为此，丙公司在6月30日提出，希望能够庭外和解，戊公司表示同意。8月2日，双方经过数次调解，没有达成和解协议，只能再次通过法律诉讼程序主张权利。9月20日，法院判决，丙公司立即停止对戊公司的侵权行为，赔偿戊公司损失980万元。丙公司上诉。12月1日，二审判决维持原判。2020年1月20日，根据最终判决，丙公司被强制执行，向戊公司支付侵权赔偿款980万元。

对于此事项，丙公司应如何在中期财务报告中进行相关披露呢？

在本例中，对于丙公司而言，在2019年，该赔偿事项已经成为确定事项，因此丙公司应在2019年年度资产负债表中确认980万元的负债。但是，因为丙公司编制季度财务报告，所以在2019年第2季度和第3季度中期财务报告中，丙公司都需要及时披露此事项。基于例题中的资料，根据会计确认与计量的基本原则，在2019年第2季度末，丙公司应该确认一项金额为900万元［(800+1 000)÷2］的预计负债。在2019年第3季度财务报告中，由于法院一审已经判决，要求丙公司赔偿980万元，因此丙公司在第3季度财务报告中应当再确认80万元负债，以反映丙公司在第3季度的现实义务。

（二）以年初至本中期期末为基础的计量原则

《企业会计准则第32号——中期财务报告》规定，中期会计计量应当以年初至本中期为基础，财务报告的频率不应当影响年度结果的计量。也就是说，无论企业中期财务报告的频率是月度、季度，还是半年度，企业中期会计计量的结果最终应当与年度财务报告中的会计计量结果相一致。为此，企业中期财务报告的计量应当以年初至本中期期末为基础，即企业在中期应当以年初至本中期期末作为中期会计计量的期间基础，而不应当仅仅以本中期作为会计计量的期间基础。例如，企业编制第2季度财务报告，应当以1月1日至6月30日为计量期间考虑会计计量问题，而不应该仅仅以第2季度的状况为基础考虑会计计量问题。

［**例9-4**］中期财务报告借款费用的确认方法。

丁公司于2019年11月利用专门借款资金开工兴建一项固定资产。2020年3月1日，该项固定资产建造工程由于资金周转发生困难而停工，丁公司预计在一个半月内即可获得补充专门借款。事实上，丁公司直到6月15日才能解决资金周转问题，工程才得以重新开工。

对于此项业务，丁公司应如何在中期财务报告中计量与专门借款相关的利息费用呢？

根据《企业会计准则第17号——借款费用》的规定，固定资产的购置活动发生非正常中断并且中断时间连续超过3个月，应当暂停借款费用的资本化，将在中断期间发生的借款费用计入当期费用，不能计入固定资产成本。据此，如果丁公司编制季报，则在第1季度中期财务报告中，由于得知所购建固定资产的非正常中断时间将短于3个月，因此3月的借款费用可以计入固定资产的建造成本。但在2020

年第 2 季度中期财务报告中，如果丁公司仅以第 2 季度发生的交易或事项作为会计计量的基础，那么丁公司在第 2 季度发生工程非正常中断不足 3 个月，因此借款费用依然可以计入固定资产的建造成本。但根据中期财务报告应以年初至本中期期末为基础的计量原则，丁公司 2020 年第 2 季度发生的借款费用中有两个半月的费用（4 月 1 日至 6 月 15 日之前的借款费用）应该计入当期损益。因为如果以 2020 年 1 月 1 日至 6 月 30 日为第 2 季度报表计量基础，那么固定资产购建活动发生非正常中断并且中断时间已经连续超过了 3 个月。不仅如此，第 1 季度已经资本化了的 3 月的借款费用也应当费用化，调减在建工程成本，调增财务费用，这样才能保证按中期会计计量的最终结果与年度会计计量的结果相一致。

总之，根据现行中期财务报告的规定，单纯以某个中期为基础对中期财务报告进行计量是不正确的。为了避免企业中期会计计量与年度会计计量的不一致，防止企业因财务报告的频率而影响其年度财务结果的计量，企业必须以年初至本中期期末为基础进行中期财务报告的会计计量。

（三）会计政策应当与年度财务报告相一致的原则

为了保持企业前后各期会计政策的一贯性，提高会计信息的可比性和有用性，企业在中期应当采用与年度财务报告相一致的会计政策，且不得随意变更会计政策。如果上年度资产负债表日之后，企业按规定变更了会计政策，且该变更后的会计政策将在本年度财务报告中采用，则中期财务报告也应当采用变更后的会计政策。

对于中期财务报告会计政策的变更，企业应当注意以下两点：

（1）《企业会计准则第 32 号——中期财务报告》不允许各中期随意变更会计政策，企业中期会计政策的变更应当符合《企业会计准则第 28 号——会计政策、会计估计变更和差错更正》规定的条件。只有在满足下列条件之一时，企业才能在中期进行会计政策变更：

①法律、行政法规或国家统一的会计制度等要求变更。

②会计政策变更能够提供可靠、更相关的会计信息。

（2）企业在中期进行会计政策变更时，应当确保该项会计政策将在年度财务报告中采用。

（四）关于中期财务报告会计估计的变更

对于中期财务报告项目发生了会计估计变更的，根据《企业会计准则第 32 号——中期财务报告》及《企业会计准则第 28 号——会计政策、会计估计变更和差错更正》的规定，企业只需在以后中期及年度财务报告中反映会计估计变更后的金额，并在附注中做相应披露，无需对年内前一个或前几个中期财务报告（如季度）做追溯调整，也无需重编年内前一个或前几个中期的财务报告（如季报）。

二、季度性、周期性或偶然性收入确认与计量的原则

在通常情况下，企业的是收入都是在一个会计年度内均匀发生的，各中期的营业收入差异不会很大，但也有某些企业的收入具有季节性、周期性或偶然性特征。季节性收入是指企业取得的具有季节性特征、不在一个会计年度均匀发生的营业收入，这些营业收入的取得或营业成本的发生主要集中在全年的某一季节或某段期间

内。例如，供暖企业的营业收入主要来自冬季，冷饮企业的营业收入主要来自夏季。周期性收入是企业取得的具有周期性特征的、不在一个会计年度均匀发生的营业收入，赚取周期性收入的企业往往每隔一个周期就会获得一笔稳定的营业收入或支付一定的成本。例如，房地产开发企业的开发项目通常需要在 1 年以上，比如 2~3 年才能完成，因此其营业收入通常也是 2~3 年才能完成一个循环周期。偶然性收入是企业从某些偶发事项中取得的一些非经常性收入，比如企业因意外获得的赔偿金等。

对于季节性收入、周期性收入和偶然性收入，《企业会计准则第 32 号——中期财务报告》规定企业应当在发生时予以确认和计量，不应当为了平衡各中期的收益而将这些收入在会计年度的各个中期之间进行分摊。同时，《企业会计准则第 32 号——中期财务报告》还规定，如果季节性、周期性或偶然性收入在会计年度末允许预计或递延，在中期财务报告中也允许预计或递延。这些收入的确认标准和计量基础都应当遵循《企业会计准则第 14 号——收入》的规定。

［**例 9-5**］周期性收入在中期财务报告中的确认。

A 公司为一家房地产开发公司，采取滚动方式开发房地产，即每开发完成一个房地产项目，再开发下一个房地产项目。该公司于 2018 年 1 月 1 日开始开发一个住宅小区，小区建设完工需要 2 年。A 公司采用边开发、边销售楼盘的策略。假定 A 公司 2018 年各季度分别收到楼盘销售款 1 000 万元、3 000 万元、2 500 万元和 2 000 万元，分别支付开发成本 2 000 万元、1 500 万元、2 200 万元和 1 800 万元；2019 年各季度分别收到楼盘销售款 2 500 万元、3 000 万元、3 000 万元和 1 000 万元，分别支付开发成本 1 000 万元、1 700 万元、1 500 万元和 300 万元。小区所有商品房于 2019 年 11 月完工，12 月全部交付给购房者，并办理完有关产权手续。

A 公司如何在中期财务报告中确认其周期性收入？

在本例中，A 公司的经营业务具有明显的周期性特征。根据企业会计准则的规定，A 公司只有在每个周期房地产开发项目完成并实现对外销售后，才能确认收入。因此，A 公司只有在 2019 年 12 月所建商品房完工后，当商品房有关的风险和报酬已经转移给了购房者时，才能确认收入。A 公司在 2019 年 12 月之前的各中期既不能预计收入，也不能将已经收到的楼盘销售款直接确认为收入，只能将其作为预收款处理。A 公司对于开发项目发生的成本也应当首先归集在“开发成本”中，待到确认收入时，再结转相应的成本。

三、不均匀发生的费用确认与计量的原则

在通常情况下，与企业经营和管理活动有关的费用往往是在一个会计年度的各个中期内均匀发生的，各中期之间发生的费用不会有太大的差异。但是，对于某些费用，如员工培训费等，往往集中在会计年度的个别中期内，属于会计年度内不均匀发生的费用。《企业会计准则第 32 号——中期财务报告》规定，企业在会计年度中不均匀发生的费用，应当在发生时予以确认和计量，不应当为了平衡各中期之间的收益而将这些费用在会计年度的各个中期之间进行分摊，但如果企业会计准则允许会计年度内不均匀发生的费用在会计年度末预提或待摊的，在中期末财务报告中也允许预提或待摊。

［**例 9-6**］不均匀发生费用在中期财务报告中的确认。

B 公司根据年度培训计划，在 2019 年 6 月对员工进行了专业技能和管理知识方面的集中培训，共发生培训费用 30 万元。B 公司应如何在中期财务报告中确认这笔培训费呢？

在本例中，对于该项培训费用，B 公司应当直接计入 6 月的损益，不能在 6 月之前预提，也不能在 6 月之后分摊。

四、中期财务报告会计政策变更的处理原则

《企业会计准则第 32 号——中期财务报告》规定，企业在中期发生了会计政策变更的，应当按照《企业会计准则第 28 号——会计政策、会计估计变更和差错更正》的规定处理，并在财务报表附注中做相应的披露。会计政策变更的累积影响数能够合理确定且涉及本会计年度以前中期财务报表相关项目数字的，应当予以追溯调整，视同该会计政策在整个会计年度一贯采用；同时，上年度可比中期财务报告也应当做相应调整。

《企业会计准则第 32 号——中期财务报告》对中期会计政策变更会计处理的规定如下：当中期会计政策变更时，企业应当根据《企业会计准则第 32 号——中期财务报告》的要求，对以前年度比较中期财务报表最早期间的期初留存收益和其他相关项目的数字，进行追溯调整；同时，涉及本会计年度内会计政策变更以前各中期财务报表相关项目数字的，企业也应当予以追溯调整，视同该会计政策在整个会计年度和可比中期财务报表期间一贯采用。如果会计政策变更的累积影响数不能合理确定以及不涉及本会计年度以前中期财务报表相关项目数字的，企业应当采用未来适用法；同时，在财务报表附注中应说明会计政策变更的性质、内容、原因以及影响数，如果累积影响数不能合理确定的，也应当说明理由。

《企业会计准则第 32 号——中期财务报告》对中期会计政策变更在附注中披露的规定如下：当中期会计政策变更时，企业应当披露会计政策变更对以前年度的累积影响数，包括对比较中期财务报表最早期间期初留存收益的影响数，以前年度可比中期损益的影响数，披露会计政策变更对变更中期、年初至变更中期末损益的影响数，披露会计政策变更对当年度会计政策变更以前各中期损益的影响数。

第三节　比较中期财务报告的编制及披露

中期财务报告的基本构成、基本原则以及会计确认与计量的基础前面已经阐述，这里重点阐述比较中期财务报告的编制要求以及中期财务报告附注的披露要求。

一、比较中期财务报告的编制

为了提高财务报告信息的可比性、相关性和有用性，《企业会计准则第 32 号——中期财务报告》规定，企业在中期财务报告中提供的中期财务报表（包括母公司个别财务报表和合并财务报表）必须是比较中期财务报表，要求同时提供可比上期及本中期的相关财务信息。比较中期财务报表要求企业在中期财务报告中，除了提供本中期末资产负债表、本中期利润表和本中期现金流量表外，还要提供上年度及相关中期的财务报表。比较中期财务报表主要包括以下报表：

（1）本中期期末的资产负债表和上年度末的资产负债表。

（2）本中期的利润表、年初至本中期期末的利润表以及上年度可比期间的利润表。上年度可比期间的利润表包括上年度可比中期的利润表和上年度年初至上年可比中期期末的利润表。

（3）年初至本中期末的现金流量表和上年度年初至上年度可比中期期末的现金流量表。

如果企业同时提供中期所有者权益变动表，也必须是比较所有者权益变动表。由于企业会计准则对于可比中期所有者权益变动表没有规范，从上市公司实际披露情况来看，做法不完全一致。例如，2013 年 6 月 30 日，平安银行半年度财务报告中提供的可比所有者权益变动表有两张，一张是 2012 年度平安银行所有者权益变动表，另一张是 2012 年上半年平安银行的所有者权益变动表；而 2013 年万科企业股份有限公司（简称万科公司）提供的可比所有者权益变动表只有 2012 年上半年万科公司的所有者权益变动表。从理论上分析，比较所有者权益变动表提供的比较财务报表应该指上年度可比期间的报表。

［**例 9-7**］比较中期财务报告的编制。

C 公司按集团财务制度规定编制季度财务报告。C 公司每个季度应该编制哪些中期财务报告呢?

根据《企业会计准则第 32 号——中期财务报告》的规定，C 公司在截至 2019 年 3 月 31 日、6 月 30 日和 9 月 30 日应当编制的第 1 季度、第 2 季度和第 3 季度中期财务报表分别见表 9-1、表 9-2 和表 9-3。

表 9-1　C 公司 2019 年第 1 季度中期财务报表

报表类别	本年度中期财务报表时间（或期间）	上年度比较财务表时间（或期间）
资产负债表	2019 年 3 月 31 日	2018 年 12 月 31 日
利润表	2019 年 1 月 1 日至 3 月 31 日	2018 年 1 月 1 日至 3 月 31 日
现金流量表	2019 年 1 月 1 日至 3 月 31 日	2018 年 1 月 1 日至 3 月 31 日

表 9-2　C 公司 2019 年第 2 季度中期财务报表

报表类别	本年度中期财务报表时间（或期间）	上年度比较财务报表时间（或期间）
资产负债表	2019 年 6 月 30 日	2018 年 12 月 31 日
利润表（本中期）	2019 年 4 月 1 日至 6 月 30 日	2018 年 4 月 1 日至 6 月 30 日
利润表（年初至本中期期末）	2019 年 1 月 1 日至 6 月 30 日	2018 年 1 月 1 日至 6 月 30 日
现金流量表	2019 年 1 月 1 日至 6 月 30 日	2018 年 1 月 1 日至 6 月 30 日

表 9-3　C 公司 2019 年第 3 季度中期财务报表

报表类别	本年度中期财务报表时间（或期间）	上年度比较财务报表时间（或期间）
资产负债表	2019 年 9 月 30 日	2018 年 12 月 31 日
利润表（本中期）	2019 年 7 月 1 日至 9 月 30 日	2018 年 7 月 1 日至 9 月 30 日
利润表（年初至本中期期末）	2019 年 1 月 1 日至 9 月 30 日	2018 年 1 月 1 日至 9 月 30 日
现金流量表	2019 年 1 月 1 日至 9 月 30 日	2018 年 1 月 1 日至 9 月 30 日

通过表 9-1、表 9-2 和表 9-3 可以看出，在第 1 季度，由于“本中期”与“年初至本中期期末”的期间是相同的，因此在 C 公司 2019 第 1 季度财务报表中只需要提供一张利润表。相应地，在 C 公司上年度比较财务报表中也只需要提供一张利润表。但在 C 公司 2019 第 2 季度和第 3 季度财务报表中，由于“本中期”与“年初至本中期期末”的期间不同，因此在各个期间都应该分别提供本中期和年初至本中期期末利润表。

［例 9-8］比较中期财务报告的编制。

假设 W 公司是一家上市母公司，按企业会计准则的要求每年年末编制母公司单独财务报表和集团财务报表，并于每年 6 月 30 日提供中期财务报告，且自愿提供中期所有者权益变动表。W 公司 2019 年 6 月 30 日应该编制哪些中期财务报告呢？

2019 年 6 月 30 日，W 公司应该编制的比较中期财务报表见表 9-4。

表 9-4　W 公司 2019 年 6 月 30 日比较中期财务报表

报表类别	本年度中期财务报表时间（或期间）	上年度比较财务报表时间（或期间）
合并资产负债表	2019 年 6 月 30 日	2018 年 12 月 31 日
母公司资产负债表	2019 年 6 月 30 日	2018 年 12 月 31 日
合并利润表	2019 年 1 月 1 日至 6 月 30 日	2018 年 1 月 1 日至 6 月 30 日
母公司利润表	2019 年 1 月 1 日至 6 月 30 日	2018 年 1 月 1 日至 6 月 30 日
合并现金流量表	2019 年 1 月 1 日至 6 月 30 日	2018 年 1 月 1 日至 6 月 30 日
母公司现金流量表	2019 年 1 月 1 日至 6 月 30 日	2018 年 1 月 1 日至 6 月 30 日
合并所有者权益变动表	2019 年 1 月 1 日至 6 月 30 日	2018 年 1 月 1 日至 6 月 30 日
母公司所有者权益变动表	2019 年 1 月 1 日至 6 月 30 日	2018 年 1 月 1 日至 6 月 30 日

企业在编制比较中期财务报表时，还应注意以下几个方面：

（1）如果企业在中期因企业会计准则的变化而对财务报表项目进行了重新分类或其他调整，则上年度比较财务报表相关项目及金额也应该相应调整，以确保其与本年度中期财务报表的可比性。同时，企业还应当在附注中说明财务报表项目重新分类的原因及内容。如果企业因原始数据收集、整理或记录等方面的原因无法对比较财务报表中的有关项目及金额进行调整，企业应当在附注中说明原因。

（2）如果企业在本中期会计政策发生了变更，而且该变更对本会计年度以前中期财务报表净损益和其他相关项目数字的累积影响数能够合理确定，企业应当进行追溯调整。如果对比较财务报表可比期间以前的会计政策变更的累积影响数能够合理确定，企业也应按规定调整比较财务报表最早期间的期初留存收益和其他相关项目。同时，企业还应在财务报表附注中说明会计政策变更的性质、内容、原因以及影响数。无法追溯调整的，企业应当说明原因。

（3）对于在本年度中期内发生的以前年度损益调整事项，企业应当同时调整本年度财务报表相关项目的年初数；同时，比较财务报表中的相关项目及金额也应做相应调整。

二、中期财务报告附注的披露

（一）中期财务报告附注的披露要求

中期财务报告附注是对中期资产负债表、利润表、现金流量表等报表中项目的文字描述或明细阐述以及对未能在这些报表中列示项目的说明等，其目的是使中期财务报告信息对会计信息使用者的决策更加有用。中期财务报告附注的披露应该坚持以下原则：

1. 以年初至本中期期末会计信息为基础的披露原则

编制中期财务报告的目的是向报告使用者提供自上年度资产负债表日之后发生的重要交易或事项，因此中期财务报告附注应当以“年初至本中期期末”为基础进行披露，而不应当仅仅披露本中期发生的重要交易或事项。

［**例 9-9**］中期财务报告附注的披露。

D 公司通常按季度提供财务报告。2019 年 3 月 5 日，D 公司对外投资，设立了一家子公司，该事项对 D 公司来说是一个重大事项。D 公司在季度报告附注中应如何披露该项事项？

由于该事项对 D 公司来说是一个重大事项，根据中期财务报告附注以“年初至本中期期末”为基础披露的原则，D 公司对此事项不仅应当在 2019 年第 1 季度财务报告附注中予以披露，而且应当在 2019 年第 2 季度财务报告附注和第 3 季度财务报告附注中进行披露。

［**例 9-10**］中期财务报告附注的披露。

E 公司为一家水果生产和销售企业，一般提供季度财务报告，其收获和销售水果主要集中在每年的第 3 季度。E 公司在 2019 年 1 月 1 日至 9 月 30 日累计实现净利润 400 万元，其中第 1 季度发生亏损 1 400 万元，第 2 季度发生亏损 1 200 万元，第 3 季度实现净利润 3 000 万元。第 3 季度末的存货（库存水果）为 50 万元，由于过了销售旺季，可变现净值已经远低于账面价值，E 公司确认了存货跌价损失 40 万元。E 公司在季度报告附注中应如何披露该事项呢？

在本例中，尽管该批存货跌价损失仅仅占 E 公司第 3 季度净利润总额的 1.3%（40÷3000×100%），可能并不重要，但是该项损失占 E 公司 1~9 月累计净利润的 10%（40÷400×100%），对 E 公司 2019 年第 1~9 月的经营成果来讲，属于主要事项。因此，根据中期财务报告附注披露应当以“年初至本中期期末”为基础披露的原则，E 公司应当在第 3 季度财务报告附注中披露该事项。

2. 披露重要交易或事项的原则

为了全面反映企业财务状况、经营成果和现金流量，中期财务报告附注应当对自上年度资产负债表日以后发生的，有助于理解企业财务状况、经营成果和现金流量变化情况的重要交易或事项以“年初至本中期期末”为基础进行披露。同时，为理解本中期财务状况、经营成果和现金流量有关的重要交易或事项，企业也必须在附注中予以披露。

［**例 9-11**］中期财务报告附注的披露。

M 公司在 2019 年 1 月 1 日至 6 月 30 日累计实现净利润 2 500 万元。其中，第 2

季度实现净利润 80 万元。M 公司在第 2 季度转回前期计提的坏账准备 100 万元，第 2 季度末应收账款余额为 800 万元。M 公司在季度报告附注中应如何披露该事项呢？

在本例中，尽管 M 公司第 2 季度转回的坏账准备仅占 M 公司 1~6 月净利润总额的 4%（100÷2 500×100%），可能并不重要，但是该项转回金额占第 2 季度净利润的 125%（100÷80×100%），占第 2 季度末应收账款余额的 12. 5%，对于理解第 2 季度经营成果和财务状况而言，属于重要事项。因此，M 公司应当在第 2 季度财务报告附注中披露该事项。

（二）中期财务报告附注的披露内容

《企业会计准则第 32 号——中期财务报告》规定中期财务报告附注至少应当包括以下信息：

（1）中期财务报告采用的会计政策与上年度财务报告相一致的声明。企业在中期会计政策发生变更的，应当说明会计政策变更的性质、内容、原因及影响数；无法进行追溯调整的，应当说明原因。

（2）会计估计变更的内容、原因及影响数；影响数不能确定的，应当说明原因。

（3）前期差错的性质及更正金额；无法追溯重述的，应当说明原因。

（4）企业经营的季节性或周期性特征。

（5）存在控制关系的关联方发生变化的情况；关联方之间发生变化交易的，应当披露关联方关系的性质、交易类型和交易要素。

（6）合并财务报表的合并范围发生变化的情况。

（7）对性质特别或金额异常的财务报表项目的说明。

（8）证券发行、回购和偿还情况。

（9）向所有者分配利润的情况，包括在中期内实施的利润分配和已提出或已批准但尚未实施的利润分配情况。

（10）根据《企业会计准则第 35 号——分部报告》的规定披露分部报告信息的，披露主要报告形式的分部收入与分部利润（亏损）。

（11）中期资产负债表日至中期财务报告批准报出日之间发生的非调整事项。

（12）上年度资产负债表日以后发生的或有负债和或有资产的变化情况。

（13）企业结构变化情况，包括企业合并，对被投资单位具有重大影响、共同控制或控制关系的长期股权投资的购买或处置以及终止经营等。

（14）其他重大交易或事项，包括重大的长期资产转让及其出售情况、重大的固定资产和无形资产取得情况、重大的研究和开发支出、重大的资产减值损失情况等。

企业在披露中期财务报告附注信息时应注意以下两点：

第一，凡涉及有关数据的，应当同时提供本中期（或本中期期末）和本年度初至本中期期末的数据以及上年度可比中期（或可比期末）和可比年初至可比中期期末的比较数据。例如，上述第 5 条有关关联方交易的信息和第 10 条分部收入与分部利润（亏损）信息等。

第二，在同一会计年度内，如果以前中期财务报告中的某项估计金额在最后一个中期发生了重大变更，而且企业又不单独编制该最后中期的财务报告的，企业应当在年度财务报告的附注中披露该项会计估计变更的内容、原因以及影响金额。例如，某公司需要编制季度财务报告，但不需要单独编制第 4 季度财务报告。假设该公司在第 4 季度中，对第 1 季度、第 2 季度或者第 3 季度财务报告中所采用的会计估计，如固定资产折旧年限、资产减值、预计负债等估计做了重大变更，则需要在其年度财务报告附注中，按照《企业会计准则第 28 号——会计政策、会计估计变更和差错更正》的规定，披露该项会计估计变更的内容、原因以及影响金额。同样，假设一家公司是需要编制半年度财务报告的企业，但不单独编制下半年度财务报告，如果该公司对于上半年度财务报告中采用的会计估计在下半年做了重大变更，应当在其年度财务报告的附注中予以说明。

□思考题

1. 什么是中期财务报告？编制中期财务报告应遵循什么原则？
2. 中期财务报告与年度财务报告有何不同？
3. 中期财务报告披露的内容是什么？
4. 中期财务报告的确认与计量的原则是什么？
5. 会计年度中不均匀发生的费用应如何确认和计量？
6. 企业在会计年度中发生会计政策变更应如何进行处理？
7. 中期财务报告附注的编制要求是什么？
8. 中期财务报告附注的信息披露应包括哪些内容？
9. 说明比较中期财务报表的编制内容。

第十章
分部报告

【学习目标】

通过本章的学习，学生应了解分部报告的含义，理解分部报告与合并财务报告之间的关系，掌握报告分部的概念及确定标准，了解分部报告信息披露的形式和内容。

第一节　分部报告概述

分部报告是企业以经营分部为财务报告对象，分别报告企业各个经营部门（经营分部）的资产、负债、收入、费用、利润等财务信息的财务报告。随着市场经济的发展和经济全球化的深入，现代企业的生产经营规模日益扩大，经营范围也逐步突破单一业务界限，成为从事多种产品生产经营或从事多种业务经营活动的综合经营体。另外，现代企业经营的地域范围也在日益扩大，有的企业分别在国内不同地区甚至在国外设立分公司或子公司。随着企业跨行业和跨地区经营，许多企业生产和销售各种各样的产品并提供不同形式的劳务，这些产品和劳务广泛分布于各个行业或不同地区。由于企业生产的各种产品或提供的劳务在其整体的经营活动中所占的比重各不相同，其营业收入、成本费用以及产生的利润（亏损）也不尽相同。同样，每种产品或提供的劳务在不同地区的经营业绩也存在差异。只有分析每种产品或提供的劳务和不同经营地区的经营业绩，才能更好地把握企业整体的经营业绩。在这种情况下，反映不同产品或劳务以及不同地区经营风险和报酬的信息越来越受到会计信息使用者的重视。

企业的整体风险是由企业经营的各个业务部门（或品种）或各个经营地区的风险和报酬构成的。一般来说，企业在不同业务部门和不同地区的经营，会具有不同的利润率、发展机会、未来前景和风险。评估企业整体的风险和报酬，需要借助企业在不同业务和不同地区经营的信息，即分部报告信息。我国《企业会计准则第35号——分部报告》和《企业会计准则解释第3号》（以下简称分部报告准则）专门规范了企业分部报告的编制方法和应该披露的信息。根据分部报告准则的规定，对于存在多种经营或跨地区经营的企业，其应当正确确定需要单独披露的报告分部，并充分披露每个报告分部的信息，以满足会计信息使用者的决策需求。本章将结合分部报告准则的规定，阐述报告分部的确定及相关分部信息的披露。

第二节 报告分部及其确定方法

报告分部是指在分部报告中单独披露其财务信息的经营分部。因此，要确定企业的报告分部，首先要确定企业的经营分部。

一、经营分部的概念及确定方法

（一）经营分部的概念

经营分部是企业确认分部报告中的报告分部的基础，是指企业内部同时满足下列条件的各组成部分：

（1）该组成部分能够在日常经营活动中单独产生收入并发生费用。

（2）企业管理层能够定期或分期评价该组成部分的经营成果，以决定向其配置资源和评价其业绩。

（3）企业能够取得该组成部分的财务状况、经营成果和现金流量等会计信息。

我们在理解经营分部的概念时，应注意把握以下要点：

（1）不是企业的每个组成部分都是经营分部或经营分部的一个组成部分。例如，企业的管理总部或某些职能部门一般不单独产生收入，或者仅仅取得偶发性收入，在这种情况下，这些部门就不是经营分部或经营分部的一个组成部分。

（2）经营分部概念中所指的“企业管理层”强调的是一种职能，而不是具有特定头衔的某一具体管理人员。企业管理层可能是企业的董事长、总经理，也可能是由其他人员组成的管理团队。该职能主要是向企业的经营分部配置资源，并评价其业绩。

（3）对许多企业来说，根据经营分部的概念，通常就可以清楚地确定经营分部。但是，企业可能将其经营活动以各种不同的方式在财务报告中予以披露，如果企业管理层使用多种分部信息，其他因素可能更有助于企业管理层确定经营分部，如每一组成部分经营活动的性质、对各组成部分负责的管理人员和向董事会呈报的信息等。

（二）经营分部的确定方法

企业一般应当以内部组织结构、管理要求、内部报告制度为依据确定单独的经营分部。每一个经营分部一般应具有独自的经济特征，如生产的产品或提供的劳务的性质、生产过程的性质、销售产品或提供劳务的方式、客户群等，不管哪一方面，只要具有独自的特征，都适合设定为一个经营分部。经济特征不相似的经营分部，必须分别确定为不同的经营分部，不可以合并。

在实务中，并非所有的经营分部都适合作为独立的经营分部来考虑，在某些情况下，如果两个或两个以上的经营分部具有相似的经济特征，这些经营分部通常就会表现出相似的长期财务业绩，如长期平均毛利率、资金回报率、未来现金流量等。因此，企业应该将它们合并为一个经营分部。适合合并的经营分部包括：

1. 单项产品或劳务的性质相同或相似的经营分部

各单项产品或劳务的性质主要指产品或劳务的规格、型号和最终用途等。在通常情况下，如果产品和劳务的性质相同或相似，其风险、报酬率以及成长率可能较为接近，因此一般可以将其划分到同一经营分部中。对于性质完全不同的产品或劳务，企业不应将其划分到同一经营分部中。

［**例 10-1**］经营分部的确定方法。

甲公司主要从事产品的生产和销售，其业务范围包括饮料、奶制品及冰激凌、碗碟、炊具用品、巧克力、糖果及饼干、制药等。甲公司应如何确定其经营分部呢?

甲公司经营的商品分别有食品（饮料、奶制品及冰激凌、巧克力、糖果及饼干）、炊具（碗碟、炊具用品）和药品，这几类商品的性质不完全相同，因此应当分别作为独立的经营分部处理。饮料、奶制品及冰激凌、巧克力、糖果及饼干等都属于食品类，适合合并为一个经营分部。

2. 生产过程的性质相同或相似的经营分部

生产过程的性质主要包括采用劳动密集方式或资本密集方式组织生产、使用相同或相似设备和原材料、采用委托生产或加工方式生产等。对于其生产过程的性质相同或相似的，企业可以将其划分为一个经营分部，如可以分别按资本密集型和劳动密集型划分经营分部。对于资本密集型的部门而言，其占用的设备较为先进，占用的固定资产较多，相应负担的折旧费也较多，其经营成本受资产折旧费用影响较大，受技术进步因素的影响也较大；对于劳动密集型部门而言，其使用的劳动力较多，相对而言其受劳动力的成本，即人工费用的影响较大，因此其经营成果受人工成本的高低影响较大。

3. 产品或劳动的客户类型相同或相似的经营分部

产品或劳动的客户类型主要包括大宗客户、零散客户等。同一类型的客户，如果其销售条件基本相同，如相同或相似的销售价格、销售折扣或售后服务，往往具有相同或相似的风险和报酬，适合设置为一个经营分部；而其他不同类型的客户，由于其销售条件不尽相同，往往具有不同的风险和报酬，就不适合设置为一个经营分部。例如，某计算机生产企业生产的计算机可以分为商用计算机和个人用计算机，商用计算机主要的销售客户是企业，一般是大宗购买，对计算机专业性要求比较高，其售后服务相对较为集中；而个人用计算机的客户对计算机的通用性要求比较高，其售后服务相对比较分散。因此，商用计算机和个人用计算机就不适合合并为一个经营分部。

4. 销售产品或提供劳务的方式相同或相似的经营分部

销售产品或提供劳务的方式主要包括批发、零售、自产自销、委托销售、承包等。如果经营分部销售产品或提供劳务的方式相同或相似，往往具有相同或相似的风险和报酬，适合设置为一个经营分部，但如果各经营分部销售产品或提供劳务的方式不同，其承受的风险和报酬也不相同，就不适合合并为一个经营分部。例如，在赊销方式下，企业可以扩大销售规模，但发生的收账费用较大，并且发生应收账款坏账的风险也很大；在现销方式下，企业不存在应收账款的坏账问题，不会发生收账费用，但销售规模的扩大有限。因此，分别采用赊销和现销方式销售产品或提供劳务的分部就不适合合并为一个经营分部。

5. 生产产品或提供的劳务受法律、行政法规的影响相同或相似的经营分部

企业生产的产品或提供的劳务总是处于一定的经济法律环境之下，受法律和行

政法规的影响，包括法律和行政法规规定的经营范围或交易定价机制等，在不同的法律环境下生产的产品或提供的劳务可能面临不同的风险和报酬，因此企业对不同法律环境下生产的产品或提供的劳务应分别设置经营分部，而具有相同或相似法律环境的产品生产或劳务提供，适合合并设置经营分部。只有这样，企业才能向会计信息使用者提供不同法律环境下产品生产或劳务提供的信息，有利于会计信息使用者对企业未来的发展走向做出判断和预测。例如，商业银行、保险公司等金融企业易受特别的、严格的监管政策影响，该类企业在考虑以产品或劳务确定经营分部时，应特别考虑各项产品或劳务所受监管政策的影响。

[**例 10-2**] 经营分部的确定方法。

乙公司是一家全球性公司，总部设在美国，主要生产 A、B、C、D 4 个品牌的皮箱，手提包，公文包，皮带等产品，同时负责相关产品的运输、销售，每种产品均由独立的业务部门完成。乙公司生产的产品主要销往中国、日本、欧洲、美国等。乙公司各项业务 2019 年 12 月 31 日的有关资料见表 10-1（不考虑其他因素）。假定乙公司管理层定期评价各业务部门的经营成果，以配置资源、评价业务；各品牌皮箱的生产过程、客户类型、销售方式等类似；经预测，生产皮箱的 4 个部门今后 5 年内平均销售毛利率与 2019 年差异不大。

表 10-1　乙公司有关业务资料

项目	皮箱				手提包	公文包	皮带	销售公司	运输公司	合计
	品牌 A	品牌 B	品牌 C	品牌 D						
营业收入/万元	106 000	130 000	100 000	95 000	260 000	230 000	69 000	270 000	50 000	13 100 000
其中:对外交易收入/万元	100 000	120 000	80 000	90 000	780 000	150 000	50 000	270 000	50 000	1 090 000
分部间交易收入/万元	6 000	10 000	20 000	5 000	80 000	80 000	19 000	—	—	220 000
业务及管理费/万元	74 200	92 300	69 000	66 500	156 000	142 600	55 200	220 000	30 000	905 800
其中:对外交易费用/万元	60 000	78 300	57 000	62 000	149 000	132 000	47 200	205 000	30 000	820 500
分部间交易费用/万元	14 200	14 000	12 000	4 500	7 000	10 600	8 000	15 000	—	85 300
利润总额/万元	31 800	37 700	31 000	28 500	104 000	87 400	13 800	50 000	20 000	404 200
销售毛利率/%	30	29	31	30	40	38	20	18.5	40	—
资产总额/万元	350 000	400 000	300 000	250 000	650 000	590 000	250 000	700 000	300 000	3 790 000
负债总额/万元	150 000	170 000	130 000	100 000	300 000	200 000	150 000	300 000	180 000	1 680 000

乙公司应怎样确定其经营分部呢？

在本例中，乙公司的各组成部分能够分别在日常经营活动中产生收入、发生费用；乙公司管理层定期评价各组成部分的经营成果以配置资源、评价业绩；乙公司能够取得各组成部分的财务状况、经营成果和现金流量等会计信息。因此，各组成部分满足经营分部的定义，可以单独确定为经营分部。与此同时，乙公司生产 A、B、C、D 品牌皮箱的 4 个部门，销售毛利率分别是 30%、29%、31%、30%，即具有相近的长期财务业绩；4 个品牌皮箱的生产过程、客户类型、销售方式等类似，具有相似的经济特征。因此，乙公司在确定经营分部时，可以将生产 A、B、C、D 品牌皮箱的 4 个部门予以合并，作为一个经营分部（皮箱分部）。

二、报告分部的概念及确定标准

（一）报告分部的概念

报告分部是指在分部报告中单独披露其财务信息的经营分部。根据分部报告准则的规定，并非所有的经营分部都有必要在分部报告中单独披露相关的财务信息。前面已经阐述，经营分部的划分通常以不同的风险和报酬为基础，而不论其是否重要。存在多种产品经营或跨多个地区经营的企业可能会拥有大量规模较小、不是很重要的经营分部，如果单独披露大量规模较小的经营分部信息不仅会给财务报告使用者带来困惑，也会给财务报告编制者带来不必要的披露成本。因此，在确定报告分部时，企业应当考虑重要性原则。在通常情况下，符合重要标准的经营部分才能确定为报告分部。

（二）报告分部的确定标准

根据前面的阐述，只有符合重要性标准的经营分部才能确定为报告分部。根据分部报告准则的规定，判断经营分部是否重要的标准主要有以下三个，满足三者中任意一条标准，都被认为是重要分部，并应确定为报告分部：

1. 分部收入占所有分部收入合计的10%或以上的经营分部

分部收入是指可归属于经营分部的对外交易收入和对其他分部交易收入。分部收入主要由可归属于经营分部的对外交易收入构成，通常为营业收入。可归属于经营分部的收入来源于两个渠道：一是可以直接归属于经营分部的收入，即直接由经营分部的业务交易而产生；二是可以间接归属于经营分部的收入，即将企业产生的收入在相关经营分部之间进行分配，按属于某经营分部的收入金额确定为分部收入。

分部收入通常不包括下列项目：

（1）利息收入（包括因预付或借给其他分部款项而确认的利息收入）和股利收入（采用成本法核算的长期股权投资取得的股利收入），但分部的日常活动属于金融性质的除外。

（2）营业外收入，如固定资产盘盈、处置固定资产净收益、出售无形资产净收益、罚没收益等。

（3）处置投资产生的净收益，但分部的日常活动属于金融性质的除外。

（4）采用权益法核算的长期股权投资确认的投资收益，但分部的日常活动属于金融性质的除外。

［**例10-3**］报告分部的确定方法。

沿用［**例10-2**］的资料。运用“分部收入占所有分部收入合计的10%或以上”的重要性标准，确认乙公司的报告分部。

乙公司各经营分部收入占总收入的百分比见表10-2。

表10-2 乙公司各经营分部收入占总收入的百分比

项目	皮箱				手提包	公文包	皮带	销售公司	运输公司	合计
	品牌A	品牌B	品牌C	品牌D						
营业收入/万元	106 000	130 000	100 000	95 000	260 000	230 000	69 000	270 000	50 000	1 310 000
分部收入占总收入的比例/%	8.1	9.9	7.6	7.3	19.8	17.6	5.3	20.6	3.8	100

根据表 10-2 可知，手提包分部、公文包分部和销售公司分部都满足“分部收入占所有分部收入合计的 10% 或以上”的重要性标准，因此应单独作为报告分部，其余经营分部因不完全满足重要性标准，不能单独作为报告分部。在本例中，乙公司 A、B、C、D 4 个品牌皮箱单独取得的收入都不超过总收入的 10%，但 4 个品牌皮箱合并后收入合计 431 000 万元，占所有分部收入合计 1 310 000 万元的比例为 32.9%（431 000÷1 310 000×100%），满足了报告分部的重要性标准，因此合并后的皮箱分部应确定为单独的报告分部。

2. 分部利润（亏损）的绝对额占所有盈利分部利润合计数或所有亏损分部亏损合计数的绝对额两者中较大者的 10%或以上的经营分部

分部利润（亏损）是指分部收入减去分部费用后的余额。在计算分部利润（亏损）时，企业应注意将不属于分部收入和部分费用的项目剔除。

分部费用是指可归属于经营分部的对外交易费用和对其他分部交易费用。分部费用主要由可归属于经营分部的对外交易费用构成，通常包括营业成本、税金及附加、销售费用等。与分部收入的确认相同，归属于经营分部的费用也来源于两个渠道：一是可以直接归属于经营分部的费用，即直接由经营分部的业务交易而发生；二是可以间接归属于经营分部的费用，即将企业交易发生的费用在相关分部之间进行分配，按属于某经营分部的费用金额确认为分部费用。

分部费用通常不包括下列项目：

（1）利息费用（包括因预收或向其他分部借款而确认的利息费用），如发行债券产生的利息费用，但经营分部的日常活动是金融性质的除外。

（2）营业外支出，如处置固定资产、无形资产等发生的净损失。

（3）处置投资发生的净损失，但经营分部的日常活动属于金融性质的除外。

（4）采用权益法核算的长期股权投资确认的投资损失，但经营分部的日常活动属于金融性质的除外。

（5）与企业整体相关的管理费用和其他费用。

［**例 10-4**］报告分部的确定方法。

沿用［**例 10-2**］的资料。运用分部利润（亏损）的绝对额占各分部绝对额总额比例的重要性标准，确认乙公司的报告分部。

乙公司各经营分部利润占利润总额的百分比见表 10-3。

表 10-3 乙公司各经营分部利润占利润总额的百分比

项目	皮箱	手提包	公文包	皮带	销售公司	运输公司	合计
分部利润/万元	129 000	104 000	87 400	13 800	50 000	20 000	404 200
分部利润占利润总额的百分比/%	31.9	25.7	21.6	3.5	12.4	4.9	100

表 10-3 的数据显示，皮箱分部、手提包分部、公文包分部和销售公司分部的分部利润占所有盈利分部利润的百分比都超过了 10%，根据“分部利润占所有盈利分部利润百分比 10%或以上”的标准，都应该确定为报告分部，而皮带分部和运输公司分部的分部利润占所有盈利分部利润的百分比都不足 10%，根据分部利润百分比判断标准，都不能单独确认为报告分部。

［例 10-5］报告分部的确定方法

ABC 公司生产家用电器，其总部在北京，产品主要销往全国各地，在北京、天津、上海、辽宁、陕西、浙江、四川、湖南、广东等地均设有分公司。假定各分公司之间没有内部交易，其营业收入均为对外交易而取得。ABC 公司各分公司有关财务信息如表 10-4 所示。

表 10-4　ABC 公司各分公司有关财务信息

项目	北京	天津	上海	辽宁	陕西	浙江	四川	湖南	广东	合计
营业收入/万元	10 000	2 000	5 000	500	300	3 500	1 000	700	3 000	26 000
占收入合计的百分比/%	38.5	7.7	19.2	1.9	1.2	13.5	3.8	2.7	11.5	100
营业费用/万元	8 000	1 500	3 500	700	950	2 500	1 580	600	2 400	21 730
营业利润(亏损)/万元	2 000	500	1 500	(200)	(650)	1 000	(580)	100	600	4 270

运用分部利润（亏损）的绝对额占各分部绝对额总额比例的重要性标准，确认 ABC 公司的报告分部。

ABC 公司的各分公司经营有盈有亏。其中，盈利分部分别是北京、天津、上海、浙江、湖南、广东，其分部利润总额合计为 5 700 万元；亏损分部分别是辽宁、陕西、四川，其分部亏损总额合计的绝对额为 1 430 万元。由于 5 700 万元>1 430 万元，ABC 公司在对各分部的分部利润或亏损进行比较时，应当以 5 700 万元作为比较的基数，通过各分部利润或亏损的绝对额占 5 700 万元的百分比是否达到 10%或以上来判断是否应确定为报告分部（具体计算见表 10-5）。通过计算可以看出，满足分部利润（亏损）达到规定条件的分部共有 6 个，分别是北京、上海、陕西、浙江、四川和广东。ABC 公司在确定报告分部时，应当将上述 6 个分部作为报告分部。

表 10-5　分部利润占利润总额的百分比

项目	北京	天津	上海	辽宁	陕西	浙江	四川	湖南	广东	合计
营业收入/万元	10 000	2 000	5 000	500	300	3 500	1 000	700	3 000	26 000
占收入合计的百分比/%	38.5	7.7	19.2	1.9	1.2	13.5	3.8	2.7	11.5	100
营业费用/万元	8 000	1 500	3 500	700	950	2 500	1 580	600	2 400	21 730
营业利润(亏损)/万元	2 000	500	1 500	(200)	(650)	1 000	(580)	100	600	4 270
占分部利润总额的百分比/%	35	8.8	26	3.5	11.4	17.5	10.2	1.8	10.5	—

3. 分部资产占所有分部资产合计额的 10%或以上的经营分部

分部资产是指经营分部日常活动中使用的可归属于该经营分部的资产，不包括递延所得税资产。企业在计量分部资产时，应当按照分部资产的账面净值进行计量，即按照原值扣除相关累计折旧或摊销额以及累计减值准备后的金额计量。

企业在确认分部资产时，应注意分部资产与分部利润（亏损）、分部费用等之间存在的对应关系。这些关系主要包括：

（1）如果分部利润（亏损）包括利息或股利收入，分部资产中就应当包括相应的应收账款、贷款、投资或其他金融资产。

（2）如果分部费用包括某项固定资产的折旧费用，分部资产中就应当包括该项固定资产。

（3）如果分部费用包括某项无形资产或商誉的摊销额或减值额，分部资产中就应当包括该项无形资产或商誉。

由两个或两个以上经营分部共同享有的资产，其归属权取决于与该资产相关收入和费用的分配，与共享资产相关的收入和费用归属哪个经营分部，共享资产就应该分配给哪个经营分部。共享资产的折旧费或摊销费应该在其归属的分部经营成果中扣减。

［**例 10-6**］报告分部的确定方法。

沿用［**例 10-2**］的资料，运用分部资产占所有分部资产百分比的标准判断运输公司分部和公文包分部是否应当成为报告分部。

乙公司各经营分部资产占资产总额的百分比见表 10-6。

表 10-6　乙公司各经营分部资产占资产总额的百分比

项目	皮箱	手提包	公文包	皮带	销售公司	运输公司	合计
分部资产/万元	1 300 000	650 000	590 000	250 000	700 000	300 000	3 790 000
分部资产占资产总额的百分比/%	34.3	17.2	15.6	6.6	18.5	7.8	100

表 10-6 的数据显示，皮箱分部、手提包分部、公文包分部和销售公司分部的分部资产占所有分部资产总额的百分比都超过了 10%，根据“分部资产占所有分部资产合计 10%或以上”的标准，都应该确定为报告分部，而皮带分部和运输公司分部的分部资产占所有分部资产总额的百分比都不足 10%，根据分部资产百分比判断标准，都不能单独确认为报告分部。

从［**例 10-2**］、［**例 10-3**］和［**例 10-4**］可以看出，乙公司的皮带分部和运输公司分部不论采取哪个重要性判断标准，都不能单独设为报告分部。

（三）报告分部确定的其他相关规定

企业在根据重要性 10%规则确认报告分部时，还必须遵守分部报告准则关于分部报告确定的以下相关规定：

1. 不满足报告分部确认标准的经营分部的处理

如果经营分部未满足上述 10%的重要性标准，其可以按照下列规定确定报告分部：

（1）企业管理层如果认为披露该经营分部信息对会计信息使用者有用，那么无论该经营分部是否满足 10%的重要性标准，都可以将该经营分部直接指定为报告分部。

（2）企业可以将未满足报告分部确认标准的经营分部与一个或一个以上的具有相似经济特征、满足经营分部合并条件的其他经营分部合并，作为一个报告分部。对经营分部 10%的重要性测试可能会导致企业拥有大量未满足 10%数量临界线的经营分部，在这种情况下，如果企业没有直接将这些经营分部指定为报告分部，就可以将它们适当合并成一个报告分部。

（3）不将该经营分部直接指定为报告分部，也不将该经营分部与其他未作为报告分部的经营分部合并为一个报告分部的，企业在披露分部信息时，应当将该经营分部的信息与其他组成部分的信息合并，作为“其他项目”单独在分部报告中披露。

2. 分部报告中各个报告分部对外交易收入合计应占企业总收入的75%以上

根据分部报告准则的规定，企业在确定报告分部时，除了要满足前述报告分部10%重要性的确定标准外，还要注意报告分部的75%外部交易收入约束条件。报告分部的75%外部交易收入约束条件是指被确定为报告分部的经营分部，不管数量有多少，各个报告分部的对外交易收入合计数占企业总收入的比重必须达到75%。如果报告分部的对外交易收入的总额未达到企业总收入的75%，则企业必须增加该报告分部中的报告分量，将原未作为报告分部的经营分部确认为报告分部，直到该比重达到75%。此时，其他未作为报告分部的经营分部很可能未满足前述规定的10%重要性标准，但为了使报告分部的对外交易收入合计额占合并总收入或企业总收入的总体比重能够达到75%的比例要求，企业也应当将其确定为报告分部。

［**例10-7**］报告分部的确认方法。

沿用［**例10-2**］的资料，根据报告分部的确定条件，乙公司的皮箱分部、手提包分部、公文包分部、销售公司分部应单独作为报告分部。如果乙公司只设置这4个报告分部，则这4个报告分部的对外交易收入合计额占总收入比例必须达到75%。乙公司是否满足这一限定性条件的具体分析如下：

乙公司4个报告分部对外交易收入占企业总收入的百分比如表10-7所示。

表10-7　对外交易收入占企业总收入的百分比

项目	皮箱	手提包	公文包	销售公司	小计	……	合计
营业收入/万元	431 000	260 000	230 000	270 000	1 191 000	……	1 310 000
其中：对外交易收入/万元	390 000	180 000	150 000	270 000	990 000	……	1 090 000
分部间交易收入/万元	41 000	80 000	80 000		201 000	……	220 000
对外交易收入占企业总收入的百分比/%	35.78	16.51	13.76	24.77	90.82	……	100

表10-7显示，皮箱分部、手提包分部、公文包分部、销售公司分部4个报告分部的对外交易收入占企业总收入的比例分别为35.78%、16.51%、13.76%、24.77%，合计为90.82%，远远超过了外部交易收入大于75%的限制性标准，因此乙公司只需设置4个报告分部，不需要再增加报告分部的数量。

［**例10-8**］报告分部的75%标准。

沿用［**例10-5**］的资料，ABC公司根据规定已将北京、上海、陕西、浙江、四川和广东6个分部确定为报告分部，由于6个报告分部的对外交易收入合计额占企业总收入的比重为87.7%，已达到75%的限制性标准，不需再增加报告分部的数量。具体计算见表10-8。

表10-8　对外交易收入占企业总收入的百分比

项目	北京	上海	陕西	浙江	四川	广东	小计	……	合计
营业收入/万元	10 000	5 000	300	3 500	1 000	3 000	22 800	……	26 000
占企业总收入的百分比/%	38.5	19.2	1.2	13.5	3.8	11.5	87.7	……	100
……									

3. 分部报告中报告分部的数量不应该超过 10 个

根据前述报告分部的确定标准以及外部交易收入占企业总收入 75% 的约束条件，企业最终确定的报告分部数量可能会超过 10 个。如果这样，企业提供的分部信息可能变得非常繁琐，不利于会计信息使用者理解和使用。因此，分部报告准则规定，在分部报告中，报告分部的数量不应超过 10 个。如果按照规定标准确定的报告分部数量超过 10 个，企业应当考虑将具有相似经济特征、满足经营分部合并条件的报告分部进行合并，以确保报告分部的数量不超过 10 个。

4. 分部报告中报告分部的确定应遵循可比性原则

企业在确定报告分部时，除应遵循相应的确定标准及约束条件外，还应当考虑不同会计期间分部信息的可比性和一致性。某一经营分部在上期可能满足报告分部的确定条件从而被确定为报告分部，但本期可能并不满足报告分部的确定条件。基于可比性原则，如果企业认为该经营分部仍然重要，单独披露该经营分部的信息能够更有助于会计信息使用者了解企业的整体情况，则企业无须考虑该经营分部确定为报告分部的条件，仍应当将该经营分部确定为本期的报告分部。

反之，某一经营分部在本期可能满足报告分部的确定条件从而被确定为报告分部，但上期可能并不满足报告分部的确定条件从而未被确定为报告分部。基于可比性原则，企业可以将以前会计期间该分部信息进行重述，并追溯披露该分部信息，如果重述需要的信息无法获得，或者不符合成本效益原则，则企业无须重述以前会计期间的分部信息。不论是否对以前期间相应的报告分部进行重述，企业均应当在财务报表附注中披露这一事实。

第三节　分部信息的披露

企业应当在财务报表附注中披露分部报告，充分揭示各个报告分部的相关信息。分部信息的披露应当有助于会计信息使用者评价企业各分部所从事经营活动的性质、财务影响以及经营所处的经济环境。企业应当以对外提供的财务报表为基础披露分部信息。对外提供合并财务报告的企业，应当以合并财务报表为基础披露分部信息。企业在财务报表附注中应当披露的分部信息主要如下：

一、描述性信息

企业应当在财务报表附注中披露如下与分部报告相关的描述性信息：

（一）确定报告分部考虑的因素

确定报告分部考虑的因素通常包括企业管理层是怎样对报告分部进行管理的，如按照产品和服务管理，按照地理区域或综合各种因素进行组织管理等。

［**例 10-9**］分部报告描述性信息的披露。

沿用［**例 10-1**］的资料，乙公司在其分部报告中应如何披露其报告分部确定的信息？

乙公司在财务报表附注中披露其确定报告分部考虑的因素，描述如下：

本公司的报告分部都是提供不同产品或服务的业务单元。由于各种业务需要不同的技术和市场战略，因此本公司分别独立管理各个报告分部的生产经营活动，分别评价其经营成果，以决定向其配置资源、评价其业绩。

（二）报告分部的产品和劳务的类型

［**例 10-10**］分部报告描述性信息的披露

沿用［**例 10-2**］的资料，乙公司在其分部报告中应如何披露有关产品和业务类型的信息呢？

乙公司在财务报表附注中披露的报告分部的产品和业务的类型如下：

本公司有 4 个报告分部，分别为皮箱分部、手提包分部、公文包分部和销售公司分部。皮箱分部负责生产皮箱，手提包分部负责生产手提包，公文包分部负责生产公文包，销售公司分部负责销售本公司各组成分部生产的各种产品。

二、每一报告分部的利润（亏损）、资产总额和负债总额信息

（一）每一报告分部的利润（亏损）信息

企业应当在财务报表附注中披露每一报告分部的利润（亏损）信息，包括利润（亏损）总额及其组成项目。同时，企业还应披露与利润（亏损）相关的每一报告分部的下列信息：

（1）对外交易收入和分部间交易收入。

（2）利息收入和利息费用。报告分部的日常活动属于金融性质的除外。

（3）折旧费用和摊销费用以及其他重大的非现金项目。

（4）采用权益法核算的长期股权投资确认的投资收益。

（5）所得税费用或所得税收益。

（6）其他重大的收益或费用项目。

（二）每一报告分部的资产总额和负债总额信息

企业应当在财务报表附注中披露每一报告分部的资产总额、负债（不包括递延所得税负债）总额信息，包括资产总额组成项目的信息。同时，企业还应披露与资产相关的每一报告分部的下列信息：

（1）采用权益法核算的长期股权投资金额。

（2）非流动资产（不包括金融资产、独立账户资产、递延所得税资产）金额。

对于两个或多个经营分部共同承担的负债，其分配取决于与共同负债相关费用的分配，与共同负债相关费用分配给哪个经营分部，该共同负债也应分配给哪个经营分部。

［**例 10-11**］报告分部财务信息的披露。

沿用［**例 10-2**］的资料，假定乙公司总部资产总额为 20 000 万元，总部负债总额为 12 000 万元，其他资料见表 10-1 和表 10-9。

根据有关资料，编制乙公司报告分部有关的财务信息。

根据表 10-1，乙公司各报告分部的利润（亏损）、资产及负债信息如表 10-10 所示。

表 10-9　乙公司其他资料　　　　单位：万元

项目	皮箱				手提包	公文包	皮带	销售公司	运输公司	合计
	品牌 A	品牌 B	品牌 C	品牌 D						
折旧费用	8 250	8 850	5 900	5 320	20 620	13 150	8 100	23 620	14 500	108 310
摊销费用	750	900	1 040	490	860	1 350	230	210		5 830
利润总额	31 000	28 000	32 050	37 950	104 000	87 400	17 000	50 000	16 800	404 200
所得税费用	7 750	7 000	8 012. 5	9 487. 5	26 000	21 850	4 250	12 500	4 200	101 050
净利润	23 250	21 000	24 037. 5	28 462. 5	78 000	65 550	12 750	37 500	12 600	303 150
资本性支出	20 000	15 000	50 000	8 500	35 000	7 600		850	400	137 350

表 10-10　乙公司各报告分部的利润（亏损）、资产及负债信息　　　　单位：万元

项目	皮箱分部	手提包分部	公文包分部	销售公司分部	其他	分部间抵销	合计
一、对外交易收入	390 000	180 000	150 000	270 000	100 000		1 090 000
二、分部间交易收入	41 000	80 000	80 000		19 000	(220 000)	
三、对联营和合营企业的投资收益							
四、资产减值损失							
五、折旧费和摊销费	31 500	21 480	14 500	23 830	22 830		114 140
六、利润总额(亏损总额)	129 000	104 000	87 400	50 000	33 800		404 200
七、所得税费用	32 250	26 000	21 850	12 500	8 450		101 050
八、净利润（净亏损）	96 750	78 000	65 550	37 500	25 350		303 150
九、资产总额	1 300 000	650 000	590 000	700 000	550 000		3 790 000
十、负债总额	550 000	300 000	200 000	300 000	330 000		1 680 000
十一、其他重要的非现金项目							
折旧费和摊销费以外的其他非现金费用	93 500	35 000	7 600	850	400		137 350
对联营企业和合营企业的长期股权投资							
长期股权投资以外的其他非流动资产增加额							

分部报告信息在不同行业的披露内容不完全相同，通过研究上市公司披露的分部信息可以发现，企业在分部报告中披露的信息与年报信息基本相似，分部报告中的信息是年报信息根据一定的标准分解后的信息。

三、分部会计政策及其变更的信息

（一）分部会计政策及其变更

分部会计政策是指与披露分部报告特别相关的会计政策。一般来说，分部会计政策应当与编制企业集团合并财务报表或企业财务报表时采用的会计政策一致，但某些分部信息采用了分部特有的会计政策，如分部的确定，分部间转移价格的确定

方法以及将收入、费用、资产和负债分配给报告分部的基础等。

企业应在附注中披露与报告分部利润(亏损)计量相关的下列分部会计政策:

（1）分部间转移价格的确定基础。

（2）相关收入和费用分配给报告分部的基础。

（3）确定报告分部利润（亏损）使用的计量方法的变更及变更的性质与影响等。

企业应在附注中披露与分部资产、负债计量相关的下列分部会计政策:

（1）分部间转移价格的确定基础。

（2）相关资产或负债分配给报告分部的基础。

如果企业因管理战略或内部组织结构改变对经营业务范围做出变更或对经营地区做出调整，使企业原已确定的报告分部面临的风险和报酬产生较大差异，则必须改变原报告分部的分类。在这种情况下，企业应当对此项分部会计政策变更予以披露。对于分部会计政策的变更，企业应当提供前期比较数据。某一经营分部如果本期满足报告分部的确定条件被确定为报告分部，即使前期没有满足报告分部的确定条件未被确定为报告分部，也应当提供前期的比较数据。但是，重述信息不切实可行的除外。分部会计政策变更时，不论企业是否提供前期比较数据，都应在附注中披露这一事实。

（二）分部间转移价格的确定及其变更

企业在计量分部之间发生的交易收入时，需要确定分部间转移交易价格。在一般情况下，分部之间的交易定价不同于市场公允交易价格，为准确计量分部间转移价格，企业在确定分部间交易收入时，应当以实际交易价格为基础计量。由于企业不同期间生产的产品的成本不同，可能会导致不同期间分部间转移价格的确定产生差异，造成转移交易价格的变更。对于分部间转移价格的确定及其变更，企业除了应在附注中披露转移价格的确定基础，对于转移交易价格的变更情况，也应当在附注中进行披露。

四、报告分部与企业信息总额衔接的信息

企业披露的分部信息，应当与合并财务报表或企业财务报表中的总额信息相衔接。具体衔接内容如下:

（一）报告分部收入总额应当与企业收入总额相衔接

报告分部收入包括可归属于报告分部的对外交易收入和对其他分部交易收入。报告分部收入总额在与企业收入总额进行衔接时，需要将报告分部之间的内部交易进行抵销。各个报告分部的收入总额，加上未包含在任何报告分部中的对外交易收入金额之和，扣除报告分部之间交易形成的收入总额，应当与企业收入总额一致。

（二）报告分部利润（亏损）总额应当与企业利润（亏损）总额相衔接

报告分部利润（亏损）是报告分部收入总额扣除报告分部费用总额之后的差额。报告分部利润（亏损）总额与企业利润（亏损）总额进行衔接时，需要将报告分部之间的内部交易产生的利润（亏损）进行抵销。各个报告分部的利润（亏损）总额，加上未包含在任何报告分部中的利润（亏损）金额之和，扣除报告分部之间

交易形成的利润（亏损）金额之和，应当与企业利润（亏损）总额一致。

（三）报告分部资产和负债总额应当与企业资产和负债总额相衔接

企业资产总额由归属于报告分部的资产总额和未分配给各个报告分部的资产总额组成。企业负债总额由归属于报告分部的负债总额和未分配给各个报告分部的负债总额组成。

[**例 10-12**] 报告分部与企业信息总额的衔接。

表 10-11 和表 10-12 是 H 人寿保险公司在 2019 年年报中披露的资产信息以及附注分部报告中披露的分部资产信息。

通过表 10-11 和表 10-12 可以看出，分部报告和年报中披露的资产信息在项目分类上基本相同，并且报告分部资产的合计数与年报资产的总额是相等的。

表 10-11　H 人寿保险公司资产负债表（资产部分）

2019 年 12 月 31 日　　单位：万元

项目	金额
货币资金	4 783 900
交易性金融资产	969 300
应收利息	1 819 300
应收保费	727 400
应收分保账款	2 200
应收分保未到期责任准备金	5 700
应收分保未决赔款准备金	3 200
应收分保寿险责任准备金	1 300
应收分保长期健康险责任准备金	70 600
保户质押贷款	2 397 700
债权计划投资	1 256 600
其他应收款	315 400
定期存款	44 158 500
可供出售金融资产	54 812 100
持有至到期投资	24 622 700
长期股权投资	2 089 200
存出资本保证金	615 300
在建工程	208 000
固定资产	1 649 800
无形资产	372 600
其他资产	168 700
独立账户资产	8400
资产总计	141 057 900

表 10-12　H 人寿保险公司分部报告（资产部分）

2019 年 12 月 31 日　　单位：万元

项目	个人业务	团体业务	短期保险业务	其他业务	合计
货币资金	4 446 500	262 800	43 700	30 900	4 783 900
交易性金融资产	898 900	53 100	8 800	8 500	969 300
应收利息	1 693 000	100 100	16 700	9 500	1 819 300
应收分保未到期责任准备金	—	—	5 700	—	5 700
应收分保未决赔款准备金	—	—	3 200	—	3 200
应收分保寿险责任准备金	1 300	—	—	—	1 300
应收分保长期健康险责任准备金	70 600	—	—	—	70 600
保户质押贷款	2 397 700	—	—	—	2 397 700
债权计划投资	1 157 800	68 400	11 400	19 000	1 256 600
定期存款	41 182 300	2 434 400	405 000	136 800	44 158 500
可供出售金融资产	50 960 800	3 012 400	501 200	337 700	54 812 100
持有至到期投资	23 033 900	1 361 600	226 500	700	24 622 700
长期股权投资	—	—	—	2 089 200	2 089 200
存出资本保证金	528 800	31 300	5 200	50 000	615 300
独立账户资产	8 400	—	—	—	8 400
可分配资产合计	126 380 000	7 324 100	1 227 400	2 682 300	137 613 800
其他资产					3 444 100
合计					141 057 900

□思考题

1. 什么是分部报告？分部报告与合并财务报告之间是一种什么关系？
2. 分部报告产生的背景与动因是什么？
3. 什么是经营分部？经营分部应如何确定？
4. 什么是报告分部？报告分部的确定标准是什么？
5. 分部报告是如何披露会计信息的？

第十一章
特殊行业会计

【学习目标】

通过本章的学习，学生应了解企业农业项目业务、石油天然气行业及其企业的特殊性，掌握生物资产、石油天然气开采的会计处理原则与方法，能够运用所学知识对生物资产业务、石油天然气开采业务进行正确的会计处理，了解生物资产及石油天然气开采的会计信息披露要求。

第一节　生物资产会计

中国是农业大国，对于农业企业而言，生物资产通常是其资产的重要组成部分。农业企业对生物资产进行正确的确认、计量和相关信息披露，将有助于如实反映企业的财务状况和经营成果。生物资产与企业的存货、固定资产等一般资产不同，具有特殊的自然增值性，因此形成其在会计确认、计量和相关信息披露等方面的特殊性。我国《企业会计准则第 5 号——生物资产》（以下简称生物资产准则）界定了生物资产的概念，规范了生物资产的确认、计量和相关信息的披露。

一、生物资产的概念、特征和分类

（一）生物资产的概念

生物资产是指与农业生产相关的有生命的动物和植物。生物资产定义为“有生命的动物和植物”，意味着一旦原有动植物停止其生命活动，也就不再是生物资产了。这一界限对生物资产和农产品进行了本质上的区分。农产品与生物资产密不可分，当其附在生物资产上时，构成了生物资产的一部分。收获的农产品从生物资产这一母体分离开始，不再具有生命和生物转化能力，或者其生命和生物转化能力受到限制，应当作为存货处理。例如，从用材林中采伐的木材、奶牛产出的牛奶、绵羊产出的羊毛、肉猪宰杀后的猪肉、收获的蔬菜、从果树上采摘的水果等。

（二）生物资产的特征

生物资产的特征主要表现在以下两方面：

1. 生物资产是有生命的动物或植物

有生命的动物或植物具有能够进行生物转化的能力。生物转化是指导致生物资产质量或数量发生变化的生长、蜕化、生产和繁殖的过程。其中，生长是指动物或植物体积、重量的增加或质量的提高，如农作物从种植开始到收获前的过程；蜕化是指动物或植物产出量的减少或质量的退化，如奶牛产奶能力的不断下降；生产是指动物或植物本身产出农产品，如蛋鸡产蛋、奶牛产奶、果树产水果等；繁殖是指产生新的动物或植物，如奶牛产牛犊、母猪生小猪等。

这种生物转化能力是其他资产（如存货、固定资产、无形资产等）所不具有的，也正是生物资产的特性。因此，生物资产的形态、价值以及产生经济利益的方式，都会随着自身的出生、成长、衰老、死亡等自然规律和生产经营活动不断变化。尽管其在所处生命周期中的不同阶段而具体由类似于不同资产类别（存货或固定资产）的特点，但是其会计处理与存货、固定资产等常规资产有所不同。因此，我们有必要对生物资产的确认、计量和披露等会计处理进行单独规范，以更准确地反映企业的生物资产信息。

农产品一般具有鲜活、易腐的特点，因此应该区别于工业企业一般意义上的产品单独核算。基于此，生物资产准则对收获后的农产品的会计处理进行了规范，即应该采用规定的方法，从消耗性生物资产或生产性生物资产生产成本中转出，确认为收获时点的农产品的成本；而收获时点之后的农产品的会计处理，应当适用《企业会计准则第 1 号——存货》的规定。

2. 生物资产与农业生产密切相关

生物资产准则所称“农业”是广义的范畴，包括种植业、畜牧养殖业、林业和水产业等行业。企业从事农业生产就是要增强生物转化能力，最终获得更多的符合市场需要的农产品。例如，种植业作物的生长和收获而获得稻谷、小麦等农产品的活动过程；畜牧养殖业试验和收获而获得仔猪、肉猪、鸡蛋、牛奶等畜产品的活动过程；林业中用材林的生产和管理获得林产品，经济林木的生产和管理获得水果等的活动过程；水产业中的养殖获得水产品等活动过程，都属于将生物资产转化为农产品的活动。

农业生产与收获时点的农产品相关，但应与对收获后的农产品进行加工的活动（以下简称加工活动）严格区分。农业生产活动针对的是有生命的生物资产，而加工活动针对的是收获后的农产品，如将绵羊产出的羊毛加工成毛毯、将收获的甘蔗加工成蔗糖、将奶牛产出的牛奶加工成奶酪、将从果树上采摘的水果加工成水果罐头、将用材林采伐下的原木用于盖厂房等。因此，加工活动并不包含在生物资产准则指的农业生产范畴之内。

（三）生物资产的分类

生物资产是指有生命的动物和植物，在这一点上，我国生物资产准则与国际会计准则所规定的生物资产的概念完全相同。但是，根据生物资产准则的规定，按照用途不同，生物资产通常可分为消耗性生物资产、生产性生物资产和公益性生物资产三大类。生物资产就三大类生物资产的定义、包含的内容和相应的会计处理分别进行了规范。国际会计准则的生物资产是不包括公益性生物资产的。之所以将公益性生物资产界定为生物资产，是因为企业拥有或控制的公益性生物资产，虽然不能直接给企业带来经济利益，但是具有“服务潜能”，有助于企业从相关资产中获得经济利益，从而满足生物资产确认的条件。

1. 消耗性生物资产

消耗性生物资产是指企业为出售而持有的，或者在将来收获为农产品的生物资产。消耗性生物资产的劳动对象包括生长中的大田作物、蔬菜、用材林以及存栏待售的牲畜等。消耗性生物资产通常是一次性消耗并终止其服务能力或未来经济利益，因此在一定程度上具有存货的特征，应当作为存货在资产负债表中列报。

2. 生产性生物资产

生产性生物资产是指为产出农产品、提供劳务或出租等目的而持有的生物资产。生产性生物资产具备自我生长性，能够在持续的基础上予以消耗并在未来的一段时间内保持其服务能力或未来经济利益，属于劳动手段，包括经济林、薪炭林、产畜和役畜等。

与消耗性生物资产相比较，生产性生物资产的最大不同在于具有能够在生产经营中长期、反复使用，从而不断产出农产品或者是长期役用的特征。消耗性生物资产收获农产品之后，该资产就不复存在了；生产性生物资产产出农产品之后，该资产仍然保留，并可以在未来期间继续产出农产品。因此，通常认为生产性生物资产在一定程度上具有固定资产的特征，如果树每年产出水果等。

一般而言，生产性生物资产通常需要生长到一定阶段才开始具备生产的能力。根据其是否具备生产能力（是否达到预定生产经营目的），生产性生物资产可以进行进一步的划分。所谓达到预定生产经营目的，是指生产性生物资产进入正常生产期，可以多年连续稳定产出农产品、提供劳务或出租。由此，生产性生物资产可以划分为未成熟和成熟两类，前者指尚未达到预定生产经营目的，还不能够多年连续稳定产出农产品、提供劳务或出租的生产性生物资产，如尚未开始挂果的果树、尚未开始产奶的奶牛等；后者指已经达到预定生产经营目的的生产性生物资产。

3. 公益性生物资产

公益性生物资产是指以防护、环境保护为主要目的的生物资产，包括防风固沙林、水土保持林和水源涵养林等。

公益性生物资产与消耗性生物资产和生产性生物资产有本质上的不同。后两者的目的是直接给企业带来经济利益，而公益性生物资产的主要目的是防护、环境保护等，尽管其不能直接给企业带来经济利益，但具有服务潜能，有助于企业从相关资产获得经济利益。例如，防风固沙林和水土保持林能带来防风固沙、保持水土的效能，风景林具有美化环境、休息游览的效能等。因此，企业应将公益性生物资产确认为生物资产，并单独核算。

二、生物资产的初始计量

生物资产应当按照成本进行初始计量。生物资产的取得途径不同，其初始成本的确定方式就有所不同。

（一）外购的生物资产

无论是消耗性生物资产、生产性生物资产还是公益性生物资产，外购的生物资产的成本包括购买价款、相关税费、运输费、保险费以及可以直接归属于购买该资产的其他支出。其中，可直接归属于购买该资产的其他支出包括场地整理费、装卸费、栽植费、专业人员服务费等。

企业外购的生物资产，按应计入生物资产成本的金额，借记“消耗性生物资产”“生产性生物资产”或“公益性生物资产”科目，贷记“银行存款”“应付账款”“应付票据”等科目。企业一笔款项一次性购入多项生物资产时，购买过程中发生的相关税费、运输费、保险费等可直接归属于购买该资产的其他支出，应当按照各项生物资产的价款比例进行分配，分别确定各项生物资产的成本。

［**例 11-1**］ABC 公司是一家农业企业，该公司 2019 年 2 月从市场上一次性购买了 6 头种牛、15 头种猪和 600 头猪苗，单价分别为 4 000 元、1 400 元和 250 元，支付的价款共计 195 000 元。此外，ABC 公司发生的运输费为 4 500 元，保险费为 3 000 元，装卸费为 2 250 元，款项全部以银行存款支付。

（1）确定应分摊的运输费、保险费和装卸费。

分摊比例 =（4 500+3 000+2 250）÷195 000 = 5%

因此，6 头种牛应分摊费用 = 6×4 000×5% = 1 200（元）

15 头种猪应分摊费用 = 15×1 400×5% = 1 050（元）

600 头猪苗应分摊费用 = 600×250×5% = 7 500（元）

（2）确定种牛、种猪和猪苗的入账价值。

6 头种牛的入账价值 = 6×4 000+1 200 = 25 200（元）

15 头种猪的入账价值 = 15×1 400+1 050 = 22 050（元）

600 头猪苗的入账价值 = 600×250+7 500 = 157 500（元）

ABC 公司的账务处理如下：

借：生产性生物资产——种牛	25 200	
——种猪	22 050	
消耗性生物资产——猪苗	157 500	
贷：银行存款		204 750

（二）自行繁殖、营造的生物资产

企业自行繁殖、营造的生物资产，应当按照不同的种类核算，分别按照消耗性生物资产、生产性生物资产和公益性生物资产确定其取得的成本，并分别借记“消耗性生物资产”“生产性生物资产”或“公益性生物资产”科目，贷记“银行存款”等科目。

1. 自行繁殖、营造的消耗性生物资产

对于自行繁殖、营造的消耗性生物资产而言，其成本确定的一般原则是按照自行繁殖、营造（培育）过程中发生的必要支出确定，既包括直接材料、直接人工、其他直接费，也包括应分摊的间接费用。

（1）不同种类消耗性生物资产的成本构成如下：

①自行栽培的大田作物和蔬菜的成本包括在收获前耗用的种子、肥料、农药等材料费、人工费和应分摊的间接费用等必要支出。

②自行营造的林木类消耗性生物资产的成本包括郁闭前发生的造林费、抚育费、营林设施费、良种试验费、调查设计费和应分摊的间接费用等必要支出。

③自行繁殖的育肥畜的成本包括出售前发生的饲料费、人工费和应分摊的间接费用等必要支出。

④水产养殖的动物和植物的成本包括在出售或入库前耗用的苗种、饲料、肥料

等材料费、人工费和应分摊的间接费用等必要支出。

[**例 11-2**] ABC 公司 2019 年 3 月使用一台拖拉机翻耕土地 100 公顷用于小麦和玉米的种植，其中 60 公顷种植玉米、40 公顷种植小麦。该拖拉机原值为 60 300 元，预计净残值为 300 元，按照工作量法计提折旧，预计可以翻耕土地 6 000 公顷。有关计算如下：

应当计提的拖拉机折旧＝(60 300−300)÷6 000×100＝1 000（元）

玉米应当分配的机械作业费＝1 000÷(60+40)×60＝600（元）

小麦应当分配的机械作业费＝1 000÷(60+40)×40＝400（元）

ABC 公司的账务处理如下：

借：消耗性生物资产——玉米	600	
——小麦	400	
贷：累计折旧		1 000

（2）林木类消耗性生物资产成本确定的特殊问题。

①郁闭及郁闭度的概念。郁闭是林木类消耗性生物资产成本确定中的一个重要界限。郁闭为林学概念，通常是指一块林地上的林木的树干、树冠生长达到一定标准，林木成活率和保持率达到一定的技术规程要求。郁闭通常指林木类消耗性资产的郁闭度达 0.20 以上（含 0.20）。郁闭度是指森林中乔木树冠遮蔽地面的程度，它是反映林分密度的指标，以林地树冠垂直投影面积与林地面积之比表示，以十分数表示，完全覆盖地面为 1。根据联合国粮农组织规定，郁闭度达 0.20 以上（含 0.20）的为郁闭林。其中，一般以 0.20～0.70（不含 0.70）为中度郁闭，0.70 以上（含 0.70）为密郁闭；0.20 以下（不含 0.20）的为疏林（未郁闭林）。

不同林种、不同林分等对郁闭度指标的要求有所不同。例如，生产纤维原料的工业原材料林一般要求郁闭度相对较高；而以培育珍贵大径材为主要目标的林木要求郁闭度相对较低。企业应当结合历史经验数据和自身实际情况，确定林木类消耗性生物资产的郁闭度及是否达到郁闭。各类林木类消耗性生物资产的郁闭度一经确定，不得随意变更。

②林木类消耗性生物资产郁闭前的相关支出应予资本化，郁闭后的相关支出计入当期费用。

郁闭是判断消耗性生物资产相关支出（包括借款费用）资本化或者是费用化的时点。郁闭之前的林木类消耗性生物资产处在培植阶段，需要发生较多的造林费、抚育费、营林设施费、良种试验费、调查设计费相关支出，这些支出应予以资本化计入成本；郁闭之后的林木类消耗性生物资产进入稳定的生长期，基本上可以比较稳定地成活，主要依靠林木本身的自然生长，一般只需要发生较少的管护费用，从重要性和谨慎性考虑应当计入当期费用。

2. 自行繁殖、营造的生产性生物资产

对自行繁殖、营造的生产性生物资产而言，如企业自己繁育的奶牛、种猪，自行营造的橡胶树、果树、茶树等，其成本确定的一般原则是按照其达到预定生产经营目的前发生的必要支出确定，包括直接材料、直接人工、其他直接费和应分摊的间接费用。自行营造的林木类生产性生物资产的成本，包括达到预定生产经营目的前发生的造林费、抚育费、营林设施费、良种试验费、调查设计费和应分摊的间接费用等必要支出。自行繁殖的产畜和役畜的成本，包括达到预定生产经营目的（成龄）前发生的饲料费、人工费和应分摊的间接费用等必要支出。达到预定生产经营目的是区分生产性生物资产成熟和未成熟的分界点，同时也是判断其相关费用停止资本化的时点，是区分其是否具备生产能力，从而是否计提折旧的分界点，企业应当根据具体情况结合正常生产期的确定，对生产性生物资产是否达到预定生产经营目的进行判断。例如，一般就海南橡胶园而言，同林段内离地 100 厘米处、树围 50 厘米以上的芽接胶树，占林段总株数的 50%以上时，该橡胶园就属于进入正常生产期，即达到预定生产经营目的。

生产性生物资产在达到预定生产经营目的之前发生的必要支出在“生产性生物资产——未成熟生产性生物资产”科目归集。未成熟生产性生物资产达到预定生产经营目的时，企业按其账面余额，借记“生产性生物资产——成熟生产性生物资产”科目，贷记“生产性生物资产——未成熟生产性生物资产”科目。未成熟生产性生物资产已计提减值准备的，企业还应同时结转已计提的减值准备。

［**例 11-3**］ABC 公司自 2014 年开始自行营造 100 公顷橡胶树，当年发生种苗费 189 000 元，平整土地和定植所需的机械作业费 55 500 元，定植当年抚育发生肥料及农药费 250 500 元、人员工资等 450 000 元。该橡胶树达到正常生产期为 6 年，从定植后至 2020 年共发生管护费用 2 415 000 元，以银行存款支付。ABC 公司的账务处理如下：

借：生产性生物资产——未成熟生产性生物资产（橡胶树）　945 000
　贷：原材料——种苗　189 000
　　　　　——肥料及农药　250 500
　　应付职工薪酬　450 000
　　累计折旧　55 500

借：生产性生物资产——未成熟生产性生物资产（橡胶树）　2 415 000
　贷：银行存款　2 415 000

因此，该 100 公顷橡胶树的成本为：

成本 189 000+55 500+250 500+450 000+2 415 000=3 360 000（元）

借：生产性生物资产——成熟生产性生物资产（橡胶树）　3 360 000
　贷：生产性生物资产——未成熟生产性生物资产（橡胶树）　3 360 000

生产性生物资产在达到预定生产经营目的之前，其用途一般是已经确定的，如尚未开始挂果的果树、未开始产奶的奶牛等。但是，如果其未来用途不确定，应当作为消耗性生物资产核算和管理，待确定用途后，再按照用途转换进行处理。

3. 自行营造的公益性生物资产

对自行营造的公益性生物资产而言，其成本确定的一般原则是按照郁闭前发生的造林费、抚育费、森林保护费、营林设施费、良种试验费、调查设计费和应分摊的间接费用等必要支出确定。

（三）天然起源的生物资产

天然林等天然起源的生物资产，仅在企业有确凿证据表明能够拥有或控制该生物资产时，才能予以确认。天然起源的生物资产的公允价值无法可靠地取得，应按名义金额确定生物资产的成本，同时计入当期损益，名义金额为1元，即借记“消耗性生物资产”“生产性生物资产”或“公益性生物资产”科目，贷记“营业外收入”科目。

（四）生物资产相关的后续支出

1. 生物资产郁闭或达到预定生产经营目的后的管护费用

生物资产在郁闭或达到预定生产经营目的之前，经过培植或饲养，其价值能够继续增加，因此饲养、管护费用应资本化计入生物资产成本；而生物资产在郁闭或达到预定生产经营目的后，为了维护或提高其使用效能，需要对其进行管护、饲养等，但此时的生物资产能够产出农产品，带来现实的经济利益，因此所发生的这类后续支出应当予以费用化，计入当期损益，借记“管理费用”科目，贷记“银行存款”等科目。

管护费用是指为了维持郁闭后的消耗性林木资产或公益性生物资产的正常存在，或者为了维持已经达到预定生产经营目的的成熟生产性生物资产进行正常生产而发生的有关费用。例如为果树剪枝发生的费用、为果树灭虫发生的人工和药物费用、对产奶奶牛的饲养管理费用等。

2. 林木类生物资产补植

在林木类生物资产的生长过程中，为了使其更好地生长，企业往往需要进行择伐、间伐或抚育更新性质采伐（这些采伐并不影响林木的郁闭状态），并且在采伐之后进行相应的补植。上述情况下发生的后续支出，企业应当予以资本化处理，计入林木类生物资产的成本，借记“消耗性生物资产”“生产性生物资产”或“公益性生物资产”科目，贷记“库存现金”“银行存款”“其他应付款”等科目。

［例11-4］2019年5月，ABC公司对乙林班用材林择伐迹地进行更新造林，应支付临时人员工资15 000元，领用材料20 000元。ABC公司的账务处理如下：

借：消耗性生物资产——用材林	35 000	
贷：应付职工薪酬		15 000
原材料		20 000

［例11-5］ABC公司下属的乙林班统一组织培植管护一片森林。2019年3月，乙林班发生森林管护费用共计40 000元，其中人员工资20 000元，尚未支付；使用库存肥料16 000元；管护设备折旧4 000元。乙林班的管护总面积为5 000公顷，其中作为用材林的杨树林共计4 000公顷，已郁闭的占75%，其余的尚未郁闭；作为水土保持林的马尾松共计1 000公顷，全部已郁闭。假定管护费用按照森林面积比例进行分配。有关计算如下：

未郁闭杨树林应分配共同费用的比例＝4 000×(1－75%)÷5 000＝0.2

已郁闭杨树林成应分配共同费用的比例＝4 000×75%÷5 000＝0.6

已郁闭马尾松应分配共同费用的比例＝1 000÷5 000＝0.2

未郁闭杨树林应分配的共同费用＝40 000×0.2＝8 000（元）

已郁闭杨树林成应分配的共同费用＝40 000×0.6＝24 000（元）

已郁闭马尾松应分配的共同费用＝40 000×0.2＝8 000（元）

ABC 公司的账务处理如下：

借：消耗性生物资产——用材林（杨树）	8 000	
管理费用	32 000	
贷：应付职工薪酬		20 000
原材料		16 000
累计折旧		4 000

三、生物资产的后续计量

（一）采用成本模式计量生物资产

在我国，处于不同生长阶段的各类生物资产的公允价值一般难以取得，因此生物资产准则规定通常应当采用历史成本对生物资产进行后续计量，但有确凿证据表明其公允价值能够持续可靠取得的除外。在生物资产采用历史成本进行计量的情况下，消耗性生物资产按成本减累计跌价准备计量；未成熟的生产性生物资产按成本减累计减值准备计量，成熟的生产性生物资产按成本减累计折旧及累计减值准备计量；公益性生物资产按成本计量。

1. 成熟的生产性生物资产折旧的计提

成熟的生产性生物资产进入正常生产期，可以多年连续稳定产出农产品、提供劳务或出租。因此，成熟的生产性生物资产应当按期计提折旧，以与其给企业带来的经济利益流入相配比。例如，已经开始挂果的苹果树的折旧额与从苹果树上采摘的苹果取得的收入相配比，役牛每期的折旧额与其犁地为企业带来的经济利益流入相配比等。

生产性生物资产的折旧是指在生产性生物资产的使用寿命内，按照确定的方法对应计折旧额进行系统分摊。其中，应计折旧额是指应当计提折旧的生产性生物资产的原价扣除预计净残值后的余额。如果已经计提减值准备，企业还应当扣除已计提的生产性生物资产减值准备累计金额。预计净残值是指预计生产性生物资产使用寿命结束时，在处置过程中发生的处置收入扣除处置费用后的余额。

（1）需要计提折旧的生产性生物资产的范围。当期增加的成熟生产性生物资产应当计提折旧，一旦提足折旧，不论能否继续使用，均不再计提折旧。需要注意的是，以融资租赁方式租入的生产性生物资产和以经营租赁方式租出的生产性生物资产，应计提折旧；以融资租赁方式租出的生产性生物资产和以经营租赁方式租入的生产性生物资产，不应计提折旧。

（2）预计生产性生物资产的使用寿命。企业确定生产性生物资产的使用寿命时，应考虑下列因素：

①该资产的预计产出能力或实物产量。

②该资产的预计有形损耗，如产畜和役畜衰老、经济林老化等。

③该资产的预计无形损耗，如因新品种的出现而使现有的生产性生物资产的产出能力和产出农产品的质量等方面相对下降、市场需求的变化使生产性生物资产产出的农产品相对过时等。

在实务中，企业应在考虑这些因素的基础上，结合不同生产性生物资产的具体情况做出判断。例如，在考虑林木类生产性生物资产的使用寿命时，企业可以考虑如温度、湿度和降雨量等生物特征，灌溉特征，嫁接和修剪程序，植物的种类和分类，植物的株间距，使用初生主根的类型，采摘或收割的方法，生产产品的预计市场需求等。在相同的环境下，同样的生产性生物资产的预计使用寿命应该基本相同。

（3）生产性生物资产的折旧方法。生物资产准则规定了企业可选用的折旧方法，包括年限平均法、工作量法、产量法等。在具体运用时，企业应当根据生产性生物资产的具体情况，合理选择相应的折旧方法。

（4）合理确定生产性生物资产的使用寿命、预计净残值和折旧方法。企业应当结合本企业的具体情况，根据生产性生物资产的类别，制定适合本企业的生产性生物资产目录、分类方法。对于达到预定经营目的的生产性生物资产，企业还应根据生产性生物资产的性质、使用情况和有关经济利益的预期实现方式，合理确定生产性生物资产的使用寿命、预计净残值和折旧方法，作为进行生产性生物资产核算的依据。

企业制定的生产性生物资产目录、分类方法、预计使用寿命、预计净残值、折旧方法等，应当编制成册，并按照管理权限，经股东大会或董事会，或者经理（厂长）会议以及类似机构批准，按照法律、行政法规的规定报送有关各方备案，同时备置于企业所在地，以供投资者等有关各方查阅。企业已经确定并对外报送，或者备置于企业所在地的有关生产性生物资产目录、分类方法、预计净残值、预计使用寿命、折旧方法等，一经确定不得随意变更，如需变更，应仍然按照上述程序，经批准后报送有关各方备案，并在报表附注中予以说明。

此外，生物资产准则规定，企业至少应当于每年年度终了对生产性生物资产的使用寿命、预计净残值和折旧方法进行复核。如果生产性生物资产的使用寿命或预计净残值的预期数与原先估计数有差异的，或者有关经济利益预期实现方式有重大改变的，企业应当作为会计估计变更，按照相关规定进行会计处理，调整生产性生物资产的使用寿命或预计净残值，或者改变折旧方法。

（5）生产性生物资产计提折旧的账务处理。企业应当按期对达到预定生产经营目的的生产性生物资产计提折旧，并根据受益对象分别计入将收获的农产品成本、劳务成本、出租费用等。企业对成熟的生产性生物资产按期计提折旧时，借记“生产成本”“管理费用”等科目，贷记“生产性生物资产累计折旧”科目。

2. 生物资产减值

生物资产准则规定，企业至少应当于每年年度终了对消耗性生物资产和生产性生物资产进行检查，有确凿证据表明上述生物资产发生减值的，应当计提生物资产跌价准备或减值准备。企业首先应当注意消耗性生物资产和生产性生物资产是否有发生减值的迹象，在此基础上计算确定消耗性生物资产的可变现净值或生产性生物资产的可收回金额。

（1）判断消耗性生物资产和生产性生物资产减值的主要迹象。生物资产准则对消耗性生物资产和生产性生物资产的减值采取了易于判断的方式，即企业至少应当于每年年度终了对消耗性生物资产和生产性生物资产进行检查，有确凿证据表明由于遭受自然灾害、病虫害、动物疫病侵袭或市场需求变化等原因的情况下，上述生物资产才可能存在减值迹象。具体来说，消耗性生物资产和生产性生物资产存在下列情形之一的，通常表明可变现净值或可收回金额低于账面价值：

①因遭受火灾、旱灾、水灾、冻灾、台风、冰雹等自然灾害，造成消耗性生物资产或生产性生物资产发生实体损坏，影响该资产的进一步生长或生产，从而降低其产生经济利益的能力。

②因遭受病虫害或疯牛病、禽流感、口蹄疫等动物疫病侵袭，造成消耗性生物资产或生产性生物资产的市场价格大幅度持续下跌，并且在可预见的未来无回升的希望。

③因消费者偏好改变而使企业的消耗性生物资产或生产性生物资产收获的农产品的市场需求发生变化，导致市场价格逐渐下跌。与工业产品不同，一般情况下技术进步不会对生物资产的价值产生明显的影响。

④因企业所处经营环境，如动植物检验检疫标准等发生重大变化，从而对企业产生不利影响，导致消耗性生物资产或生产性生物资产的市场价格逐渐下跌。

⑤其他足以证明消耗性生物资产或生产性生物资产实质上已经发生减值的情形。

（2）计提减值准备。消耗性生物资产的可变现净值或生产性生物资产的可收回金额低于其成本或账面价值时，企业应当按照可变现净值或可收回金额低于账面价值的差额，计提生物资产跌价准备或减值准备，借记“资产减值损失”科目，贷记“存货跌价准备——消耗性生物资产”或“生产性生物资产减值准备”科目。

消耗性生物资产的可变现净值是指在日常活动中，消耗性生物资产的估计售价减去至出售时估计将要发生的成本、估计的销售费用以及相关税费后的金额，其确定应当遵循《企业会计准则第 1 号——存货》。生产性生物资产的可收回金额根据其公允价值减去处置费用后的净额与资产预计未来现金流量的现值两者之间较高者确定，应当遵循《企业会计准则第 8 号——资产减值》。

[例 11-6] ABC 公司是一家农业企业，该公司种植玉米 150 公顷，已发生成本 330 000 元。2019 年 7 月，ABC 公司遭受冰雹，致使玉米严重受灾，期末玉米的可变现净值估计为 300 000 元。ABC 公司的账务处理如下：

借：资产减值损失——消耗性生物资产（玉米）　　　　30 000

　　贷：存货跌价准备——消耗性生物资产（玉米）　　　　30 000

[例 11-7] 2015 年 8 月，ABC 公司的橡胶园曾遭受过一次台风袭击。2015 年 12 月 31 日，ABC 公司对橡胶园进行检查时认为可能发生减值。该橡胶园公允价值减去处置费用后的净额为 1 200 000 元，尚可使用 5 年，预计在未来 5 年内产生的现金净流量分别为 400 000 元、360 000 元、320 000 元、250 000 元、200 000 元（其中 2020 年的现金流量已经考虑使用寿命结束时进行处置的现金净流量）。在考虑有关风险的基础上，ABC 公司决定采用 5%的折现。该橡胶园 2015 年 12 月 31 日的账面价值为 500 000 元，以前年度没有计提减值准备。ABC 公司生物资产未来现金流量现值计算表如表 11-1 所示。

表 11-1　ABC 公司生物资产未来现金流量现值计算表

年度	预计未来现金流量/元	折现率/%	折现系数	现值/元
2016 年	400 000	5	0. 952 4	380 960
2017 年	360 000	5	0. 907 0	326 520
2018 年	320 000	5	0. 863 8	276 416
2019 年	250 000	5	0. 822 7	205 675
2020 年	200 000	5	0. 783 5	156 700
合计	—	—	—	1 346 271

未来现金流量现值 1 346 271 元>销售净价 1 200 000 元，因此该橡胶园的可收回金额为 1 346 271 元，应计提的减值准备 = 1 500 000-1 345 271 = 153 729 元。ABC 公司的账务处理如下：

借：资产减值损失——生产性生物资产（橡胶）　　153 729

　贷：生产性生物资产减值准备——橡胶　　153 729

（3）已确认的消耗性生物资产跌价损失的转回。企业在每年年度终了对消耗性生物资产进行检查时，如果消耗性生物资产减值的影响因素已经消失，减记金额应当予以恢复，并在原已计提的跌价准备金额内转回，转回的金额计入当期损益，借记“存货跌价准备——消耗性生物资产”科目，贷记“资产减值损失”科目。根据《企业会计准则第 8 号——资产减值》的规定，生产性生物资产减值准备一经计提，不得转回。

3. 公益性生物资产不计提减值准备

对于公益性生物资产而言，由于其持有目的与消耗性生物资产和生产性生物资产有本质的不同，即主要是出于防护、环境保护等特殊公益性目的，具有非经营性的特点，因此生物资产准则规定公益性生物资产不计提减值准备。

（二）采用公允价值模式计量生物资产

1. 采用公允价值模式计量的条件

根据生物资产准则的规定，生物资产通常按照成本计量，但有确凿证据表明其公允价值能够持续可靠取得的除外。对于采用公允价值计量的生物资产，生物资产准则规定了严格的条件，应当同时满足下列两个条件：

（1）生物资产有活跃的交易市场，即该生物资产能够在交易市场中直接交易。活跃的交易市场是指同时具有下列特征的市场：

①市场内交易的对象具有同质性。

②可以随时找到自愿交易的买方和卖方。

③市场价格信息是公开的。

（2）能够从交易市场上取得同类或类似生物资产的市场价格及其他相关信息，从而对生物资产的公允价值做出科学合理的估计。同类或类似的生物资产是指品种相同、质量等级相同或类似、生长时间相同或类似、所处气候和地理环境相同或类似的有生命的动物和植物。这一规定表明，企业能够客观而非主观随意地采用公允价值模式计量。

此外，对于不存在活跃交易市场的生物资产，采用下列一种或多种方法，有确凿证据表明确定的公允价值是可靠的，也可以采用公允价值模式计量：

①从交易日到资产负债表日经济环境未发生重大变化的情况下，最近期的交易市场价格。

②对资产差别进行调整的类似资产的市场价格。

③行业基准，如以亩表示的果园价值、千克肉表示的畜牧价格等。

④以使用该项生物资产的预期净现金流量的现值（不包括进一步生物转化活动可能增加的价值）作为该资产当前的公允价值。

2. 公允价值模式下的会计处理

在公允价值模式下，企业不再对生物资产计提折旧和计提跌价准备或减值准备，应当以资产负债表日生物资产的公允价值减去估计销售时发生费用后的净额计量，各期变动计入当期损益。一般情况下，企业对生物资产的计量模式一经确定，不得随意变更。

四、生物资产的收获与处置

（一）生物资产的收获

收获是指消耗性生物资产生长过程的结束，如收割小麦、采伐用材林等；农产品从生产性生物资产上分离，如从苹果树上采摘下苹果、奶牛产出牛奶、绵羊产出羊毛等。

1. 收获农产品成本核算的一般要求

农产品按照所处行业不同，一般可以分为种植业产品（如小麦、水稻、玉米、棉花、糖料等）、畜牧养殖业产品（如牛奶、羊毛、肉类、禽蛋等）、林产品（如苗木、原木、水果等）和水产品（如鱼、虾、贝类等）。企业应当按照成本核算对象（消耗性生物资产、生产性生物资产、公益性生物资产和农产品）设置明细账，并按成本项目设置专栏，进行明细分类核算。

从收获农产品成本核算的截止时点来看，由于种植业产品和林产品一般具有季节性强、生产周期长、经济再生产与自然再生产相交织的特点，种植业产品和林产品成本计算期因不同产品的特点而异。因此，企业在确定收获农产品的成本时，应特别注意成本计算的截止时点，而在收获时点之后的农产品应当适用《企业会计准则第 1 号——存货》的规定。企业应按照成本与可变现净值孰低计量。例如，粮豆的成本算至入库或能够销售；棉花算至皮棉；纤维作物、香料作物、人参、啤酒花等算至纤维等初级产品；草成本算至干草；不入库的鲜活产品算至销售；入库的鲜活产品算至入库；年底尚未脱粒的作物，其产品成本算至预提脱粒费用；等等。又如，育苗的成本计算截至出圃；采割阶段，林木采伐算至原木产品；橡胶算至加工成干胶或浓缩胶乳；茶的成本计算截至各种毛茶；水果等其他收获活动计算至产品能够销售；等等。

2. 收获农产品的会计处理

（1）消耗性生物资产收获农产品的会计处理。从消耗性生物资产上收获农产品后，消耗性生物资产自身完全转为农产品而不复存在，如肉猪宰杀后的猪肉、收获后的蔬菜、用材林采伐后的木材等，企业应当将收获时点消耗性生物资产的账面价值结转为农产品的成本。企业应借记“农产品”科目，贷记“消耗性生物资产”科目，已计提跌价准备的，还应同时结转跌价准备，借记“存货跌价准备——消耗性生物资产”科目。对于不通过入库直接销售的鲜活产品等，企业应按其实际成本，借记“主营业务成本”科目。

［**例 11-8**］ABC 公司是一家种植企业，2019 年 6 月该公司入库小麦 20 吨，成本为 12 000 元。ABC 公司的账务处理如下：

借：农产品——小麦　　12 000

　贷：消耗性生物资产——小麦　　12 000

（2）生物性生物资产收获农产品的会计处理。生产性生物资产具备自我生长性，能够在生产经营中长期、反复使用，从而不断产出农产品。从生产性生物资产上收获农产品后，生产性生物资产这一母体仍然存在，如奶牛产出牛奶，从果树上采摘下水果等。农业生产过程中发生的各项生产费用，按照经济用途可以分为直接材料、直接人工等直接费用以及间接费用，企业应当区别处理。

①对于农产品收获过程中发生的直接材料、直接人工等直接费用，企业应将其直接计入相关成本核算对象，借记“农业生产成本——农产品”科目，贷记“库存现金”“银行存款”“原材料”“应付职工薪酬”“生产性生物资产累计折旧”等科目。

［**例 11-9**］ABC 公司是一家奶牛养殖企业，该公司 2019 年 1 月发生奶牛（已进入产奶期）的饲养费用如下：领用饲料 5 000 千克，计 1 200 元；应付饲养人员工资 3 000 元；以现金支付防疫费 500 元。ABC 公司的账务处理如下：

借：生产成本——农业生产成本（牛奶）　　4 700

　贷：原材料　　1 200

　　应付职工薪酬　　3 000

　　库存现金　　500

②对于农产品收获过程中发生的间接费用，如材料费、人工费、生产性生物资产的折旧费等应分摊的共同费用，企业应将其在生产成本中归集，借记“农业生产成本——共同费用”科目，贷记“库存现金”“银行存款”“原材料”“应付职工薪酬”“生产性生物资产累计折旧”等科目；在会计期末按一定的分配标准，分配计入有关的成本核算对象，借记“农业生产成本——农产品”科目，贷记“农业生产成本——共同费用”科目。

在实务中，常用的间接费用分配方法通常以直接费用或直接人工为基础。直接费用比例法以生物资产或农产品相关的直接费用为分配标准，直接人工比例法以直接从事生产的工人工资为分配标准。其公式如下：

间接费用分配率=间接费用总额÷分配标准（直接费用总额或直接人工总额）×100%

某项生物资产或农产品应分配的间接费用额=该项资产相关的直接费用或直接人工×间接费用分配率

除此之外，企业还能以直接材料、生产工时等为基础进行分配，企业可以根据实际情况加以选用。例如，蔬菜的温床费用分配计算公式如下：

蔬菜应分配的温床（温室）费用=［温床（温室）费用总数÷实际使用的格日（平方米日）总数］×该种蔬菜占用的格日（平方米日）数

其中，格日数是指某种蔬菜占用温床格数和在温床生产日数的乘积，平方米日数是指某种蔬菜占用位的平方米数和在温室生长日数的乘积。

［**例 11-10**］ABC 公司利用温床培育丝瓜、西红柿两种秧苗，温床费用为 3 200 元，其中丝瓜占用温床 40 格，生长期为 30 天；西红柿占用温床 10 格，生长期为 40 天。秧苗育成移至温室栽培后，ABC 公司发生温室费用 15 200 元，其中丝瓜占用温室 1 000 平方米，生长期为 70 天；西红柿占用温室 1 500 平方米，生长期为 80 天。两种蔬菜发生的直接生产费用为 3 000 元，其中丝瓜 1 360 元，西红柿 1 640 元。ABC 公司应负担的间接费用共计 4 500 元，采用直接费用比例法分配。丝瓜和西红柿两种蔬菜的产量分别为 38 000 千克和 29 000 千克。

相关计算如下：

丝瓜应分配的温床费用=3 200÷(40×30+10×40)×40×30=2 400（元）

丝瓜应分配的温室费用=15 200÷(1 000×70+1 500×80)×1 000×70=5 600（元）

丝瓜应分配的间接费用=4 500÷(1 360+1 640)×1 360=2 040（元）

西红柿应分配的温床费用=3 200÷(40×30+10×40)×10×40=800（元）

西红柿应分配的温室费用=15 200÷(1 000×70+1 500×80)×1 500×80=9 600（元）

西红柿应分配的间接费用=4 500÷(1 360+1 640)×1 640=2 460（元）

3. 成本结转方法

在收获时点企业应当将该时点归属于某农产品生产成本的账面价值结转为农产品的成本，借记“农产品”科目，贷记“农业生产成本——农产品”科目。具体的成本结转方法包括加权平均法、个别计价法、蓄积量比例法、轮伐期年限法等。企业可以根据实际情况选用合适的成本结转方法，但是成本结转方法一经确定，企业不得随意变更。

［**例 11-11**］ABC 公司是一家畜牧养殖企业，该公司 2019 年 5 月末养殖的肉猪账面余额为 24 000 元，共计 40 头；6 月 6 日花费 7 000 元新购入一批肉猪养殖，共计 10 头；6 月 30 日屠宰并出售肉猪 20 头，支付临时工屠宰费用 100 元，出售取得价款 16 000 元；6 月共发生饲养费用 500 元（其中，应付专职饲养员工资 300 元，饲料 200 元）。ABC 公司采用移动加权平均法结转成本。ABC 公司的账务处理如下：

平均单位成本=(24 000+7 000+500)÷(40+10)= 630（元）

出售猪肉的成本=630×20=12 600（元）

借：消耗性生物资产——肉猪	7 000	
贷：银行存款		7 000
借：消耗性生物资产——肉猪	500	
贷：应付职工薪酬		300
原材料		200
借：农产品——猪肉	12 700	
贷：消耗性生物资产		12 600
库存现金		100

借：库存现金　　16 000
　贷：主营业务收入　　16 000
借：主营业务成本　　12 700
　贷：农产品——猪肉　　12 700

（1）蓄积量比例法。蓄积量比例法以达到经济成熟可供采伐的林木为“完工”标志，将包括已成熟和未成熟的所有林木按照完工程度（林龄、林木培育程度、费用发生程度等）折算为达到经济成熟可供采伐的林木总体蓄积量，之后按照当期采伐林木的蓄积量占折算的林木总体蓄积量的比例，确定应该结转的林木资产成本。该方法主要适用于择伐方式和林木资产由于择伐更新使其价值处于不断变动的情况下。计算公式如下：

某期应结转的林木资产成本=（当期采伐林木的蓄积量÷林木总体蓄积量）×期初林木资产账面总值

（2）轮伐期年限法。轮伐期年限法将林木原始价值按照可持续经营的要求，在其轮伐期的年份内平均摊销，并结转林木资产成本。其中，轮伐期是指将一块林地上的林木均衡分批、轮流采伐一次所需要的时间（通常以年为单位计算）。计算公式如下：

某期应结转的林木资产成本=林木资产原值÷轮伐期

（3）折耗率法。折耗率法也是林业上常用的方法之一。该方法按照采伐林木所消耗林木蓄积量占到采伐为止预计该地区、该树种可能达到的总蓄积量摊销、结转所采伐林木资产成本。计算公式如下：

采伐的林木应摊销的林木资产价值=折耗率×所采伐林木的蓄积量

折耗率=林木资产总价值÷到采伐为止预计的总蓄积量

其中的折耗率应分树种、地区分别测算；林木资产总价值是指该地区、该树种的营造林历史成本总和；预计总蓄积量是指到采伐为止预计该地区、该树种可能达到的总蓄积量。

（二）生物资产的处置

1. 生物资产出售

生物资产出售时，企业应按实际收到的金额，借记“银行存款”等科目，贷记“主营业务收入”等科目；应按其账面余额，借记“主营业务成本”等科目，贷记“生产性生物资产”“消耗性生物资产”等科目，已计提跌价或减值准备或折旧的，还应同时结转跌价或减值准备或累计折旧。

［**例 11-12**］ABC 公司是一家畜牧养殖企业，该公司于 2019 年 6 月将育成的 40 头仔猪出售给乙食品加工厂，价款总额为 20 000 元，货款尚未收到。出售时仔猪的账面余额为 12 000 元，未计提跌价准备。ABC 公司的账务处理如下：

借：应收账款——乙食品加工厂　　20 000
　贷：主营业务收入　　20 000
借：主营业务支出　　12 000
　贷：消耗性生物资产——育肥猪　　12 000

2. 生物资产盘亏或死亡、毁损

生物资产盘亏或死亡、毁损时，企业应当将处置收入扣除其账面价值和相关税费后的余额先记入“待处理财产损溢”科目，待查明原因后，根据企业的管理权限，经股东大会、董事会、经理（厂长）会议或类似机构批准后，在期末结账前处理完毕。生物资产因盘亏或死亡、毁损造成的损失，在减去过失人或保险公司等的赔款和残余价值之后，计入当期管理费用；属于自然灾害等非常损失的，计入营业外支出。

[**例 11-13**] ABC 公司于 2019 年 8 月 4 日丢失 3 头种猪，账面原值为 1 600 元，已经计提折旧 600 元。8 月 29 日，经查实，饲养员赵五应赔偿 300 元。ABC 公司的账务处理如下：

借：待处理财产损溢	11 000	
生产性生物资产累计折旧	600	
贷：生产性生物资产——种猪		11 600
借：其他应收款——赵五	3 000	
管理费用	8 000	
贷：待处理财产损溢		11 000

3. 生物资产转换

生物资产改变用途后的成本应当按照改变用途时的账面价值确定，也就是说，将转出生物资产的账面价值作为转入资产的实际成本。通常包括如下情况：

（1）产畜或役畜淘汰转为育肥畜，或者林木类生产性生物资产转为林木类消耗性生物资产时，企业应按转群或转变用途时的账面价值，借记“消耗性生物资产”科目，按已计提的累计折旧，借记“生产性生物资产累计折旧”科目，按其账面余额，贷记“生产性生物资产”科目。已计提减值准备的，企业应同时结转已计提的减值准备。

育肥畜转为产畜或役畜，或者林木类消耗性生物资产转为林木类生产性生物资产时，企业应按其账面余额，借记“生产性生物资产”科目，贷记“消耗性生物资产”科目。已计提跌价准备的，企业应同时结转跌价准备。

[**例 11-14**] 2019 年 4 月，ABC 公司自行繁殖的 50 头种猪转为育肥猪，此批种猪的账面原价为 500 000 元，已经计提的累计折旧为 200 000 元，已经计提的资产减值准备为 30 000 元。ABC 公司的账务处理如下：

借：消耗性生物资产——育肥猪	270 000	
生产性生物资产累计折旧	200 000	
生产性生物资产减值准备	30 000	
贷：生产性生物资产——成熟生产性生物资产（种猪）		500 000

（2）消耗性生物资产、生产性生物资产转为公益性生物资产时，企业应按照相关准则规定，考虑其是否发生减值，发生减值时，应首先计提减值准备，并以计提减值准备后的账面价值作为公益性生物资产的入账价值。转换时，企业应借记“公益性生物资产”科目，按已计提的生产性生物资产累计折旧，借记“生产性生物资产累计折旧”科目，按已计提的减值准备，借记“存货跌价准备”“生产性生物资

产减值准备”科目，按账面余额，贷记“消耗性生物资产”“生产性生物资产”科目。

［例11-15］2019年7月，由于区域生态环境的需要，ABC公司的12公顷造纸原料林（杨树）被划为防风固沙林，仍由ABC公司负责管理，其账面余额为80 000元，已经计提的跌价准备为5 000元。ABC公司的账务处理如下：

借：公益性生物资产——防风固沙林（杨树） 75 000
　　存货跌价准备——消耗性生物资产 5 000
　贷：消耗性生物资产——造纸原料林（杨树） 80 000

公益性生物资产转为消耗性生物资产或生产性生物资产时，企业应按其账面余额，借记“消耗性生物资产”或“生产性生物资产”科目，贷记“公益性生物资产”科目。

［例11-16］2019年9月，ABC公司根据所属区域的林业发展规划相关政策调整，将以马尾松为主的800公顷防风固沙林全部转为以采脂为目的的商品林，该马尾松的账面价值为2 000 000元。其中，已经具备采脂条件的为600公顷，账面价值为160 000元，其余的尚不具备采脂条件。2019年11月，ABC公司根据国家政规定，将乙林班100公顷作为防风固沙林的杨树转为作为造纸原料的商品林，该杨树账面余额为180 000元。ABC公司的账务处理如下：

2019年9月：

借：生产性生物资产——成熟生产性生物资产（马尾松） 1 600 000
　　生产性生物资产——未成熟生产性生物资产（马尾松） 400 000
　贷：公益性生物资产——防风固沙林（马尾松） 2 000 000

2019年11月：

借：消耗性生物资产——造纸原料林（杨树） 180 000
　贷：公益性生物资产——防风固沙林（杨树） 180 000

五、生物资产的会计信息列示与披露

根据《企业会计准则第5号——生物资产》与《企业会计准则第30号——财务报表列报》对生物资产的列报要求，对生物资产的表内列示和表外披露分述如下：

（一）生物资产的表内列示

企业应将“消耗性生物资产”科目期末借方余额减去“存货跌价准备——消耗性生物资产”科目贷方余额后，列入资产负债表中的“存货”项目，并且在表中单独列示存货中的消耗性生物资产金额；将“生产性生物资产”减去“生产性生物资产累计折旧”“生产性生物资产减值准备”的余额后，列入资产负债表的“生产性生物资产”项目。“公益性生物资产”以原价列入资产负债表“其他非流动资产”项目，若金额较大，可在该项目下单独列示。

（二）生物资产的表外披露

企业应当在附注中披露与生物资产有关的下列信息：

（1）生物资产的类别以及各类生物资产的实物数量和账面价值。

（2）各类消耗性生物资产的累计跌价准备金额以及各类生产性生物资产的使用寿命、预计净残值、折旧方法、累计折旧和累计减值准备金额。

（3）天然起源生物资产的类别、取得方式和实物数量。

（4）作为负债担保物的生物资产的账面价值。

（5）与生物资产相关的风险情况与管理措施。

（6）企业应当在附注中披露与生物资产增减变动有关的下列信息：

①因购买而新增加的生物资产。

②因自行培育而新增加的生物资产。

③因出售、转让而减少的生物资产。

④因死亡、毁损或盘亏而减少的生物资产。

⑤计提的折旧及计提的减值准备或跌价准备。

⑥其他变动。

第二节　石油天然气开采会计

一、石油天然气开采概述

石油天然气行业是为国民经济提供重要能源的矿产采掘行业，生产对象是不可再生的油气资源，生产活动所依赖的主要是埋藏于地下的油气储量。其生产过程包括矿区权益的获取、油气勘探、油气开发和油气生产等内容。由于石油天然气特殊的生产过程，其生产经营活动具有高投入、高风险、投资回收期长、油气储量发现成本与发现储量的价值之间不存在密切相关关系等特点。本章着重讲解从事石油天然气开采企业的矿区权益取得、勘探、开发和生产等油气开采活动的会计处理和相关信息披露，不包括油气的储运、炼制、销售等下游活动的处理。

（一）*矿区及矿区的划分*

石油天然气开采（以下简称油气开采）的会计核算是以矿区为基础的。矿区是指企业开展油气开采活动所处的区域，具有相同的油藏地质构造或储层条件，并具有独立的压力系统和独立的集输系统，可以作为独立的开发单元。矿区是计提折耗、进行减值测试等活动的成本中心，是石油天然气会计中的重要概念。矿区的划分应遵循以下原则：

（1）一个油气藏可作为一个矿区。

（2）若干相邻且地质构造或储层条件相同或相近的油气藏可作为一个矿区。

（3）一个独立集输计量系统为一个矿区。

（4）一个大的油气藏分为几个独立集输系统并分别计量的，可以分为几个矿区。

（5）采用重大、新型采油技术并工业化推广的区域可以作为一个矿区。

（6）一般而言，划分矿区应优先考虑国家的不同，在同一地理区域内不得将分属于不同国家的作业区划分在同一个矿区或矿区组内。

在油气开采活动中，与某一个或某几个油气藏相关的单项资产，如单井，能够单独产生可计量现金流量的情况极为少见。在通常情况下，特定矿区在勘探、开发和生产期间发生的所有资本化成本都是作为一个整体来产生现金流的，因此计提折耗和减值测试均应以矿区作为成本中心。

（二）油气资产的定义及分类

从事油气开采的企业所拥有或控制的井及相关设施和矿区权益统称油气资产。油气资产是一种递耗资产，反映了企业在油气开采活动中取得的油气储量以及利用这些储量生产原油或天然气的设施的价值。油气开采企业通过计提折耗，将油气资产的价值随着开采工作的开展逐渐转移到开采的产品成本中。油气资产折耗是油气资源实体上的直接耗减，折耗费用是产品成本的直接组成部分。油气资产的内容应包括取得探明经济可采储量的成本、暂时资本化的未探明经济可采储量的成本、全部油气开发支出以及预计的弃置成本。油气资产是油气生产企业最重要的资产，其价值在企业总资产中所占的份额相当大。

为了开采油气，企业往往要增置一些附属的辅助设备和设施，如增设房屋、机器等。这类固定资产应计提折旧，而不是计提折耗。

油气资产通常可分为矿区权益和井及相关设施。其中，矿区权益是指企业取得的在矿区内勘探、开发和生产油气的权利。矿区权益分为探明矿区权益和未探明矿区权益。其中，探明矿区是指已发现探明经济可采储量的矿区；未探明矿区是指未发现探明经济可采储量的矿区。探明经济可采储量是指在现有技术和经济条件下，根据地质和工程分析，可以合理确定的能够从已知油气藏中开采的油气数量。井及相关设施是指企业通过油气勘探与开发形成的可以开采石油的油气井及相关设施。

（三）油气开采活动支出

石油天然气开采包括了矿区的取得、油气勘探、油气开发和油气生产等四个主要环节。因此，油气开采活动中发生的支出可以分为矿区取得支出、油气勘探支出、油气开发支出和油气生产支出四类。

1. 矿区取得支出

矿区取得支出是指为了取得一个矿区的探矿权和采矿权（包括未探明和已探明）而发生的购买、租赁支出，包括探矿权价款、采矿权价款、土地使用权、签字费、租赁定金、购买支出、咨询顾问费、审计费以及与获得矿区有关的其他支出。

2. 油气勘探支出

油气勘探支出是指为了识别可以进行勘查的区域和对特定区域探明或进一步探明油气储量而发生的地质调查，地球物理勘探，钻探探井和勘探型详探井，评价井和资料井以及维持未开发储量而发生的支出。勘探支出可能发生在取得有关矿区之前，也可能发生在取得矿区之后。

3. 油气开发支出

开发支出是发生于为了获得探明储量和建造或更新用于采集、处理和现场储存油气的设施而发生的支出，包括开采探明储量的开发井的成本和生产设施的支出，这些生产设施诸如矿区输油管、分离器、处理器、加热器、储罐、提高采收率系统和附近的天然气加工设施。

4. 油气生产支出

油气生产支出，即油气生产成本，又称为操作成本，是指在油田把油气提升到地面，并对其进行收集、拉运、现场处理加工和储存的活动成本。这里所指的“生产成本”，并非取得、勘探、开发和生产过程中的所有成本，而是在井上进行作业和井的维护中所发生的相关成本。油气生产成本包括在井和设施上进行作业的人工费用、修理和维护费用、消耗的材料和供应品、相关税费等。

二、矿区权益的会计处理

（一）账户的设置

为反映油气资产的增减变动，油气企业专门设置“油气资产”账户，可以按照油气资产的类别、不同矿区或油田等进行明细核算。

由于油气勘探支出、油气开发支出在发生时不能直接计入油气资产价值，因此油气企业需要设置“油气勘探支出”和“油气开发支出”账户反映油气企业在勘探和开发过程中发生的成本，待符合资本化条件时，再从这些账户转入“油气资产”账户中。

为分别反映矿区权益和井及相关设施的价值，油气企业也可以在“油气资产”账户下设置两个明细项目“油气资产——矿区权益”和“油气资产——井及相关设施”。

（二）矿区权益的初始计量

为取得矿区权益而发生的成本应当在发生时予以资本化。企业取得的矿区权益，应当按照取得时的成本进行初始计量。

（1）申请取得矿区权益的成本包括探矿权使用费、采矿权使用费、土地或海域使用权支出、中介费以及可以直接归属于矿区权益的其他申请取得支出。

（2）购买取得矿区权益的成本包括购买价款、中介费以及可以直接归属于矿区权益的其他购买取得支出。

（3）矿区权益取得后发生的探矿权使用费、采矿权使用费和租金等维持矿区权益的支出，应当计入当期损益。

［**例 11-17**］ABC 公司申请取得某矿区的使用权并得到批准，该公司已向矿区土地管理部门支付探矿权价款 100 万元，中介费 20 万元，其他费用 8 万元，款项已经通过银行支付。ABC 公司的账务处理如下：

借：油气资产——矿区权益	1 280 000	
贷：银行存款		1 280 000

（三）矿区权益的折耗

企业应当采用产量法或年限平均法对井及相关设施和矿区权益计提折耗。计提折耗时，企业应借记成本或费用类科目，贷记“累计折耗”科目。

1. 产量法

产量法又称单位产量法。该方法认为，资产的服务潜力随着使用程度而减退，特定矿区发生的资本化成本与发现并开发该矿区的探明经济可采储量密切相关，每一产量单位应当承担相同比例的成本。按照产量法对油气资产计提折耗时，对矿区权益以探明经济可采储量为基础计提折耗，对井及相关设施以探明已开发经济可采储量为基础计提折耗。因此，油气资产按照产量法计提折耗比较符合该类资产价值损耗的特点。

采用产量法计提折耗的，折耗额可以按照单个矿区计算，也可以按照若干具有相同或类似地质构造特征或储层条件的相邻矿区所组成的矿区组计算。计算公式如下：

探明矿区权益折耗额=探明矿区权益账面价值×探明矿区权益折耗率

探明矿区权益折耗率=探明矿区当期产量÷（探明矿区期末探明经济可采储量+探明矿区当期产量）

2. 年限平均法

年限平均法是将资本化支出均衡地分摊到各会计期间。采用这种方法计算的每期油气资产折耗额相等。如果各期间油气产量相对比较稳定，按照年限平均法与按照产量法计提的油气资产折耗无显著差异。例如，某油田开始几年的年产量要高于随后几年的年产量，如果采用直线法，则开始几年单位产量的折旧比随后几年单位产量的折旧低。另外，随着油田中后期开采难度越来越大，由于单位变动成本增加，企业需要支出更多的设备维修费用。考虑这些生产后期单位生产成本上升的因素，年限平均法就可能歪曲企业的经营成果，即开始几年的利润比较大，而随后年份的利润比较低。

（四）矿区权益的减值

企业对于矿区权益的减值，应当区分以下不同情况确认减值损失：

（1）探明矿区权益的减值，按照《企业会计准则第 8 号——资产减值》的有关规定处理。油气资产以矿区或矿区组作为资产组，按此进行减值测试、计提减值准备。井及相关设施计提折旧、折耗以及摊销的基数应扣除已提取的井及相关设施减值准备。

（2）对于未探明矿区权益，企业应当至少每年进行一次减值测试。单个矿区取得成本较大的，企业应当以单个矿区为基础进行减值测试，并确定未探明矿区权益减值金额。单个矿区取得成本较小且与其他相邻矿区具有相同或类似地质构造特征或储层条件的，可以按照若干具有相同或类似地质构造特征或储层条件的相邻矿区所组成的矿区组进行减值测试。未探明矿区权益公允价值低于账面价值的差额，应当确认为减值损失，计入当期损益。未探明矿区权益减值损失一经确认，不得转回。

对于探明矿区权益的减值，企业可以计提减值准备，借记“资产减值损失”科目，贷记“油气资产减值准备”科目。

（五）矿区权益的转让

企业转让矿区权益的，应当按照下列原则进行处理：

（1）企业转让全部探明矿区权益的，将转让所得与矿区权益账面价值的差额计入当期损益。企业转让部分探明矿区权益的，按照转让权益和保留权益的公允价值比例，计算确定已转让部分矿区权益账面价值，转让所得与已转让矿区权益账面价值的差额计入当期损益。

（2）企业转让单独计提减值准备的全部未探明矿区权益的，转让所得与未探明矿区权益账面价值的差额，计入当期损益。企业转让单独计提减值准备的部分未探明矿区权益的，如果转让所得大于矿区权益账面价值，将其差额计入当期损益；如果转让所得小于矿区权益账面价值，以转让所得冲减矿区权益账面价值，不确认损益。

（3）企业转让以矿区组为基础计提减值准备的未探明矿区权益的，如果转让所得大于矿区权益账面原值，将其差额计入当期损益；如果转让所得小于矿区权益账面原值，以转让所得冲减矿区权益账面原值，不确认损益。企业转让该矿区组最后一个未探明矿区的剩余矿区权益时，转让所得与未探明矿区权益账面价值的差额，计入当期损益。

1. 探明矿区权益的转让

（1）转让全部探明矿区权益。根据《企业会计准则第 27 号——石油天然气开采》的规定，企业应将转让所得与矿区权益账面价值之间的差额计入当期损益。

［**例 11-18**］ABC 石油公司转让了其拥有的矿区 A，其账面原值为 1 000 万元，已计提减值准备为 200 万元，目前账面价值为 800 万元，转让所得为 900 万元。该公司采用产量法计提折耗，截至转让前未对矿区 A 进行开采，因此产量为零。

ABC 石油公司应当将转让所得大于矿区权益账面价值的差额确认为收益。其相关账务处理如下：

借：油气资产减值准备　　2 000 000
　　银行存款　　9 000 000
　贷：矿区权益　　10 000 000
　　　营业外收入　　1 000 000

如果转让所得为 700 万元，ABC 石油公司应当将转让所得小于矿区权益账面价值的差额确认为损失。其相关账务处理如下：

借：油气资产减值准备　　2 000 000
　　银行存款　　7 000 000
　　营业外支出　　1 000 000
　贷：油气权益——矿区权益　　10 000 000

（2）转让部分探明矿区权益且该矿区权益以矿区组为基础计提减值准备。根据《企业会计准则第 27 号——石油天然气开采》的规定，企业应按照转让权益和保留权益的公允价值比例，计算确定已转让部分矿区权益账面价值，转让所得与已转让矿区权益账面价值的差额计入当期损益。

［**例 11-19**］ABC 石油公司转让了其拥有的矿区 B 中的 20 平方千米，转让部分的公允价值为 400 万元，转让所得为 500 万元。整个矿区 B 的面积为 50 平方千米，账面原值为 1 000 万元，已计提减值准备为 200 万元，目前账面价值为 800 万元，公允价值为 900 万元。该公司采用产量法计提折耗，截至转让前未对矿区 B 进行开采，因此产量为零。

ABC 石油公司转让部分矿区权益且剩余矿区权益成本的收回不存在较大不确定性，因此应按照转让权益和保留权益的公允价值比例，计算确定已转让部分矿区权益账面价值 $=400\div900\times800=356$ 万元；随转让部分矿区转出的油气资产减值准备 $=400\div900\times200=89$ 万元。

相关账务处理如下：

借：油气资产减值准备　　890 000
　　银行存款　　5 000 000
　贷：矿区权益　　4 450 000
　　　营业外收入　　1 440 000

如果转让所得为 300 万元，相关会计处理如下：

借：油气资产减值准备　　890 000
　　银行存款　　3 000 000
　　营业外支出　　560 000
　贷：油气资产——矿区权益　　4 450 000

2. 未探明矿区权益的转让

（1）转让全部未探明矿区权益且该矿区权益单独计提减值准备。根据《企业会计准则第 27 号——石油天然气开采》的规定，企业应将转让全部未探明矿区权益的所得与矿区权益账面价值之间的差额计入损益。

［**例 11-20**］ABC 石油公司转让未探明矿区 C，其账面原值为 1 000 万元，已计提减值准备为 200 万元，目前账面价值为 800 万元，转让所得为 900 万元。

ABC 石油公司转让全部未探明矿区权益 C，应当将转让所得大于矿区权益账面价值的差额确认为收益。相关账务处理如下：

借：油气资产减值准备　　2 000 000
　　银行存款　　9 000 000
　贷：矿区权益　　10 000 000
　　　营业外收入　　1 000 000

如果转让所得为 700 万元，ABC 石油公司应当将转让所得小于矿区权益账面价值的差额确认为损失。相关账务处理如下：

借：油气资产减值准备　　2 000 000
　　银行存款　　7 000 000
　　营业外支出　　1 000 000
　贷：矿区权益　　10 000 000

（2）转让全部未探明矿区权益且该矿区权益以矿区组为基础计提减值准备。根据《企业会计准则第 27 号——石油天然气开采》的规定，如果转让所得大于未探明矿区权益的账面原值，企业应将其差额确认为收益；如果转让所得小于矿区账面原值，企业应将转让所得冲减矿区组权益的账面价值，冲减至零为止。

［**例 11-21**］ABC 石油公司拥有的未探明矿区 D1 和 D2 在进行减值测试时构成一个矿区组。其中，矿区 D1 权益账面原值为 1 000 万元，矿区 D2 权益账面原值为 2 000 万元，矿区组已计提减值准备为 600 万元，目前矿区组账面价值为 2 400 万元。现 ABC 石油公司转让矿区 D1，转让所得为 1 100 万元。

转让所得大于未探明矿区 D1 权益的账面原值，ABC 石油公司应将其差额确认为收益。相关账务处理如下：

借：银行存款　　11 000 000
　贷：矿区权益　　10 000 000
　　　营业外收入　　1 000 000

如果转让所得为 900 万元，转让所得小于未探明矿区 D1 权益的账面原值，ABC 石油公司应将转让所得冲减矿区组权益的账面价值。相关账务处理如下：

借：银行存款　　9 000 000
　贷：矿区权益　　9 000 000

（3）转让部分未探明矿区权益且该矿区权益单独计提减值准备。根据《企业会计准则第 27 号——石油天然气开采》的规定，如果转让部分未探明矿区权益所得大于该未探明矿区权益的账面价值，企业应将其差额计入收益；如果转让所得小于其账面价值，企业应将转让所得冲减被转让矿区权益账面价值，冲减至零为止。

［**例 11-22**］ABC 石油公司拥有的未探明矿区 E，面积为 50 平方千米，其账面原值为 1 000 万元，已计提减值准备为 200 万元，目前账面价值为 800 万元。

①ABC 公司转让矿区 E 中的 20 平方千米，转让所得为 200 万元。

因为转让所得小于矿区 E 的账面价值（800 万元），所以 ABC 石油公司应将转让所得冲减被转让矿区权益账面价值。相关账务处理如下：

借：银行存款	2 000 000	
贷：矿区权益		2 000 000

②ABC 公司再次转让矿区 E 中的 10 平方千米，转让所得为 500 万元。

因为转让所得小于其账面价值（600 万元），所以 ABC 石油公司应将转让所得冲减被转让矿区权益账面价值。相关账务处理如下

借：银行存款	5 000 000	
贷：矿区权益		5 000 000

③如果 ABC 公司转让矿区 E 剩余 20 平方千米，转让所得为 400 万元。

ABC 公司转让部分矿区 E 的所得大于该未探明矿区权益的账面价值（100 万元），应将其差额计入收益。相关账务处理如下：

借：油气资产减值准备	2 000 000	
银行存款	4 000 000	
贷：矿区权益		3 000 000
营业外收入		3 000 000

④如果 ABC 公司转让矿区 E 剩余 20 平方千米，转让所得为 50 万元。

ABC 公司转让矿区 E 的所得小于该未探明矿区权益的账面价值，应继续将转让所得冲减被转让矿区权益账面价值，冲减至零为止。

借：银行存款	500 000	
贷：矿区权益		500 000

根据《企业会计准则第 27 号——石油天然气开采》的规定，ABC 石油公司期末应对矿区 E 权益的剩余账面价值全额计提减值准备。计算减值损失＝(1 000－200)－200－500－50＝50 万元。相关账务处理如下：

借：资产减值损失	500 000	
贷：油气资产减值准备		500 000

（4）转让部分未探明矿区权益且该矿区权益以矿区组为基础计提减值准备。根据《企业会计准则第 27 号——石油天然气开采》的规定，如果转让所得大于未探明矿区权益的账面原值，企业应将其差额计入收益；如果转让所得小于该未探明矿区权益的账面原值，企业应将转让所得冲减矿区组的账面价值，冲减至零为止。

［**例 11-23**］ABC 石油公司拥有的未探明矿区 F1 和 F2 在进行减值测试时构成一个矿区组。其中，矿区 F1 的账面原值为 1 000 万元，矿区 F2 的账面原值为 2 000

万元，矿区组已经计提减值准备为600万元，矿区组账面价值为2 400万元。ABC石油公司在2020年4月和10月分别转让矿区F1的一部分，10月将整个矿区F1转让完毕。ABC石油公司的账务处理如下：

（1）2020年4月，转让所得为500万元。转让所得小于矿区F1的账面原值，ABC石油公司应将转让所得冲减矿区组的账面价值。

借：银行存款　　5 000 000

　贷：油气资产——矿区权益　　5 000 000

（2）2020年10月，如果转让所得为600万元。转让所得已经大于矿区F1的账面原值，ABC石油公司应将其差额计入收益。

借：银行存款　　6 000 000

　贷：油气资产——矿区权益　　5 000 000

　　营业外收入　　1 000 000

（3）2020年10月，如果转让所得为400万元。累计转让所得小于矿区F1的账面原值，ABC石油公司应将转让所得继续冲减矿区组的账面价值。

借：银行存款　　4 000 000

　贷：油气资产——矿区权益　　4 000 000

（六）未探明矿区的转换与放弃

未探明矿区（组）内发现探明经济可采储量而将未探明矿区（组）转为探明矿区（组）的，企业应按照其账面价值转为探明矿区权益。

未探明矿区因最终未能发现探明经济可采储量而放弃的，企业应当按照放弃时的账面价值转销未探明矿区权益并计入当期损益。因未完成义务工作量等因素导致发生的放弃成本，企业应计入当期损益。

三、油气勘探的会计处理

（一）油气勘探支出的确认

油气勘探是指为了识别勘探区域或探明油气储量而进行的地质调查、地球物理勘探、钻探活动以及其他相关活动。油气勘探支出包括钻井勘探支出和非钻井勘探支出。其中，钻井勘探支出主要包括钻探区域探井、勘探型详探井、评价井和资料井等活动发生的支出；非钻井勘探支出主要包括进行地质调查、地球物理勘探等活动发生的支出。钻井勘探支出在完井后，确定该井发现了探明经济可采储量的，企业应将钻探该井的支出结转为井及相关设施成本。确定该井未发现探明经济可采储量的，企业应将钻探该井的支出扣除净残值后计入当期损益。确定部分井段发现了探明经济可采储量的，企业应将发现探明经济可采储量的有效井段的钻井勘探支出结转为井及相关设施成本，无效井段钻井勘探累计支出转入当期损益。未能确定该探井是否发现探明经济可采储量的，企业应在完井后一年内将钻探该井的支出予以暂时资本化。

在完井一年时仍未能确定该探井是否发现探明经济可采储量，同时满足下列条件的，企业应将钻探该井的资本化支出继续暂时资本化，否则应当计入当期损益：

（1）该井已发现足够数量的储量，但要确定其是否属于探明经济可采储量，还需要实施进一步的勘探活动。

（2）进一步的勘探活动已在实施中或已有明确计划并即将实施。

钻井勘探支出已费用化的探井又发现了探明经济可采储量的，已费用化的钻井勘探支出不做调整，重新钻探和完井发生的支出应当予以资本化。

非钻井勘探支出于发生时计入当期损益。

（二）钻井勘探支出的资本化

对于钻井勘探支出的处理，企业可以选择成果法或全部成本法。

采用成果法对钻井勘探支出进行资本化，是指以矿区为成本归集和计算中心，只有与发现探明经济可采储量相关的钻井勘探支出才能资本化。如果不能确定钻井勘探支出是否发现了探明经济可采储量，企业应在一年内对其暂时资本化。与发现探明经济可采储量不直接相关的支出作为当期费用处理。

采用全部成本法对钻井勘探支出进行资本化，是指对勘探活动中发生的全部支出都加以资本化的一种方法，不论这些支出的发生是否导致了探明经济可采储量的发现。

成果法与全部成本法的主要差异如表 11-2 所示。

表 11-2　成果法与全部成本法的主要差异

项目	成果法下的处理	全部成本法下的处理
地质/地理研究支出	当期费用	资本化
矿区权益取得支出	暂时资本化，根据评估结果进行处理	资本化
钻井勘探支出	暂时资本化，根据评估结果进行处理	资本化
开发钻井支出	资本化	资本化
生产	当期费用	当期费用
折耗	以矿区或矿区组为成本中心，以账面价值为折耗基础，以探明经济可采储量或已开发探明经济可采储量为基础计算折耗率	以国家为成本中心，以账面价值加未来开发支出为折耗基础，以已开发及未开发探明经济可采储量为基础计算折耗率

根据《企业会计准则第 27 号——石油天然气开采》的规定，钻井勘探支出的资本化应采用成果法，钻井勘探支出在完井后，应区分以下情况处理：

（1）确定该井发现了探明经济可采储量的，企业应将钻探该井的支出结转为井及相关设施成本。

（2）确定未发现探明经济可采储量的，企业应将钻探该井的支出扣除净残值后计入当期损益。

（3）完井当时无法确定是否发现了探明经济可采储量的，企业应暂时资本化，但暂时资本化时间不应超过 1 年。

（4）完井 1 年后仍无法确定是否发现了探明经济可采储量的，企业应将暂时资本化的支出全部计入当期损益，除非同时满足以下条件：

①该井已发现足够数量的储量，但要确定是否属于探明经济可采储量，还需实施进一步的勘探活动。

②进一步的勘探活动已在实施中或已有明确计划并即将实施。其中，已有明确计划是指企业已在其内部管理活动中通过了该计划的实施，如已拨付资金、已制定

出明确的时间表或实施计划并对涉及人员进行了传达。

（5）直接归属于发现了探明经济可采出量的有效井段的钻井勘探支出结转为井及相关设施，无效井段支出计入当期损益。企业在矿区内废弃井及相关设施的活动，受《中华人民共和国环境保护法》等法律法规的约束，有时还可能受与所在地利益相关方达成协议的约束，如在废弃时必须拆移、清理设施、恢复生态环境等。因为资产的弃置义务与油气开发活动直接相关，所以企业会计准则规定，或有事项按照现值计算确定应计入井及相关设施原价的金额和相应的预计负债。

在计入井及相关设施原价并确认为预计负债时，企业应在油气资产的使用寿命内，采用实际利率法确定各期间应负担的利息费用。

企业应在油气资产的使用寿命内的每一资产负债表日对弃置义务和预计负债进行复核。如必要，企业应对其进行调整，使之反映当前最合理的估计。

四、油气开发的会计处理

油气开发是指为了取得探明矿区中的油气而建造或更新井及相关设施的活动。

油气开发活动所发生的支出应根据其用途分别予以资本化，作为油气开发形成的井及相关设施的成本。油气开发形成的井及相关设施的成本主要如下：

（1）钻前准备支出，包括前期研究、工程地质调查、工程设计、确定井位、清理井场、修建道路等活动发生的支出。

（2）井的设备购置和建造支出。井的设备包括套管、油管、抽油设备和井口装置等，井的建造包括钻井和完井。

（3）购建提高采收率系统发生的支出。

（4）分离处理设施、计量设备、储存设施、各种海上平台、海底及陆上电缆等发生的支出。

五、油气生产的会计处理

油气生产是指将油气从油气藏提取到地表以及在矿区内收集、拉运、处理、现场储存和矿区管理等活动。油气的生产成本包括相关矿区权益折耗、井及相关设施折耗、辅助设备及设施折旧以及操作费用等。操作费用包括油气生产和矿区管理过程中发生的直接和间接费用。

企业应当采用产量法或年限平均法对井及相关设施计提折耗。井及相关设施包括确定发现了探明经济可采储量的探井和开采活动中形成的井以及与开采活动直接相关的各种设施。采用产量法计提折耗的，折耗额可按照单个矿区计算，也可按照若干具有相同或类似地质构造特征或储层条件的相邻矿区组成的矿区组计算。计算公式如下：

矿区井及相关设施折耗额=期末矿区井及相关设施账面价值×矿区井及相关设施折耗率

矿区井及相关设施折耗率=矿区当期产量÷（矿区期末探明已开发经济可采储量+矿区当期产量）

探明已开发经济可采储量，包括矿区的开发井网钻探和配套设施建设完成后已全面投入开采的探明经济可采储量以及在提高采收率技术所需的设施已建成并已投产后相应增加的可采储量。

地震设备、建造设备、车辆、修理车间、仓库、供应站、通信设备、办公设施等辅助设备以及设施，应当按照《企业会计准则第 4 号——固定资产》的规定处理。企业承担的矿区废弃处置义务，应当将该义务确认为预计负债，并相应增加井及相关设施的账面价值。

不符合预计负债确认条件的，在废弃时发生的拆卸、搬移、场地清理等支出，应当计入当期损益。矿区废弃是指矿区内的最后一口井停产。

井及相关设施、辅助设备及设施的减值，应当按照《企业会计准则第 8 号——资产减值》的相关规定进行处理。

六、石油天然气开采的会计信息列示与披露

根据《企业会计准则第 27 号——石油天然气开采》和《企业会计准则第 30 号——财务报表列报》对油气资产的列报要求，对油气资产的表内列示和石油天然气开采活动有关信息的表外披露分述如下：

（一）油气资产的表内列示

企业应将“油气资产”科目期末借方余额减去“累计折耗”“油气资产减值准备”科目贷方余额后，列入资产负债表中的“油气资产”项目。企业（石油天然气开采）与油气开采活动相关的辅助设备及设施在“固定资产”科目核算。

（二）表外披露

企业应在会计报表附注中披露与石油天然气开采活动有关的下列信息：

（1）拥有国内和国外的油气储量年初、年末数据。

（2）当期在国内和国外发生的矿区权益的取得、油气勘探和油气开发各项支出的总额。

（3）探明矿区权益、井及相关设施的账面原值，累计折耗和减值准备累计金额及其计提方法；与油气开采活动相关的辅助设备及设施的账面原价，累计折旧和减值准备累计金额及其计提方法。

□思考题

1. 生物资产分为哪几类？
2. 什么是企业的消耗性生物资产？
3. 什么是企业的生产性生物资产？
4. 什么是企业的公益性生物资产？
5. 生物资产的确认条件包括哪些？
6. 生物资产的可变现净值或可收回金额为零时的情形包括哪些？
7. 生物资产后续计量模式包括哪些？有何区别？
8. 哪些生物资产需要计提折旧？
6. 生物资产的披露应当考虑哪些方面的问题？
7. 石油天然气生产活动分为几个阶段？每个阶段都会发生哪些支出？
8. 什么是油气资产？油气资产的组成内容包括什么？
9. 不同方式取得的矿区权益应如何进行会计处理？
10. 什么是矿区？如何计算其折耗？

第十二章
企业清算会计

【学习目标】

通过本章的学习，学生应了解企业清算的业务处理程序、普通清算和破产清算的差异，熟悉清算会计的核算特点及清算会计的工作内容；熟悉普通清算会计和破产清算会计的处理程序，掌握普通清算和破产清算的会计处理方法；熟练地运用本章所学知识进行企业清算的会计处理工作。

第一节　企业清算会计概述

一、企业清算概述

（一）企业清算的原因

企业清算是指企业按章程规定解散以及由于破产或其他原因宣布终止经营后，对企业的财产、债权、债务进行全面清查，并进行收取债权、清偿债务和分配剩余财产的经济活动。

导致企业清算的原因很多，概括起来主要如下：

1. 企业解散

企业解散包括合资、合作、联营企业在合作期满后，不再续约解散；合作企业的一方或多方违反合同章程而提前终止合作关系解散；企业发生严重经营性亏损，停业整顿后仍然达不到扭亏目的，由主管部门申请报经批准解散。无论何种形式的解散，企业都必须进行清算处理。

2. 企业合并与兼并

因产业结构调整、产业布局变化，而出现的兼并、合并等事项都会造成两个或两个以上企业合并为一个企业，企业应对被合并的企业在财务上进行清算。此外，一个企业兼并其他的企业，应对被兼并的企业进行清算。

3. 企业破产

企业破产是指企业因管理不善造成严重亏损，不能清偿到期债务，依据《中华人民共和国破产法》（以下简称《破产法》）的规定，由人民法院宣告破产。破产企业在人民法院宣告日起破产日内成立清算机构，接管破产企业并负责对其进行破产处理。

4. 其他原因

企业因自然灾害、战争等不可抗力遭受损失，无法经营下去，应进行清算；企业因违法经营，造成环境污染或危害社会公众利益，被停业撤销，应进行清算。

（二）企业清算的类型

企业清算按清算性质不同可分为普通清算、行政清算和司法清算，按清算原因不同可分为普通清算和破产清算。

1. 普通清算

普通清算又称为解散清算，是指对因经营期满或其他经营方面的原因，导致不宜或不能继续经营而自愿或被迫解散的企业所进行的清算。按企业规定的经营期限是否届满和企业终止法人资格的程度不同，普通清算又可分为非完全解散清算和完全解散清算。非完全解散清算又称为产权转让清算，是指对因营业期满或其他原因，由合营一方将其拥有的产权转让给另一方继续经营的解散企业进行的清算。完全解散清算是指对宣告解散并且各方都不再继续经营的企业进行的清算。

2. 破产清算

破产清算是指对依法宣告破产的企业所进行的清算。所谓破产，是指当债务人的全部资产不足以清偿到期债务时，债权人通过一定的程序将债务人的全部资产平均受偿，从而使债务人免除不能清偿的其他债务，并由法院宣告破产解散。当企业资产的公允价值低于其全部债务，也无债务展期、和解、重整的可能性时，企业实际上已经破产。

普通清算和破产清算之间的区别和联系见表 12-1。

表 12-1　普通清算和破产清算之间的区别和联系

项目		普通清算	破产清算
区别	清算的性质不同	属于自愿清算或行政清算	属于司法清算
	清算组的组织不同	一般由企业或企业主管机关成立清算组进行清算	要依照法律规定组织清算组进行清算
	处理利益关系的侧重点不同	重点是将剩余财产在企业内部各投资者之间进行分配	重点是将有限的财产在企业外部各债权人之间进行分配
联系		都是结束被清算企业的各种债权、债务和法律关系	

（三）企业清算的程序

无论是哪种清算，其清算的业务程序是基本一致的。通常，企业清算的程序如下：

1. 成立清算组

企业宣布经营终止时，应当在规定的期限内成立清算组。清算组即清算机构，是企业经营终止后执行清算事务并代表企业行使职权的权力组织。有限责任公司的清算组由股东组成，股份有限公司的清算组由股东大会指定人选，宣告破产的企业由人民法院组成清算组负责企业清算期间的一切事宜。

清算组的职权主要如下：

（1）按清算的原则和程序，制订清算计划和清算方案。

（2）清理企业的财产，编制资产负债表和财产清单。

（3）通知或公告债权人。

（4）处理与清算企业的未了结业务和各项遗留问题。

（5）清缴企业所欠税款。

（6）清理企业的债权和债务。

（7）合理分配企业偿债后的剩余财产。

（8）办理企业注销登记手续。

2. 清查债务

清算组成立后，应按有关规定时间通知或公告债权人。债权人应在规定时间内向清算组申报债权，并提供证明材料和有关债权的说明。清算组要逐笔审核、登记，编制企业债务明细表。

3. 清查财产和债权

清算企业的财产包括宣布清算时企业的财产和清算期间取得的财产（如收回的债权等）。

对在企业宣布经营终止前6个月至终止之日的期间内，在企业宣布经营终止前，企业按以下情况处理的财产应予以追回，作为清算财产：

（1）隐匿、私分或无偿转让的财产。

（2）非正常压价处理的财产。

（3）对原来没有财产担保的债务提供的财产担保。

（4）提前清偿的未到期债务。

（5）放弃的债权。

已经作为担保的财产，相当于债务数额的部分不属于清算财产，超过所担保的债务数额的部分属于清算财产。租入、借入、代外单位加工和代销的财产，因为企业对其不拥有所有权，所以也不属于清算财产。清算组在对企业财产进行清查的同时，对企业的债权也要认真地清理催收。

4. 清偿债务

清算组在全面清算企业财产、债权和债务后，首先应将清算财产用于支付企业清算期间为开展清算工作所支出的全部费用，对支付清算费用后的剩余财产，应依照下列顺序逐项清偿企业的债务：

（1）支付应付未付的职工工资、劳动保险费等。

（2）缴纳所欠税款。

（3）清偿其他各项无担保债务。

如果企业财产不足清偿债务，要立即向法院申请宣告破产，待法院宣告破产后，清算组应将清算事务移交给法院。对于宣告破产的企业而言，当其破产财产不足以清偿同一顺序债务时，则在同一顺序内按比例清偿。

5. 分配剩余财产

企业清偿债务后的剩余财产应在投资者之间进行分配。其中，有限责任公司应按投资各方的出资比例或企业章程、协议规定的方法进行分配。股份有限公司应按优先股股份面值向优先股股东分配；优先股股东分配后的剩余部分应按照普通股股东的股份比例分配给普通股股东。如果剩余财产不足全额偿付优先股股本，则按优先股股东股份面值的比例分配。

6. 编制清算报告和办理企业注销手续

企业清算结束，清算组应编制清算报告，清算报告经注册会计师验证后，报股东会或企业主管机关，并报企业原注册登记机关，办理注销手续，同时公告企业终止。

二、企业清算会计的内容

清算会计是指对被宣告解散企业各项清算业务进行反映和监督，向有关债权人、投资人以及政府主管部门披露企业的财务状况、清算过程以及结果等会计信息的一种专门会计。根据企业清算的程序，清算会计工作的内容主要如下：

（1）进行财产清查，编制资产负债表和财产目录。进行财产清查目前可用的作价方法、依据以及适用范围见表 12-2。

表 12-2　财产清查作价方法

清算财产的作价方法	清算财产的作价依据	适用范围
账面价值法	以财产的账面净值为标准	适用于账面价值与实际价值相差不大的财产
重估价值法	以资产的现行市场价格为依据	适用于账面价值与实际价值相差很大，或者企业合同、章程、投资各方协议中规定企业解散时应按重估价值作价的财产
变现收入法	以清算财产出售或处理时的成交价格为依据	适用于价值较小、数量零星的清算财产
招标作价法	通过招标从投标者所出价格中选择最高价格作价	适用于清算大宗财产和成套设备
收益现值法	以财产的收益现值为依据	适用于清算企业的整体财产或某些特殊的资产，如无形资产等

（2）核算和监督清算费用的支付。清算费用包括清算组人员工资、办公费、公告费、差旅费、诉讼费、审计费、公证费、财产估价费和变卖费等。

（3）核算和监督债权的收回和债务的偿还。

（4）核算和监督企业的清算损益。若为清算净收益，企业在依法弥补以前年度亏损后，应视同利润依法缴纳所得税。

清算损益是企业清算过程中发生的清算收益同清算损失和清算费用相抵后的余额。清算过程中的清算收益大于清算损失、清算费用的部分为清算净收益；反之，为清算净损失。

清算收益是企业在清算过程中取得的全部收益。其主要内容如下：

①经营收益，即清算过程中处理没有完结的经营业务取得的收入，如销售产品、半成品等。

②财产变现收益，即财产变卖取得的收入大于账面价值的差额。

③财产估价收益，即对不需变现的财产的估价大于其账面价值的差额。

④财产盘盈收益，即盘盈财产的实际变现价值。

⑤无法偿付的债务，即由于债权人自身的原因而导致确实无法偿付或不用偿付的债务。

清算损失主要包括经营损失、财产变现损失、财产估价损失、财产盘亏损失和无法收回的债权造成的坏账损失。

（5）核算和监督剩余财产的分配。

（6）编制清算会计报表。清算会计报表主要内容如下：

①清算资产负债表，即反映清算企业在清算报告日的资产、负债和清算净损益的报表。

②清算损益表，即反映清算企业在清算期间发生的清算损益、损失和费用情况的报表。

③债务清偿表，即反映清算企业债务偿还情况的报表。

三、企业清算会计的特征

清算会计与正常持续经营下的会计相比，具有以下几个特征：

（一）清算会计的期间

清算会计期间是指从清算开始至清算结束的时间范围。具体来讲就是指自清算机构接管企业开始，作为清算企业由常规会计转入清算会计的标志，企业依法清算完毕并向有关机构注销注册登记之日为清算结束。

（二）清算会计的基础

清算会计的计价基础一般采用现金制，即以可变现价值对资产计价，以法律为依据确认和计量资产、债务和所有者权益。

（三）清算会计的对象

清算会计的对象包括清算企业清算开始时所持有的资产、债务，清算期间发生的收益与损失以及偿还各项债务后剩余财产分配等。

（四）清算会计的报表

清算企业应编制清算开始时的资产负债表、清算损益表、清算财务表、优先全额偿付债务表、一般债务清偿表、剩余财产分配表等。

为了更加清楚地理解清算会计，我们对传统财务会计与清算会计的会计对象、会计目标、会计假设、会计原则等方面进行了比较，见表12-3。

表12-3　传统财务会计与清算会计的比较

比较		传统财务会计	清算会计
会计对象		企业生产经营过程中的资金运动	清算过程中债权的回收、债务的清偿、财产的处理、各项损益和费用的发生以及剩余财产的分配等资金运动
会计目标	会计信息的使用者	企业外部投资者、债权人、政府有关部门等	除企业的债权人、政府有关部门外，还包括管理破产案件的法院
	会计信息的内容	提供企业财务状况和经营成果等会计信息	提供企业清算财产处理、分配以及债务偿还的会计信息
会计假设	不同	会计主体假设	企业被宣告破产后失去了法人资格，会计主体的地位也不复存在
		持续经营假设	终止经营假设
		会计分期假设	从企业被宣告解散之日到清算终了为清算会计期间，其长短具有不确定性
	相同	货币计量假设	

表12-3(续)

比较		传统财务会计	清算会计
会计原则	不同	历史成本原则	可变现价格计价原则。企业进入清算后，在终止经营的前提下，资产在按实际成本计价的同时按可变现价值来计价
		权责发生制原则	收付实现制原则
		划分收益性支出与资本性支出原则	收益性支出原则
	相同	客观性原则、可比性原则、及时性原则、明晰性原则、相关性原则	

第二节　普通清算会计

一、普通清算会计的基本程序

普通清算分为非完全解散清算和完全解散清算。由于非完全解散清算的核算与完全解散清算的核算基本相同，因此本节仅介绍完全解散清算的核算，非完全解散清算的核算不再赘述。在完全解散清算的情况下，由于企业终止经营，因此清算组应变卖企业所有的财产，清偿企业所有的债务，并将剩余财产在投资者之间分配。完全解散清算会计的核算程序一般如下：

（1）全面清查财产，编制清查后的财产盘点表和资产负债表。

（2）核算和监督财产物资的处置、债权的回收、债务的偿付以及清算费用的支付和结转。

（3）计算清算损益，编制清算损益表和清算结束日的资产负债表。

（4）归还投资各方资本，分配剩余财产并结平各账户。

二、普通清算的会计科目设置

普通清算属于对企业正常终止的清算，不需另设新的账户体系。清算组对普通清算进行核算时，仍要增设“清算费用”和“清算损益”科目。存在土地转让业务的企业，还应设置“土地转让收益”科目。

（1）“清算费用”科目。该科目核算清算过程中发生的各项费用。

（2）“清算损益”科目。该科目核算清算过程中因财产清查、资产变卖、债权回收、债务偿付等发生的收益或损失。借款利息、贴现息、出售财产的销售收入与账面价值之差，都记入“清算损益”科目。

（3）“土地转让收益”科目。该科目核算被清算企业转让土地使用权取得的收入，企业支付的职工安置费，发生的与转让土地使用权有关的成本、税费，如应缴的有关税费、支付的土地评估费用等，也在“土地转让收益”科目中核算。

“清算费用”最终转入“清算损益”。“清算费用”贷方余额，即为清算净收益，应视同利润，企业在按规定抵补以前年度亏损后，还需缴纳所得税。

清算结束时，清算收益减去清算费用和清算损失，加上土地转让收益后的差额为清算净收益。企业在依照税法规定弥补以前年度亏损后，应当视同利润按照规定的税率缴纳所得税。“土地转让收益”科目余额应转入“利润分配”科目。

三、普通清算的账务处理

下面以 ABC 有限责任公司为例，说明企业普通清算的会计核算。

[**例 12-1**] ABC 有限责任公司（以下简称 ABC 公司）由甲、乙两方投资组成，投资比例分别为 60%和 40%。由于经营期满，该公司于 2020 年 6 月 1 日解散，6 月 29 日清算结束。其截止解散清算前一日的资产负债表如表 12-4 所示。

表 12-4　资产负债表　　单位：元

资产	金额	负债及所有者权益	金额
流动资产		流动负债	
货币资金	1 292 500	短期借款	182 500
应收票据	22 500	应付票据	50 000
应收账款	150 500	应付账款	90 000
其他应收款	40 000	应付职工薪酬	69 500
存货	300 500	应交税费	38 860
流动资产合计	1 806 000	其他应付款	1 140
固定资产		流动负债合计	432 000
固定资产原价	1 570 000	所有者权益	
减：累计折旧	1 080 000	实收资本	860 000
固定资产净值	490 000	资本公积	205 000
无形资产	18 500	盈余公积	267 500
		未分配利润	550 000
		所有者权益合计	1 882 500
资产合计	2 314 500	负债及所有者权益合计	2 314 500

资产负债表中有关项目金额的详细资料如下：“货币资金”为 1 292 500 元。其中，“库存现金”为 14 750 元，“银行存款”为 1 277 750 元；“存货”为 300 500 元，其中，“原材料”为 85 000 元，“产成品”为 195 000 元，“周转材料”为 20 500 元。“实收资本”为 860 000 元。其中，甲、乙双方投资额分别为 516 000 元和 344 000 元。

清算组对该清算企业清算的过程如下：

1. 全面清查财产并编制清查后的财产盘点表和资产负债表

在清算工作开始时，企业应进行全面财产清查，编制财产清点表与清点前的资产负债表，根据财产清查结果进行账务处理如下：

（1）ABC 公司将确实无法收回的应收账款 5 000 元核销，列为坏账损失。

借：清算损益　　5 000

　贷：应收账款　　5 000

（2）存货中原材料盘盈 15 000 元，产成品盘亏 20 000 元。

借：原材料　　15 000
　　清算损益　　5 000
　贷：库存商品　　20 000

（3）ABC 公司清查固定资产，发现短少机器一台，原价 80 000 元，已提折旧 24 000 元。

借：累计折旧　　24 000
　　清算损益　　56 000
　贷：固定资产　　80 000

（4）ABC 公司核销确实无法支付的应付账款 10 000 元。

借：应付账款　　10 000
　贷：清算损益　　10 000

企业根据以上账务处理后的账户余额，编制清查后的资产负债表，如表 12-5 所示。

表 12-5　资产负债表

编制单位：ABC 有限责任公司　　2020 年 6 月 1 日　　单位：元

资产	金额	负债和所有者权益	金额
流动资产		流动负债	
货币资金	1 292 500	短期借款	182 500
应收票据	22 500	应付票据	50 000
应收账款	150 500	应付账款	80 000
其他应收款	40 000	应付职工薪酬	69 500
流动资产合计	1 796 000	应交税费	38 860
固定资产		其他应付款	1 140
固定资产原价	1 490 000	流动负债合计	422 000
减：累计折旧	1 056 000	所有者权益	
固定资产净值	434 000	实收资本	860 000
无形资产	18 500	资本公积	205 000
		盈余公积	267 500
		未分配利润	550 000
		待转清算损益	-56 000
		所有者权益合计	1 826 500
资产总计	2 248 500	负债和所有者权益总计	2 248 500

2. 核算清算费用及财产物资的处理、债权的回收、债务的偿付

（1）ABC 公司将面值为 22 500 元的应收票据进行贴现，贴现利息为 225 元，贴现款为 22 275 元存入银行。贴现利息记入“清算损益”科目。

借：银行存款　　22 275
　　清算损益　　225
　贷：应收票据　　22 500

（2）ABC 公司收回各项应收账款 145 500 元存入银行。

借：银行存款　　145 500

　贷：应收账款　　145 500

（3）ABC 公司收回其他应收款 40 000 元存入银行。

借：银行存款　　40 000

　贷：其他应收款　　40 000

（4）ABC 公司变卖各项存货，实得销售收入 429 700 元（其中，应交增值税 62 435 元），所得款项存入银行。各项存货的账面价值分别为：原材料 100 000 元，产成品 175 000 元，低值易耗品 20 500 元。销售收入与账面价值之差记入“清算损益”科目。

借：银行存款　　429 700

　贷：原材料　　100 000

　　　库存商品　　175 000

　　　周转材料——低值易耗品　　20 500

　　　清算损益　　71 765

　　　应交税费　　62 435

（5）ABC 公司出售各项固定资产，收到价款 610 000 元存入银行，同时按收入的 13%计算应交增值税。出售收入与账面价值之差记入“清算损益”科目。

借：累计折旧　　1 056 000

　　银行存款　　610 000

　贷：固定资产　　1 490 000

　　　清算损益　　96 700

　　　应交税费　　79 300

（6）ABC 公司出售无形资产（专利权），收到价款 16 000 元存入银行，同时按收入的 13%计算应交增值税。出售收入与账面价值之差记入“清算损益”科目。

借：银行存款　　16 000

　　清算损益　　4 580

　贷：无形资产　　18 500

　　　应交税费　　2 080

（7）ABC 公司计算清算过程中应缴纳的城市维护建设税为 6 562 元和教育费附加为 2 812 元。

借：清算损益　　9 374

　贷：应交税费　　9 374

（8）ABC 公司以银行存款归还短期借款 182 500 元，支付借款利息 2 750 元。借款利息记入“清算损益”科目。

借：短期借款　　182 500

　　清算损益　　2 750

　贷：银行存款　　185 250

（9）ABC 公司以银行存款支付不带息应付票据本金 50 000 元。

借：应付票据　　50 000

　贷：银行存款　　50 000

（10）ABC 公司以银行存款偿付应付账款 80 000 元。

借：应付账款　　80 000

　贷：银行存款　　80 000

（11）ABC 公司从银行提取库存现金 34 500 元，支付应付的职工工资。

借：库存现金　　34 500

　贷：银行存款　　34 500

借：应付职工薪酬　　34 500

　贷：库存现金　　34 500

（12）ABC 公司以现金 60 000 元发放职工的遣散补助费，其中 35 000 元从应付福利费中开支，其余列入“清算费用”科目。现金的不足部分 45 250 元从银行提取。

借：库存现金　　45 250

　贷：银行存款　　45 250

借：应付职工薪酬　　35 000

　　清算费用　　25 000

　贷：库存现金　　60 000

（13）ABC 公司以银行存款缴纳各种应交税费 139 157 元和应交的教育费附加 3 952 元。

借：应交税费　　143 109

　贷：银行存款　　143 109

（14）ABC 公司以银行存款 28 000 元支付各项清算费用。

借：清算费用　　28 000

　贷：银行存款　　28 000

（15）ABC 公司将清算费用计 53 000 元转入“清算损益”科目。

借：清算损益　　53 000

　贷：清算费用　　53 000

3. 计算清算损益并编制清算损益表和清算结束日的资产负债表

清算组将 ABC 公司上述的各项清算损益登账并结账，计算出“清算损益”账户余额为贷方余额 92 616 元，为清算净收益。依据有关规定，清算净收益应视同利润，在按规定抵补以前年度亏损后缴纳所得税。ABC 公司没有以前年度未弥补的亏损事项，因此净收益应全额缴纳所得税，适用税率为 25%，应交所得税 23 154 元。ABC 公司计提和以银行存款上缴所得税时，账务处理如下：

借：清算损益　　23 154

　贷：应交税费　　23 154

借：应交税费　　23 154

　贷：银行存款　　23 154

ABC 公司将税后的清算净收益 69 462 元转入“利润分配——未分配利润”账户。

借：清算损益　　69 462

　贷：利润分配——未分配利润　　69 462

依据上述清算结果，ABC 公司清算损益表和清算结束日的资产负债表分别如表 12-6 和表 12-7 所示。

表 12-6　清算损益表　　单位：元

项目	本期数	累计数
一、清算收益	227 265	227 265
其中：1. 核销的应付账款收益	10 000	10 000
2. 出售存货的净收益	71 765	71 765
3. 出售固定资产的净收益	145 500	145 500
二、清算损失	134 649	134 649
其中：1. 坏账损失	5 000	5 000
2. 存货盘存净损失	5 000	5 000
3. 固定资产盘亏	56 000	56 000
4. 应收票据贴现利息	225	225
5. 出售无形资产损失	3 300	3 300
6. 应交的城市维护建设税和教育费附加	9 374	9 374
7. 短期借款利息	2 750	2 750
8. 结转的清算费用	53 000	53 000
三、清算净收益	92 616	92 616
减：所得税	23 154	23 154
四、税后净收益	69 462	69 462

表 12-7　资产负债表　　单位：元

资产	金额	负债和所有者权益	金额
银行存款	1 944 553	实收资本	860 000
		资本公积	205 000
		盈余公积	267 500
		未分配利润	612 053
		其中：清算损益	62 053
资产总计	1 944 553	负债和所有者权益总计	1 944 553

4. 归还投资各方资本和分配剩余财产及结平各账户

按投资比例计算甲、乙双方应收回的投资和分配的剩余财产如下：

甲方应分=516 000+(205 000+267 500+612 053)×60%=166 732（元）

乙方应分=344 000+(205 000+267 500+612 053)×40%=777 821（元）

根据以上分配结果，以银行存款支付时，账务处理如下：

借：实收资本——甲方　516 000
　　　　　　——乙方　344 000
　　资本公积　205 000
　　盈余公积　267 500
　　利润分配——未分配利润　612 053
　贷：银行存款　1 944 553

第三节　破产清算会计

“破产”一词从不同的角度出发有不同的含义。从经济意义上看，破产是指经济活动的彻底失败，也就是说资不抵债时发生的实际意义上的破产，不能清偿到期债务而发生的一种状况；从法律意义上看，破产是指债务人不能清偿到期债务时，为了维护债权人及债务人的利益，由法院强制执行其全部财产，公平清偿全体债权人，或者在法院监督下，由债务人与债权人达成和解协议，整顿复苏企业，清偿债务，避免倒闭清算的法律制度。破产基本特征是债务人丧失了偿债能力，无论自愿与否均不能清偿到期债务。破产是为了保护全体债权人的合法权益，强调债务的履行在债权人之间的公平。破产是商品经济社会发展到一定阶段必然出现的法律现象，它既表明了债务人所处的经济状态，同时又是一种特定的法律程序，从破产申请到宣告破产清算，均是在法院主持下按照法定程序进行的。破产必然导致企业经济活动的终止和法人主体资格的消失。

一、破产处理的基本程序

从时间上看，企业破产要经历一个从企业申请破产起到破产财产分配为止的全过程。这一过程一般要经过破产申请、和解与整顿、破产宣告、破产清算四个程序。

（一）破产申请阶段

1. 破产申请的提出

根据《破产法》的规定，当债务人不能清偿到期债务时，债权人和债务人均有权提出破产申请。破产申请是指具有破产申请资格的当事人，即债权人、债务人以及与破产行为有利害关系者，向人民法院提出的对债务人资产实行破产的请示。提出破产申请是企业实施破产的前提。

（1）债权人提出破产申请。申请破产的债权人可以是法人，也可以是自然人（公民）。法律法规对债权数额也没有限制，只要是债权人，无论债权数额多少，都享有破产申请权。债权人提出破产申请时，应当向人民法院提供以下证据材料：债权人的基本情况；债权发生事实及有关证据；债权性质和数额（债权有财产担保的，应当提供相应的证据）；债务人到期不能清偿的事实和理由；等等。

（2）债务人提出破产申请。几乎所有国家的破产法都赋予债务人或破产对象本身当然的破产申请权。由债务人提出破产申请，较之于由他人提出，更有积极意义。破产申请能准确反映破产对象不能清偿到期债务需要进行破产的事实。破产申请有助于减少破产损失，包括债权人的损失与债务人的损失。目前我国大多数的破产案件均为债务人提出破产申请。

债务人提出破产申请，应向人民法院提供企业亏损情况说明、会计报表、企业财产情况明细表和有形资产的处所、债权清册和债务清册，包括债权人和债务人名单、住所、开户银行、债权债务发生的时间、债权债务的数额、有无争议等以及破产企业上级主管部门或政府授权部门同意其破产申请的意见等资料。

（3）清算组提出破产申请。在必要的清算业务中，如果发现被清算公司已资不抵债，不能清偿到期债务又没有自行申请破产的，清算组可以提出破产申请，这是清算组的一个重要义务。

清算组提出破产申请时，应向人民法院提交如下材料：公司清算情况说明、会计报表、公司财务状况明细表和有形资产的处所、债权和债务清册、公司性质证明、清算组的资格证明。

2. 破产申请的撤回

破产申请权是一项民事诉讼权利，按照民事诉讼处分原则，当事人有权在法律规定的范围内处分自己的民事诉讼权利，即当事人既可以提出破产申请，也可以撤回申请。撤回申请并不影响再度提出破产申请。

债权人撤回破产申请没有必要征得被申请人的同意，但必须征得人民法院的同意。人民法院对于债权人撤回申请的要求，应做出准予或不准予撤回的裁定。

3. 破产申请的受理

债务人所在地的人民法院在收到破产申请后，对债务人是否达到了破产界限及破产申请是否提供了规定的材料进行审查，并在 7 日内决定是否立案。人民法院审查后认为符合法律规定的，应当受理破产案件。人民法院受理破产案件后，应组成合议庭进行审理，应在 10 日内就破产申请的受理时间、债务人名称、申报债权的时间和地点、逾期未申报的法律后果、第一次债权人会议召开的日期和地点等发布公告。债权人应在规定的时间内向人民法院申报债权，逾期未申报的，视为自动放弃债权。债务人应在收到人民法院通知之日起，停止清偿债务。

债权申报届满后 15 日内，人民法院召集并主持第一次债权人会议。债权人会议是由申报债权的全体债权人组成，以维护债权人共同利益为目的，在人民法院的监督下讨论决定有关破产事宜，表达债权人意思的破产机构，是债权人行使破产参与权的场所。债权人会议的职权如下：

（1）审查有关债权的证明材料，确认债权有无财产担保及其数额。

（2）讨论通过和解协议草案。

（3）讨论通过破产财产的处理和分配方案。

（二）和解与整顿阶段

为了减少企业破产造成的社会损失，挽救尚有可能避免破产、恢复生机的企业，《破产法》中还专门设立了破产和解与整顿制度。破产整顿程序并不是破产处理的必经程序。和解与整顿是人民法院依法裁定宣告企业破产之前的一个重要程序。

1. 破产和解制度

破产和解制度是指在破产程序中，债权人和债务人以互谅互让为基础，为了使债务人免除破产、中止破产程序，就到期债务的延期支付和减额清偿达成协议，并经人民法院认可后，发生法律效力的一种制度。破产和解制度的目的就是预防企业破产，人民法院认可和解协议后，便公告终止破产程序。

2. 破产整顿制度

破产整顿制度是指企业出现了破产原因或出现了破产原因的危险时，人民法院依照关系人的申请，对企业进行重整和振兴，以避免企业破产的一种破产预防制度。该制度使得对债务人的程序救济，不仅可以恢复其清偿能力，而且可以恢复其生产经营能力，从而在根本上解决债务人面临的经济困境，使预防破产的程序目的真正落到实处。

（三）破产宣告阶段

破产宣告是指人民法院根据破产申请人的请求或法院根据自己的职权，确认债务人确已存在无法清除的破产原因，决定对债务人开始破产清算的活动。

1. 破产宣告的实质

破产案件的受理，标志着企业进入法定破产程序，但并不意味着该企业非破产不可。破产宣告在实质上是人民法院以裁定的形式从法律角度确认企业事实上破产的法律行为。

2. 破产宣告的程序

破产宣告是决定企业命运的重大法律行为，必须严格按照法定程序进行。

（1）破产宣告的公告。人民法院裁定宣告企业破产的同时，必须发布公告。公告内容包括破产企业的名称、住所地址；企业亏损、资产负债状况；宣告企业破产的理由和法律依据；宣告企业破产的日期；宣告企业破产后破产企业的财产、账册、文书、资料和印章等的保护。

（2）破产宣告的通知。人民法院在发布公告的基础上，发布宣布破产的通知。该通知必须载明公告事项予以送达。该通知除送达债务人、债权人以外，还要送达破产企业的开户银行，限定其银行账户只能供清算组使用。该通知应附上宣告企业破产的裁定书副本。人民法院宣告企业破产后，可将宣告企业破产的裁定书副本抄送有关政府监察部门和审计部门，以使其及时查明企业破产的责任。

（3）破产宣告的登记。企业破产宣告除了依法进行公告和发出通知外，还必须到主管的国家机关和破产清算事务所进行登记。随着《破产法》的不断完善，企业破产宣告的登记制度将会完善起来。

（四）破产清算阶段

根据《破产法》的规定，人民法院应当自宣告企业破产之日起 15 日内成立清算组，接管破产企业。破产清算的基本程序如下：

（1）依法成立清算机构。

（2）通知或公告债权人并分类登记确认债务。

（3）调查处理企业财产，确定清算方案。

（4）处理与清算有关的未了结事务。

（5）收取债权，变现清算财产、清偿债务。

（6）分配企业偿债后的剩余财产。

（7）在企业财产不足以清偿债务时申请宣告破产。

（8）注销企业登记，结束清算。

破产财产分配完毕，破产企业注销登记后，人民法院应宣布清算组撤销，破产清算工作全部结束，破产程序即可终结。

除此之外，依据《破产法》的规定，以下两种情况也可以终止破产程序：一是经整顿，企业能够按照和解协议清偿债务的，人民法院依法终结企业的破产程序并予以公告；二是破产财产不足支付清算费用的，人民法院依法终结企业的破产程序。

二、破产清算会计的程序

自宣告破产至清算组接管期间，破产企业的会计工作主要有以下三项内容：

（1）清查企业财产及债权、债务。

（2）按办理年度决算的要求，进行有关会计处理，结平各损益类账户和本年利润账户，并编制宣告破产日的账户余额表、资产负债表和自年初至破产日的损益表。

（3）妥善保管企业的各种档案、文书，并在清算组进驻后及时向清算组办理移交手续。

清算组接管破产企业后，应设置新的会计科目，建立新的账户体系，对破产清算进行核算。破产清算会计核算的一般程序如下：

（1）设置会计科目，建立新的账户体系。

（2）结转各破产清算账户的期初余额。

（3）在财产清查的基础上，编制清查后的财产盘点表和资产负债表。

（4）核算和监督破产企业财产的处置。

（5）核算和监督清算费用的支付。

（6）核算和监督破产企业财产的分配，结平各账户。

（7）编制清算会计报表，办理企业注销登记。

三、破产清算的会计核算

企业进入破产清算以后，会计主体由破产企业变为清算组，破产财产的处置、债务的清偿以及相应的会计处理均由清算组进行。

（一）破产企业资产的构成

1. 破产资产

破产资产是指企业被宣告破产后，用以支付破产费用、偿付破产债务的资产。需要注意的是，并不是存放于破产企业的任何资产都属于破产资产，破产资产的确认除了应符合资产的一般定义特征外，还应符合破产资产的如下确认标准：

（1）破产资产必须是具有一定货币价值的、能够清偿债务的资产或财产权利。

（2）破产资产必须是破产企业可以独立支配的资产。所谓独立支配，意味着对财产进行必要的处分。凡是不能由破产企业独立支配的资产，如破产企业受托加工、代销的存货等，不应确认为破产资产。

（3）破产资产必须是符合法律规定时限的资产，即破产宣告时属于破产企业的资产以及破产宣告后、破产程序终结前取得的各种资产，均属于破产资产。

（4）破产资产必须是可以依照破产程序强制清偿的资产，凡是不应当经破产程序清偿的资产以及国家法律明确规定禁止强制执行的财产，不应确认为破产资产。例如，抵押给债权人的、由债权人享有优先受偿权的固定资产等。

依照破产资产的确认标准及有关法规的规定，破产资产应包括以下内容：

（1）破产宣告时，破产企业经营管理的全部资产。

（2）破产企业在破产宣告后至破产程序终结前取得的资产。其具体包括破产企业收回的各种应收款项形成的资产；人民法院受理破产案件前 6 个月至破产宣告之日，破产企业由于无效行为，如隐匿、私分或无偿转让资产，非正常压价出售资产，对没有财产担保的债务提供担保，对未到期的债务提前清偿，放弃自己的债权等，依照法律规定应由清算组追回的财产；破产程序终结后的一年内，如果发现破产企业有上述行为，其财产亦应追回，作为破产资产。

（3）破产企业未到期的、应在将来行使的财产请求权。例如，暂存于企业财产的收回权、财产被损害产生的赔款请求权等。

（4）担保资产的数额大于担保债务数额的差额应作为破产资产。

（5）破产企业与他人组成法人型或合伙型联营企业的，破产企业作为出资人投入的财产和应得收益应当收回，作为破产资产。

（6）破产企业的抵销资产数额大于抵销债务数额的差额应作为破产资产。

（7）应当由破产企业行使的其他财产权利应属于破产资产，如专利权、著作权。

（8）党、团、工会等组织占用破产企业的资产应属于破产资产。

在终止经营的前提下，资产的可变现价值并不一定等于持续经营前提下资产的价值，为了真实地计量破产资产的价值，提高债权人的受偿比例，保护全体债权人的切身利益，企业破产清算时，必须按资产的实际可变现价值重新进行计量，并以资产变现后的实际负担能力偿付债务。同时，在破产会计中，根据有关法律法规的规定，破产企业必须严格划分破产资产与非破产资产的界限。由于破产企业的资产在实物整体上的不可分割性，决定了企业难以从实物数量上进行划分，因此有必要在对破产企业的全部资产进行重新计量的基础上从中划分出破产资产的价值额。

对破产资产的计量方法有很多，一般情况下，应根据破产资产的构成及具体特点的不同而采用不同的方法。实务中应用的主要方法包括账面净值法、重置成本法、现行市价法、清算价格法、协商估价法、调查分析法等。破产企业在实际对破产资产进行重新计量时，往往是结合各种破产资产的特点，将上述方法交叉使用。

2. 非破产资产

非破产资产是指根据《破产法》以及有关法律法规的规定，具有专门用途的、不能用于偿付破产债务的资产。非破产资产包括担保资产、抵销资产、受托资产、其他非破产资产等。

（二）破产企业权益的构成

1. 破产债务和非破产债务

破产债务是指在破产宣告前成立的，依法申报确认，并应从破产财产中公平、强制清偿的债务。

(1）破产债务的特点。

①普通债务是因债权人让渡财产或提供劳务，依据民法或合同规定享有的权利。这种债务的履行由双方自愿完成，是个别清偿，而破产债务则只能通过破产程序强制履行，破产债务履行中个别的、自由的清偿反而为法律所禁止。

②普通债务的履行不受债务人财产的限制，而破产债务的履行则受债务人财产价值的限制。破产资产价值是债务人履行破产债务的最高数额，如果破产资产大于破产债务，则破产债务能够得到全额偿付；如果破产资产小于破产债务，则破产债务只能得到部分偿付；如果没有破产资产，则破产债务无法得到偿付。

③普通债务和破产债务的构成不同。普通债务包括有担保债务和无担保债务，而破产债务仅包括无担保债务。

④普通债务是破产债务取得的前提和条件。破产债务首先是一种普通债务，一般产生于破产宣告前，在破产宣告前没有得到偿付，破产宣告后依据《破产法》及有关法律法规的规定，确认为破产债务。

⑤普通债务与破产债务的诉讼时效不同。普通债务的诉讼时效要根据债务内容具体分析，而破产债务的诉讼时效为3个月，《破产法》明确规定，未收到通知的债权人应当自公告之日起3个月内向人民法院申报债权；逾期未申报债权的，视为自动放弃债权。

(2）破产债务的确认标准。

①破产债务首先必须符合普通债务的确认条件，是在破产宣告前成立的债权。

②破产债务必须是按照破产程序申报、经人民法院和债权人会议确认、清算组核实的债务。

③破产债务必须是债权人对债务人整体财产的财产请求权，包括无财产担保债务和放弃优先受偿权利的有财产担保债务。凡是对债务人特定财产的请求权，在放弃这种特殊权利之前，不应确认为破产债务。

④破产债务必须按破产清算程序强制执行。

(3）破产债务的内容构成。

①无财产担保债务。无财产担保债务是指破产宣告前成立的、没有提供财产担保、不具有优先受偿权利的债务。这种债务具有涉及的债权人分散、偿付金额不大等特点。

②放弃优先受偿权利的债务。放弃优先受偿权利的债务是指原来具有财产担保，但因自愿或其他原因而放弃由担保而产生的优先受偿权利的债务。

③担保差额债务。由于担保资产的价值低于担保债务而未受清偿的部分。

④保证债务。保证债务是指为破产企业的债务提供保证的保证人，在代破产企业清偿债务后形成的代为清偿债务。

⑤抵销差额债务。抵销差额债务是指破产企业对债权人的债务数额大于债权数额的差额。

⑥赔偿债务。赔偿债务是指企业被宣告破产、清算组接管破产企业后，由于清算组解除破产企业未履行的合同而给另一方当事人造成损害的损害赔偿额。

非破产债务是指根据有关法律法规的规定，不属于破产债务的范围、由特定资产偿付的债务。非破产债务包括担保债务、优先清偿债务、抵销债务、受托债务等。

另外，债权人逾期未申报债权、债权人为个人利益参加破产程序的费用以及破产宣告前对债务人的刑事或行政处罚等也属于非破产债务。破产宣告后非破产债务不得作为破产债权再追缴。

2. 清算净资产

清算净资产是指破产企业所有者权益净额。清算净资产由接管的原所有者权益总额和破产宣告日至破产程序终结日发生的清算损益构成。

（三）破产企业资产、权益的核算程序和方法

1. 设置破产清算会计科目并建立新的账户体系

（1）资产类会计科目。

①核算内容与原企业相应科目的核算内容一致的资产类科目，如“库存现金”“应收票据”“在建工程”“无形资产”等科目。

②对原企业核算内容相近科目进行合并而设置的资产类科目，如“投资”科目是原“长期投资”科目和“短期投资”科目的合并；“银行存款”科目包括各种存款与汇票、本票存款等；“应收款”科目核算清算企业除应收票据之外的各种应收款项。

③将原科目与其备抵科目合并后设立的资产类科目，如“固定资产”科目是原“固定资产”科目和“累计折旧”科目的合并（净额）。

（2）负债类会计科目。

①与原企业相应科目的核算内容一致的负债类科目，如“应付票据”“应付工资”“应付福利费”“应缴税费”“应付利润”“其他应缴款（应缴的教育费附加）”“应付债券”等科目。

②对原企业有关科目的合并而设立的负债类科目，如“借款”科目核算被清算企业需要偿还的各种借款，包括长期借款和短期借款；“其他应付款”科目核算被清算企业需要偿付的除应付票据之外的各种款项。

（3）损益类会计科目。

①破产企业原来的各损益类科目和“本年利润”科目不再设置。

②增设“清算费用”科目，核算被清算企业在清算期间发生的各项费用，支付各项清算费用记入该科目的借方；清算结束时，该科目余额从贷方转入“清算损益”科目。

③增设“土地转让收益”科目，核算被清算企业转让土地使用权取得的收入和发生的有关成本、税费等。取得土地使用权转让收入记入该科目的贷方；结转转让成本、用土地使用权所得支付职工安置费以及支付转让的有关税费记入该科目的借方；清算终结时，该科目的余额转入“清算损益”科目。

④增设“清算损益”科目，核算被清算企业在破产清算期间处置资产、确认债务等发生的损益和被清算企业的所有者权益。其核算内容包括：第一，被清算企业在清算期间处置资产发生的损益，产生的收益记入“清算损益”科目的贷方，发生的损失记入“清算损益”科目的借方；第二，被清算企业在清算期间确认债务发生的损益，确认债务的减少数额，记入“清算损益”科目的贷方；第三，结转的被清

算企业的所有者权益，包括实收资本、资本公积、盈余公积、利润分配等。结转各项所有者权益账户时，如为贷方余额，记入“清算损益”科目的贷方；如为借方余额，记入“清算损益”科目的借方；第四，结转的有关账户的余额，包括清算费用、土地转让收益和有关资产负债账户的余额。结转有关账户的借方余额，记入“清算损益”科目的借方；结转的贷方余额，转入“清算损益”科目的贷方。

2. 结转各破产清算账户的期初余额

开设新账后，清算组应按照破产企业移交的、截止至清算开始日的账户余额表中各账户的余额，根据各账户的相互对应关系，逐一转入新设的相应账户中，并编制新的科目余额表。结转时，清算组要编制结转分录，据以登录新账户的期初余额，注销旧账。

3. 对于破产清算期间相关业务进行处理

（1）对于破产企业在人民法院受理破产案件前6个月至破产宣告之日的期间内发生的隐匿、私分或无偿转让财产等《破产法》规定的无效行为，清算组应向人民法院申请追回财产，将其计入破产财产；同时，根据具体情况分别增加破产企业的清算损益或恢复破产企业的债务。

（2）预计破产清算期间发生的清算费用数额，经过债权人会议审议通过后，作为“清算损益”和“优先清偿债务”入账。

（3）预计应支付给社会保障部门的破产安置费用数额，作为“清算损益”和“其他债务——应付破产安置费用”入账。

（4）变卖、处理破产资产时按实际收回的金额，借记“银行存款”等账户，按账面价值，贷记“破产资产——材料”“破产资产——产成品”等账户，按其差额借记或贷记“清算损益”账户。

（5）清偿债务、分配剩余财产时，借记“破产债务”“实收资本”等账户，贷记“破产资产”等账户。

（四）清算损益的构成及会计处理

清算损益是破产企业自破产宣告日起至清算结束日至的清算期间的清算成果。

1. 清算损益的确认标准

（1）清算损益是破产企业在清算期间发生的收益、损失、费用相抵后的清算结果。

（2）清算收益的发生必然导致破产企业资产的增加或负债的减少，清算损失、费用的发生必然导致破产企业资产的减少或负债的增加。

（3）构成清算损益的破产费用必须是在破产清算中为了破产债权人的共同利益所支付的费用，凡是破产债权人为了个人利益而发生的费用，不应属于破产费用。另外，破产费用只能在破产资产中支付，且可以先于破产债权优先支付。

2. 清算损益的构成内容

清算损益包括清算收益、清算损失和清算费用。

（1）清算收益。清算收益具体包括以下内容：

①清算期间破产企业财产变卖收入高于其账面成本之间的差额，包括存货变现收益、固定资产变现收益、对外投资变现收益、应收款项变现收益（如应收票据）、

无形资产变现收益等。

②清算期间因破产企业债权人的原因而确实无法偿还的债务、消除的债务以及以变现资产不足以清偿的免责债务。

③清算期间发生的财产盘盈作价收入。

④如果破产企业在破产宣告日前有尚未完结的经济业务或尚未履行的经济合同，则应由清算组决定是否继续完成业务或继续履行合同，由此产生的经营损益并入清算收益中。

⑤清算组追回的破产企业自人民法院受理破产案件前6个月至破产宣告之日，因隐匿、私分或无偿转让财产，放弃自己的债权等而转移的财产的价值。

（2）清算损失。清算损失具体包括以下内容：

①清算期间破产企业财产变现收入低于其账面成本之间的差额，包括存货变现损失、固定资产变现损失、对外投资变现损失、应收款项变现损失、无形资产变现损失等。

②清算期间破产企业依据《破产法》以及有关法律法规的规定重新确认债务而产生的债务增加额。

（3）清算费用。根据《破产法》的规定，破产费用应包括各项清算管理费用、诉讼费用、共益费用、破产安置费用以及对预计数的调整。具体内容包括：

①清算管理费用。清算管理费用主要是指破产财产管理、变卖和分配所需要的费用。

②破产案件诉讼费用。破产案件诉讼费用是指清算组在破产案件审理过程中支付的费用，包括破产宣告公告费、破产案件受理费、破产债权调查费等。

③共益费用。共益费用是指为债权人的共同利益而在破产程序中支付的其他费用。

④破产安置费用。破产安置费用是指根据我国有关法律法规的规定，优先用于安置破产企业职工的费用支出。

根据《破产法》及有关法律法规的规定，当破产财产不足以支付破产费用时，人民法院应当宣告破产程序终结。因此，清算组一般应预先测算破产费用额，如果预计破产财产不足以支付破产费用，应当及时通知债权人会议并申报人民法院进行破产裁决，宣告破产程序终结。另外，债权人会议有权审查和监督清算组对于破产费用的使用情况。

清算收益抵减清算费用和清算损失后的净收益或净损失直接增加或减少清算净资产。

3. 破产清算损益的核算原则

在破产清算期间，破产企业发生的各种清算收益应借记有关账户，贷记“破产清算损益”账户；发生的各种清算费用和损失，应借记“破产清算损益”账户，贷记有关账户；破产清算期期末，“破产清算损益”账户的余额应转入“清算净资产”账户。

（五）债务清偿和剩余财产分配的核算

1. 债务清偿的顺序

根据《破产法》的规定，破产企业财产清偿顺序的原则是担保债权优先于职工债权。破产企业债务清偿的顺序如下：

整个破产清偿的顺序是先从破产财产里扣除破产费用和共益债务后，剩余财产按以下顺序分配：首先是员工的工资报酬，包括加班费、补偿费、基本养老保险等；其次是国家的税收；最后是普通债权人的债权。

抵押权人的债权并没有放在以上清偿程序里，因为破产企业的抵押财产一开始就被剔除出来，用以偿还抵押权人的债权。也就是说，在《破产法》里，首先受到保护的是抵押权人的利益。

在破产清偿时，前一顺序的债务得到全额偿还之前，后一顺序的债务不予分配。破产财产不足以清偿同一顺序的清偿要求时，按照同一比例向债权人清偿。分配方案依法确定后，清算组应及时执行，通知债权人限期领取财产。债权人逾期未领取的，清算组可将分配财产予以提取，从而及时完成分配工作。

2. 债务清偿的账务处理原则

破产企业清偿各种债务时，应按照其资产与债务之间的对等关系，借记有关资产账户，贷记有关负债账户。由于破产资产小于破产债务而无法偿付的债务，根据《破产法》的有关规定，破产企业不再偿付。因此，破产企业应借记“破产债务”账户，贷记“破产清算损益”账户。

3. 剩余财产分配

剩余财产是指破产企业以破产资产按破产程序偿付债务后尚未分配完的财产。剩余财产属于投资者所有，应依据各投资者的投资比例进行分配。

剩余财产的分配方式与债务清偿的方式基本相同，主要以货币分配为主，如果财产的变现比较困难，可以将实物作价分配。

四、账务处理举例

（一）处置破产财产的核算

破产财产是指企业破产后可用于清算和偿债的全部资产。处置破产财产是清算组的一项重要工作。以下分别按不同的破产财产收益说明其处置时的账务处理。

1. 债权的核算

破产企业按实际收回的金额或预计可变现的金额，借记“银行存款”“产成品”等科目，按应收金额和实收金额或预计可变现金额的差额，借记（或贷记）“清算损益”科目，按应收金额，贷记“应收款（或应收票据）”等科目。对于不能收回的应收款项，破产企业按核销的金额，借记“清算损益”科目，贷记“应收款”等科目。

［**例 12-2**］清算组有应收款项 10 278 600 元，经过多方面催收，收回现金 7 000 000 元，产成品 1 000 000 元，还有 2 278 600 元收不回来，已确认为坏账损失。经评估，该产品的可变现净值为 800 000 元。

对于不能收回的应收款项，破产企业按核销的金额，账务处理如下：

借：清算损益	2 278 600	
贷：应收款		2 278 600

对于收回应收款等债权，破产企业按实际收回的金额或预计可变现金额，账务处理如下：

借：清算损益　　200 000
　　产成品　　800 000
　　银行存款　　7 000 000
　贷：应收款　　8 000 000

2. 存货的核算

在变卖材料、产成品等有关存货时，破产企业按实际变卖收入和收取的增值税税额，借记“银行存款”等科目，按其账面价值和变卖收入的差额，借记（或贷记）“清算损益”科目，按账面价值，贷记“材料”“产成品”等科目，按收取的增值税税额，贷记“应交税费——应交增值税（销项税额）”科目。

［**例 12-3**］清算组处理存货变现收入如表 12-8 所示。

表 12-8　清算组处理存货变现收入　　单位：元

项目	账面价值	变现收入（不含税）	增值税	价税合计
材料	2 360 274	2 000 000	260 000	2 260 000
半成品	223 000	100 000	13 000	113 000
产成品	1 650 158	1 500 000	195 000	1 695 000
合计	4 233 432	3 600 000	468 000	4 068 000

清算组编制变卖存货取得变卖收入的会计分录如下：

借：银行存款　　4 068 000
　　清算损益　　633 432
　贷：材料　　2 360 274
　　　半成品　　223 000
　　　产成品　　1 650 158
　　　应交税费　　468 000

3. 处置存货需要缴纳的税金核算

处置、销售产品等应交纳的增值税、消费税等，破产企业借记“清算损益”科目，贷记“应交税费”科目。破产企业按缴纳的增值税、消费税等流转税计算应缴纳的城市维护建设税、教育费附加等，借记“清算损益”科目，贷记“应交税费——应交城市维护建设税、应交教育费附加”科目。

4. 处置固定资产及在建工程的核算

处置机器设备、房屋等固定资产以及在建工程，破产企业按实际变卖收入，借记“银行存款”等科目，按其账面价值和变卖收入的差额，借记（或贷记）“清算损益”科目，按账面价值，贷记“固定资产”“在建工程”等科目。转让相关资产应缴纳的有关税费等，破产企业借记“清算损益”科目，贷记“应交税费”等科目。

［**例 12-4**］清算组有固定资产净值 5 148 550 元，其评估值和变现价值如表 12-9 所示（变现收入按 5%的税率缴纳消费税）。

表 12-9　评估值和变现价值

项目	账面价值/元	评估值/元	变现率/%	变现收入/元
厂房设备	1 785 916	2 000 000	100	2 000 000
模具	2 174 526	900 000	10	90 000
办公用品	347 190	120 000	100	120 000
汽车	840 918	450 000	80	360 000
合计	5 148 550	3 470 000		2 570 000

根据表 12-9，清算组编制处置固定资产取得变现收入的会计分录如下：

借：银行存款　　2 570 000
　　清算损益　　2 578 550
　贷：固定资产——厂房设备　　1 785 916
　　　　　　　——模具　　2 174 526
　　　　　　　——办公用品　　347 190
　　　　　　　——汽车　　840 918

借：清算损益　　128 500
　贷：应交税费——应交消费税　　128 500

［**例 12-5**］在建工程已经发生大幅度贬值，其原账面价值为 26 850 813 元，经评估，价值为 17 000 000 元，其变现收入为 10 000 000 元。账务处理如下（变现收入按 5%的税率缴纳消费税）：

借：银行存款　　10 000 000
　　清算损益　　16 850 813
　贷：在建工程　　26 850 813

借：清算损益　　500 000
　贷：应交税费——应交消费税　　500 000

5. 无形资产的核算

破产企业转让商标权、专利权等资产，按其实际变卖收入，借记“银行存款”等科目，按实际变卖收入与账面价值的差额，借记（或贷记）“清算损益”科目，按资产的账面价值，贷记“无形资产”等科目；转让相关资产应缴纳的有关税费，借记“清算损益”科目，贷记“应交税费”等科目。

［**例 12-6**］某破产企业无形资产——商标 500 000 元已没有转让价值，将其转入“清算损益”科目。

借：清算损益　　500 000
　贷：无形资产——商标　　500 000

如果转让的是土地使用权，破产企业的土地使用权根据取得方式的不同分为无偿划拨取得和有偿转让取得两种。清算组在对转让土地使用权进行核算时，应区分两种不同的情况来进行处理：

（1）转让无偿划拨取得的土地使用权。

借：银行存款（实际转让收入）
　贷：土地转让收益（实际转让收入）

（2）转让有偿取得的土地使用权，因为破产企业取得时已经记入了“无形资产”账户，所以清算组在转让时，应按其实际转让收入，借记“银行存款”账户；按其账面价值，贷记“无形资产”账户；按实际转让收入与账面价值的差额，借记或贷记（一般应为贷记）“土地转让收益”账户。

借：银行存款（实际转让收入）

　　土地转让收益（损失）

　贷：无形资产

　　　土地转让收益（收益）

（3）无论是有偿转让还是无偿转让，其转让所得依据有关规定，首先应该用于破产企业职工的安置，安置后的剩余部分，列入破产企业财产。清算组在以土地使用权转让所得支付职工安置费时，应按实际支付金额，借记“土地转让收益”，贷记“库存现金”“银行存款”账户。

如果土地使用权转让所得不足支付职工安置费，而以其他破产清算财产支付时，清算组应借记“清算损益(按其实际支付金额)”账户，贷记“库存现金”“银行存款”账户。

对于转让土地使用权所缴纳的税费，清算组应借记“土地转让收益”账户，贷记“应交税费”账户。

清算终止，清算组将土地使用权转让净损益转入清算损益。若为净收益，清算组应借记“土地转让收益”账户，贷记“清算损益”账户。

若为净损失，清算组应借记“清算损益”账户，贷记“土地转让收益”账户。

6. 转让对外投资的核算

（1）分回的投资收益，采用成本法核算的，清算组按实际取得的款项金额，编制如下会计分录：

借：银行存款

　贷：清算损益

采用权益法核算长期投资，原来已将应分得的投资收益记入“投资收益”科目，那么在清算期间分回投资收益时，则应冲减投资，清算组编制如下会计分录：

借：银行存款

　贷：投资

（2）将破产企业原来持有的各种长期、短期投资对外转让时，清算组编制如下会计分录：

借：银行存款（按实际取得的收入）

　　清算损益（实际取得的收入小于投资账面价值的差额）

　贷：投资（按投资的账面价值）

　　　清算损益（实际取得的收入大于投资账面价值的差额）

（二）清算费用的核算

在破产清算过程中发生的破产清算费用，应通过“清算费用”账户进行核算。实际支付各项破产清算费用时，清算组按实际发生额，编制如下会计分录：

借：清算费用

　贷：现金（或银行存款）

清算终结时，结转“清算费用”科目的金额，清算组编制如下会计分录：

借：清算损益

　贷：清算费用

[**例 12-7**] ABC 公司在破产清算过程中发生下列破产清算费用：

(1) 以现金支付清算组成员工资 5 000 元。

(2) 以银行存款支付某会计师事务所资产评估费和审计费共计 5 900 元。

(3) 以现金支付聘请律师费用 1 500 元。

(4) 开出支票，购入各种办公用品，价值 510 元。

(5) 以银行存款支付设备维修费用 4 500 元。

(6) 以现金支付仓库保管人员工资 900 元。

(7) 以现金支付清算组成员差旅费 700 元。

(8) 转账支付水电费 830 元。

(9) 转账支付破产案件受理费 7 000 元。

(10) 转账支付破产公告费用 1 200 元

根据以上业务，清算组编制如下会计分录：

借：清算费用——工资	5 000	
——审计费	5 900	
——律师费	1 500	
——办公费	510	
——财产保管费	5 400	
——差旅费	700	
——水电费	830	
——诉讼费	7 000	
——公告费	1 200	
贷：库存现金		8 100
银行存款		19 940

(三) 清偿债务的核算

根据《破产法》的规定，破产财产在优先支付破产费用后，应按以下顺序清偿：破产企业所欠职工工资和劳动保险费用、破产企业所欠税款、破产债权。

按照以上债务的清偿顺序，各种债务在清偿时的账务处理如下：

(1) 清偿所欠职工工资和劳动保险费用，清算组按实际支付的金额，编制会计分录如下：

借：应付职工薪酬

　贷：库存现金（或银行存款）

支付破产企业留守人员的工资等费用时，清算组按实际支付的金额，直接记入“清算费用”科目，编制会计分录如下：

借：清算费用

　贷：库存现金（或银行存款）

(2) 清偿所欠税款，按实际支付的金额，编制会计分录如下：

借：应交税费

　贷：银行存款

（3）清偿其他债务，清算组应按实际清偿的金额，编制会计分录如下：

借：应付票据

　　其他应付款

　　借款

　贷：库存现金（或银行存款）

（4）结转清算损益。清算终结时，破产财产不足以清偿债务，破产企业未偿清剩余债务的责任依法免除，债权人不得再进行追讨，但又发现破产财产的除外。在这种情况下，未偿清的剩余债务应予以注销，清算组编制如下会计分录：

借：应付票据

　　其他应付款

　　借款

　贷：清算损益

［**例 12-8**］B 企业因经营管理不善，资不抵债，无力偿还到期债务，被法院宣告破产。清算组接管破产企业后，经过对破产财产的核实和估价，破产财产变现总额为 1 456 270 元。经核证确认的债务情况如下：

（1）应付职工工资 76 790 元，以现金支付。

（2）应付职工社会保险费 8 900 元，转账支付。

（3）应交税费 39 600 元。

（4）应付破产债权 2 047 850 元。其中，甲银行 890 000 元，乙银行 790 000 元，丙公司 356 260 元，丁公司 11 590 元。

（5）破产清理费用 15 850 元，以现金支付。

（6）结转清算损益。

根据上述资料，清算组编制如下会计分录：

（1）拨付破产费用。

借：清算费用	15 850	
贷：库存现金		15 850

（2）偿还职工工资。

借：应付职工薪酬	76 790	
贷：库存现金		76 790

（3）偿还劳动保险费。

借：应付职工薪酬	8 900	
贷：银行存款		8 900

（4）偿还所欠税款。

借：应交税费	39 600	
贷：银行存款		39 600

（5）偿还破产债权。

破产财产拨付破产费用和偿还优先债务后的剩余额计算如下：

剩余额=1 456 270-(15 850+76 790+8 900+39 600)=1 315 130（元）

清偿比例=1 315 130÷2 047 850≈0. 642 2

可偿还甲银行=890 000×0. 642 2=571 558（元）

可偿还乙银行=790 000×0. 642 2=507 338（元）

可偿还丙公司=356 260×0. 642 2=228 790（元）

可偿还丁公司=11 590×0. 642 2=7 444（元）

借：借款——甲银行	571 558	
——乙银行	507 338	
其他应付款——丙公司	228 790	
——丁公司	7 444	
贷：银行存款	1 315 130	

（6）结转清算损益。清算终结，该破产企业未偿清剩余债务的责任依法免除，所欠债务予以注销，清算组编制如下会计分录：

借：借款——甲银行	318 442	
——乙银行	282 662	
其他应付款——A 公司	127 470	
——B 公司	4 146	
贷：清算损益		732 720

（四）剩余财产分配的核算

剩余财产是指破产企业以破产资产按破产程序偿付债务后尚未分配完的财产。从数量上看，剩余财产等于破产企业破产宣告时的全部资产减去偿付各种债务后的差额。剩余财产属于投资者所有，并应依据各投资者的出资比例进行分配，其实质是对投资者所投资本的返还。

剩余财产的分配方式与债务清偿的方式基本相同，主要以货币分配为主，如果财产的变现比较困难，清算组可以将实物作价分配。分配时，清算组应编制如下会计分录：

借：清算损益

　贷：银行存款

□思考题

1. 什么是企业清算？
2. 清算净损益如何计算？
3. 试比较普通清算会计和破产清算会计的区别。
4. 简述企业破产的处理程序。
5. 简述清算会计工作的主要内容。
6. 破产资产应如何进行计量？

图书在版编目(CIP)数据

高级财务会计/巴雅尔,刘胜天主编.—2 版.—成都:西南财经大学出版社,2022.8

ISBN 978-7-5504-5280-0

Ⅰ.①高… Ⅱ.①巴…②刘… Ⅲ.①财务会计—高等学校—教材
Ⅳ.①F234.4

中国版本图书馆 CIP 数据核字(2022)第 033846 号

高级财务会计(第二版)

主编 巴雅尔 刘胜天

责任编辑:李晓嵩

责任校对:王甜甜

封面设计:何东琳设计工作室

责任印制:朱曼丽

出版发行	西南财经大学出版社(四川省成都市光华村街 55 号)
网　　址	http://cbs.swufe.edu.cn
电子邮件	bookcj@swufe.edu.cn
邮政编码	610074
电　　话	028-87353785
照　　排	四川胜翔数码印务设计有限公司
印　　刷	四川煤田地质制图印刷厂
成品尺寸	185mm×260mm
印　　张	23.25
字　　数	546 千字
版　　次	2022 年 8 月第 2 版
印　　次	2022 年 8 月第 1 次印刷
印　　数	1— 3000 册
书　　号	ISBN 978-7-5504-5280-0
定　　价	49.80 元